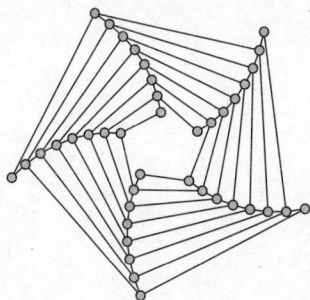

高中校本课程教材

高校自主招生
数学综合拓展教程

◆黄仁寿 编著

湖南师范大学出版社

作者简介

黄仁寿，湖南平江人，湖南省教科院数学教研员。虽然黄老师拥有诸如中学数学教学研究专业委员会、高中数学竞赛委员会、湖南省数学学会、长沙市夏远景数学名师工作室等许多社会团体兼职的头衔，但他很难提及，或许最令他坚守的还是中学数学教师的角色和身份。

黄老师曾担任长沙市雅礼中学湖南省理科实验班数学教师、数学奥林匹克教练并兼班主任工作。当年的学生大多通过在联赛、冬令营、集训队中的卓越表现获得了保送进入清华、北大、复旦、上海交大、耶鲁（美国）、哈佛（美国）、麻省理工（美国）等著名大学的资格，如今已是相关行业中科技或管理方面的精英了。黄老师常说是因为学生的优秀使他必须具有深入钻研学科的态度和行动，使他"被迫"读了一些专业著作并做了许多数学题目，也习惯性地写一些形似豆腐块的研究文章见诸《数学通报》或《数学通讯》等专业期刊。

今天，作为一名专职数学教育科研工作者，有许多职责范围内的日常事务和科研课题要做，但作为一位数学教师的思考和实践却从未停顿。影响学生发展的真正"基因"是什么？优秀的中学生何以优秀并怎样保障其发展的可持续性？在高校招生改革步入"快车道"的形式下，优秀中学生凭什么脱颖而出？所有这些，都是黄老师正积极探索的主题。本书就是在这个主题下的一次创作实践。

前　言

高校招生制度改革已迈入快车道。"打破一考定终身","扩大招生自主权","大力推行择优、自主、推荐、定向、破格等多元录取方式",已成为高校招生中正积极探索和实践的模式。这些改革举措,为优秀高中学生提供了更多的展示自我、脱颖而出的舞台。在这个舞台上,数学是文、理科考生必考科目,是冲击名牌高校的有力抓手,客观上已经成为影响学生发展的举足轻重的科目。

高中学生如何在完成繁重的正常学业过程中,通过校本课程或自主研修,拓展知识面的深度和广度以适应高校自主招生的新形式?我们编写了校本课程教材《高校自主招生数学综合拓展教程》、《高校自主招生数学必修拓展教程》、《高校自主招生数学选修拓展教程》共3册,合力构成反映数学学科自主招生全貌、研习学科能力、适应高校自主招生的自主研修平台。

一本好书,就是一个高效的课堂。本书创作的出发点是致力于打造一个全新的"书课堂",具体有如下两个最突出的特色:其一是每个页面均设置"旁白",它像一位倚立身旁的老师,时刻为读者指点学习的迷津或将思考链接到相关的领域;其二是书中所有例题均按"思维指向"、"问题探究"、"简明解答"、"总结反思"4个步骤展开讲解。"思维指向"是从宏观上解决问题的方式方法;"问题探究"是方式方法的精细化;"简明解答"是解题过程的准确表述;"总结反思"是数学思考的进一步延续和升华。这种构思,旨在为不同需求层面的读者提供个性化的学习案例,引领他们养成良好的数学思考习惯,建构科学的世界观和方法论。

本书通过4个章节探究了高校自主招生中数学学科的能力建构和发展途径,并锐意为学生构建一个"品学兼修"的学习平台。这里的"品",特指优良的学习品质和科学的学习方法;"学",则指高校自主招生中具体的数学学科内容。我们希望读者通过本书学习,不但能理解高校自主招生中数学的重点、难点和热点,而且知道用最有效的方式突破数学学科能力的瓶颈。4个章节依次为:

第1章,成功者的个性特征。自主招生命题的最基本立意就是有利于高校选拔合格的人才。本章通过若干鲜活的案例,透析了青年学生可持续发展的个性特征和

高校对人才数学素养的期待和考查方式,堪称高中学生备考自主招生的"通识"。

第2章,数学思考的宏观策略。思维是数学能力的核心。本书从若干方面介绍了处理自主招生中数学问题的宏观思路和解题策略。数学问题的解法是如何想到的?这是困扰学生的疑难,本章旨在这一方面为学生释疑解惑。

第3章,经典数学方法综述。数学方法是数学能力的重要载体。自主招生数学命题中有许多高中数学常规教学中不被重视或不作介绍的方法体系,本章对此作了较为全面的介绍,是高中学生从数学方法角度的一次拓展。

第4章,热点题材专题拓展。植根高中数学教材但又不拘泥于教材,这是自主招生的一个突出特点。"不拘泥"的主要表现就是命题"触须"常伸展到高中数学内容的"最近发展区"——高等数学基础部分。本章的立意就是对这些内容作一些较为全面的阐述。

窥一斑而知全豹。本书所有例、习题均选自名牌高校自主招生真题,因而具有较强的资料性和可读性,既可作为高中师生拓展高中数学知识面的课外读物,也可作为优秀的高中学生备考高校自主招生的相关教材。高一、高二的学生在使用本丛书"必修拓展"和"选修拓展"分册的同时选择性地阅读本书相关章节,对优化学习品质,提升学习效果,应当有较大的裨益。

本书的创作是作者对高中新课程学生读物的一个初步尝试,存在的问题一定不少。作者将以研究课题的方式为结构和内容的进一步优化做长期的工作,期待广大读者在使用中发现书中存在的问题与不足,并不吝赐教,以便再版时修订或改进。

作者

2013 年 5 月

目　录

第 1 章　成功者的个性特征

在未来的十年中，领导世界的国家将是在科学知识的解释和运用方面起领导作用的国家．整个科学的基础又是一个不断增长的数学知识总体．我们越来越多地用数学模型指导我们探索未知的工作．

——瑞典数学家　费尔（H. F. Fehr）

本章导航

第1节　积极的情感态度

有三个因素对数学学习产生重要的影响.它们是情感态度、思维方法和学习行动.在这三个因素中,情感态度又起着统率作用——它直接影响着思维方法和学习行动.这里的情感态度既指对社会的基本看法和对数学本身的浓厚兴趣,更强调因为对未来发展的美好期待所产生的学习数学的强大动能.

□ 情感的向上性和稳定性

情感的向上性和稳定性,是指个人的个性心理和价值取向符合社会的主流需求,并保持着不会轻易被改变的特征.情感态度在人的发展中发挥着重要作用,正因为如此,高校自主招生中常以不同形式进行着综合考察.

比如,自主招生面试就是一种通过精心设计,以交流和观察为主要手段,来了解考生的情感态度等综合信息为目的的综合测试方式.在面试过程中,考官可以依据考生当场对所提问题的回答,考查综合分析问题的能力、人际交往能力、临堂应变能力、组织表达能力等等.

【例1】　请问你是如何看待范跑跑的?

思维指向 简要评价范跑跑事件,表明自己珍惜生命,爱护学生,忠于职业操守的情感态度.

问题探究 范跑跑是范美忠的别名,是四川都江堰光亚高中的一名教师.

在2009年汶川大地震中,他高喊着"地震了"冲出教室.他在博客上说"到操场后发现没有一个学生在身旁."幸而那些学生都没有受伤.学生问他为什么不尝试帮助他们逃生,范美忠回答道:"我从来就不是一个勇于献身的人,只关心自己的生命."后来范美忠又通过博客表明"只有为我女儿我才可能考虑牺牲自我,其他的人在这种情况下我是不会管的".这种解释无疑又

情感态度、思维方法和学习行动,这是支撑着人的发展的具有着稳定性的"三角形",三者缺一不可.

浙江大学2013年保送生测试题要求学生回答十八届一中全会选举产生的7名政治局常委名单——试题提供了4名常委名单,要求写出另外3位.其考查的目标定位就是对考生情感态度的特别关注.

此题为2009年华中师范大学自主招生面试题.

请登录 http://www.baidu.com 百度一下"范跑跑",获得更多的相关信息.

进一步加深了对范跑跑教师职业情感的否定.

作为报考师范院校的考生,要通过对范跑跑事件的评价,表明自己珍惜生命、爱护学生、忠于职业操守的情感态度.听说当年湖北荆州一名女生的回答非常直接:"既然选择了老师这个职业,就应该把学生当作自己的孩子看待.跑得出地震的人能够存活,跑不出自私的人永远不会幸福."这样的回答,充分表明了该学生情感的向上性和稳定性.

简明解答（仅当参考）任何职业都有其特定的操守.教师的职业操守就是热爱自己的学生,并向他们无私传播科学文化知识和进行理想前途教育.为他们的终身发展奠基.

灾难来临,教师理当是学生的"保护神".一个教师如果连最起码的安全感都不能给予学生,就不可能得到学生的爱戴和信赖,教育和教学上的效果一定苍白无力.从这个意义上来说,范跑跑不是一个合格的教师."跑得出地震的人能够存活,跑不出自私的人永远不会幸福",范跑跑的师德表现,必将遭受具有良知和职业操守的人们的申讨和谴责.

总结反思自主招生面试非常重视考生对社会的认知能力.简单来说,考生必须对社会的方方面面有应该的关注,必须具有心怀天下的气度,否则很难在面试中拿到高分.在考场的强刺激下,考生对社会的认知能力是无法伪装的,因此考生要加强这方面的修养,关注社会热点.试想,如果考生对当年范跑跑事件这样热门的话题一无所知,他可能作出满意的答卷吗?

□ 习惯的有力作用

习惯是指长时间里养成的,一时不易被改变的思维方式或行为倾向.习惯是成就事业的要素,学好数学,在高考或高校自主招生中脱颖而出,同样有赖于良好的学习习惯.稳定向上的积极心态、井然有序的学习安排、自觉主动的探究精神都是习惯的组成部分.

跑得出地震的人能够存活,跑不出自私的人永远不会幸福.
——一个考生的回答

2013年浙江大学招生人士说,浙大想要招的保送生,不是"两耳不闻窗外事,一心只读教科书的学生.这些考生马上就要成人了,不能对社会没有关注,没有思考".这些话充分表明了高校在选拔新生方面的基本的人才观念.

人是习惯的奴隶.
——柏拉图语

【例2】 你平时是怎样学习的？

思维指向 这是一道再平常不过的试题. 回答这个问题，考生只要如实地把自己平时的学习方式清晰地表达出来即可.

问题探究 题目虽然平常，但主考人能根据考生的回答，了解考生的一些基本的学习状况. 考生回答时要简要介绍自己的学习习惯、学习内容、学习方法等，要表明自己充分具备进一步深造的巨大潜力.

简明解答 (仅供参考)"有计划，堂堂清，在不断的反思中寻求超越."这就是我学习的基本规律.

整个人生我有自己的规划，这里就不作具体说明了；高中三年我有个规划，这就是全面打好各学科基础，拓宽知识面，力争考入理想的大学，为进一步发展站上一个较高的平台；整个学期我也是有计划的——每一学科除按老师安排完成学习任务之外，还有自己的课外阅读和活动安排，而且在执行方面从不含糊，并追求卓越的效果和成功的体验；每一天的学习我也是按部就班进行的，读完哪些书、做完哪些题、和老师或同学探讨哪些问题，我都是准备充分和心中有数的.

每堂课的教学内容，从概念到方法、能力，我坚持不留空白不欠账，当堂解决问题. 这样循序渐进，基础也就扎实了.

反思是我的学习习惯. 每节课后、每天之后、做完每一道题、考完每一次试、进行过每一次活动……我都坚持进行反思. 这个习惯，不但加深了对学习内容的理解和掌握，而且使我能更加了解自己的真实情况，及时调整学习方式，保持着学习上的高效状态.

总结反思 这类试题较为常见，难度也不大，应对这类试题要求考生有较为明晰的自我认识，回答时还应注意表述的条理性.

作者在中学任教时有一位十分优秀的学生. 该生的文具盒中除文具之外总放有一张便条，便条上列出了当天的重要活动、必须完成的学习任务以及需要向老师或同学请教的疑难问题. 她从不"开夜车"，生活和学习安排得很有条理. 在她介绍高三后

此题为 2010 年复旦大学自主招生面试题.

2013 年，浙江大学招生人士表示："浙大希望能在面试中了解学生发现、思考、解决问题的能力，去了解这些孩子有没有批判性或者创造性的思维."（见 edu. cnr. cn）

在当年的高考中，该同学以高分考取国内著名大学，后又在美国耶鲁大学获得金融学博士学位，现供职于美国黑石投资公司. 她通过电子邮件向她的老师汇报她的职业理想是"师夷之长，报效国家".

期临考前 20 天的学习经验时,她提供的做法是:每天定时(约 1 小时)、定量(约高考数学题量的一半,题型比例与之匹配)、系统化(整个内容安排覆盖高考数学的全部)、高质量(包括选题的针对性、新颖性,做题的严格要求等方面)做一些试题,做完后进行科学的总结、评估和反思工作.

从该同学关于"怎样学习"的表述,充分表明了她学习的有条不紊和积极主动.这正是该同学进一步发展的重要的潜能和不竭动力.

□ 经验是个好东西

数学上的经验指的是面对数学问题,能自觉产生一种观察和思考上的倾向性.人们常将"有经验"比作聪明,其实两者在本质上是不同的.将一道题目做出来,涉及的因素很多,聪明一点,可能灵光一闪,想到了解题方法.但靠这种方法解出题目的机会是很少的.大多数情况下,能否将一道题目解出来,就看是否对与此有关的题是否具有经验.经验是个好东西,常比脑子灵活更为有效.

> "熟读唐诗三百首,不会写诗也会吟."在数学学习中经验也具有这种效能.

【例3】 6 红,4 黄,1 蓝,摸几个球能保证摸三个同色的?52 张牌(没有王),四种花色,抽出几张能保证有七张相同花色?

> 此题为 2013 年复旦大学保送生测试面试题.

思维指向▷此题的解答基于考生的生活经验,也可由抽屉原理直接得出结论.

问题探究▷设想最"坏"的情况,从"6 红,4 黄,1 蓝"中摸球,摸到了 1 个蓝色球、2 个红球、3 个黄球或 3 个红球、2 个黄球.

从"52 张牌,四种花色"中抽牌,三种花色中均抽出 6 张,只有一种花色中抽出 1 张.

> 抽屉原理就是直接由经验总结出来的.

简明解答▷由 1+2+3=6,可知从"6 红,4 黄,1 蓝"中摸 6 个球,能保证摸出三个同色的.

由 6+6+6+7=25,可知从"52 张牌,四种花色"中抽 25 张

牌,能保证有七张相同花色的.

总结反思 此题的数学背景为抽屉原理,但直接由生活经验也可写出结论."平凡之中见真奇",此题也反映了高校自主招生命题的这一特色.

【例4】 设 $a_1,a_2,a_3,\cdots,a_n$ 是各不相同的正整数,$a \geqslant 2$,求证:

$$\left(\frac{1}{a_1}\right)^a + \left(\frac{1}{a_2}\right)^a + \left(\frac{1}{a_3}\right)^a + \cdots + \left(\frac{1}{a_n}\right)^a < 2.$$

思维指向 将欲证不等式左边 $\left(\frac{1}{a_1}\right)^a + \left(\frac{1}{a_2}\right)^a + \left(\frac{1}{a_3}\right)^a + \cdots + \left(\frac{1}{a_n}\right)^a$ 进行适当的放缩(放大),使之更好把握,最终推出"<2"的结论.

问题探究 由于 $a_1,a_2,a_3,\cdots,a_n$ 的条件具有不确定性,由经验告诉我们可考虑最小的自然数 $1,2,3,\cdots,n$ 的组合.显然

$$\left(\frac{1}{a_1}\right)^a + \left(\frac{1}{a_2}\right)^a + \left(\frac{1}{a_3}\right)^a + \cdots + \left(\frac{1}{a_n}\right)^a$$
$$\leqslant \left(\frac{1}{1}\right)^a + \left(\frac{1}{2}\right)^a + \left(\frac{1}{3}\right)^a + \cdots + \left(\frac{1}{n}\right)^a$$

因而这种放大是有理由的.

又注意到 $a \geqslant 2$,将欲证不等式中的字母 a 换成 2,不等式左边进一步"放大"即

$$\left(\frac{1}{1}\right)^a + \left(\frac{1}{2}\right)^a + \left(\frac{1}{3}\right)^a + \cdots + \left(\frac{1}{n}\right)^a$$
$$\leqslant \left(\frac{1}{1}\right)^2 + \left(\frac{1}{2}\right)^2 + \left(\frac{1}{3}\right)^2 + \cdots + \left(\frac{1}{n}\right)^2$$

故这一步放大又使证明过程推进了一步.

接下来证明 $\left(\frac{1}{1}\right)^2 + \left(\frac{1}{2}\right)^2 + \left(\frac{1}{3}\right)^2 + \cdots + \left(\frac{1}{n}\right)^2 \leqslant 2$ 的工作,又可以凭非常熟悉的放缩法的经验处理了.

简明解答 不妨设 $a_1 < a_2 < a_3 < \cdots < a_n$,则有 $a_i > i$($i = 1,2,3,\cdots,n$),根据幂函数和指数函数的单调性,可得

$$\left(\frac{1}{a_1}\right)^a + \left(\frac{1}{a_2}\right)^a + \left(\frac{1}{a_3}\right)^a + \cdots + \left(\frac{1}{a_n}\right)^a$$
$$\leqslant \left(\frac{1}{1}\right)^a + \left(\frac{1}{2}\right)^a + \left(\frac{1}{3}\right)^a + \cdots + \left(\frac{1}{n}\right)^a$$

抽屉原理,也称鸽巢原理或狄利克雷原理,欲了解详情,请在 baidu.com 百度"抽屉原理".

此题为 2003 年复旦大学保送生综合测试题.

此不等式左边不能求和,还得作进一步的放缩.这也是经验的作用.

$$\leqslant \frac{1}{1^2}+\frac{1}{2^2}+\frac{1}{3^2}+\cdots+\frac{1}{n^2}$$

$$<1+\frac{1}{1\cdot 2}+\frac{1}{2\cdot 3}+\cdots+\frac{1}{(n-1)n}$$

$$=1+\left(1-\frac{1}{2}\right)+\left(\frac{1}{2}-\frac{1}{3}\right)+\cdots+\left(\frac{1}{n-1}-\frac{1}{n}\right)$$

$$=2-\frac{1}{n}<2$$

证毕.

总结反思 经验是个好东西！看到一个题目的结构或某个局部，就能立马联想到类似的问题及其解法，这就是经验的作用. 本题就是在经验的作用下构建解题过程的. 经验告诉我们，不等式中含有形如 $\frac{1}{1^2}+\frac{1}{2^2}+\frac{1}{3^2}+\cdots+\frac{1}{n^2}$ 的局部时，通常的思路就是先对其进行放缩，再用"裂项法"求和. 根据需要放大或是缩小采用下列不等式的右边或左边.

$$\frac{1}{1\cdot 2}+\frac{1}{2\cdot 3}+\cdots+\frac{1}{n(n+1)}<\frac{1}{1^2}+\frac{1}{2^2}+\frac{1}{3^2}+\cdots+\frac{1}{n^2}<1+\frac{1}{1\cdot 2}+\frac{1}{2\cdot 3}+\cdots+\frac{1}{(n-1)n}.$$

常说"联想出技巧"，这不也是强调经验的作用吗？

思考与训练 ★★★
★★★

1. 请简述你学习数学的动机和动力.

2. 笔者曾有一位十分优秀的学生，在中国某名牌高校本科毕业后考入美国耶鲁大学攻读博士学位，之后就职于美国黑石投资公司从事金融计算工作. 她在给本人的电子邮件中表明了她留在美国工作的动机是"师夷之长，报效国家". 请你从积极的情感态度与人的可持续发展的角度，对该同学这样的动机和行为作出评价.

第2节 数学的理性精神

爱因斯坦说过:"为什么数学比其他一切学科受到特殊的尊重?理由之一就是数学命题的绝对可靠性和无可争辩性.至于其他各个学科的命题则在某种程度上都是可争辩的,经常处于被新发现的事实推翻的危险之中."其中的"绝对可靠性和无可争辩性"就是数学之理性精神.理性精神是现代人才不可或缺的素养.为什么几乎所有高校选拔新生时都对数学提出了较高要求?其原因之一就是人们认可了数学在形成理性精神方面的巨大价值.

举一亿个例子不足以证明一个命题,但凭一个反例却可推翻一个结论.这也是数学的理性精神.

□ 领悟概念的本质特征

概念是反映事物本质特征的思维形式.数学中的定义、公理、定理等,都是概念的范畴.它们是构成数学知识结构的基本元素.只有理解了数学中各概念的内涵和外延,才能正确地识别和运用数学概念,数学的理性精神才能成为"有源之水".

"从本质上来说,数学是玩概念的",因而高考自主招生更重视对概念的考查.

【例1】 公理和定理有什么不同?

此题为2006年清华大学面试题.

思维指向▶说出公理和定理的区别,关键词是:公理、定理、不同等,回答难度不大,考生只须对此有正确的认识即可轻松作答.

问题探究▶要求考生对概念能够准确理解.公理是一些显而易见、能被大家接受的但却无法证明的命题.定理是经过证明的命题,在数学学习和处理数学问题的时候可以使用.如果将某个定理稍作处理后容易得到某个结论,常常把这个结论作为该定理的推论,推论也是定理.

简明解答▶公理是不必证明而直接使用的正确的命题.如

"不在同一直线上的三点确定一个平面"等等;定理是能够证明的正确的命题. 如"任何两个正数的算术平均数不大于其几何平均数"等等.

【总结反思】解答本题应注意以下问题:

①要说清楚什么是公理,什么是定理,一般要能够举例;②公理的正确性不需要用逻辑来证明,而定理的正确性则需要用逻辑推理来证明;③数学的任何分支都是建立在一个或几个公理的基础上演绎而成的,随着新思想的产生,人们会发现更多的公理,进而推出更多的定理,扩展了对整个世界的认识.

【例2】 某老师在教学"函数的极限"内容时,在黑板上写出这样一段话:

"当 Δx 无限趋向于 0 时,$\dfrac{f(x_0+\Delta x)-f(x_0)}{\Delta x}$ 无限趋近于常数 A"就可以表示为"当 $\Delta x \to 0$ 时,$\dfrac{f(x_0-\Delta x)-f(x_0)}{\Delta x} \to A$".

这段板书有一处错误,这就是在后一个式子中将"$f(x_0+\Delta x)$"误写成"$f(x_0-\Delta x)$". 学生很快发现了这个错误,其中有一位学生说:

"既然 $\Delta x \to 0$,那么我们就可以将它近似地看作 0,于是 $f(x_0+\Delta x)$ 和 $f(x_0-\Delta x)$ 也就没有什么本质的区别了,所以这个错误对结论的正确性没有影响."

请谈谈你对这个错误的认识,该学生的结论对吗?

【思维指向】先取特殊函数验证"这个错误对结论的正确性的影响",再从理性的角度深入分析.

【问题探究】先取特殊函数 $f(x)=x, x_0=1$ 进行验证,对结论作出判断,并作出新的结论,再在抽象函数的背景下利用导数的概念作出理性分析.

【简明解答】结论错了! 结果应变为原来的相反数.

事实上,令 $f(x)=x, x_0=1$,则 $\dfrac{f(x_0+\Delta x)-f(x_0)}{\Delta x}=1$;而 $\dfrac{f(x_0-\Delta x)-f(x_0)}{\Delta x}=-1$.

2013 年复旦大学自主招生中有一道这样的题:"直线是从经验而来还是人类定义的? 复旦有一个数学系的教授不同意你的观点,怎么办?"其命题立意同样是强调考查对数学概念本质特征的认识.

一般地,令 $\Delta x' = -\Delta x$,则当 $\Delta x \to 0$ 时,$\Delta x' \to 0$,

$$\frac{f(x_0 - \Delta x) - f(x_0)}{\Delta x} = \frac{f(x_0 + \Delta x') - f(x_0)}{-\Delta x'}.$$

所以结论变为原来的相反数.

总结反思 该老师的处理方式给了学生充足的理性思辨空间.他们的思维在思考—质疑—辨析的过程中得到了充分的激活.他们的认知水平在困惑—特殊化——一般化的过程中得到了自然提升.这是崇尚数学之理性精神所带来的力量.

□ **数学的理性并非是纯演绎的**

尽管三段论式的演绎推理是数学问题解答的基本形式,但最常用的数学思考并非是纯演绎的.数学思考的制高点在预测、直觉、估算和合情推理.一个数学问题在找到解题方法之前的探索过程中,主要的不是抽象,而是直观;主要的不是演绎推理,而是合情推理.只有达到了这样的认识高度,才称得上对"数学的理性精神"的理解没出偏差,数学学习才可能切中要领.

【例3】 用 3、4、5、6 算 24 点.

思维指向 "算24点"是一种数学游戏,是人们喜闻乐见的一种文娱活动.它独具的数学魅力和丰富的内涵正逐步被越来越多的人所接受.这种游戏不能瞎碰乱凑,而应注意观察计算的技巧,计算方法也不唯一.

问题探究 快速捕捉信息,准确给出算式.

简明解答 示例:$6 \times (3 + 5 - 4) = 24$.

总结反思 "算24点"示例的得到是直观和估算下的结果,其过程并非是演绎的.在结论探索过程中,极大地调动了眼、脑、手多种感官的协调活动,对于培养快捷的心算能力和反应能力很有帮助.

2013年浙江大学保送生测试题:"用 5、6、7、8 四个数,用哪

或许该错误是老师故意为之,为后面的教学活动埋下一个伏笔呢!

演绎推理是验证性工作,合情推理才更具有创造性.

此题为 2006 年复旦大学自主招生面试题.在现行的初中数学教辅资源中也常见这个问题.

些算法,可以得到结果为 24?"命题形式和考查目标与此例完全一致.

【例4】 已知 $x>0,y>0,a=x+y,b=\sqrt{x^2+xy+y^2},c=m\sqrt{xy}$,试问是否存在正数 m,使得对于任意正数 x,y 可以 a,b,c 为三边构成三角形?如果存在,求出 m 的取值范围;如果不存在,请说明理由.

此题为 2008 年浙江大学自主招生试题.

▌思维指向▐ 由于题目要求在"任意正数 x,y"的前提下探索结论,故可先取 x,y 的特殊值尝试,通过验算确定 m 的取值范围,然后再给出一般性证明.

▌问题探究▐ 令 $x=1,y=1$,则得出 a,b,c 的值(含有参数 m),再由三角形的构成条件确定 m 的取值范围,最后证明这个范围具有一般性.范围的探索过程采用的是特殊化与极端化等非演绎的形式.

正数 x,y 的任意性为取特殊值验证提供了很大的自由度,聪明的做法是选择"最好的"x,y 的具体值.

▌简明解答▐ 令 $x=1,y=1$,则 $a=2,b=\sqrt{3},c=m$,要使对于任意的正数 x,y 可使 a,b,c 为三边构成三角形,必须满足 $2-\sqrt{3}<m<2+\sqrt{3}$.

又 $x>0,y>0$,所以

$$a=x+y=\sqrt{x^2+2xy+y^2}>\sqrt{x^2+xy+y^2}=b,$$

即 $a+c>b$.

又 $b+c>a$ 等价于 $\sqrt{x^2+xy+y^2}+m\sqrt{xy}>x+y$,即

$$m>\frac{x+y-\sqrt{x^2+xy+y^2}}{\sqrt{xy}}$$

又

$$\frac{x+y-\sqrt{x^2+xy+y^2}}{\sqrt{xy}}=\frac{\sqrt{xy}}{x+y+\sqrt{x^2+xy+y^2}}$$

$$\leqslant\frac{\sqrt{xy}}{2\sqrt{xy}+\sqrt{2xy+xy}}$$

$$=2-\sqrt{3}$$

所以当 $2-\sqrt{3}<m<2+\sqrt{3}$ 时,$m>\dfrac{x+y-\sqrt{x^2+xy+y^2}}{\sqrt{xy}}$ 恒成立,即 $b+c>a$ 恒成立. 又

解题过程即是验证三个不等式:
$$a+c>b,b+c>a,$$
$$a+b>c.$$

$$a+b=x+y+\sqrt{x^2+xy+y^2}$$
$$>2\sqrt{xy}+\sqrt{2xy+xy}$$
$$=(2+\sqrt{3})\sqrt{xy},$$

所以当 $2-\sqrt{3}<m<2+\sqrt{3}$ 时，$a+b>m\sqrt{xy}=c$ 恒成立.

综上所述，当且仅当 $2-\sqrt{3}<m<2+\sqrt{3}$ 时，对于任意正数 x,y 可使得 a,b,c 为三边构成三角形.

$\boxed{\text{总结反思}}$ 本题属于一道存在性问题.解题的基本过程是通过合情推理推出取值范围的必要条件，再运用演绎推理证明这个范围具有充分性.本题还可以从另外一个角度推出的取值范围，仍属于合情推理.即

令 $x=y$，则 $a=2x>0,b=\sqrt{3}x>0,c=mx>0$，由 $a+b>c$，$a+c>b,b+c>a$，解得 $2-\sqrt{3}<m<2+\sqrt{3}$（下略）.

此法仍属于从合情推理到演绎推理,请读者具体完成"下略"的解题过程.

□ 让理性战胜你的直觉

直觉在数学推理中有着重大的作用,但数学思考是强调理性的,直觉只不过是理性过程的前奏曲.许多"感觉上是这样"的结论,未必真的是这样,即使是这样也应通过严格的数理逻辑进行推理论证.

"对顶角相等"够直观了吧,但在教学上仍然要对其进行严格的推理论证.

【例5】 请分析证明有理数和自然数一样多.

$\boxed{\text{思维指向}}$ 有理数集和自然数集都是无限集,证明无限集的元素一样多的方法是在两个集合之间构成一一映射.

此题为 2009 年清华大学自主招生试题.

$\boxed{\text{问题探究}}$ 本题考查学生转化与化归的思想和逻辑思维能力.要在有理数集和自然数集之间构造成一一映射,可以把全体有理数用恰当的方式排序.

对于正有理数,由倒数关系易知开区间 $(0,1)$ 和 $(1,+\infty)$ 含有相同个数的有理数,而 $(0,1)$ 内的任一有理数都可以唯一地表示成 $\dfrac{n}{m}$（其中 $m>n$，且 m,n 互质）.因此,可据此先将 $(0,1)$ 内的

有理数排序,再拓展到$(0,+\infty)$,最后拓展到全体有理数.

简明解答 由于区间$(0,1)$内的任何有理数均可表示成$\dfrac{n}{m}$

(其中$m>n,m,n$为整数,且m,n互质)的形式,故全体小于1的正有理数可以按m的大小顺序,再按n的大小顺序如下排列(剔除重复的数):

$$\frac{1}{2},\frac{1}{3},\frac{2}{3},\frac{1}{4},\frac{3}{4},\frac{1}{5},\frac{2}{5},\frac{3}{5},\frac{4}{5}\cdots\cdots$$

将每一个数的倒数插在对应数的后面,再将1排在第一位,则可得到全体正有理数的一个排列:

$$1,\frac{1}{2},2,\frac{1}{3},3,\frac{2}{3},\frac{3}{2},\frac{1}{4},4,\frac{1}{5},5\cdots\cdots$$

接下来,将以上每一个数的相反数插入到对应数的后面,再将0排第一位,就得到全体有理数的一个排列了:

$$0,1,-1,\frac{1}{2},-\frac{1}{2},2,-2,\frac{1}{3},-\frac{1}{3},3,-3,\frac{2}{3},-\frac{2}{3}\cdots\cdots$$

显然,这个排列与自然数列$0,1,2,3,4,5\cdots\cdots$是一一对应的,所以有理数和自然数一样多.

总结反思 有理数似乎比自然数多得多.这说明了直觉的不可信! 高校自主招生面试中设置这样的问题,能有效考查学生的数学素养和科学的思维品质.解答本题应注意以下要点:

①对于有限集P和Q,若P是Q的子集,则P的元数一定比Q少;但对于无限集来说却不一定是这样;

②说明两个无限集的元素个数相等必须构造两个集合之间的一一映射,不能用含糊的语言描述;

③本题中关于$(0,1)$内的有理数可排成$\dfrac{1}{2},\dfrac{1}{3},\dfrac{2}{3},\dfrac{1}{4},\dfrac{3}{4},$

$\dfrac{1}{5},\dfrac{2}{5},\dfrac{3}{5},\dfrac{4}{5}\cdots\cdots$是一个重要的结论,在很多类似的问题中可灵活运用.

能和自然数集合建立一一对应的集合,称为可数集合,否则就是不可数集合.

由此题可知,有理数集合是可数集合.当然,对有理数集合的排序方法还有很多,请者可尝试其他不同的方式.

思考与训练 ★★★

★★★

1. 设椭圆的中心为原点, 长轴在 x 轴上, 离心率 $e = \dfrac{\sqrt{3}}{2}$, 点 $P\left(0, \dfrac{3}{2}\right)$ 到椭圆上点的最远距离为 $\sqrt{7}$, 求椭圆的方程.

解: 设椭圆的方程为 $\dfrac{x^2}{a^2} + \dfrac{y^2}{b^2} = 1$, 则

$$e^2 = \frac{c^2}{a^2} = \frac{c^2}{a^2} = \frac{a^2 - b^2}{a^2} = 1 - \frac{b^2}{a^2} = \frac{3}{4}.$$

由此, 得 $\dfrac{b^2}{a^2} = \dfrac{1}{4}$, $a = 2b$.

则椭圆上的点 (x, y) 到 P 的距离为

$$d = x^2 + \left(y - \frac{3}{2}\right)^2 = a^2\left(1 - \frac{y^2}{b^2}\right) + y^2 - 3y + \frac{9}{4} = -3\left(y + \frac{1}{2}\right)^2 + 4b^2 + 3.$$

当 $y = -\dfrac{1}{2}$ 时, d 有最大值, 于是 $4b^2 + 3 = (\sqrt{7})^2$, 从而得 $a^2 = 4$, $b^2 = 1$, 所求椭圆方程为 $\dfrac{x^2}{4} + y^2 = 1$.

请你反思上面的解题过程是否完整, 并提出改进方法.

2. 村子里有 50 个人, 每人有一条狗. 在这 50 条狗中有病狗(这种病不会传染). 于是人们就要找出病狗. 每个人可以观察其他的 49 条狗, 以判断它们是否生病, 只有自己的狗不能看. 观察后得到的结果不得交流, 也不能通知病狗的主人, 主人一旦推算出自己家的是病狗就要枪毙自己的狗, 而且每个人只有权利枪毙自己的狗, 没有权利打死其他人的狗. 第 1 天、第 2 天都没有枪响, 到了第 3 天传来一阵枪声, 问有几条病狗? 如何算得出来?

第3节 这样突破最有效

以最小的投入赢得最大的回报,这是生产经营的最佳境界.数学学习何尝不也是这样.要达到这样的效果,科学层面上的策略和操作十分重要.高考或高校自主招生非常重视这种素养的考查,它既是学生能力的重要组成部分,更是未来进一步发展的潜在品质.

□ **重视数学的通性通法**

数学的通性和通法即数学中具有通用效能的性质和方法.这是数学知识结构的基础,也是数学能力的生长点和立足点.因此,高校招生中重视对通性通法的考查,自主招生中也是这样.

【例1】 三角函数有什么应用?

思维指向 三角函数是高中学生所接触到的,第一个描述生产实践、日常生活中呈周期性变化规律的数学模型,其应用十分广泛,答题时应尽可能涉及多个领域.

问题探究 可从测量学、简谐振动、电磁学等多个领域举例说明.

简明解答 三角函数的应用涉及生产、生活、军事、天文、地理和物理等实际问题.例如:

三角函数可以应用于测量.如需要测一个高塔的高度,可以用测角仪测出塔顶的仰角,结合测量仪到塔底的距离,利用正切函数求解.

在简谐振动中,位移 S 可以利用三角函数 $S=A\sin(\omega x+\varphi)$ 表示,其中 A,ω,φ 均有物理意义.

电磁学中,发电机或者电动机的转子转动也可用三角函数表示.

总结反思 回答这类问题,重点应放在实际应用方面,不能只在知识理论范围内做文章.考生在平时的学习过程中要注

凡事都要讲效率,数学学习中也应当有这样的追求.

淡化特解特技,倡导通性通法.这也是学习数学要坚持的原则.

此题为 2008 年兰州大学自主招生面试题.

分类表述,举例说明,能清晰地表明对三角函数的应用的理解的准确性.这也是运用数学语言的一门艺术.

意理论联系实际,注意发现生活中的数学,才能做到学以致用.

【例 2】 设函数 $f(x)=|\sin x|+|\cos x|$,试讨论 $f(x)$ 的有界性、奇偶性、单调性和周期性,并求其最值.

此题为 2007 年上海交通大学自主招生试题.

思维指向 利用定义研究函数的奇偶性和周期性,进一步利用周期性研究函数的单调性、有界性和最值.

问题探究 验证是否具有 $f(-x)=f(x)$ 或 $f(-x)=-f(x)$,由此确定函数的奇偶性;寻找这样一个正常数(一般与圆周率 π 相关),使得满足 $f(x+T)=f(x)$,由此断定 $f(x)$ 是周期函数并求最小正周期.

确定了函数的周期性之后,在一个合适的周期内化简函数解析式,研究期单调区间,并延拓到实数集 **R** 上.

研究函数的有界性和最值,只需在一个周期内进行.

简明解答 由 $f(-x)=|\sin(-x)|+|\cos(-x)|=|\sin x|+|\cos x|=f(x)$,可知 $f(x)$ 为偶函数.

由 $f\left(x+\dfrac{\pi}{2}\right)=\left|\sin\left(x+\dfrac{\pi}{2}\right)\right|+\left|\cos\left(x+\dfrac{\pi}{2}\right)\right|=|\cos x|+|\sin x|=f(x)$,可知 $f(x)$ 是周期函数,周期为 $\dfrac{\pi}{2}$.

对于周期函数,在一个周期内"全息"了函数的所有局部性质.有了函数在一个周期的性质,通过周期的整数倍,就一般化了.

当 $x\in\left[0,\dfrac{\pi}{2}\right]$ 时,$f(x)=\sin x+\cos x=\sqrt{2}\sin\left(x+\dfrac{\pi}{4}\right)$,结合函数的周期性和奇偶性,可画出函数 $f(x)$ 的图象如图 $1-3-1$ 所示.

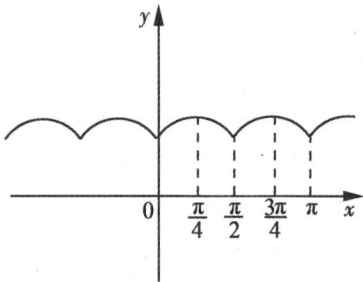

图 $1-3-1$

由于 $|f(x)|=|\sin x|+|\cos x|\leqslant 2$,所以 $f(x)$ 有界.

函数 $f(x)$ 在 $\left[\dfrac{k\pi}{2},\dfrac{(2k+1)\pi}{4}\right]$ $(k\in\mathbf{Z})$ 上单调递增,$\left[\dfrac{(2k+1)\pi}{4},\dfrac{(k+1)\pi}{2}\right]$ $(k\in\mathbf{Z})$ 上单调递减.

故函数的最大值为 $\sqrt{2}$,最小值为 1.

总结反思 此题无论是所涉及的知识或方法都是常规的套路,但考生要能简捷明快地写出解题过程,仍然需要很好的数学成熟性.这正好是数学能力的精髓.

☐ 理顺知识的来龙去脉

知识的来龙去脉是知识结构的魂. 只有理解和掌握了知识结构的来龙去脉,其知识框架才能兼收并蓄,保持着更大的发展空间. 从数学知识结构的整体背景立意,加强对知识来龙去脉的理解性考查,在高考或高校自主招生命题中十分多见.

【例3】 为什么三角形的面积是底乘高除以2?

思维指向 三角形面积公式是学生非常熟悉的公式,本题要求考生说出这个公式的推导原理.

此题为2006年清华大学自主招生面试试题.

问题探究 考生对本题涉及的公式很熟悉,推导方法在学习中也涉及不少,应该能说出一些理由. 解答时应从定义单位正方形面积为1出发,到长方形、平行四边形面积的算法,最后得出三角形面积的算法.

简明解答 根据定义,边长为1的正方形的面积为1,所以长为 m、宽为 n 的矩形的面积为 $m \times n$,即长乘宽.

由于平行四边形可以通过割补转化为一个矩形,而两个全等的三角形可以拼成一个平行四边形,这样就可得到三角形的面积为底乘高除以2了.

总结反思 回答本题时关键是上述转化的过程要有条理,充分表现考生的语言表达能力和逻辑思维能力.

☐ 掌握一些处理问题的套路

常言"学数学就是解题","解题有法而无定法",这里的法就是套路. 高考或高校自主招生考试中固然不乏需要创造性处理的问题,但也不乏模式化的套路题. 而且套路的理解和掌握,正是创新思路的立足点和生长点. 因此,掌握一些处理问题的套路吧,或许你的数学能力就从这里走向卓越!

"套路"是经验的一个组成部分. "经验是个好东西,常比脑子灵活更为有用",前面已对此有所论述.

【例4】 请证明 $\sqrt{2}$ 是一个无理数.

思维指向 有理数可以表示为 $\dfrac{n}{m}$ 的形式,其中 m、n 互质.

此题为2009年复旦大学面试试题. 这是一个十分经典的数学问题.

本题正面证明比较困难,据此可为此例找到反证法.

[问题探究] 假设 $\sqrt{2}$ 不是无理数,则为有理数,故可表示为 $\sqrt{2}=\dfrac{n}{m}$ 的形式,两边平方变形后再进行奇偶性分析,即可推出矛盾,从而证明问题.

[简明解答] 假设 $\sqrt{2}$ 不是无理数,则为有理数,故可表示为 $\sqrt{2}=\dfrac{n}{m}$ 的形式,两边平方,得 $2=\dfrac{n^2}{m^2}$,即 $n^2=2m^2$.

因为 n^2 为偶数,从而 n 为偶数,可设 $n=2k(k\in\mathbf{Z})$,

代入 $n^2=2m^2$,得 $m^2=2k^2$,从而 m 为偶数,这与 m、n 互质矛盾.

故假设不成立,即 $\sqrt{2}$ 是一个无理数.

[总结反思] 反证法是间接证明命题的重要方法,一般在正面证明比较困难的时候可考虑使用.其主要步骤依次为:提出假设、导出矛盾、否定假设、肯定结论.本题是一个十分传统的套路题,但如果学生不曾接触,要有正确的解答恐怕也难.

【例5】 是否存在实数 x,使得 $\tan x+\sqrt{3}$ 和 $\cot x+\sqrt{3}$ 均为有理数?

[思维指向] 如果不存在,可将证明 $\sqrt{2}$ 是一个无理数(参考例4)的方法迁移至此处理本题的问题.由例4的经验,我们倾向于认为"不存在",并采用反证法给出证明.

[问题探究] 假设存在某个 x 的值,使得 $\tan x+\sqrt{3}$ 和 $\cot x+\sqrt{3}$ 均为有理数,则设出有理数的既约分数形式(分子分母互质),再利用 $\tan x\cdot\cot x=1$ 建立等式.如果通过奇偶性分析得出矛盾,即证明了 $\tan x+\sqrt{3}$ 和 $\cot x+\sqrt{3}$ 均为无理数.

[简明解答] 假设存在某个 x_0 的值,使得 $\tan x_0+\sqrt{3}$ 和 $\cot x_0+\sqrt{3}$ 均为有理数,由 $\tan x_0+\sqrt{3}$ 为有理数,可得存在既约分数 $\dfrac{q}{p}$,使得 $\tan x_0+\sqrt{3}=\dfrac{q}{p}$;由 $\cot x_0+\sqrt{3}$ 为有理数,可得存在既约分数 $\dfrac{n}{m}$,使得 $\cot x_0+\sqrt{3}=\dfrac{n}{m}$.

两式联立消去 x_0 得,$\left(\dfrac{q}{p}-\sqrt{3}\right)\left(\dfrac{n}{m}-\sqrt{3}\right)=1$,即

$$\sqrt{3}(pn+mq)=qn+2mp$$

此题为 2009 年北京大学自主招生试题,可以理解为是例4的拓展和深化.

这里,或许有读者直接得到 $\sqrt{3}=\dfrac{qn+2mp}{pn+mp}$,并由此矛盾的式子否定假设.想一想,为什么不行?

从而 $\sqrt{3}(pn+mq)$ 是有理数,故 $pn+mq=qn+2mp=0$,从而

$$q(pn+mq)=p(qn+2mp)=0$$

由此得 $q^2=2p^2$. 故可得 q 为偶数.

设 $q=2k$,可立得 $p^2=2k^2$,从而 p 为偶数,这与 $\dfrac{q}{p}$ 是既约分数矛盾.

从而假设不成立,即不存在实数 x,使得 $\tan x+\sqrt{3}$ 和 $\cot x+\sqrt{3}$ 均为有理数.

总结反思 "证明 $\sqrt{2}$ 是一个无理数"是一个老问题,其解法有特定的套路(笔者初中时期就听老师讲过),例5是例4的解题套路的迁移和应用.只要理解了例4的证明方法,例5的解答也就不难了.任何创新都植根于套路之上,由本题可见一斑.这是数学思考的一个真谛!

□ 加强数学文化的修养

数学文化是数学素养的一个重要组成部分.文理兼修,从文化的角度理解数学,既是新课程的要求,也是高校对人才的迫切期待.

数学文化是数学课程体系中的重要成员,是现代人才的重要素养.

【例6】 谈谈对黄金分割点的理解.

思维指向 黄金分割数蕴藏着丰富的数学文化,对本题的回答绝不能仅回答定义,而应从文化的角度去展开.

此题为 2008 年中国海洋大学自主招生试题.

问题探究 可从概念内涵、历史渊源、实际应用、美学赏析等方面展开论述.要尽可能全面而且深刻.

简明解答 如图 $1-3-2$,在线段 AB 上取一点 C,使得 $\dfrac{AC}{AB}=$

A————————C————B

图 $1-3-2$

$\dfrac{BC}{AC}$,易求得该比值为 $\dfrac{\sqrt{5}-1}{2}$,并称之为黄金分割比,通常取其近似值 0.618.

公元前 6 世纪,古希腊的毕达哥拉斯学派研究过正五边形和正十边形作图,由此可推断当时该学派已经触及甚至掌握了

黄金分割.公元前 4 世纪,古希腊数学家欧多克索斯第一个研究了这一问题,并建立了比例理论.公元前 300 年前欧几里德撰写《几何原本》时吸收了欧多索斯的研究成果,进一步系统地论述了黄金分割,成为最早的有关黄金分割的论著.

优选法是一种研究最优化问题的方法.如在炼钢时需要加入某种化学元素来增加钢的强度,假设在每吨钢中需加某种化学元素的量在 1000～2000 克之间.为了求得最恰当的加入量,需要在 1000 克与 2000 克这个区间中进行试验.取区间中点 1500 克做试验,然后将试验结果与 1000 克和 2000 克时的实验结果比较,从中选取强度较高的两点作为新区间,再取新区间的中点做试验,再比较端点,依此下去,直至取得最理想的结果.这种实验法称为"对分法".如果将实验点取在区间的 0.618 处,则实验的次数将大大减少.这种取区间的 0.618 处作为试验点的方法就是一维的优选法,也称"0.618 法".这也就是黄金分割在实践中的一个应用.

古希腊巴特农神庙是举世闻名的完美建筑,它的高和宽的比就是 0.618.此外古埃及的金字塔、巴黎圣母院、埃菲尔铁塔也都不约而同地运用了黄金分割.画家们发现,按 0.618：1 来设计腿长与身高的比值,画出的人体身材最美,因此古希腊的维纳斯女神及太阳神阿波罗的形象都通过故意延长双腿,使之与身高的比值为 0.618,从而创造了艺术之美.因此,黄金分割也和审美有着重要的联系.

著名的菲波那契数列 1、1、2、3、5、8、13、21……其特点是除前两个数之外,每个数都是它前两个数之和.经研究发现,相邻两个菲波那契数列的项的比值随序号的增加而逐步趋于黄金分割比.

因此,黄金分割比是一个奥妙无穷的数.

总结反思 本题考查学生对数学史和数学美的认识.黄金分割具有严格的比例性、艺术性、和谐性,蕴藏着丰富的美学价值.其作用不仅体现在绘画、雕塑、音乐、建筑等艺术领域,而且还涉及管理、工商等方方面面.

详细的介绍可参看人教版高中课程标准实验教科书选修 4－7（《优选法和试验设计初步》）.

请登录 http://www.baidu.com,百度一下相关内容,可获得更多的信息.

思 考 与 训 练 ★★★
★★★

1. 推导点 $P(x_0,y_0)$ 到直线 $l:Ax+By+C=0$ 的距离 d 的公式可用如下方法：
作 $PQ\perp l$ 于 Q，设 $Q(a,b)$，则

$$d=\sqrt{(x_0-a)^2+(y_0-b)^2} \qquad \text{①}$$

不妨设 $A\neq 0$，则有 $\begin{cases} Aa+Bb+C=0, \\ \dfrac{y_0-b}{x_0-a}=\dfrac{B}{A} \end{cases}$，进一步化为

$$\begin{cases} A(x_0-a)+B(y_0-b)=Ax_0+By_0+C, \\ \dfrac{y_0-b}{x_0-a}=\dfrac{B}{A}. \end{cases} \qquad \text{②}$$

由①可知，求距离公式 d 的关键是要求出 (x_0-a) 和 (y_0-b)；由②可知，可从整体高度考察 $(x_0-a)^2+(y_0-b)^2$，请你根据这种整体思考，完成公式的推导.

2. 设函数 $f(x)=x^2+x+a(a\in\mathbf{R}^+)$ 满足 $f(n)<0$，试判断 $f(n+1)$ 的符号.
某同学有下面的两个解题思路：
思路一：由 $f(n)<0 \Rightarrow n^2+n+a<0$，则
$f(n+1)=(n+1)^2+(n+1)+a=f(n)+2n+2.$
……做不下去了.
思路二：由题设 $f(n)<0$ 及 $a>0$，知 $f(x)=x^2+x+a$ 的图像如图 1－3－3 所示.
……做不下去了.
请你对这两个思路给出评价，并完成解答过程.

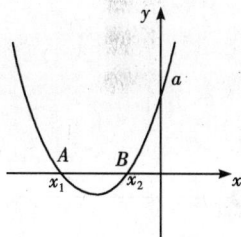

图 1－3－3

3. 向日葵是一种美丽的植物，在蓝天之下它们大大的黄色圆盘非常具有标志性. 当然，我们大多数人喜爱它们的原因是因为喜欢嗑瓜子. 但是，你有没有过停下脚步，细细观察这种特殊花朵中央的种子排列图案呢？向日葵绝不仅仅只是长相美丽、种子美味的普通植物，它们更是一种数学奇迹的体现。请查阅网络或图书资料，具体了解向日葵种子排列图案所符合的数学规律.

第 2 章　数学思考的宏观策略

　　尽管数学的系谱是悠久而又朦胧的,但是数学思想是起源于经验的.这些思想一旦产生,这门科学就以特有的方式生存下去.和任何其他学科、尤其是经验学科相比,数学可以比作一种有创造性的,又几乎完全受审美动机所控制的学科.

——犹太人数学家　冯诺依曼(J. Von Neumann)

本章导航

第1节 化简与从简的思维倾向

化简,即是将问题的条件或结论化为更加简明的形式;从简,即是从问题的某个局部或某种简单情形入手解题. 通过化简有利于暴露解题思考的切入点;通过问题局部或简单情形的解决,可探索出整体解决问题的思路或方法. 因此,化简与从简是数学思考的一种最常见的倾向性.

□ 将问题化归为特定的形式

某种特定形式的问题往往对应着特定的处理方法,或者某个公式、定理、法则仅适用于某种特定的形式. 因此,数学思考的一个基本原则是尽量化归为某种熟悉的、或有解题"套路"的特定形式.

【例1】 对任意角 θ,求 $32\cos^6\theta - \cos6\theta - 6\cos4\theta - 15\cos\theta$ 的值.

思维指向 对求值的式子作恒等变形,将其中涉及的角统一为 2θ 或 4θ,将各三角函数的次数降为 2 次或 1 次,使之能用正弦和余弦的平方关系 $\sin^2\theta + \cos^2\theta = 1$.

问题探究 由降幂公式可得

$$\cos^2\theta = \frac{1+\cos2\theta}{2}$$

将其代入 $\cos^6\theta$ 即可将 6 次幂降为 3 次幂,注意到

$$\cos6\theta = \cos(4\theta+2\theta) = \cos4\theta\cos2\theta - \sin4\theta\sin2\theta$$

即可将 $\cos6\theta$ 向预期的方向转化. 最后用倍角的正弦或余弦公式将 $\cos4\theta$ 和 $\sin4\theta$ 化归为关于 $\sin2\theta$ 和 $\cos2\theta$ 的式子.

简明解答 由降幂公式和倍角公式,得

$$原式 = 32(\frac{1+\cos2\theta}{2})^3 - \cos(4\theta+2\theta) - 6(2\cos^22\theta-1) - 15\cos2\theta$$

$$= 4 + 12\cos2\theta + 12\cos^22\theta + 4\cos^32\theta - (2\cos^22\theta-1) \cdot$$

简单形式的背后,触及了问题的本质. 简单而不平凡.

波利亚(G. Polga)强调解题时要"尽力联想到熟悉的或已解决的问题",也就是基于这个原则.

此题为 2013 年"北约"自主招生试题.

由倍角的余弦公式

$\cos2\theta = 2\cos^2\theta - 1 = 1 - 2\sin^2\theta$,可得降幂公式

$$\cos^2\theta = \frac{1+\cos2\theta}{2},$$

$$\sin^2\theta = \frac{1-\cos2\theta}{2}.$$

$$\cos 2\theta + 2\cos 2\theta \sin^2\theta - 6(2\cos^2 2\theta - 1) - 15\cos^2\theta$$

$$= 10 + 2\cos^3 2\theta + 2\cos 2\theta \sin^2 2\theta - 2\cos 2\theta$$

$$= 10 + 2\cos^3 2\theta + 2\cos 2\theta(1 - \cos^2 2\theta) - 2\cos 2\theta$$

$$= 10.$$

总结反思 在三角恒等式的证明或求值问题中,切割化弦、将函数名和式中的角度尽可能统一、将三角函数的次数尽可能降为一次或二次,这是在对问题进行化归时首要考虑的特定形式.

【例2】 对于函数 $f(x) = a\sin x + bx + c$(其中 $a,b \in \mathbf{R}, c \in \mathbf{Z}$),选取 a,b,c 的一组值计算 $f(1)$ 和 $f(-1)$,所得出的结果一定不可能是 (　　)

　A.4 和 6　　　　　　　　B.3 和 1

　C.2 和 4　　　　　　　　D.1 和 2

此题为 2011 年福建省高考理科试题.

思维指向 列出 $f(1)$ 和 $f(-1)$ 的表示式,两式联立作某种运算,得到关于 $f(1)$ 和 $f(-1)$ 的一个有特定形式的式子(要求尽可能简单一些),再将选项中的数据代入检验,看哪一个选项中的数据符合"特定形式的式子"所隐含的数值规律.

问题探究 因为 $f(1) = a\sin 1 + b + c$,$f(-1) = -a\sin 1 - b + c$,且 c 为整数,故

$$f(1) + f(-1) = 2c$$

是偶数.在各选项中,只有 D 选项两个数的和为奇数,因而"一定不可能的"只能是 D.

$f(1) + f(-1)$ 中不含 a,b,只含有整数 c,这种特定形式为奇偶性分析提供了基础.

简明解答 D.

总结反思 捕捉细节条件的能力和对数学特征的敏感性,在解题中是十分重要的. 本题中,c 与 a,b 的取值范围不同,$f(1)$ 和 $f(-1)$ 的值不能独立求出,但它们相加,则可得到只含有整数 c 的特定形式,为奇偶性分析提供了基础.

此题为 2007 年北京大学试题.

【例3】 解方程组 $\begin{cases} xy = 2x + y - 1, \\ yz = 2z + 3y - 8, \\ xz = 4z + 3x - 8. \end{cases}$

这种变形后,三个方程的结构形式更加一致,这种现象称之为"同构".

思维指向 将方程组中各方程变形,使得三个方程联立后有利于消元,从而实现求出 x、y、z 的值.

问题探究 三个方程均具有 $xy = ax + by + c$ 的形式,可变形为 $(x-b)(y-a) = c + ab$. 这样变形后,方程之间的关系或许更有利于协同消元得出方程组的解.

简明解答 原方程等价于

$$\begin{cases} (x-1)(y-2) = 1, & \text{①} \\ (y-2)(z-3) = -2, & \text{②} \\ (x-4)(z-3) = 4, & \text{③} \end{cases}$$

由①×③÷②,得 $(x-1)(x-4) = -2$.

由此解得 $x_1 = 2, x_2 = 3$,代回①③立即得到 $y_1 = 3, y_2 = \dfrac{5}{2}$,$z_1 = 1, z_2 = -1$.

综上可知,原方程的解为 $(x,y,z) = (2,3,1), (3, \dfrac{5}{2}, -1)$.

总结反思 特定的形式有特定的解题思路.本题通过将每一个方程化归为 $(x-a)(y-b) = c$ 的形式,为解题找到了"入口".这是解题的技巧所在.

此题为 2013 年北京大学保送生测试题.

【例 4】 正数 a, b, c 满足 $a < b + c$,求证:

$$\frac{a}{1+a} < \frac{b}{1+b} + \frac{c}{1+c}.$$

思维指向 将问题化归为应用熟知的不等式模型:若 $y > x > 0, m > 0$,则有 $\dfrac{x}{y} < \dfrac{x+m}{y+m}$.

此不等式常称之为"加糖模型".这是因为往糖水中加纯糖后,糖水变甜了,即浓度加大了.

问题探究 注意到 $1 + a > a$,为便于由不等式左边 $\dfrac{a}{1+a}$ 变到不等式右边,需要引入字母 b 和 c,再注意到 $b + c > a$,由熟知的不等式 $\dfrac{x}{y} < \dfrac{x+m}{y+m}$ $(y > x > 0, m > 0)$,可立得 $\dfrac{a}{1+a} < \dfrac{b+c}{1+b+c}$.这个目标也就达到了.

简明解答 因为 $a < b + c$,且 $a, b, c \in \mathbf{R}^+$,所以有

$$\frac{a}{1+a}<\frac{b+c}{1+b+c}=\frac{b}{1+b+c}+\frac{c}{1+b+c}<\frac{b}{1+b}+\frac{c}{1+c}.$$

故 $\dfrac{a}{1+a}<\dfrac{b}{1+b}+\dfrac{c}{1+c}.$

总结反思 本题的条件可用三角形的背景给出,即将题目变为:若 a,b,c 为三角形的三边,则有 $\dfrac{a}{1+a}<\dfrac{b}{1+b}+\dfrac{c}{1+c}.$

"将题目换一个背景",这也是命题创新的一个方式.

□ 通过代换简化问题的结构

将问题的某个局部用某个字母代替,这就是代换.代换能使问题的整体结构简化,而又不改变其本质.这种处理数学问题的思想方法,能化繁为简,化难而易,在解题中有着十分广泛的应用.

【例5】 已知 x,y,z 是非负整数,且 $x+y+z=10$,$x+2y+3z=30$,则 $x+5y+3z$ 的取值范围是 _____.

此题为 2004 年上海交大自主招生试题.

思维指向 用关于 z 的代数式表示 x 和 y,通过代换将 $x+5y+3z$ 化为关于 z 的代数式,并求出 z 的取值范围,由此即可求出 $x+5y+3z$ 的取值范围.

这种处理问题的方式,也是方程思想的一个典型应用.

问题探究 由条件,得

$$\begin{cases} x+y=10-z, \\ x+2y=30-3z \end{cases}$$

其中 $0\leqslant z\leqslant10$,且 z 为整数,故

$$\begin{aligned} x+5y+3z &=4(x+2y)-3(x+y)+3z \\ &=4(30-3z)-3(10-z)+3z \\ &=90-6z. \end{aligned}$$

由 $0\leqslant z\leqslant10$ 且 z 为整数,知 $90-6z$ 的取值范围是 $\{30,36,42,48,54,60,66,72,78,84,90\}$,这就是 $x+5y+3z$ 的取值范围.

由条件等式可推出整数 z 满足 $0\leqslant z\leqslant10$ 的性质.这里容易忽视而导致解答错误.

简明解答 $\{30,36,42,48,54,60,66,72,78,84,90\}$.

总结反思 求代数式的范围,常用的方法是由已知凑未知.本题中,可直接将 z 看作已知数,解方程组分别得出 x,y 的关于 z 的代数表达式,再代换到 $x+5y+3z$ 中将其表示为关于 z 的代数式,但不及解法中整体代换的方式简捷明快.

【例6】 解三角方程

$$a\sin\left(x+\frac{\pi}{4}\right)=\sin 2x+9$$

其中 a 为实常数.

此题为 2006 年复旦大学自主招生试题.

思维指向 将三角方程化归为代数方程,再解代数方程.

问题探究 注意到 $\sin\left(x+\frac{\pi}{4}\right)=\frac{\sqrt{2}}{2}(\sin x+\cos x)$,$\sin 2x=2\sin x\cos x$,如果假设 $\sin\left(x+\frac{\pi}{4}\right)=t$,则 $\sin 2x$ 也可表示为关于 t 的代数式,这样三角方程就化归为代数方程了.

由 $(\sin x+\cos x)^2=1+\sin 2x$ 可实现 $\sin x+\cos x$ 和 $\sin 2x$ 的相互替换.这种思路有广泛的应用.

简明解答 令 $\sin\left(x+\frac{\pi}{4}\right)=t$,则

$$\sin 2x=-\cos\left(2x+\frac{\pi}{2}\right)=2\sin^2\left(x+\frac{\pi}{4}\right)-1=2t^2-1,$$

原方程可化为 $at=2t^2-1+9$,即

$$2t^2-at+8=0\,(t\in[-1,1]).$$

令 $f(t)=2\left(t+\frac{4}{t}\right)$,则 $f(t)$ 在 $(0,1)$ 上单调递减,在 $[-1,0)$ 上也单调递减,$f(t)\geqslant f(1)=10$,且 $f(t)\leqslant f(-1)=-10$,即

$$f(t)\in[10,+\infty)\bigcup(-\infty,-10].$$

这里实际上是在将方程化为
$$a=2f(t)$$
的基础上而进行的讨论.

综上可知,当 $a\in(-10,10)$ 时,原方程无解;当 $a\in[10,+\infty)\bigcup(-\infty,-10]$ 时,原方程有解,解为

$$t_1=\frac{a+\sqrt{a^2-64}}{4},\quad t_2=\frac{a-\sqrt{a^2-64}}{4}.$$

当 $a\in[10,+\infty)$ 时,$t_1\geqslant\dfrac{10+\sqrt{10^2-64}}{4}=4$(舍去),所以

这里用到反三角函数表示角的知识,原"大纲"版教材中有这一内容,新课标教材删去了,有意向参加自主招生的同学有必要补充阅读.

$$t = \frac{a - \sqrt{a^2 - 64}}{4} \in (0,1), 进一步得$$

$$x = k\pi + (-1)^k \arcsin \frac{a^2 - \sqrt{a^2 - 64}}{4} - \frac{\pi}{4};$$

当 $a \in (-\infty, -10]$ 时, $t_2 < -1$(舍去), $t_1 \in [-1,0)$, 进一

步得 $x = k\pi + (-1)^k \arcsin \frac{a + \sqrt{a^2 - 64}}{4} - \frac{\pi}{4}.$

综上可知,

当 $a \in (-\infty, -10]$ 时,

$$x = k\pi + (-1)^k \arcsin \frac{a + \sqrt{a^2 - 64}}{4} - \frac{\pi}{4};$$

当 $a \in (-10, 10]$ 时, 原方程无解;

当 $a \in [10, +\infty)$ 时,

$$x = k\pi + (-1)^k \arcsin \frac{a - \sqrt{a^2 - 64}}{4} - \frac{\pi}{4}.$$

总结反思 此题的解答中用到反三角函数的概念. 一般
地, 有如下规律:

(1)若 $\sin x = a(-1 < a < 1)$, 则当 $x \in \left[-\frac{\pi}{2}, \frac{\pi}{2}\right]$ 时, 记 $x = $
$\arcsin a$; 当 $x \in \mathbf{R}$ 时, $x = k\pi + (-1)^k \arcsin a (k \in \mathbf{Z})$.

(2)若 $\cos x = a(-1 < a < 1)$, 则当 $x \in [0, \pi]$ 时, 记 $x = $
$\arccos a$; 当 $x \in \mathbf{R}$ 时, $x = k\pi \pm \arccos a (k \in \mathbf{Z})$.

(3)若 $\tan x = a(a \in \mathbf{R})$, 则当 $x \in \left[-\frac{\pi}{2}, \frac{\pi}{2}\right]$ 时, 记 $x = $
$\arctan a$; 当 $x \in \mathbf{R}$ 时, $x = k\pi + \arctan a (k \in \mathbf{Z})$.

【例7】 设 A、B 为抛物线 $y = 1 - x^2$ 上在 y 轴两侧的点,
求分别过点 A、点 B 的切线与 x 轴围成的三角形的面积的最
小值.

思维指向 引入参数, 将两条切线和 x 轴所围成的三角形
的面积用关于参数的函数表示, 再通过求函数的最小值求面积
的最小值.

欲详细了解反三角
函数的基础知识, 请参
看相关的书目.

此题为 2010 年北
京大学试题.

问题探究 分别假设 A、B 两点的坐标 $A(x_1,y_1)$、$B(x_2,y_2)$，则可直接写出过 A 点、B 点的切线方程，而且由于点 A、点 B 的坐标均满足抛物线方程，可使切线方程分别只含有参数 x_1 和 x_2.

两条切线方程和 x 轴对应的方程 $y=0$ 两两联立，求分别求出三角形三个顶点的坐标，这样要求最小值的三角形的面积就可表示为关于 x_1、x_2 的代数式了.

最后，设法求出面积的最小值，问题也就解决了.

简明解答 设点 A、B 的坐标为 $A(x_1,y_1)$、$B(x_2,y_2)$，则 $y_1=1-x_1^2$，$y_2=1-x_2^2$.

过点 A 的切线方程为 $\dfrac{y+y_1}{2}=1-x_1x$，即 $y=2-2x_1x-y_1$ $=2-2x_1x-(1-x_1^2)=-2x_1x+1+x_1^2$，即

$$l_1:y=-2x_1x+1+x_1^2.$$

同理，可得过点 B 的切线方程为

$$l_2:y=-2x_2x+1+x_2^2.$$

由直线 l_1、l_2 的方程联立，得两切线的交点坐标 $M\left(\dfrac{x_1+x_2}{2},1-x_1x_2\right)$；由直线 l_1 的方程和 $y=0$ 再联立，得 $N\left(\dfrac{x_1^2+1}{2x_1},0\right)$；由直线 l_2 的方程和 $y=0$ 联立，得 $T\left(\dfrac{x_2^2+1}{2x_2},0\right)$.

故三角形 MNT 的面积为

$$S=\frac{1}{2}\left(\frac{1+x_1^2}{2x_1}+\frac{1+x_2^2}{2x_2}\right)(1-x_1x_2).$$

不妨设 $x_1>0>x_2$，令 $a=x_1$，$b=-x_2$，知 $a,b>0$，S 的表达式可化为

$$S=\frac{1}{2}\left(\frac{1+a^2}{2a}-\frac{1+b^2}{2b}\right)\cdot(1+ab).$$

令 $\mu=a+b$，$v=ab$，得 $\mu^2\geqslant 4v$，即 $\mu\geqslant 2\sqrt{v}$，S 的表达式可作进一步的变形

此题的解题过程是典型的函数思想和方程思想的综合运用.

一般地，过二次曲线

$$Ax^2+By^2+Dx+Ey+F=0$$

上的一点 (x_0,y_0) 的切线方程为

$$Ax_0x+By_0y+D\cdot\frac{x_0+x}{2}+E\cdot\frac{y_0+y}{2}+F=0.$$

这个结论可直接应用.

将面积关系式中的参数"正数化"是一个好的策略，因为关于正数的式子在求最值的过程中更便于处理.

作代换 $\mu=a+b$，$v=ab$ 之后，不但可进一步简化函数关系式，而且利用所给出的 $\mu^2\geqslant 4v$，可将要求的面积关系"放缩"为关于 v 的一元函数表达式. 因此这是一个不错的思路.

$$S = \frac{1}{2} \cdot \frac{b+ba^2+a+ab^2}{2ab} \cdot (1+ab)$$

$$= \frac{1}{4} \cdot \frac{a+b+ab(a+b)}{ab} \cdot (1+ab)$$

$$= \frac{1}{4} \cdot \frac{\mu}{v} \cdot (1+v)^2$$

$$\geqslant \frac{1}{2} \cdot \frac{1}{\sqrt{v}} (1+v)^2$$

$$= \frac{1}{2}\sqrt{v}\left(v+\frac{1}{v}+2\right).$$

令 $g(x)=\sqrt{x}\left(2+\dfrac{1}{x}+x\right)=2\sqrt{x}+x^{-\frac{1}{2}}+x^{-\frac{3}{2}}$，则

$$g'(x)=x^{-\frac{1}{2}}-\frac{1}{2}x^{-\frac{3}{2}}+\frac{3}{2}x^{\frac{1}{2}}=\frac{1}{2}x^{-\frac{3}{2}}(3x-1)(x+1).$$

令 $g'(x)=0$，得 $x=\dfrac{1}{3}$ 或 -1(舍去)．

所以 $g(x)$ 的最小值是

$$(g(x))_{\min}=g\left(\frac{1}{3}\right)=2\sqrt{\frac{1}{3}}+3^{\frac{1}{2}}+\left(\frac{1}{2}\right)^{\frac{3}{2}}=\frac{16}{9}\sqrt{3}.$$

故两条切线和 x 轴所围成的三角形的面积的最小值为

$$S_{\min}=\frac{8}{9}\sqrt{3}.$$

总结反思 代换在本题求最小值的过程中起到了关键的作用．令 $a=x_1$，$b=-x_2$，则使得 S 的表达式中的字母均变为了正数，为进一步变形奠定了基础．令 $\mu=a+b$，$v=ab$，并利用 $\mu \geqslant 2\sqrt{v}$ 放缩，使得 S 的表达式中由含有二元变量化为只含有一元变量，为利用导数求最小值提供了方便．

【例8】 已知方程 $x^3+ax^2+bx+c=0$ 的三个根分别为 a，b，c，并且 a，b，c 是不全为 0 的有理数，求 a，b，c 的值．

思维指向 由方程的三个根分别为 a，b，c，可设方程为特定的形式 $(x-a)(x-b)(x-c)=0$，再作进一步分析．

问题探究 设方程的形式为 $(x-a)(x-b)(x-c)=0$，再

对于右边为 0，左边为一个多项式的方程，若方程有一个根 $x=x_0$，则方程左边一定含有因式 $(x-x_0)$，这里的思路就是这个规律的直接应用．

此题为 2005 年上海交大试题．

直接利用三次方程的韦达定理，也可得出这个方程组．

展开将左边化成关于 x 的按降幂排列的多项式,和已知方程 $x^3+ax^2+bx+c=0$ 比较系数,得出关于 a,b,c 的方程组,解方程组即可求出 a,b,c 的值.

简明解答 由方程的三个根分别为 a,b,c,知可设方程为 $(x-a)(x-b)(x-c)=0$,展开并整理,得

$$x^3-(a+b+c)x^2+(ab+bc+ca)x-abc=0.$$

比较同次幂系数,得

$$\begin{cases} a+b+c=-a, \\ ab+bc+ca=b, \\ -abc=c. \end{cases}$$

当 $c=0$ 时,方程组化为 $\begin{cases} a+b=-a, \\ ab=b. \end{cases}$ 解得 $a=1,b=-2,c=0$,或 $a=0,b=0,c=0$(舍去).

当 $c\neq 0$ 时,消去 b,c 得 $(a-1)(2a^3+2a^2-1)=0$.

由于方程 $2a^3+2a^2-1=0$ 无有理根,故 $a-1=0$,即 $a=1$.由此解得 $a=1,b=-1,c=-1$.

综上可知,a,b,c 的值为 $(a,b,c)=(1,-2,0)$ 或 $(1,-1,-1)$.

总结反思 如何判断方程 $2a^3+2a^2-1=0$ 无有理根,这是一个难点.其基本"套路"是:令 $a=\dfrac{m}{n}$ 为既约分数,代入化简得 $2m^3+2m^2n-n^3=0$,当 m 是偶数时,则 n 是偶数,矛盾!当 m 是奇数时,则 n 是偶数,设 $n=2k$,则得 $m^3+2m^2k-4k^3=0$,由此得 m 又为偶数,矛盾.所以,方程 $2a^3+2a^2-1=0$ 无有理根.

□ 将问题分解或退化到简单情形

【例9】 若干个正整数之和为 2011,求其乘积的最大值.

如果一个复杂的整体由简单的情形构成,则解决了每一个简单情形之后,问题的整体也获得解决.同样地,如果能解决问题的某个简单的局部,则局部的解题思路可以迁移到问题整体的解题过程.因此,数学思考中常考虑"将复杂的问题分解或退化到简单情形".

对一元高次多项式方程是否具有"有理根"的判断,可按同样的思路进行.因而,这里的方法具有可推广性.

数学问题中的"年号",往往没有本质的含义,用其他较小的数替换不改变其本质.这是探索含有"年号"的问题的解题思路的一条途径.

思维指向 正整数的个数是多少？使其乘积最大的正整数应满足怎样的规律？需要探索！题中的 2011 或许只表明一个年号,并无特殊的含义,可考虑用较小的数(如 6,9,11 等等)作试探,看看和为该数时要使得乘积最大要满足什么条件,再将此"条件"迁移到本题并求其乘积的最大值。

数学解题思路的探索要善于"退","退到最原始而又不失去一般性的地方"(华罗庚语)。这里的思维指向就是"退"。

问题探究 就其中若干个正整数之和为 6,9,11 等情形,探索要使其乘积最大各数应满足的条件。设"和式"中第 i 个正整数为 x_i,不难发现 x_i 应具有如下性质：

(1)$x_i \leqslant 3$；

(2)$x_i \neq 1$；

(3)其中等于 2 的 x_i 的个数不多于 2。

如果这些性质也是"若干个正整数之和为 2011,且其乘积取最大值"时的性质,则由此可求出乘积的最大值为 $3^{669} \times 2^2$。

简明解答 和为 2011 的正整数组只有有限个,于是其中必有一个正整数组,其各数的乘积达到最大值。

不妨设达到最大值的正整数组为 $(x_1, x_2, \cdots, x_n)$,其中 $x_1 + x_2 + \cdots + x_n = 2011$,此时各数的乘积为

$$P = x_1 x_2 \cdots x_n$$

我们证明,当 P 取最大值时,所有 x_i 具有如下性质：

(1)$x_i \leqslant 3$。

事实上,若有某个 $x_i \geqslant 4$,则将 x_i 换为两个数 2 和 $x_i - 2$,得到一个新的数组

$$(x_1, x_2, \cdots, x_{i-1}, 2, x_i - 2, x_{i+1}, \cdots, x_n).$$

注意到 $2(x_i - 2) = 2x_i - 4 = x_i + (x_i - 4) \geqslant x_i$,可知调整后的数组中各数之积为

$$P' = x_1 \cdot x_2 \cdot \cdots \cdot x_{i-1} \cdot 2(x_i - 2) \cdot x_{i+1} \cdot \cdots \cdot x_n \geqslant P$$

与题设矛盾。

(2)$x_i \neq 1$。

事实上,若有某个 $x_i = 1$,则在数组中任取一个 x_j,将 1 和 x_j 合并为一个新数 $(1 + x_j)$,得到一个新的数组

$$(x_1, x_2, \cdots, x_{j-1}, x_{j+1}, \cdots, x_n, x_j + 1)$$

这里将问题分解为三类简单情形,解题过程简单明了。

注意到 $1 \cdot x_j < 1 + x_j$，可知调整后数组的各数之积

$$P' = x_1 \cdot x_2 \cdot \cdots \cdot x_{j-1} \cdot x_{j+1} \cdots x_n \cdot (x_j + 1) > P$$

与题设矛盾.

(3)若有 $x_i = x_j = x_k = 2$，则将 x_i, x_j, x_k 换成两个数 3 和 3，得到一个新的数组.注意到 $2 \times 2 \times 2 < 3 \times 3$，可知新的数组中各数之积 $P' > P$，矛盾.

由上面(1)(2)(3)的结论可知，要各数的乘积最大，x_i 只能为 2 或 3，而且 2 的个数不能多于 2.注意到 $2011 = 3 \times 669 + 2 + 2$，可知乘积的最大值为

$$P = 3^{669} \times 2^2.$$

总结反思 此题的结论可一般化：

若干个正整数之和为 n，其乘积的最大值为 P. 如果 $n = 3k+1$，$P = 3^{k-1} \times 2^2$；如果 $n = 3k+2$，那么 $P = 3^k \times 2$；如果 $n = 3k$，那么 $P = 3^k$.

证明方法完全相同于本题的解法.

> 一般的结论如何证明？请读者自行完成.

【例 10】 设 $a_0, a_1, \cdots, a_n \in (0, \dfrac{\pi}{2})$，使得

$$\tan\left(a_0 - \frac{\pi}{4}\right) + \tan\left(a_1 - \frac{\pi}{4}\right) + \cdots + \tan\left(a_n - \frac{\pi}{4}\right) \geqslant n - 1.$$

求证：$\tan a_0 \cdot \tan a_1 \cdot \cdots \cdot \tan a_n \geqslant n^{n+1}$.

思维指向 解题的切入点不甚明确，我们取 $n=2$ 看条件和结论之间的关系，由此发现解题思路.

问题探究 取 $n=2$，则问题的条件化为

$$\tan\left(a_0 - \frac{\pi}{4}\right) + \tan\left(a_1 - \frac{\pi}{4}\right) + \tan\left(a_2 - \frac{\pi}{4}\right) \geqslant 1.$$

> $n=2$ 是问题的"最简单而又不失去一般性"的情形.其解题思路应当比原问题容易，而且对原问题的解法有较好的启发性.

注意到 $\tan\left(a_i - \dfrac{\pi}{4}\right) = \dfrac{\tan a_i - 1}{1 + \tan a_i} = 1 - \dfrac{2}{1 + \tan a_i}$，如果再令 $\dfrac{1}{1 + \tan a_i} = b_i$，则条件可进一步化简为

$$b_0 + b_1 + b_2 \leqslant 1 \qquad \text{①}$$

由 $\dfrac{1}{1 + \tan a_i} = b_i$，可得 $\tan a_i = \dfrac{1}{b_i} - 1$，此时要证的结论可化简为

$$\frac{1 - b_0}{b_0} \cdot \frac{1 - b_1}{b_1} \cdot \frac{1 - b_2}{b_2} \geqslant 2^3 \qquad \text{②}$$

由条件①证明结论②是十分简单的. 事实上

$$\frac{1-b_0}{b_0} \geqslant \frac{b_1+b_2}{b_0} \geqslant \frac{2\sqrt{b_1 b_2}}{b_0}.$$

同理可得 $\quad \frac{1-b_1}{b_1} \geqslant \frac{2\sqrt{b_0 b_2}}{b_1}, \frac{1-b_2}{b_2} \geqslant \frac{2\sqrt{b_0 b_1}}{b_2}$

以上三式相乘即得要证的②式,有了这种"退化"情形的证明思路,原问题的证明就十分简明了.

简明解答 题设条件等价于 $\sum_{i=0}^{n}\frac{\tan a_i - 1}{1+\tan a_i} \geqslant n-1$,即 $n+1-\sum_{j=0}^{n}\frac{2}{1+\tan a_i} \geqslant n-1$ 进一步可化为

$$\sum_{i=0}^{n}\frac{1}{1+\tan a_i} \leqslant 1.$$

令 $b_i = \frac{1}{1+\tan a_i}(i=0,1,2,\cdots,n)$,则条件等价于

$$\sum_{i=0}^{n} b_i \leqslant 1 \text{ 且 } \tan a_i = \frac{1}{b_i}-1.$$

此时

$$\tan a_0 \cdot \tan a_1 \cdots \tan a_n = \prod_{i=0}^{n}\left(\frac{1}{b_i}-1\right)$$

$$\geqslant \prod_{i=0}^{n}\frac{n \cdot \sqrt[n]{\prod_{k\neq i} b_k}}{b_i} = n^{n+1}.$$

即 $\qquad \tan a_0 \cdot \tan a_1 \cdots \tan a_n \geqslant n^{n+1}.$

总结反思 在数学解题思路的探索中要善于退到最简单而又不失一般性的情形. 本题中 $n=2$ 时的条件和结论,就是这样的情形. 它的解题思路容易发现,而且可直接用于解答较为复杂的原来问题. 另外,与"年号"相关是自主招生命题的一个特色,本题可改造为与相连三年的年号相关的问题:

设 $a_1, a_2, \cdots, a_{2012}$ 是 $(0, \frac{\pi}{2})$ 上的 2012 个数,且满足

$$\tan(a_1 - \frac{\pi}{4}) + \tan(a_2 - \frac{\pi}{4}) + \cdots + \tan(a_{2012} - \frac{\pi}{4}) \geqslant 2010.$$

求证:$\tan a_1 \cdot \tan a_2 \cdots \tan a_{2012} \geqslant 2011^{2012}.$

证明过程请读者自主完成.

代换在问题的解决中发挥着重要的作用. 通过代换简化了问题的结构,使三角不等式纯代数化了.

证明过程和例 10 完全一致,供读者练习.

思考与训练 ★★★
★★★

1. 当 $x \in [-1,1]$ 时,函数 $f(x) = \dfrac{x^4 + 4x^3 + 17x^2 + 26x + 106}{x^2 + 2x + 7}$ 的值域为　　　(　)

A. $(6,10)$　　　　　　B. $(8,10)$　　　　　　C. $(10,15)$　　　　　　D. $(15, 15\frac{2}{3})$

2. 设 z 为复数,$E = \{z \mid (z-1)^2 = |z-1|^2\}$,则下列结论正确的是　　　(　)

A. $E = \{$纯虚数$\}$　　　　　　　　　　B. $E = \{$实数$\}$

C. $\{$实数$\} \subseteq E \subseteq \{$复数$\}$　　　　　D. $E = \{$复数$\}$

3. 若不等式 $0 \leqslant x^2 + ax + 5 \leqslant 4$ 只有唯一实数解,则 $a = $ _____.

4. 有一座塔,在距共基座分别为 100 m、200 m 和 300 m 距离的地面观测塔顶,仰角分别为 α、β 和 γ,正好发现 $\alpha + \beta + \gamma = 180°$,则塔高为 _____.

5. 设 $f(x)$ 和 $g(x)$ 是定义在 **R** 上的两个函数,x_1,x_2 是 **R** 上任意两个不等的实数.

(1)设 $|f(x_1) + f(x_2)| \geqslant |g(x_1) + g(x_2)|$ 恒成立,且 $y = f(x)$ 是奇函数,试判断函数 $y = g(x)$ 的奇偶性并说明理由;

(2)设 $|f(x_1) - f(x_2)| \geqslant |g(x_1) - g(x_2)|$ 恒成立,且 $y = f(x)$ 是周期函数,试判断函数 $y = g(x)$ 的周期性并说明理由;

(3)设 $|f(x_1) - f(x_2)| > |g(x_1) - g(x_2)|$ 恒成立,且 $y = f(x)$ 是 **R** 上的增函数,试判断函数 $h(x) = f(x) + g(x)$ 与 $h'(x) = f(x) - g(x)$ 在 **R** 上的单调性并说明理由.

6. 设 $f(x) = (1+a)x^4 + x^3 - (3a+2)x^3 - 4a$,试证明对任意实数 a.

(1)方程 $f(x) = 0$ 总有相同实数根;

(2)存在 x_0,恒有 $f(x_0) \neq 0$.

7. 已知 M 是满足下列性质的所有函数 $f(x)$ 组成的集合：对于函数 $f(x)$，使得对于其定义域内的任意两个自变量 x_1,x_2 均有 $|f(x_1)-f(x_2)|\leqslant|x_1-x_2|$ 成立.

(1)已知函数 $g(x)=ax^2+bx+c\in M$，写出 a,b,c 需满足的条件；

(2)对于集合 M 中的元素 $h(x)=k\sqrt{x^2+1}$，$x\geqslant0$，求出满足条件的常数 k 的取值范围；

(3)当 $x\in(0,\dfrac{\pi}{2})$ 时，$\sin x<x$ 都成立，是否存在实数 a，使 $p(x)=a(2x+\sin x)$ 在 $(\dfrac{\pi}{2},\pi)$ 上属于 M？若存在，则求出 a 的取值范围；若不存在，请说明理由.

8. 已知曲线 $C_n:y=nx^2$，点 $P_n(x_n,y_n)(x_n>0,y_n>0)$ 是曲线 C_n 上的点 $(n=1,2\cdots)$.

(1)试写出曲线 C_n 在点 P_n 处的切线 l_n 的方程，并求出 l_n 与 y 轴的交点 Q_n 的坐标；

(2)若原点 $O(0,0)$ 到 l_n 的距离与线段 P_nQ_n 的长度之比取得最大值，试求点 P_n 的坐标 (x_n,y_n)；

(3)设 m 与 k 为两个给定的不同的正整数，x_n 与 y_n 是满足(2)中条件的点 P_n 的坐标，证明：$\displaystyle\sum_{n=1}^{i}|\sqrt{\dfrac{(m+1)x_n}{2}}-\sqrt{(k+1)y_n}|<|\sqrt{ms}-\sqrt{ks}|$ $(s=1,2\cdots)$.

第 2 节 整体和局部的协同处理

整体和局部的协同处理,是数学思考的辩证法.数学解题中的整体观念,就是在处理数学问题时,着眼于问题的整体研究,谋求整体解决方案.但如果从整体上难以把握解题思路,而问题的某些局部能触发解题的契机时,也常选择从局部入手展开解题过程.当然,在分析数学解题思路时,整体和局部常常是不可分割的,需要两者的协调统一.

着眼整体,或从局部切入,或整体和局部协商处理,均是数学思考的重要方式.

☐ 用整体观念考察数学问题

数学解题中的整体观念,就是在处理数学问题时,不是着眼于它的局部特征,而是着眼它的整体结构.通过对包括全部的条件和结论进行全面、细致、深刻的观察和分析,从宏观上把握所研究问题的关键,谋求整体解决方案.

【例1】 已知 $f(x)=\dfrac{x^n-x^{-n}}{x^n+x^{-n}}$,其中 $n\in\mathbf{N}^*$,试比较 $f(\sqrt{2})$ 与 $\dfrac{n^2-1}{n^2+1}$ 的大小,并说明理由.

思维指向 将 $x=\sqrt{2}$ 代入函数 $f(x)$ 的表达式得出 $f(\sqrt{2})$,显然 $f(\sqrt{2})$ 也是一个关于 n 的函数.比较 $f(\sqrt{2})$ 和 $\dfrac{n^2-1}{n^2+1}$ 的大小可考虑两种方法:其一是通过推理论证得出 $f(\sqrt{2})$ 和 $\dfrac{n^2-1}{n^2+1}$ 的大小关系;其二是取 n 的一些特殊值,通过实验发现 $f(\sqrt{2})$ 和 $\dfrac{n^2-1}{n^2+1}$ 的大小关系,再用数学归纳法进行严格的证明.

从整体上对 $f(\sqrt{2})$ 与 $\dfrac{n^2-1}{n^2+1}$ 作变形,使两者在结构上完全一致,比较大小时只须对某些简单的局部进行.

问题探究 由已知,得 $f(x)=\dfrac{x^n-x^{-n}}{x^n+x^{-n}}=\dfrac{x^{2n}-1}{x^{2n}+1}$,所

以 $f(\sqrt{2}) = \dfrac{2^n - 1}{2^n + 1}$.

显然 $f(\sqrt{2})$ 和 $\dfrac{n^2 - 1}{n^2 + 1}$ 的表达式有着相似的结构,为进一步简化可将变量从分子分离使得只有分母含有参数 n.事实上

$$f(\sqrt{2}) = \frac{2^n - 1}{2^n + 1} = 1 - \frac{2}{2^n + 1};$$

$$F(n) = \frac{n^2 - 1}{n^2 + 1} = 1 - \frac{2}{n^2 + 1}.$$

这样就将比较 $f(\sqrt{2})$ 与 $F(n)$ 的大小问题变为较简单的比较 2^n 与 n^2 的大小问题,使所研究的问题得以简化,降低了解题的难度.为摸清 2^n 与 n^2 的大小,先对 n 的取值进行实验,得出规律,再用数学归纳法证明.

简明解答 易知 $f(x) = \dfrac{x^{2n} - 1}{x^{2n} + 1}$,故

$$f(\sqrt{2}) = \frac{2^n - 1}{2^n + 1} = 1 - \frac{2}{2^n + 1}.$$

又 $F(n) = \dfrac{n^2 - 1}{n^2 + 1} = 1 - \dfrac{2}{n^2 + 1}.$

当 $n = 1$ 时,$2^1 > 1^2$,此时 $2^n > n^2$,$f(\sqrt{2}) > F(n)$;

当 $n = 2$ 时,$2^2 = 2^2$,此时 $2^n = n^2$,$f(\sqrt{2}) = F(n)$;

当 $n = 3$ 时,$2^3 < 3^2$,此时 $2^n < n^2$,$f(\sqrt{2}) < F(n)$;

当 $n = 4$ 时,$2^4 = 4^2$,此时 $2^n = n^2$,$f(\sqrt{2}) = F(n)$;

当 $n = 5$ 时,$2^5 > 5^2$,此时 $2^n > n^2$,$f(\sqrt{2}) > F(n)$;

当 $n = 6$ 时,$2^6 > 6^2$,此时 $2^n > n^2$,$f(\sqrt{2}) > F(n)$;

为此猜想:当 $n \geqslant 5$ 时,有 $2^n > n^2$,从而 $f(\sqrt{2}) > F(n)$,现用数学归纳法证明如下:

(ⅰ)当 $n = 5$ 时,已证得不等式成立;

(ⅱ)设 $n = k(k \geqslant 5)$ 时,有 $2^k > k^2$,则

$$2^{k+1} - (k+1)^2 = 2 \cdot 2^k - (k+1)^2 > 2 \cdot k^2 - k^2 - 2k - 1$$
$$= (k-1)^2 - 2 \geqslant 14 > 0.$$

取 n 的特殊值,观察 $f(\sqrt{2})$ 和 $F(n)$ 的大小关系,由此猜测一般的结论.这是归纳推理的应用.第 2 章第 5 节"特殊的试探作用"中有更多的这方面的问题,读者可参考阅读.

所以 $2^{k+1}>(k+1)^2$,即 $n=k+1$ 时,不等式成立.

故对于大于或等于 5 的自然数 n,$2^n>n^2$ 成立,即 $f(\sqrt{2})>F(n)$ 成立.

综上所述,有如下结论:

(1)当 $n=1$ 或 $n\geqslant 5$ 时,$f(\sqrt{2})>F(n)$;

(2)当 $n=2$ 或 $n=4$ 时,$f(\sqrt{2})=F(n)$;

(3)当 $n=3$ 时,$f(\sqrt{2})<F(n)$.

总结反思 对于分式,当分子和分母均含有未知数时,可先将分子化归为关于分母的代数式,再拆分使未知数只在分母中出现. 如 $\dfrac{7x}{2x+3}=\dfrac{\frac{7}{2}(2x+3)-\frac{21}{2}}{2x+3}=\dfrac{7}{2}-\dfrac{21}{4x+6}$. 这是一个常用的变形技巧. 这种变形常为进一步的运算和推理提供了方便.

> 这是一种常用的变形技巧,值得学习.

【例2】 设 $P_1,P_2,\cdots,P_n(n\geqslant 2)$ 是 $1,2,\cdots,n$ 的任意一个排列,求证:

$$\frac{1}{P_1+P_2}+\frac{1}{P_2+P_3}+\cdots+\frac{1}{P_{n-2}+P_{n-1}}+\frac{1}{P_{n-1}+P_n}>\frac{n-1}{n+2}$$

思维指向 利用柯西(Cauchy)不等式将不等式左边"放缩"(缩小)为关于 $(P_1+P_2+\cdots+P_n)$ 的式子,再证该式子 $>\dfrac{n-1}{n+2}$.

> 关于柯西(Cauchy)不等式的具体内容,可从本书相关章节中找到,也可参看教材选修专题 4—5. 这里所用到的其实是 Cauchy 不等式的一种变式.

问题探究 "$P_1,P_2,\cdots,P_n(n\geqslant 2)$ 是 $1,2,\cdots,n$ 的任意一个排列"所隐含的关系是 $P_1+P_2+\cdots+P_n=1+2+\cdots+n$. 这是一个整体性质.

这种整体观念所诱发的解题思路可以是利用柯西不等式

$$(a_1+a_2+\cdots+a_n)\left(\frac{1}{a_1}+\frac{1}{a_2}+\cdots+\frac{1}{a_n}\right)\geqslant n^2 \ (a_i\in \mathbf{R}^+,i=1,$$

$2,\cdots,n)$ 的变形

$$\frac{1}{a_1}+\frac{1}{a_2}+\cdots+\frac{1}{a_n}\geqslant \frac{n^2}{a_1+a_2+\cdots+a_n}$$

将欲证不等式左边"放缩"(缩小)为关于 $(P_1+P_2+\cdots+P_n)$ 的

式子

$$\frac{(n-1)^2}{2(P_1+P_2+\cdots+P_n)-P_1-P_2}=\frac{(n-1)^2}{n(n+1)-P_1-P_2}$$

再对上式右边缩小,直至化为 $\dfrac{n-1}{n+2}$.

简明解答 由柯西不等式,得

$$\left[(P_1+P_2)+(P_1+P_3)+\cdots+(P_{n-1}+P_n)\right]\left[\frac{1}{P_1+P_2}+\right.$$

$$\left.\frac{1}{P_2+P_3}+\cdots+\frac{1}{P_{n-1}+P_n}\right]\geq(n-1)^2$$

从而得

$$\frac{1}{P_1+P_2}+\frac{1}{P_2+P_3}+\cdots+\frac{1}{P_{n-1}+P_n}$$

$$\geq\frac{(n-1)^2}{2(P_1+P_2+\cdots+P_n)-P_1-P_2}$$

$$=\frac{(n-1)^2}{n(n+1)-P_1-P_2}$$

$$\geq\frac{(n-1)^2}{n(n+1)-1-2}$$

$$=\frac{(n-1)^2}{(n-1)(n+2)-1}$$

$$>\frac{(n-1)^2}{(n-1)(n+2)}=\frac{n-1}{n+2}.$$

故

$$\frac{1}{P_1+P_2}+\frac{1}{P_2+P_3}+\cdots+\frac{1}{P_{n-1}+P_n}>\frac{n-1}{n+2}.$$

$P_1+P_2+\cdots+P_n$ $=1+2+\cdots+n=$ $\dfrac{n(n+1)}{2}$ 这是一个整体性质.

总结反思 本题的解题思路从一开始就将注意力集中于整体性质 $P_1+P_2+\cdots+P_n=1+2+\cdots+n=\dfrac{n(n+1)}{2}$ 的运用。这既是解题思路的生长点,也是解题过程的关键步骤。大凡与排列相关的问题(排列数的计算例外)均要关注和利用这个特征。另外,由 $\dfrac{(n-1)^2}{n(n+1)-P_1-P_2}$ 进一步化为 $\dfrac{n-1}{n+2}$ 的过程,也是基于从整体上对化归方向的合理把握。

【例3】 设集合 $M=\{1,2,3,\cdots,2012\}$, A 是集合的子集,

若对任意 $a_i,a_j\in A, a_i\neq a_j$,都能以 a_i,a_j 为边唯一地确定一个等腰三角形,求集合 A 的元素个数 n 的最大值.

思维指向 先从整体角度探索两个数在什么条件下能够唯一地确定一个等腰三角形,再在此条件下求集合 A 的元素个数的最大值.

问题探究 两个数 $a,b(a<b)$ 能唯一地确定一个以 a,b 为边的等腰三角形,等价于三数组 (a,a,b) 不能构成等腰三角形,因为三数组 (a,b,b) 是必定可以构成等腰三角形的.进一步等价于两个数 a,b 必满足条件 $a+a\leqslant b$,即

$$2a\leqslant b \qquad\qquad ①$$

假设集合 $A=\{a_1,a_2,\cdots,a_n\}$,不妨设 $a_1<a_2<\cdots<a_n$,则由条件①可知 $2a_i\leqslant a_{i+1}$,由此条件可估计出 n 需要满足的必要条件,再构造一个具体的集合 A 说明所估计的 n 的最大值取得到即可.

简明解答 当 $a<b$ 时,数组 $\{a,b,b\}$ 必构成等腰三角形,所以两数 a,b 唯一地构成一个以 a,b 为其两边的等腰三角形,等价于数组 $\{a,a,b\}$ 不能构成等腰三角形,即 $2a\leqslant b$.

设集合 $A=\{a_1,a_2,\cdots,a_n\}$ 是 M 的一个子集,且 $a_1<a_2<\cdots<a_n$,则

$$2a_i\leqslant a_{i+1}$$

注意到

$$2012\geqslant a_n\geqslant 2a_{n-1}\geqslant\cdots\geqslant 2^{n-1}a_1\geqslant 2^{n-1}$$

即

$$2^{n-1}\leqslant 2012$$

由此解得 $n\leqslant 11$.

另外,令 $A=\{2^0,2^1,2^2,\cdots,2^{10}\}$,则 $n=11$,且对任意 $a_i,a_j\in A$,设 $i<j$,有 $a_i=2^{i-1},a_j=2^{j-1}$,且

$$2a_i=2\cdot 2^{i-1}\leqslant 2^{j-1}=a_j$$

故以 a_i,a_j 为边只能唯一地确定一个等腰三角形 (a_j,a_j,a_i),故 A 合乎条件.

对于两个正数,用较大的数为腰,较小的数作底,必可构成等腰三角形.因而此题条件的另一个说法是:"以较小的数为腰,较大的数为底,不能构成等腰三角形".

综上可知,集合 A 的元素个数的最大值为 $n=11$.

总结反思 本题先从整体高度探索唯一地构成等腰三角形的两个数 a,b 的性质,再利用这个性质推出集合 A 的元素个数所满足的必要条件,最后构造 n 的最大值取得到.这种处理最值问题的思路具有典型性.

□ 从"部分解决"到完全解题

如果问题较为复杂,完全解决问题有一定困难,这时可退一步,看能否挖掘其中易解决的部分先行解决,并进一步发现剩余部分的解题思路,促成问题的完全解决.

因此,先解决问题的一部分也是有价值的,这时离问题的完全解决往往也不会太遥远了.

【例4】 已知 $f(n)=(\dfrac{q}{10})^n(n+1)$,其中 $q>0$,试问:$f(n)$ 是否有最大项?如有,请求出来;如没有,请说明理由.

思维指向 这是一道较为陌生的问题,或许很难找到熟悉的模型用于解题.设想分离出问题的某些部分先行解决,再寻求剩余部分的解决方法,直至问题全部解决.

问题探究 对于 $f(n)=(\dfrac{q}{10})^n(n+1)$,可视为由

$$g(n)=(\dfrac{q}{10})^n,\ h(n)=n+1\quad(n\in\mathbf{N}^*)$$

中对应项相乘构成的.

当 $q>10$ 时,$g(n)$ 为单调递增且无限增大,$h(n)$ 也单调递增且无限增大,所以 $f(n)=g(n)\cdot h(n)$ 无限增大,即没有最大项.

因此,当 $q>10$ 时问题的结论十分明确;对于 $0<q\leqslant10$ 的情形,先假设存在最大项,再利用不等式组进行进一步的分析.

本题属于组合最值问题.先推出最大值必须满足的条件,再构造出具体的数组满足取最值的要求,其思路可简称为"先推后构".

就 q 的取值范围分类,先解决最容易的情形.

简明解答 令 $g(n)=(\frac{q}{10})^n$，$h(n)=n+1$（$n\in\mathbf{N}^*$），则

$$f(n)=g(n)h(n)$$

当 $q>10$ 时，$\frac{q}{10}>1$，$g(n)$ 和 $h(n)$ 均为关于 n 的单调递增函数，且均没有最大值.

所以，$f(n)$ 也是单调递增的且无最大值，即 $f(n)$ 没有最大项；

当 $q=10$ 时，$g(n)=1$，$h(n)=n+1$，$f(n)$ 仍然是单调递增且无最大值的，即没有最大项；

当 $0<q<10$ 时，不妨设 $f(k)$ 是 $f(n)$ 的最大项，由于 $f(n)>0$ 知

$$\begin{cases} \dfrac{f(k)}{f(k-1)}=\dfrac{q}{10}\cdot\dfrac{k+1}{k}\geq 1,\\[2mm] \dfrac{f(k+1)}{f(k)}=\dfrac{q}{10}\cdot\dfrac{k+2}{k+1}\leq 1. \end{cases}$$

即 $\qquad\qquad \dfrac{2q-10}{10-q}\leq k\leq \dfrac{q}{10-q}$ ①

若 $5<q<10$，则 $10-q>0$，$2q-10>0$，$\dfrac{2q-10}{10-q}>0$，$\dfrac{q}{10-q}>1$，故取 $k=\dfrac{q}{10-q}$ 即满足①，$f(k)$ 是 $f(n)$ 中的最大项；

若 $0<q\leq 5$，则 $10-q\geq 5$，$2q-10\leq 0$，$\dfrac{q}{10-q}\leq 1$，只要取 $k=1$，则 $f(1)$ 是 $f(n)$ 中最大项.

总结反思 注意观察，发现问题可以分离出很容易解决的部分（本题中 $q\geq 10$ 的情形），先解决这一部分，再解决其余部分. 这是非常重要的策略（如果是考试就已经得到较多的分数了）. 本解法在得到①后，再分 $5<q<10$ 和 $0<q\leq 5$ 进行讨论，是为了确定满足条件的 k 值的存在性. 反思解题过程，可知直接提出①，再用分类讨论的方法也可一气呵成地给出解题过程：

不妨设 $f(k)$ 是最大值项，则由解题过程可得

当 $q>10$ 和 $q=10$ 时，虽然结论极容易求得，但这个"部分解决"是十分必要的. 而且通过这一步之后，后面的讨论才具备进行的基础.

如果考试中运用此策略，就非常容易得到较多的分数了. 这就是应试中所表现出来的"聪明"和"机智".

$$\frac{2q-10}{10-q}\leqslant k\leqslant \frac{q}{10-q}.$$

当 $q>10$ 时，$\frac{q}{10-q}<0$，自然数 k 找不到；

当 $q=10$ 时，不等式无意义，自然数 k 仍然找不到；

当 $5<q<10$ 时，只要取 $k=\frac{q}{10-q}$，则 $f(k)$ 是 $f(n)$ 中的最大项；

当 $0<q\leqslant 5$ 时，$f(n)$ 是递减的，$f(1)$ 是 $f(n)$ 中的最大项.

【例5】 求和 $S=\frac{1}{5}+\frac{2}{5^2}+\frac{3}{5^3}+\frac{1}{5^4}+\frac{2}{5^5}+\frac{3}{5^6}+\frac{1}{5^7}+\frac{2}{5^8}+\frac{3}{5^9}$ $+\cdots+\frac{3}{5^{3n}}$

思维指向 和式显然和等比数的前 n 项和有关，只是由于分子不同，不能直接运用等比数列的前 n 项和公式，还得进行转化.

问题探究 探究一：将数列中以三项为一组合并，并化同分母，得：

$$\frac{1}{5}+\frac{2}{5^2}+\frac{3}{5^3}=\frac{38}{125},$$

$$\frac{1}{5^4}+\frac{2}{5^5}+\frac{3}{5^6}=\frac{1}{5^3}\left(\frac{1}{5}+\frac{2}{5^2}+\frac{3}{5^3}\right)=\frac{1}{125}\cdot\frac{38}{125}.$$

从而 S 化为首项为 $\frac{38}{125}$，公比为 $\frac{1}{125}$ 的等比数列的前 n 项和.

探究二：按分子是 1、2、3 分别归类得三个等比数列，得

$$S=\left(\frac{1}{5}+\frac{1}{5^4}+\cdots+\frac{1}{5^{3n-2}}\right)+2\left(\frac{1}{5^2}+\frac{1}{5^5}+\cdots+\frac{1}{5^{3n-1}}\right)+3\left(\frac{1}{5^3}+\frac{1}{5^6}+\cdots+\frac{1}{5^{3n}}\right).$$

从而 S 化为三个首项分别为 $\frac{1}{5}$、$\frac{2}{25}$、$\frac{3}{125}$，公比均为 $\frac{1}{125}$ 的等比数列的前 n 项和.

探究三：将分子取中值 2，然后通过"拆"与"并"分离出两个

这里讨论时所反映的解题思维过程属于"解决'分歧点'"的策略，参看本书第 2 章第 4 节.

将"＝"号右边的式子按结构上的相同点分为若干个部分求和. 观察力在数学思考中起着重要的作用.

"横看成岭侧成峰，远近高低各不同"，同一个问题，不同的视角可得到不同的解法，丰富而多彩！

可求和的等比数列.事实上,$S = \left(\dfrac{2}{5} + \dfrac{2}{5^2} + \dfrac{2}{5^3} + \cdots + \dfrac{2}{5^{3n}} \right) -$

$\left(\dfrac{1}{5} + \dfrac{1}{5^4} + \cdots + \dfrac{1}{5^{3n}} \right) + \left(\dfrac{1}{5^3} + \dfrac{1}{5^6} + \cdots + \dfrac{1}{5^{3n}} \right).$

简明解答 解法一:(与"探究一"的思路对应)因为 $\dfrac{1}{5} + \dfrac{2}{5^2}$

$+ \dfrac{3}{5^3} = \dfrac{38}{125}, \dfrac{1}{5^4} + \dfrac{2}{5^5} + \dfrac{3}{5^5} = \dfrac{1}{125} \left(\dfrac{1}{5} + \dfrac{2}{5^2} + \dfrac{3}{5^3} \right) = \dfrac{1}{125} \cdot \dfrac{38}{125}.$

所以,S 是首项为 $\dfrac{38}{125}$,公比为 $\dfrac{1}{125}$ 的等比数列的前 n 项

和,即

$$S = \frac{a_1(1-q^n)}{1-q} = \frac{\dfrac{38}{125}\left[1-\left(\dfrac{1}{125}\right)^n\right]}{1-\dfrac{1}{125}} = \frac{19}{62}\left[1-\left(\frac{1}{125}\right)^n\right].$$

解法二:(与"探究二"的思路对应,请读者自主完成.)

解法三:(与"探究三"的思路对应,请读者自主完成.)

总结反思 从不同的视角着眼分析,得到了此题的三个不同的解法.三个解法中有一个共同的特征,这就是将和式"组合"或"拆分",转化为求等比数列的前 n 项和的形式.

【例6】 定义在 **R** 上的函数 $f(x) = \dfrac{4^x}{4^x + 2}$,$S_n = f\left(\dfrac{1}{n}\right) +$

$f\left(\dfrac{2}{n}\right) + \cdots + f\left(\dfrac{n-1}{n}\right)$,$n = 2, 3, \cdots$.

(1)求 S_n 的表达式;

(2)是否存在常数 $M > 0$,$\forall n \geqslant 2$,有

$$\frac{1}{S_2} + \frac{1}{S_3} + \cdots + \frac{1}{S_{n+1}} \leqslant M?$$

思维指向 先求 S_n 的和式中的局部——到首末两项距离

相等的项的和,再整体求和得出 S_n 的表达式.对 $\dfrac{1}{S_2} + \dfrac{1}{S_3} +$

求异思维是一种非常重要的创新性思维.数学学习中可通过一题多解或"一解多得"培养数学思考的成熟性.

不同的视角能带来思维上的不同启迪.解题学习中要着力养成这种发散式的思维方式.

此题为 2005 年复旦大学试题.

$\dfrac{1}{S_{n+1}}$ 的值的估计，也是先化简其表达式，再由某些局部的值的估计，拓展到对整体取值的有界性判断．

问题探究 注意到 $f(x)+f(1-x)=1$，因而 $f(\dfrac{1}{n})+f(\dfrac{n-1}{n})=1$，$f(\dfrac{2}{n})+f(\dfrac{n-2}{n})=1$，…，依此类推．整体求和之后，$S_n$ 的表达式就求出来了．第(2)中，易得出 $\dfrac{1}{S_2}+\dfrac{1}{S_3}+\cdots+\dfrac{1}{S_{n+1}}=2(1+\dfrac{1}{2}+\cdots+\dfrac{1}{n})$．由熟知的结论可知这个式子的值是无界的．如何说明这种有界性，也可采用"从'部分解决'到完全解题"的思维方式．

简明解答 由于 $f(x)+f(1-x)=\dfrac{4^x}{4^x+2}+\dfrac{4^{1-x}}{4^{1-x}+2}=\dfrac{4^x}{4^x+2}+\dfrac{4}{4+2\cdot 4^x}=1$.

所以有 $f(\dfrac{1}{n})+f(\dfrac{n-1}{n})=f(\dfrac{2}{n})+f(\dfrac{n-2}{n})=\cdots=f(\dfrac{n-1}{n})+f(\dfrac{1}{n})=1$，即

$$S_n=\dfrac{1}{2}\{[f(\dfrac{1}{n})+f(\dfrac{2}{n})+\cdots+f(\dfrac{n-1}{n})]+[f(\dfrac{n-1}{n})+f(\dfrac{n-2}{n})+\cdots+f(\dfrac{2}{n})+f(\dfrac{1}{n})]\}$$

$$=\dfrac{1}{2}\{[f(\dfrac{1}{n})+f(\dfrac{n-1}{n})]+[f(\dfrac{2}{n})+f(\dfrac{n-1}{2})]+\cdots+[f(\dfrac{n-1}{n})+f(\dfrac{1}{n})]\}$$

$$=\dfrac{n-1}{2}.$$

(2)不存在．

因为 $\dfrac{1}{S_2}+\dfrac{1}{S_3}+\cdots+\dfrac{1}{S_{n+1}}=2(1+\dfrac{1}{2}+\dfrac{1}{3}+\cdots+\dfrac{1}{n})$，而

$$\dfrac{1}{3}+\dfrac{1}{4}>\dfrac{1}{4}+\dfrac{1}{4}=\dfrac{1}{2};$$

$1+\dfrac{1}{2}+\dfrac{1}{3}+\cdots+\dfrac{1}{n}$ 是无界的，这是一个有着高等数学背景的重要的结论．

思维过程的实质是依次将 2^1、2^2、…、2^{m-1} 项的和进行估算，从而实现对整体的估算．

$\dfrac{1}{5}+\dfrac{1}{6}+\dfrac{1}{7}+\dfrac{1}{8}>\dfrac{1}{8}+\dfrac{1}{8}+\dfrac{1}{8}+\dfrac{1}{8}=\dfrac{1}{2}$;

$\dfrac{1}{9}+\dfrac{1}{10}+\cdots+\dfrac{1}{16}>8\times\dfrac{1}{16}=\dfrac{1}{2}$;

$\cdots$

$\dfrac{1}{2^{m-1}+1}+\dfrac{1}{2^{m-1}+2}+\cdots+\dfrac{1}{2^{m-1}+2^{m-1}}>2^{m-1}\times\dfrac{1}{2^m}=\dfrac{1}{2}$.

所以,$1+\dfrac{1}{2}+\dfrac{1}{3}+\cdots+\dfrac{1}{2^m}>1+m\times\dfrac{1}{2}=\dfrac{m+2}{2}$.

这表明,当 $n\to+\infty$ 时,$\dfrac{1}{S_2}+\dfrac{1}{S_3}+\cdots+\dfrac{1}{S_{n+1}}\to+\infty$,即为无界.

所以,不存在常数 $M>0$,使得 $\forall n\geqslant 2$,有 $\dfrac{1}{S_2}+\dfrac{1}{S_3}+\cdots+\dfrac{1}{S_{n+1}}\leqslant M$.

总结反思 本例给出了 $1+\dfrac{1}{2}+\dfrac{1}{3}+\cdots+\dfrac{1}{n}$ 的无界性的一种证明方法,其思维过程可概括为"从部分估算达到对整体的估算".

以此结论为背景的命题在自主招生中多次出现,值得注意.参考本章第3节例3.

□ 整体和局部的协同处理

问题的整体和局部是密切联系和不可分割的.解题中,先通过对问题的整体的认识,从全局出发把握解题思路,再对局部进行分析处理得出相关的结论,最后通过整体和局部的协同作用,实现问题的全部解决.这种整体和局部的协同处理策略,是辩证法在数学思考中的积极应用.

【例7】 下列不等式正确的是　　　　　　　　　(　　)

A. $16<\sum\limits_{k=1}^{120}\dfrac{1}{\sqrt{k}}<17$　　　　　　B. $18<\sum\limits_{k=1}^{120}\dfrac{1}{\sqrt{k}}<19$

此题为 2006 年复旦大学试题.

C. $20<\sum\limits_{k=1}^{120}\dfrac{1}{\sqrt{k}}<21$ D. $22<\sum\limits_{k=1}^{120}\dfrac{1}{\sqrt{k}}<23$

思维指向 对 $\sum\limits_{k=1}^{120}\dfrac{1}{\sqrt{k}}$ 中的每一个局部进行放缩,得到 $A_k<\dfrac{1}{\sqrt{k}}<B_k$,当 $k=1,2,\cdots,120$ 时所得到的不等式相加后 $\sum\limits_{k=1}^{120}A_k$ 和 $\sum\limits_{k=1}^{120}B_k$ 均可求和,从而得出对 $\sum\limits_{k=1}^{120}\dfrac{1}{\sqrt{k}}$ 的上界和下界的估计.

问题探究 因为 $2(\sqrt{k+1}-\sqrt{k})=\dfrac{2}{\sqrt{k+1}+\sqrt{k}}<\dfrac{1}{\sqrt{k}}<$

$\dfrac{2}{\sqrt{k}+\sqrt{k-1}}=2(\sqrt{k}-\sqrt{k-1})$,所以

$$\sum\limits_{k=1}^{120}\dfrac{1}{\sqrt{k}}>2[(\sqrt{2}-\sqrt{1})+(\sqrt{3}-\sqrt{2})+\cdots+(\sqrt{120}-\sqrt{119})]$$

$$=2(\sqrt{121}-1)=20,$$

$$\sum\limits_{k=1}^{120}\dfrac{1}{\sqrt{k}}<[(\sqrt{1}-\sqrt{0})+\cdots+(\sqrt{120}-\sqrt{119})]$$

$$=2\sqrt{120}\leqslant 21.$$

综上可知,$20<\sum\limits_{k=1}^{120}\dfrac{1}{\sqrt{k}}<21$.

简明解答 C.

总结反思 放缩法是处理不等式的常用方法. 如果不等式一边是很多项相加,则在放缩过程中要尽量把每一项都变成两个数相减的形式,这样相加后中间项就可以消掉了.

【例8】 若 $f(x)=(2x^5+2x^4-53x^3-57x+54)^{2010}$,求 $f(\dfrac{\sqrt{111}-1}{2})$ 的值.

思维指向 将 x 的值直接代入 $f(x)$ 进行计算将十分复杂,不妨先将 $x=\dfrac{\sqrt{111}-1}{2}$ 通过变形去掉根号得到关于 x 的一个式子的值,再利用这个式子的值求 $f(\dfrac{\sqrt{111}-1}{2})$ 的值.

估算过程中用到的最关键的一个式子:

$$\dfrac{2}{\sqrt{k+1}+\sqrt{k}}<\dfrac{1}{\sqrt{k}}$$

$$<\dfrac{2}{\sqrt{k}+\sqrt{k-1}}.$$

此法常称之为"裂项法","裂项"的目的是为了最终的"累加"求和. 本题的思路可提炼为:记 $g(x)=2x^2+2x-55$,先求出局部满足的条件 $g(\dfrac{\sqrt{111}-1}{2})=0$,再通过整体和局部的协同作用,得到 $f(\dfrac{\sqrt{111}-1}{2})=1$.

问题探究 令 $x=\dfrac{\sqrt{111}-1}{2}$,得 $2x^2+2x-55=0$,将 $f(x)$ 变形为关于 $2x^2+2x-55$ 的表达式,再将 $2x^2+2x-55=0$ 整体代入,将 $f(x)$ 化简并求值.

简明解答 设 $x=\dfrac{\sqrt{111}-1}{2}$,则 $2x+1=\sqrt{111}$,两边平方得 $2x^2+2x-55=0$,故

$$2x^5+2x^4-53x^3-57x+54$$
$$=x^3(2x^2+2x-55)+x(2x^2+2x-55)-(2x^2+2x-55)-1$$
$$=-1.$$

于是

$$f\left(\frac{\sqrt{111}-1}{2}\right)=(-1)^{2010}=1.$$

> 与"从'部分解决'到'完全解决'"具有相类似的思维机制.

总结反思 解题的基本过程是:首先,根据题设条件,构造出一个取值为常数的局部,这个常数最好为 0;其次,将整体表示为关于局部的代数式,再计算其值.

> 此法常称之为"裂项法"."裂项"的目的是为了最终的"累加"求和.
> 此题为 2010 年浙江大学试题.

【例9】 有小于 1 的正数 $x_1,x_2,\cdots,x_n$,且 $x_1+x_2+\cdots+x_n=1$.

求证:$\dfrac{1}{x_1-x_1^3}+\dfrac{1}{x_2-x_2^3}+\cdots+\dfrac{1}{x_n-x_n^3}>4.$

思维指向 由于不等式左边是由 n 个代数式相加得到的,考虑右边的 4 是否也能由 n 个数相加得到呢?条件中正好有一个 n 个数相加的结果 $x_1+x_2+\cdots+x_n=1$,因而考虑能否证明不等式 $\dfrac{1}{x_i-x_i^3}\geqslant 4x_i$,且对 $i=1,2,\cdots,n$ 等号不同时满足,或许通过这种整体和局部的协同处理可解决本题.

问题探究 要证 $\dfrac{1}{x_i-x_i^3}\geqslant 4x_i$,由于 $0<x_i<1$,所以 $x_i-x_i^3>0$,问题可转化为证明 $1\geqslant 4x_i(x_i-x_i^3)$,即 $4x_i^4-4x_i^2+1\geqslant 0$,$(2x_i^2-1)^2\geqslant 0$,这是显然成立的.

注意到 $(2x_i^2-1)^2\geqslant 0$ 中的等号当且仅当 $x_i=\dfrac{\sqrt{2}}{2}$ 时取得,

> 此问题的"核心局部"就是不等式 $\dfrac{1}{x_i-x_i^3}\geqslant 4x_i$,题中的不等式可完全理解为是由它"叠加"生成的.

而当对 $i=1,2,\cdots,n,x_i=\dfrac{\sqrt{2}}{2}$ 时，$x_1+x_2+\cdots+x_n=\dfrac{\sqrt{2}}{2}n\neq 1$，故 $(2x_i{}^2-1)\geqslant 0$ 中等号不可能同时成立.

因此，由 n 个不等式 $\dfrac{1}{x_i-x_i{}^3}\geqslant 4x_i$ 相加，即可得到需要证明的不等式.

简明解答 因为 $(2x_i-1)^2\geqslant 0$，所以 $4x_i{}^4-4x_i{}^2+1\geqslant 0$，即 $1\geqslant 4x_i(x_i-x_i{}^3)$.

注意到 $0<x_i<1,x_i-x_i{}^3>0$，可知不等式可化为

$$\dfrac{1}{x_i-x_i{}^3}\geqslant 4x_i \qquad\qquad ①$$

其中 $i=1,2,\cdots,n$，等号成立的条件是 $x_i=\dfrac{\sqrt{2}}{2}$.

形如①的 n 个不等式相加，得

$$\dfrac{1}{x_1-x_1{}^3}+\dfrac{1}{x_2-x_2{}^3}+\cdots+\dfrac{1}{x_n-x_n{}^3}\geqslant 4(x_1+x_2+\cdots+x_n)$$
$$=4. \qquad\qquad ②$$

等号成立的条件是 $x_1=x_2=\cdots=x_n=\dfrac{\sqrt{2}}{2}$，但此时 $x_1+x_2+\cdots+x_n=\dfrac{\sqrt{2}}{2}n\neq 1$，故②中等号不成立，即有

$$\dfrac{1}{x_1-x_1{}^3}+\dfrac{1}{x_2-x_2{}^3}+\cdots+\dfrac{1}{x_n-x_n{}^3}>4.$$

总结反思 不等式证明时，如果不等式两边项数不一致，可以考虑对不等式进行变形，使两边项数一样多，把一个不等式分解成若干个不等式，这样只要证明每一个不等式就可以了，这种整体和局部协同处理的方法常十分有效.

【例 10】 已知 $\varphi(x)=\dfrac{x^2+2ax+b}{x^2+1}(a\neq 0,a,b\in\mathbf{R})$. 试证明：

(1)存在两个实数 m_1、$m_2(m_1<m_2)$ 满足：

$$\varphi(x)-m_i=\dfrac{[(1-m_i)x+a]^2}{(1-m_i)(x^2+1)}(i=1,2);$$

(2)$(1-m_1)(1-m_2)=-a^2$；

(3)$m_1\leqslant\varphi(x)\leqslant m_2$.

所分解成的若干个不等式最好要具有"同构"的特征. 这样更有利于问题的解决.

从该题(1)的设问形式，就可发现解题的思路就是要得到一个关于 m_i 的一元二次方程，再证明这个方程有两个不等的实数根. 这就是"整体和部分的协同作用".(2)和(3)同样如此.

思维指向 本题是一道抽象函数问题,对于(1),宜先将$\varphi(x)$代入(1)中的式子并进行化简,再寻求新的解题突破口;对于(2)和(3),似乎与韦达定理和一元二次不等式的解集有关,宜在(1)的思路基础上作进一步的探究.

问题探究 (1)将$\varphi(x)$的代入(1)中式子得

$$\frac{x^2+2ax+b}{x^2+1}-m_i=\frac{[(1-m_i)x+a]^2}{(1-m_i)(x^2+1)}$$

化简即得$(b-m_i)(1-m_i)=a^2$,进一步化为关于m_i的一元二次方程,接下来证明该方程存在两个不等的实数根即可.

(2)在(1)的基础求得m_1+m_2和m_1m_2的值,再代入$(1-m_1)(1-m_2)$的展开式中,验证其值恰好为$-a^2$.

(3)将$\varphi(x)$的表达式变形为关于x的一元二次方程,再由该方程有实根的条件得出关于$\varphi(x)$的不等式,解不等式得出$m_1\leqslant\varphi(x)\leqslant m_2$.

简明解答 (1)要证存在实数$m_i(i=1,2)$满足题设条件,则

$$\frac{x^2+2ax+b}{x^2+1}-m_i=\frac{[(1-m_i)x+a]^2}{(1-m_i)(x^2+1)}$$

化简即得$(b-m_i)(1-m_i)=a^2$,即

$$m_i^2-m_i(1+b)+b-a^2=0 \quad (i=1,2) \qquad ①$$

要证①成立,进一步可证明方程

$$m^2-m(1+b)+b-a^2=0 \qquad ②$$

有两个不等的实数根,即证

$$\Delta=(1+b)^2-4(b-a^2)=4a^2+(b-1)^2\geqslant 4a^2>0.$$

这是显然成立的,故(1)获证.

(2)由(1)可知实数m_1、m_2为方程②的两个实数根,由韦达定理得 $m_1+m_2=1+b,m_1m_2=b-a^2$

故

$$(1-m_1)(1-m_2)=1-(m_1+m_2)+m_1m_2$$
$$=1-(1+b)+b-a^2=-a^2$$

(3)由$\varphi(x)=\dfrac{x^2+2ax+b}{x^2+1}$,得

$$[1-\varphi(x)]x^2+2ax+[b-\varphi(x)]=0 \qquad ③$$

若$\varphi(x)=1$,则由②得

$$m_1=\frac{(1+b)-\sqrt{4a^2+(b-1)^2}}{2},m_2=\frac{(1+b)+\sqrt{4a^2+(b-1)^2}}{2}$$

先从整体上预设解题的思路和方法,再通过局部的调整或变形实现预设的思路,本题就是在这样一种方式下利用"整体和部分的协同作用"的.

由于 $b-1 \leqslant \sqrt{4a^2+(b-1)^2}$，故

$$\frac{(1+b)-\sqrt{4a^2+(b-1)^2}}{2} \leqslant 1.$$

又 $1-b \leqslant \sqrt{4a^2+(b-1)^2}$，故 $\dfrac{(1+b)+\sqrt{4a^2+(b-1)^2}}{2} \geqslant 1.$

故有

$$m_1 \leqslant \varphi(x) \leqslant m_2.$$

若 $\varphi(x) \neq 1$，则③为关于 x 的一元二次方程，且有实数根，故

$$\Delta = 4a^2 - 4[1-\varphi(x)][b-\varphi(x)] \geqslant 0.$$

整理，得 $\varphi^2(x) - (b+1)\varphi(x) + b - a^2 \leqslant 0$，即

$$\varphi^2(x) - (m_1+m_2)\varphi(x) + m_1 m_2 \leqslant 0.$$

由此解得

$$m_1 \leqslant \varphi(x) \leqslant m_2.$$

总结反思 任何一个看似复杂的问题，某些局部总会透露出解题的相关信息，解题中如能抓住这些信息，并注意到整体和局部的协同关系，常能找到较好的解题方法. 特别地，当一个题目设有不同的小题，则解题中不但要注意各小题（局部）和题干（整体）的协同关系，还要注意各小题之间的协同关系.

对于有多个设问的题目，前面的"问"往往是后面"问"的基础，要注意这个特点并加以利用.

思 考 与 训 练 ★★★

★★★

1. 设 a,b 分别是方程 $\log_2 x + x - 3 = 0$ 和 $2^x + x - 3 = 0$ 的根，则 $a+b$ 及 $\log_2 a + 2^b$ 的值为 （　　）

A. 2,3 　　　　 B. 3,3 　　　　 C. 4,4 　　　　 D. 4,3

2. 设数列 $\{a_n\}$ 中，相邻两项 a_n, a_{n+1} 是方程 $x^2 + 3nx + b_n = 0$ 的两根，且 $a_{10} = -17$，则 $b_{51} =$ （　　）

A. 4816 　　　　 B. 5840 　　　　 C. 6000 　　　　 D. 1820

3. 设 $f_0(x) = \cos x$，$f_1(x) = f_0'(x)$，$f_2(x) = f_1'(x)$，$\cdots$，$f_{n+1}(x) = f_n'(x)$，$n \in \mathbf{N}^*$，则 $f_{2012}(x) = $ _____.

4. 已知 $a_k = \dfrac{k+2}{k! + (k+1)! + (k+2)!}$，则数列 $\{a_n\}$ 前 100 项和为 _____.

5. 已知 $x,y,z > 0$，a,b,c 是 x,y,z 的一个排列，求证：$\dfrac{a}{x} + \dfrac{b}{y} + \dfrac{c}{z} \geqslant 3$.

6. 设 $(1+\sqrt{2})^n = x_n + y_n\sqrt{2}$，其中 x_n, y_n 为整数，试求当 $n \to \infty$ 时，$\dfrac{x_n}{y_n}$ 的极限.

7. 称 $\{1,2,3,\cdots,9\}$ 的某非空子集为奇子集，如果其中所有数之和为奇数，问共有几个奇子集？（注：此题为 2013 年北京大学保送生测试题）

8. 有个 2013×2013 的正方形实数表，每行都等差，每列各数平方后等差. 求证：左上角实数×右下角实数＝左下角实数×右上角实数.（注：此题为 2013 年北京大学保送生测试题）

9. 已知函数 $f(x) = \sin(\omega x + \varphi)$. 其中 $\omega > 0$，$|\varphi| < \dfrac{\pi}{2}$.

（Ⅰ）若 $\cos\dfrac{\pi}{4}\cos\varphi - \sin\dfrac{3\pi}{4}\sin\varphi = 0$，求 φ 的值；

（Ⅱ）在（Ⅰ）的条件下，若函数 $f(x)$ 的图象的相邻两条对称轴之间的距离等于 $\dfrac{\pi}{3}$，求函数 $f(x)$ 的解析式，并求最小正实数 m，使得函数 $f(x)$ 的图象向左平移 m 个单位后所对应的函数是偶函数.

10. 如图 2—2—1，已知圆 C 过定点 $A(0,p)(p>0)$，圆心 C 在抛物线 $x^2 = 2py$ 上运动，若 MN 为圆 C 在 x 轴上截得的弦，$|AM| = l_1$，$|AN| = l_2$，$\angle MAN = \theta$.

(1) 求证：当 C 运动时，$|MN|$ 为定值；

(2) 求 $\dfrac{l_1}{l_2} + \dfrac{l_2}{l_1}$ 的最大值和最小值.

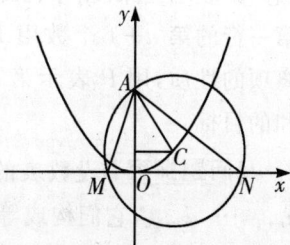

图 2—2—1

第3节　分步与分类的思考策略

　　所谓分步,就是为达到解题的终极目标,在过程中设立几个中间环节,通过一段又一段的解题"接力",顺利达到解题的终点.所谓分类,就是对某些数学概念、性质的分类表述,或对位置关系的分类研究而进行的情况讨论.分步与分类是数学思考的一种重要策略.

□ 分步,对数学问题的纵向分解

　　将问题纵向分解为一系列紧密相连、顺次相依的小问题,这些小问题就是解题过程的"中途点".当一个数学问题的"中途点"确定之后,一般来说,问题的解决通道就已经打开,解题过程依次操作即可.

　　【例1】 设有 $(2n+1)^2$ 个数排成一个横行、竖列均为 $2n+1$ 个数的正方形数表.表中第一行构成等差数列,而每一列都是公比为 2 的等比数列,表内正中的一个数是 P,试求这 $(2n+1)^2$ 个数的总和.

　　思维指向 ▷目标要求的是表中这 $(2n+1)^2$ 个数的总和.由于每一列都是公比为 2 的等比数列,所以可先按列求和,并且均可用第一行的 $2n+1$ 个数分别表示这 $2n+1$ 个列的和.由于第一行是等差数列,亦可求和,这时再用等差数列的求和公式将"总和"表示出来.由于已知表中间的数为 P,利用等比数列可把第一行的第 $n+1$ 个数用 P 表示,再利用等差数列到首末等距离项的性质,用 P 表示第一行等差数列的和,即可达到预期求和的目标.

　　问题探究 ▷设数表的第一行的各个数依次为 $a_1, a_2, \cdots,$ $a_{n+1}, \cdots, a_{2n+1}$,它们构成等差数列,则可将求数表中 $(2n+1)^2$ 个数的总和的问题分解为如下的一系列"子问题"(即中途点):

　　问题 1　请写出以 a_i 为首项,公比为 2 的等比数列的前 $2n+1$ 项和 $S_i(i=1,2,\cdots,2n+1)$;

从甲地到乙地有多种途径,先要确定好某一种途径.这就是分类.

确定了某一途径之后,要通过一定的步骤才能抵达目标.这就是分步.

构思"中途点"解题的实质就是将问题分解为一个个子问题.

问题 2 请写出问题 1 得到的 $2n+1$ 个数 S_i 的和式 S；

问题 3 已知公比为 2 的等比数列的第 $n+1$ 项为 P，试求该数列的第一项 a_{n+1}；

问题 4 已知等差数列有 $2n+1$ 项，其中间项为 a_{n+1}，试求这个数列的前 $2n+1$ 项的和；

问题 5 请写出数表中 $(2n+1)^2$ 个数的总和 S.

简明解答 设数表的第一行的各个数依次为 $a_1, a_2, \cdots,$ $a_{n+1}, \cdots, a_{2n+1}$. 则数表中第 i 列构成首项为 a_i，公比为 2 的等比数列，记其前 $2n+1$ 项的和为 S_i，则数表中第 i 列的和为

$$S_i = a_i(2^{2n+1}-1) \quad (i=1,2,\cdots,2n+1) \qquad ①$$

由①知，数表中各数的和 S，即为①中各 S_i 的总和

$$S = S_1 + S_2 + \cdots + S_{2n+1}$$
$$= (2^{2n+1}-1)(a_1 + a_2 + \cdots + a_{2n+1}) \qquad ②$$

又数表的第 $i+1$ 列构成首项为 a_{i+1}，公比为 2，第 $n+1$ 项为 P 的等比数列，故 $P = a_{n+1} \cdot 2^n$，即

$$a_{n+1} = \frac{P}{2^n}$$

又数表的第一行为等差数列，中间项为 $a_{n+1} = \dfrac{P}{2^n}$，故有

$$a_1 + a_{2n+1} = a_2 + a_{2n} = \cdots = a_n + a_{n+2} = 2a_{n+1}$$

故第一行的所有数的和为

$$a_1 + a_2 + \cdots + a_{2n+1} = (2n+1) \cdot a_{n+1}$$
$$= \frac{1}{2^n} \cdot (2n+1) \cdot P$$

所以，数表中各数的总和为

$$S = (2^{2n+1}-1)(a_1 + a_2 + \cdots + a_{2n+1})$$
$$= (2^{2n+1}-1) \cdot \frac{1}{2^n} \cdot (2n+1) \cdot P$$
$$= \frac{1}{2^n}(2^{2n+1}-1)(2n+1) \cdot P$$

总结反思 在问题的条件和结论中设置若干的"中途点"，解题过程就是从条件出发先"到达"各个"中途点"，最终解决问题. 这种解决问题的方式思路清晰，逻辑严谨. 当然，在书写解题过程中，不必列出各"中途点"所对应的问题，这样更能使解题过程表现出简捷明快的特征.

为得到解题过程的整体效果，书写时应将各个"中途点"融为一体.

【例 2】 如图 2-3-1,双曲线 C 的上支顶点为 A,且与直线 $y=-x$ 交于点 P,双曲线 C 的方程为:$(1-a^2)x^2+a^2y^2=a^2$(参数 $a>0$).以 A 为焦点、$M(0,m)$ 为顶点开向下的抛物线过点 P.当 C 的一条渐近线的斜率在区间 $\left[\dfrac{\sqrt{3}}{2},\dfrac{2}{3}\sqrt{2}\right]$ 上变化时,求直线 PM 的斜率的最大值.

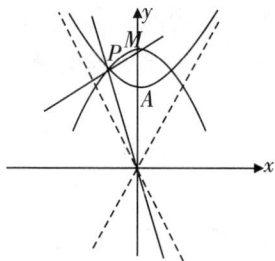

图 2-3-1

此题曾为上海市数学高考试题.

思维指向 欲求直线 PM 的斜率的最大值,先考虑建立斜率 k 关于 a 的函数表达式 $k=f(a)$,并确定 a 的取值范围.由于 a 的取值范围受制于一条渐近线的斜率在区间 $\left[\dfrac{\sqrt{3}}{2},\dfrac{2}{3}\sqrt{2}\right]$ 的条件,故要将这条渐近线的斜率也表示出来,并根据条件建立关于 a 的不等式组.为求直线 PM 的斜率的表达式,还要求出点 P 和点 M 的坐标.

问题探究 在解题过程中设立如下"中途点":

问题 1 试写出该双曲线的一条渐近线方程,并用关于 a 的代数式表示其斜率;

问题 2 在题设条件下,求实数 a 的取值范围;

问题 3 求双曲线的上支顶点 A,及其与直线 $y=-x$ 的交点 P 的坐标;

问题 4 求以 A 为焦点,$M(0,m)$ 为顶点的开口向下的抛物线方程,并求出 m 关于 a 的表达式;

问题 5 求经过点 P 及点 M 的直线的斜率 k_{PM},并求其最大值.

例 2 看似复杂,但分解为五个小问题之后,其过程也显得简易和浅显.

简明解答 双曲线方程可化为 $y^2-\dfrac{x^2}{\dfrac{a^2}{a^2-1}}=1$.

易知它的一条渐近线方程为 $y-\dfrac{x}{\sqrt{\dfrac{a^2}{a^2-1}}}=0$,即 $y=\dfrac{\sqrt{a^2-1}}{a}x$,其斜率 $k_0=\dfrac{\sqrt{a^2-1}}{a}$.

由题设一条渐近线的斜率在区间 $\left[\dfrac{\sqrt{3}}{2},\dfrac{2}{3}\sqrt{2}\right]$ 上变化,可得

$$\begin{cases} a>0, \\ a^2-1>0, \\ \dfrac{\sqrt{3}}{2}\leqslant\dfrac{\sqrt{a^2-1}}{a}\leqslant\dfrac{2}{3}\sqrt{2}. \end{cases}$$

由此解得 $2\leqslant a\leqslant 3$.

又将 $x=0$ 代入双曲线上支对应的方程 $(1-a^2)x^2+a^2y^2=a^2(y>0)$,得 $y=1$,即得点 A 的坐标为 $A(0,1)$.

由 $\begin{cases} y=-x, \\ (1-a^2)x^2+a^2y^2=a^2\ (y>0) \end{cases}$

解得点 P 的坐标为 $P(-a,a)$.

以 $A(0,1)$ 为焦点,$M(0,m)$ 为顶点的开口向下的抛物线方程为

$$x^2=-4(m-1)(y-m) \qquad\qquad ①$$

由抛物线①经过点 $P(-a,a)$,得 $a^2=-4(m-1)(a-m)$,整理得

$$4m^2-4(a+1)m+(4a-a^2)=0 \qquad\qquad ②$$

由②解得 $m=\dfrac{1}{2}(a+1+\sqrt{2a^2-2a+1})$(另一根已舍去),

设过点 $P(-a,a)$ 及点 $M(0,m)$ 的直线其斜率为 k_{PM},则

$$\begin{aligned} k_{PM} &= \frac{\dfrac{1}{2}(a+1+\sqrt{2a^2-2a+1})-a}{0-(-a)} \\[2mm] &= \frac{1-a+\sqrt{2a^2-2a+1}}{2a} \\[2mm] &= \frac{1}{2a}+\sqrt{\left(\frac{1}{2a}-\frac{1}{2}\right)^2+\frac{1}{4}}-\frac{1}{2} \quad (2\leqslant a\leqslant 3) \end{aligned}$$

虽然,当 $a=2$ 时,k_{PM} 取得最大值 $(k_{PM})_{\max}=\dfrac{\sqrt{5}-1}{4}$.

总结反思 此题虽然有一定难度,但对问题纵向分解后,解题思路十分明确,依次解决了各"中途点",题目的答案也就水落石出了.

【例3】 如图 $2-3-2$ 所示,在曲线 $y=\dfrac{1}{x}$ 上,从左到右依次取点 $B_1,B_2,\cdots,B_n$,在 x 轴正半轴上从左到右依次取点到 $A_1,A_2,\cdots,A_n$,使

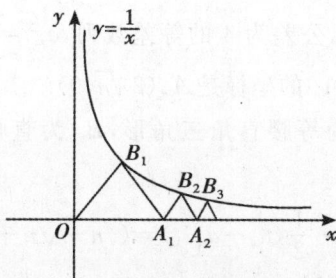

图 $2-3-2$

这里将 $\dfrac{1-a+\sqrt{2a^2-2a+1}}{2a}$ 变为关于 $\dfrac{1}{2a}$ 的函数,为求 k_{PM} 的最大值提供了方便.

此题为 2000 年上海交大试题.

得顺次构成等腰直角 $\triangle OB_1A_1$，$\triangle A_1B_2A_2$，$\triangle A_2B_3A_3$，…直角顶点在曲线 $y=\dfrac{1}{x}$ 上，试求 A_n 的坐标表达式，并说明这些三角形的面积之和是否存在.

思维指向 将问题纵向分解为系列子问题，依次解决.

问题探究 问题可分解为以下子问题，子问题依次解决则问题解决.

问题 1：设 A_1 的坐标为 $A_1(a_1,0)$，$\triangle OB_1A_1$ 为等腰直角三角形，直角顶点 B_1 在曲线 $y=\dfrac{1}{x}(x>0)$ 上，试求 a_1 的值.

问题 2：设 A_k 的坐标为 $A_k(a_k,0)(k=2,3,\cdots,n)$，$\triangle A_{n-1}B_nA_n$ 为等腰直角三角形，直角顶点 B_n 在曲线 $y=\dfrac{1}{x}(x>0)$ 上，试求 a_n 和 a_{n-1} 的递推关系式.

问题 3：在问题 1 和问题 2 的条件下，求 a_n 的表达式，并用关于 n 的代数式表示 $\triangle A_{n-1}B_nA_n$ 的面积 S_n.

问题 4：试说明问题 3 中的 S_n 能否求和.

简明解答 设 $A_n(a_n,0)$，由 $\triangle OB_1A_1$ 为等腰直角三角形，$A_1(a_1,0)$，$B_1\left(\dfrac{a_1}{2},\dfrac{a_1}{2}\right)$，可知 $\dfrac{a_1}{2}=\dfrac{2}{a_1}$，由此解得 $a_1=2$.

由 $\triangle A_{n-1}B_nA_n$ 为等腰直角三角形，得

$$B_n\left(\frac{a_n+a_{n-1}}{2},\frac{a_n-a_{n-1}}{2}\right)(n\geqslant 2)$$

又 B_n 在曲线 $y=\dfrac{1}{x}$ 上，所以有

$$\frac{a_n+a_{n-1}}{2}\cdot\frac{a_n-a_{n-1}}{2}=1.$$

由此得 $a_n{}^2-a_{n-1}{}^2=4$.

故 $\{a_n{}^2\}$ 是首项为 4，公差为 4 的等差数列，$a_n{}^2=4+4(n-1)=4n$，$a_n=2\sqrt{n}$，即点 A_n 的坐标是 $A_n(2\sqrt{n},0)$.

由于 $\triangle A_{n-1}B_nA_n$ 为等腰直角三角形，B_n 为直角顶点，故 $\triangle A_{n-1}B_nA_n$ 的面积

$$S_n=\frac{1}{2}(a_n-a_{n-1})\cdot\frac{1}{2}(a_n-a_{n-1})=(\sqrt{n}-\sqrt{n-1})^2,$$

$$S_1+S_2+\cdots+S_n=1+(\sqrt{2}-1)^2+(\sqrt{3}-\sqrt{2})^2+\cdots+(\sqrt{n}-\sqrt{n-1})^2$$

问题探究时可将问题纵向分解为系列子问题，但具体到解决问题时不必拘泥于各个子问题，可整体考虑，一气呵成.

$$=1+\frac{1}{(\sqrt{2}+1)^2}+\frac{1}{(\sqrt{3}+\sqrt{2})^2}+\cdots+\frac{1}{(\sqrt{n}+\sqrt{n-1})^2}$$

$$>1+\frac{1}{4}(\frac{1}{2}+\frac{1}{3}+\cdots+\frac{1}{n})$$

$$=\frac{3}{4}+\frac{1}{4}(1+\frac{1}{2}+\frac{1}{3}+\cdots+\frac{1}{n}).$$

由于 $n\to+\infty$ 时,$1+\frac{1}{2}+\frac{1}{3}+\cdots+\frac{1}{n}\to+\infty$,故这些三角形的面积之和不存在.

总结反思 在问题探究中,本题被纵向分解成 4 个子问题,子问题依次解决了,问题就得到解决,本题的具体解答过程就是按照这种思路展开的,只是没有分条陈述而已.另外,"当 $n\to+\infty$ 时,$1+\frac{1}{2}+\frac{1}{3}+\cdots+\frac{1}{n}\to+\infty$"是一个熟知的结论,可以证明但这里略去.

请参考本章第 2 节例 6(2).

□ 分类,对数学问题的横向分解

在解题探索过程中,当某一方法产生了概念、性质、定理的运用需要分类表述,或需要对位置关系的分类研究时,常将问题横向分解为若干情形. 各种不同情形是波利亚 (G. Polya)所讲的"导引特款". 它们解决之后,全部叠加就是问题的完全解决.

波利亚(G. Polga)认为:"从一个或几个导引条款出发,利用特殊情况的叠加得出一般问题的解."这是将问题横向分解的理论依据.

此题为 2013 年"北约"自主招生试题.

【例 4】 已知 $a_i(i=1,2,\cdots,2013)$ 为 2013 个实数,且满足

$$a_1+a_2+\cdots+a_{2013}=0,$$

$$|a_1-2a_2|=|a_2-2a_3|=\cdots=|a_{2013}-2a_1|,$$

求证:$a_1=a_2=\cdots=a_{2013}=0$.

思维指向 对 $|a_i-2a_{i+1}|$ 的取值分类讨论,推出只能有 $a_i-2a_{i+1}=0(i=1,2,\cdots,2013,a_{2014}=a_1)$,进而推出 $a_1=a_2=\cdots=a_{2013}=0$.

问题探究 因为对于 $i=1,2,\cdots,2013$,$|a_i-2a_{i+1}|$ 的值相等(规定 $a_{2014}=a_1$),所以 a_i-2a_{i+1} 的值或者均为 0,或者为某个正数或其相反数.

当 $a_i-2a_{i+1}=0$ 时,易得

$$a_i=2a_{i+1}=2^2a_{i+2}=\cdots=2^na_i,$$

进而推得 $a_i=0(i=1,2,\cdots,2013)$,问题获证.接下来只要证明 a_i-2a_{i+1} 的值为某个正数或者其相反数的情形不存在即可.

简明解答 假设 $|a_1-2a_2|=|a_2-2a_3|=\cdots=|a_{2013}-2a_1|=a\geqslant0$.

若 $a>0$,则 $a_1-2a_2,a_2-2a_3,\cdots,a_{2013}-2a_1$ 只能在集合 $\{a,-a\}$ 中取值,不妨设其中有 p 个取 a,q 个取 $-a$,即 $p+q=2013,p,q\in\mathbf{N}^*$,则

$$(a_1-2a_2)+(a_2-2a_3)+\cdots+(a_{2013}-2a_1)$$
$$=-(a_1+a_2+\cdots+a_{2013})=0,$$

故 $pa-qa=0$,则 $p=q=\dfrac{2013}{2}\notin\mathbf{N}^*$,矛盾.

故只能有 $a=0$,也即 $a_1=2a_2,a_2=2a_3,\cdots,a_{2013}=2a_1$,由此即可得 $a_1=a_2=\cdots=a_{2013}=0$.

证毕.

总结反思 在本题的题设条件中,等式

$$|a_1-2a_2|=|a_2-2a_3|=\cdots=|a_{2013}-2a_1|$$

的"入口"最宽,选择对其取值情况进行分类讨论可将思考伸展到问题的各个局部.这正是解题的关键所在.若 $a>0$ 时,推出 $p=q\notin\mathbf{N}^*$,需要很强的数学洞察力,这正是能力立意命题的突出特点之一.

【例5】 若 $\omega^3=1$,ω 是虚数,则 $\omega^{2n}+\omega^n+1=$_____.

思维指向 因为 ω 是 1 的三次方根,且 ω 为虚数,故有 $\omega^2+\omega+1=0$,再根据 $\omega^3=1$,可知 $\omega^{3k}=1,\omega^{3k+1}=\omega,\omega^{3k+2}=\omega^2$,可对 n 根据被 3 除的余数进行分类讨论.

问题探究 由 $\omega^3=1$,知 $\omega^2+\omega+1=0,\omega^{3k}=1,\omega^{3k+1}=\omega,\omega^{3k+1}=\omega^2$.

当 $n=3k$ 时,

$$\omega^{2n}+\omega^n+1=1+1+1=3;$$

当 $n=3k+1$ 时,

$$\omega^{2n}+\omega^n+1=\omega^{6k+2}+\omega^{3k+1}+1=\omega^2+\omega+1=0;$$

从对 a_i-2a_{i+1} 的取值情况的分类讨论入手,是求解此题的突破口.

因这里其实给出了 2013 个等式,以此为突破口可伸展到问题的各个局部.

此题为 2002 年上海交大试题.

$\omega^2+\omega+1=0$,这是立方虚根的一个重要性质.

当 $n=3k+2$ 时,

$$\omega^{2n}+\omega^n+1=\omega^{6k+4}+\omega^{3k+2}+1=\omega+\omega^2+1=0.$$

综上可知,$\omega^{2n}+\omega^n+1=\begin{cases}3,\text{当 3 整除 } n \text{ 时};\\0,\text{当 3 不整除 } n \text{ 时}.\end{cases}$

简明解答 3(当 3 整除 n 时)或 0(当 3 不整除 n 时).

总结反思 含有 n 的题目,要时常想到对 n 进行分类讨论,同余是一种常见的分类方式,特别是对于有类似于 $\omega^k=1$ 的条件的题目.

【例6】 是否存在 $0<x<\dfrac{\pi}{2}$,使得 $\sin x,\cos x,\tan x,\cot x$ 的某种排列为等差数列.

思维指向 分情况排列题设的四个三角函数,根据构成等差数列的必要条件一一验证.

问题探究 $\sin x,\cos x,\tan x,\cot x$ 的排列共有 $4!=24$ 种,注意到互为倒序的两个排列同为等差数列或同不是等差数列,如果一一验证也要验证 12 种情形,问题太为复杂了. 如果注意到 a_1,a_2,a_3,a_4 成等差数列时,有"等距性":$a_1+a_4=a_2+a_3$,则只要验证是否有下列三种情形之一,即:

$$\sin x+\cos x=\tan x+\cot x$$
$$\sin x+\tan x=\cos x+\cot x$$
$$\sin x+\cot x=\cos x+\tan x$$

情形就少得多了. 具体解答时就这个思路展形.

简明解答 如果 $\sin x,\cos x,\tan x,\cot x$ 的某种排列成等差数列,则必有如下三种情形之一:

(1)$\sin x+\cos x=\tan x+\cot x$,

因为 $\tan x=\dfrac{\sin x}{\cos x}>\sin x$,$\cot x=\dfrac{\cos x}{\sin x}>\cos x$,

所以 $\sin x+\cos x<\tan x+\cot x$,矛盾.

(2)$\sin x+\tan x=\cos x+\cot x$,则

$$\sin x-\cos x=\dfrac{\cos^2 x-\sin^2 x}{\sin x\cos x},$$

即

此题为 2010 年北京大学试题.

当 $x=\dfrac{\pi}{4}$ 时,四个三角函数值依次为 $\dfrac{\sqrt{2}}{2}$,$\dfrac{\sqrt{2}}{2},1,1$,无论如何排列均不可能构成等差数列;

当 $x\in(0,\dfrac{\pi}{4})$ 时,四个三角函数值从小到大排列依次为

$$\sin x\leqslant\cos x\leqslant\tan x$$
$$\leqslant\cot x$$

$$\sin x<\tan x<\cos x$$
$$<\cot x \text{ 要验证的情形},$$
只有两种;

当 $x\in(\dfrac{\pi}{4},\dfrac{\pi}{2})$ 时,作变换 $l=\dfrac{\pi}{2}-x$ 就化归前一情形了.

这种讨论方法或许更为简明,请读者试试.

$$(\sin x - \cos x)(1 + \frac{\sin x + \cos x}{\sin x \cos x}) = 0$$

因为 $1 + \dfrac{\sin x + \cos x}{\sin x \cos x} > 1$，所以 $\sin x - \cos x = 0$，即 $x = \dfrac{\pi}{4}$.

此时这四个数为 $\dfrac{\sqrt{2}}{2}, \dfrac{\sqrt{2}}{2}, 1, 1$，不能构成等差数列.

(3) $\sin x + \cot x = \cos x + \tan x$，则

$$\sin x - \cos x = \frac{\sin^2 x - \cos^2 x}{\sin x \cos x},$$

即

$$(\sin x - \cos x)(1 - \frac{\sin x + \cos x}{\sin x \cos x}) = 0.$$

若 $\sin x - \cos x = 0$，由前面讨论可知不成立；

若 $1 - \dfrac{\sin x + \cos x}{\sin x \cos x} = 0$，则 $(\sin x - 1)(\cos x - 1) = 1$，

但此时，$\sin x - 1 \in (-1, 0)$，$\cos x - 1 \in (-1, 0)$，故 $(\sin x - 1)(\cos x - 1) < 1$，矛盾.

综上可知，不存在 $x \in (0, \dfrac{\pi}{2})$，使得 $\sin x, \cos x, \tan x, \cot x$ 的某种排列为等差数列.

总结反思 此题为数列与三角函数综合在一道的探索性问题，题型新颖，解题时要求具有较强的研究能力. 此题解答的难点在于分类讨论，将问题横向分解为较少的类，是化解难点的一条重要途径.

此题取材于熟悉的背景，对考生分析问题和解决问题有着较高的要求，是一道十分精美的问题.

【例7】 已知 a, b, c 都是非零有理数，$\sqrt{a} + \sqrt{b} + \sqrt{c}$ 也是有理数. 求证：$\sqrt{a}, \sqrt{b}, \sqrt{c}$ 都是有理数.

此题为 2008 年清华大学试题.

思维指向 大凡关于有理数或无理数的证明问题，最常用的都是反证法.

问题探究 不妨设 $\sqrt{a}, \sqrt{a}, \sqrt{a}$ 中有某一个不是有理数，则另两个之和也不是有理数，再结合 $\sqrt{a} + \sqrt{b} + \sqrt{c}$ 为有理数，设为 x，则有等式 $\sqrt{a} + \sqrt{b} = x - \sqrt{c}$.

对该等式两边平方，并将为有理数的部分结合在一起用字母 y 表示.

反复依这样的方式处理，直至推出矛盾. 分析推证过程中必

要时将问题横向分解,即进行分类讨论.

简明解答 设 $\sqrt{a},\sqrt{b},\sqrt{c}$ 不都是有理数,不妨设 $\sqrt{c}\notin Q$,则 $\sqrt{a}+\sqrt{b}\notin Q$,否则与 $\sqrt{a}+\sqrt{b}+\sqrt{c}\in Q$ 矛盾.

记 $\sqrt{a}+\sqrt{b}+\sqrt{c}=x\in Q$,则 $(\sqrt{a}+\sqrt{b})^2=(x-\sqrt{c})^2$ 即

$$x^2+c-a-b=2(\sqrt{ab}+x\sqrt{c})\in Q.$$

记 $\sqrt{ab}+x\sqrt{c}=y\in Q$,则 $(\sqrt{ab})^2=(y-x\sqrt{c})^2$,即

$$y^2+x^2c-ab=2xy\sqrt{c}\in Q$$

若 $x=0$,则得 $a=b=c=0$,矛盾;

若 $x\neq0$ 但 $y=0$,则 $c=0$,矛盾;

若 $x\neq0$ 且 $y\neq0$,则 $\sqrt{c}\in Q$,矛盾.

综上可知,$\sqrt{a},\sqrt{b},\sqrt{c}$ 都是有理数.

总结反思 对于证明关于有理数或无理数的题目,通常的思路是利用反证法,通过有理数、无理数的一些性质推导出与题中某个条件矛盾.整个解题过程对等式的变形能力有着较高的要求,特别是计算和移项过程要特别讲究一些技巧.

□ 引理,分步与分类的一种特殊形式

如果存在这样一个问题,它能作为要解决问题的一个基本问题,它的解决对原来问题的获解能起到奠基的作用,用它能证明原问题的一般情况,从而促使原问题的解决,这种命题称之为引理.通过构造引理解题的方法称为引理法.

【例8】 两个正数的平均值不等式可推广到 n 个正数的情形:

$$\frac{a_1+a_2+\cdots+a_n}{n}\geqslant\sqrt[n]{a_1a_2\cdots a_n}$$

其中 $a_1,a_2,\cdots,a_n>0$,当且仅当 $a_1=a_2=\cdots=a_n$ 时取"=".试利用该结论证明:

已知 $m,n\in\mathbf{N}$ 且 $m>n$,求证:$(1+\dfrac{1}{n})^n<(1+\dfrac{1}{m})^m$.

思维指向 先证明问题的特殊情形,即下面的引理:

从这里开始就得分类讨论了."必要时进行分类讨论","分类时要坚持全、清、齐的基本原则",此处可体会到这种数学思想的实质.

引理法的运用,关键在于抓住基本问题.

此不等式可看作是基本不等式的推广.由于 $\dfrac{a_1+a_2+\cdots+a_n}{n}$ 和 $\sqrt[n]{a_1a_2\cdots a_n}$ 常分别称作 n 个正数 $a_1,a_2,\cdots,a_n$ 的算术平均值和几何平均值,故该不等式常称为平均值不等式.

$$(1+\frac{1}{n})^n < (1+\frac{1}{n+1})^{n+1}.$$

在利用条件所给的 n 个正数的平均值不等式证明引理的工作中,将左边 $(1+\frac{1}{n})^n$ 看作 n 个正数 $(1+\frac{1}{n})$ 的乘积,为得到右边需要的 $n+1$ 个正数 $(1+\frac{1}{n+1})$ 的积的形式,先补一个因式"1",得

$$(1+\frac{1}{n})^n = \underbrace{(1+\frac{1}{n}) \cdot (1+\frac{1}{n}) \cdots (1+\frac{1}{n})}_{n\text{个}} \cdot 1$$

再应用题设 n 个正数的平均值不等式的变形式 $a_1 a_2 \cdots a_n \leqslant \left(\dfrac{a_1+a_2+\cdots+a_n}{n}\right)^n$ 得到了引理,由引理经过有限次迭代得到 $(1+\frac{1}{n})^n < (1+\frac{1}{m})^m (m>n)$ 就十分容易了.

简明解答 由 n 个正数的平均值不等式的变式 $a_1 \cdot a_2 \cdot \cdots \cdot a_n \leqslant \left(\dfrac{a_1+a_2+\cdots+a_n}{n}\right)^n$,得

$$(1+\frac{1}{n})^n = \underbrace{(1+\frac{1}{n}) \cdot (1+\frac{1}{n}) \cdots (1+\frac{1}{n})}_{n\text{个}} \cdot 1$$

$$< \left[\frac{\dfrac{n+1}{n}+\dfrac{n+1}{n}+\cdots+\dfrac{n+1}{n}+1}{n+1}\right]^{n+1}$$

（因 $1+\frac{1}{n} \neq 1$,故"="取不到）

$$= \left[\frac{(n+1)+1}{n+1}\right]^{n+1} = \left(1+\frac{1}{n+1}\right)^{n+1}$$

由此可得

$$(1+\frac{1}{n})^n < (1+\frac{1}{n+1})^{n+1} < (1+\frac{1}{n+2})^{n+2} < \cdots < (1+\frac{1}{m})^m.$$

总结反思 本例中,特殊情况的证明同样带有普遍性,因此特殊情况的证明方法可完全用于证明题设的不等式,解题中只需在 $(1+\frac{1}{n})^n$ 中补 $m-n$ 个因式"1"即可.事实上:

这种乘"1"增加一个因数的方法,是一种十分常用的"凑""配"技巧.这里的"1"具有桥梁和纽带的作用.

这又是因数"1"所发挥的桥梁和纽带作用.之所以补充 $m-n$ 个因数"1",是因为由 $\left(1+\frac{1}{n}\right)^n$ 到 $\left(1+\frac{1}{m}\right)^m$ 正好相差 $m-n$ 个因式.

$$(1+\frac{1}{n})^n = (1+\frac{1}{n})^n \cdot 1^{m-n}$$

$$< \left[\frac{\overbrace{\frac{n+1}{n}+\cdots+\frac{n+1}{n}}^{n\text{个}}+\overbrace{1+\cdots+1}^{m-n\text{个}}}{m}\right]^m$$

$$=\left[\frac{n+1+(m-n)}{m}\right]^m$$

$$=\left(\frac{m+1}{m}\right)^m=\left(1+\frac{1}{m}\right)^m.$$

【例9】 设四边形 $ABCD$ 的面积为1,如图 $2-3-3$ 所示. E、F 为 AB 的三等分点,G、H 为 CD 的三等分点,连结 HE、GF. 求证:四边形 $EFGH$ 的面积为 $\frac{1}{3}$.

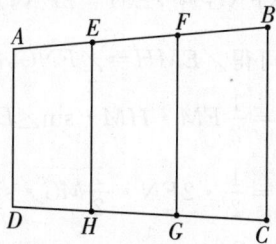

图 $2-3-3$

思维指向 如果将 B、C 逐渐靠拢,BC 缩成一点,则得到三角形中的相应结论,这个结论是显然成立的.三角形中的结论能更好地把握,因而考虑将题设中的四边形问题转化为三角形问题进行证明.

问题探究 联想到三角形中的熟知结论,即下面的引理,再将四边形化归为三角形,利用引理给出问题的证明.

引理:如图 $2-3-4$,点 E、G 和点 F、H 分别是 $\triangle ABC$ 的 AB 和 AC 边上的三等分点,则

$$S_{四边形EFHG}=\frac{1}{3}S_{\triangle ABC}$$

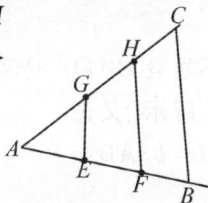

图 $2-3-4$

事实上,如图 $2-3-5$,连结四边形 $ABCD$ 的对角线 BD,设 M、N 为 BD 的三等分点,连结 EM、FN.易知

$$S_{四边形EMNF}=\frac{1}{3}S_{\triangle ADB},$$

$$S_{四边形NGHM}=\frac{1}{3}S_{\triangle BCD}.$$

故 $S_{四边形EMNF}+S_{四边形NGHM}=$

$\frac{1}{3}(S_{\triangle ADB}+S_{\triangle BCD})=\frac{1}{3}.$

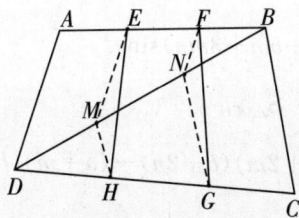

图 $2-3-5$

这是"极端的启示作用",参看本书第2章第7节.

欲证明题目结论,只要证明 $S_{\triangle EMH}=S_{\triangle FNG}$ 就可以了.这利用正弦定理容易解决.

简明解答 如图 2—3—6,连结四边形 $ABCD$ 的对角线 BD,设 M、N 为 BD 的三等分点,连结 EM、FN.易知

$$S_{四边形EMNF}=\frac{1}{3}S_{\triangle ADB},S_{四边形NGHM}=\frac{1}{3}S_{\triangle BCD}.$$

故　$S_{四边形EMNF}+S_{四边形NGHM}=\frac{1}{3}(S_{\triangle ADB}+S_{\triangle BCD})=\frac{1}{3}.$

又在 $\triangle EMH$ 和 $\triangle FNG$ 中,$EM=2FN$,$MH=\frac{1}{2}NG$,且 $EM\parallel FN$,$HM\parallel GN$,可得 $\angle EMH=\angle FNG$,故

$$S_{\triangle EMH}=\frac{1}{2}EM\cdot HM\cdot\sin\angle EMH$$

$$=\frac{1}{2}\cdot 2FN\cdot\frac{1}{2}MG\cdot\sin\angle FNG$$

$$=S_{\triangle FNG}.$$

故　$S_{四边形EMNF}+S_{四边形NGHM}=S_{四边形EFGH}.$

即　$S_{四边形EFGH}=\frac{1}{3}.$

总结反思 本题除运用上面的"基本问题引理法"证明之外,还可以通过转化基本图形——三角形进行证明:

（1）若 $AB\parallel CD$,结论显然成立;

（2）若 $AB\nparallel CD$,不妨设 $BA\cap CD=O$,如图 2—3—6 所示.又记 $\angle BOC=\alpha$,$OA=a$,$OD=b$,$AB=3m$,$CD=3n$,则

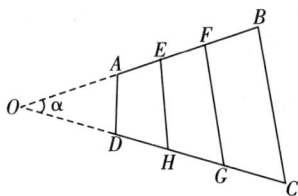

图 2—3—6

$$S_{四边形ABCD}=S_{\triangle OBC}-S_{\triangle OAD}$$

$$=\frac{1}{2}[(a+3m)(b+3n)-ab]\sin\alpha.$$

$$=\frac{3}{2}(an+bm+3mn)\sin\alpha.$$

又　$S_{四边形EFGH}=S_{\triangle OFG}-S_{\triangle OEH}$

$$=\frac{1}{2}[(a+2m)(b+2n)-(a+m)(b+n)]\sin\alpha$$

$$=\frac{1}{2}[m(b+n)+n(a+m)+mn]\sin\alpha$$

辅助线 BD 使解题思路回到了"思维指向"中所提示的方向.

这里的解法和前面的解法的思维规律均和"思维指向"的思路相同,只是表述方式不同而已.

$$= \frac{1}{2}(an+bm+3mn)\sin\alpha$$

因为 $S_{四边形ABCD}=1$，所以 $S_{四边形EFGH}=\frac{1}{3}S_{四边形ABCD}=\frac{1}{3}$.

【例10】 已知数列 $\{x_n\}$ 满足 $x_1=\frac{3}{4}\pi$，$2x_{n+1}+\cos x_n-\pi=0$，求证：数列 $\{x_n\}$ 有界，且满足不等式 $|x_n-\frac{\pi}{2}|\leqslant\frac{\pi}{2^{n+1}}(n\geqslant1)$.

思维指向 建立数列 $\{x_n\}$ 的相邻两项的递推关系，再由递推关系得出要证的不等式.

问题探究 由余弦函数的有界性，很容易推证数列 $\{x_n\}$ 的有界性. 由 $2x_{n+1}+\cos x_n-\pi=0$，利用 $\cos x_n=\sin(x_n-\frac{\pi}{2})$，可得到下面的

引理：对于数列 $\{x_n\}$，若 $2x_{n+1}+\cos x_n-\pi=0$，则有
$$|x_n-\frac{\pi}{2}|\leqslant\frac{1}{2}|x_{n-1}-\frac{1}{2}|.$$

利用引理，通过迭代法即可得出要证的不等式.

简明解答 由已知的递推关系式，可得
$$\frac{1}{2}(\pi-1)\leqslant x_{n+1}=\frac{1}{2}(\pi-\cos x_n)\leqslant\frac{1}{2}(\pi+1)$$

由此即可知数 $\{x_n\}$ 有界.

又由给定的递推式，可得
$$|x_n-\frac{\pi}{2}|=\frac{1}{2}|-\cos x_{n-1}|=\frac{1}{2}|\sin(x_{n-1}-\frac{\pi}{2})|$$
$$\leqslant\frac{1}{2}|x_{n-1}-\frac{\pi}{2}|$$

对一切正整数 n 都成立. 从而迭代可得
$$|x_n-\frac{\pi}{2}|\leqslant\frac{1}{2}|x_{n-1}-\frac{\pi}{2}|\leqslant\frac{1}{2^2}|x_{n-2}-\frac{\pi}{2}|$$
$$\leqslant\cdots\leqslant\frac{1}{2^{n-1}}|x_1-\frac{1}{2}|=\frac{\pi}{2^{n+1}}(n\geqslant1)$$

总结反思 本题运用放缩法和三角不等式 $\sin x\leqslant|x|$ 得到了"基本问题引理"：$|x_n-\frac{\pi}{2}|\leqslant\frac{1}{2}|x_{n-1}-\frac{\pi}{2}|$，为迭代法的使用作好了铺垫，使解题过程简捷而巧妙，体现出解法的针对性.

引理的证明用到了熟知的不等式：$\sin x\leqslant|x|$，请读者体会.

这里，解题过程的表述没有列出引理，而是整个地融为一体. 或许这种形式更符合高中学生的解题习惯.

三角不等式 $\sin x\leqslant|x|$ 利用单位圆中的正弦线可给出其几何解释，也有助于理解记忆.

思考与训练 ★★★
★★★

1. 函数 $f(x)=\begin{cases}\sin(\pi x^2),& -1<x<0,\\ e^{x-1},& x\geqslant 0\end{cases}$ 若 $f(1)+f(a)=2$,则 a 的所有可能值为

（　　）

   A. 1　　　　　　B. $-\dfrac{\sqrt{2}}{2}$　　　　　C. $1,-\dfrac{\sqrt{2}}{2}$　　　　D. $1,\dfrac{\sqrt{2}}{2}$

2. 当不等式 $\tan^2(\cos\sqrt{4\pi^2-x^2})-4a\tan(\cos\sqrt{4\pi^2-x^2})+2+2a\leqslant 0$ 关于 x 有有限个解时,则 a 的取值是

（　　）

   A. 全体实数　　　　　　　　　B. 唯一的一个实数

   C. 两个不同的实数　　　　　　D. 无法确定

3. 直线 $ax+by-1=0$ $(a,b$ 不全为 $0)$ 与圆 $x^2+y^2=50$ 有公共点,且公共点的横、纵坐标均为整数,这样的直线有_____条.

4. 多项式 $p(x)=(1+x)+(1+x)^2+\cdots+(1+x)^{99}$,其中 x^3 的系数为_____.

5. 已知 a,b,c 都是有理数,$\sqrt{a}+\sqrt{b}+\sqrt{c}$ 也是有理数,证明:$\sqrt{a},\sqrt{b},\sqrt{c}$ 都是有理数.

6. 试找出所有正整数 x,使得 $\dfrac{x^3+3}{x+3}$ 是一个整数.

7. 将长为 n 的棒锯开,要求锯成的每段长都是整数,且任意时刻,锯成的所有棒中最长的一根严格小于最短的一根的 2 倍,如 6 只能锯一次,$6=3+3$,而 7 能锯两次,$7=4+3$,4 能锯为 $2+2$,试问长为 30 的棒最多能锯成几段?

第4节 问题的等价转化

数学问题的不同表现形式,相应地有不同的处理方法.由于处理问题的方法本身难易不同、简繁有别,加之对不同的人而言,掌握和运用这些方法处理数学问题的熟练程度也不尽相同,这就要求在处理数学问题时,能根据不同的需要对数学问题进行等价转化.

□ **问题的数形相互转化**

数和形是一对孪生兄弟.问题的代数形式能进行程序化的代数运算;几何形式则能为问题提供直观的背景.解题中,根据需要将几何问题代数化,或赋予代数问题以直观的几何意义,这是问题等价转化的一种重要方式.

【例1】 设 O 点在 $\triangle ABC$ 内部,且有 $\overrightarrow{OA}+2\overrightarrow{OB}+3\overrightarrow{OC}=\mathbf{0}$,则 $\triangle ABC$ 的面积与 $\triangle AOC$ 的面积的比为 ( )

A. 2 B. $\dfrac{3}{2}$ C. 3 D. $\dfrac{5}{3}$

思维指向 由向量关系 $\overrightarrow{OA}+2\overrightarrow{OB}+3\overrightarrow{OC}=\mathbf{0}$,揭示点 O 和 $\triangle ABC$ 的位置特征,从形的角度考察 $\triangle ABC$ 与 $\triangle AOC$ 的面积比的确定.

问题探究 如图 2—4—1 所示,设 D、E 分别是 AC、BC 边的中点,则

$\overrightarrow{OA}+\overrightarrow{OC}=2\overrightarrow{OD}$ ①

$2(\overrightarrow{OB}+\overrightarrow{OC})=4\overrightarrow{OE}$ ②

由①②相加,并利用 $\overrightarrow{OA}+2\overrightarrow{OB}+3\overrightarrow{OC}=\mathbf{0}$,得

$\overrightarrow{OA}+2\overrightarrow{OB}+3\overrightarrow{OC}=2(\overrightarrow{OD}+2\overrightarrow{OE})=\mathbf{0}$,

故可知 $\overrightarrow{OD}$ 与 $\overrightarrow{OE}$ 共线,且 $|\overrightarrow{OD}|=2|\overrightarrow{OE}|$.

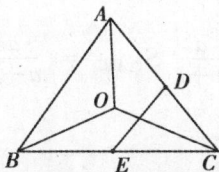

图 2—4—1

纵然是等价的,但不同的形式,其思维的切入点或许有较大差别,因而其解题方法的设计,或问题解决的难度可能有很大的差别.

"数缺形时少直观,形缺数时难入微"(华罗庚),几何图形的直观性与代数运算的简洁性相得益彰,常能为解题带来极大的方便.

实质上得出了 D、O、E 三点共线,且 O 是 DE 的一个三等分点.

所以，$\dfrac{S_{\triangle AEC}}{S_{\triangle AOC}}=\dfrac{3}{2}$，$\dfrac{S_{\triangle ABC}}{S_{\triangle AOC}}=\dfrac{3\times 2}{2}=3$.

简明解答 C.

总结反思 向量在三角形中的应用最为常见，处理这类问题的一个最重要的思路就是数形转化．通常的做法是，由向量运算的三角形法则，用图中的其他向量去代换一些向量，直至能确明认识问题的几何特征，并可运用几何特征解决问题.

【例2】 设 E 为凸四边形 $ABCD$ 的对角线的交点，F_1、F_2、F 分别为 $\triangle ABE$、$\triangle CDE$，四边形 $ABCD$ 的面积，试证明.

$$\sqrt{F_1}+\sqrt{F_2}\leqslant\sqrt{F}$$

并指出等号成立的条件.

思维指向 引入参数，将面积 F_1、F_2 和 F 的关系用含参数的代数式表示，进而将要证的不等式转化为关于参数的代数不等式，再进行证明.

问题探究 如图 $2-4-2$，记 a、b、c、d 分别为线段 EA、EB、EC、ED 的长度，由"等底（高）的两个三角形的面积之比，等于它们对应的高（底）之比"，可得

$$F_1=\dfrac{ab}{(a+c)(b+d)}F,$$

$$F_2=\dfrac{cd}{(a+c)(b+d)}F.$$

进而要证的不等式可等价化归为

图 $2-4-2$

$$\sqrt{ab}+\sqrt{cd}\leqslant\sqrt{(a+c)(b+d)}.$$

这是柯西不等式的直接结论，证明十分简单.

简明解答 记 a、b、c、d 分别为 EA、EB、EC、ED 的长度，则

$$F_1=S_{\triangle ABE}=\dfrac{a}{a+c}S_{\triangle ABC}=\dfrac{a}{a+c}\cdot\dfrac{b}{b+d}S_{ABCD}=\dfrac{ab}{(a+c)(b+d)}F,$$

同理 $\qquad F_2=\dfrac{cd}{(a+c)(b+d)}F.$

故欲证不等式可等价化为

$$\sqrt{ab}+\sqrt{cd}\leqslant\sqrt{(a+c)(b+d)}$$

向量，其本身就兼有代数运算的简洁性和几何图形的直观性，是数形结合的典范.

这是用面积法处理问题的最基本思路.

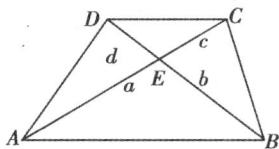

由柯西不等式可知这个不等式显然成立,当且仅当 $\dfrac{a}{b}=\dfrac{c}{d}$,即 $ad=bc$ 时等号成立.

等式 $ad=bc$ 等价于 $S_{\triangle AED}=S_{\triangle BEC}$,进一步等价于 $S_{\triangle ABD}=S_{\triangle ABC}$,即 $AB\,/\!/\,CD$.

综上可知,原不等式成立,当且仅当 $AB\,/\!/\,CD$,即四边形 $ABCD$ 为梯形或平行四边形时等号成立.

总结反思 本解法的基本思路是将要证明的几何不等式,等价转化为代数不等式,进而用代数的方法给出证明.值得再作进一步强调的是:所得到的代数不等式取等号的代数条件 $ad=bc$,还要等价转化为几何条件 $AB\,/\!/\,CD$,即四边形 $ABCD$ 为梯形或平行四边形.

□ 问题的换一种说法

数学问题的不同表述形式,能从不同的角度和数学概念建立联系,从而获得不同的解法.有些时候,"问题的换一种说法"之后,解题思路会豁然开朗.由于问题的不同的表现形式并未改变问题的本质,它仍然是等价变换,因此,"问题的换一种说法"是探索数学解题方法的一条重要途径.

【例3】 已知实系数方程 $x^3+ax^2+bx+c=0$ 有三个实数根,若 $-2\leqslant a+b+c\leqslant 0$,试证明这个三次方程至少有一个根属于区间 $[0,2]$.

思维指向 将方程 $x^3+ax^2+bx+c=0$ 换为关于方程根的形式,再作进一步的推理.

问题探究 由于方程有三个实根,故方程右边可变换为 $(x-x_1)(x-x_2)(x-x_3)$ 的形式.条件 $-2\leqslant a+b+c\leqslant 0$ 中的 $a+b+c$ 可和方程右边取 $x=1$ 的形式表示.两次这样的形式变换之后,就不难推出所需的结论了.

简明解答 令 $p(x)=x^3+ax^2+bx+c$,设 x_1,x_2,x_3 是方程的三个根,则

$$p(x)=(x-x_1)(x-x_2)(x-x_3)$$

这里,虽然由 $ad=bc$ 得到的 $AE\cdot DE=BE\cdot CE$,和"四边形 $ABCD$ 为平行四边形或梯形"具有等价性,但作为等号成立的理由,后者更能反映图形的基本特征.

将方程换一种形式:$(x-x_1)(x-x_2)(x-x_3)=0$.

注意到 $p(1)=1+a+b+c$，$-2\leqslant a+b+c\leqslant 0$，可得
$$-1\leqslant p(1)=1+a+b+c\leqslant 1,$$
即
$$-1\leqslant(1-x_1)(1-x_2)(1-x_3)\leqslant 1,$$
即
$$|1-x_1|\cdot|1-x_2|\cdot|1-x_3|\leqslant 1.$$

这就推出了 $|1-x_1|$、$|1-x_2|$、$|1-x_3|$ 中至少有一个的值不大于 1，等价于 x_1、x_2、x_3 中至少有一个属于区间 $[0,2]$。

> 由 $|1-x_i|\leqslant 1$，可得 $0\leqslant x_i\leqslant 2$。

总结反思 $p(x)=(x-x_1)(x-x_2)(x-x_3)$ 可称为实系数三次函数的"零点式"。一般地，实系数一元 n 次多项式 $x^n+a_1x^{n-1}+a_2x^{n-2}+\cdots+a_{n-1}x+a_n$ 有 n 个根（含虚根）$x_1,x_2,\cdots,x_n$，因而都可用零点式 $p(x)=(x-x_1)(x-x_2)\cdots(x-x_n)$ 表示。

> 对于与根相关的多项式函数或多项式方程问题，一般都要考虑变换为这种形式。

【例 4】 已知不等式 $\sqrt{2}(2a+3)\cos(\theta-\dfrac{\pi}{4})+\dfrac{6}{\sin\theta+\cos\theta}-2\sin2\theta<3a+6$ 对于 $\theta\in[0,\dfrac{\pi}{2}]$ 恒成立，求 a 的取值范围。

思维指向 引入字母代换，将题设的不等式转换为新的形式，再按"含参数的不等式恒成立时，求参数的取值范围"的基本套路处理。

> 此类题型为"含参数的不等式恒成立时，求参数的取值范围"，解法很多，也有基本的"套路"。

问题探究 由于 $\cos(\theta-\dfrac{\pi}{4})=\dfrac{\sqrt{2}}{2}(\sin\theta+\cos\theta)$，$\sin2\theta=(\sin\theta+\cos\theta)^2-1$，故如果假设 $\sin\theta+\cos\theta=x$，则题设不等式中含有三角函数的局部都转换成了关于 x 的式子，不等式的形式大为简化。再就简化了的不等式恒成立，求参数 a 的取值范围，问题的解决或许容易得多。

简明解答 设 $\sin\theta+\cos\theta=x$，则
$$\cos(\theta-\dfrac{\pi}{4})=\dfrac{\sqrt{2}}{2}x,\ \sin2\theta=x^2-1,\ x\in[1,\sqrt{2}].$$

从而不等式可化为
$$(2a+3)x+\dfrac{6}{x}-2(x^2-1)<3a+b$$

进一步可化为 $2x(x+\dfrac{2}{x}-a)-3(x+\dfrac{2}{x}-a)>0$，即
$$(2x-3)(x+\dfrac{2}{x}-a)>0,\ x\in[1,\sqrt{2}].\qquad ①$$

> 这里分解因式的变形有一定的技巧，是个难点。

因为 $x\in[1,\sqrt{2}]$，所以 $2x-3<0$，从而原不等式恒成立等

价于

$$x+\frac{2}{x}-a<0,x\in[1,\sqrt{2}]$$

恒成立,因而

$$a>(x+\frac{2}{x})_{\max},x\in[1,\sqrt{2}].$$

容易知 $f(x)=x+\frac{2}{x}$ 在 $[1,\sqrt{2}]$ 上单调递减,所以 $(x+\frac{2}{x})_{\min}=1+2=3$,故 $a>3$.

总结反思 本题属于典型的"含参数的不等式恒成立时求参数的取值范围"问题,其解题方法最常用的是分离参数法.一般地,用分离参数法处理"含参数 t 的关于 x 的不等式恒成立"问题,有如下规律:

设 $g(x)$ 有最大值 M,最小值 m,则

(1)若 $f(t)\geqslant g(x)$ 恒成立,则 $f(t)\geqslant M$;

(2)若 $f(t)\leqslant g(x)$ 恒成立,则 $f(t)\leqslant m$;

(3)若 $f(t)>g(x)$ 恒成立,则 $f(t)>M$;

(4)若 $f(t)<g(x)$ 恒成立,则 $f(t)<m$.

设 $g(x)$ 没有最大值或最小值,但 $g(x)<M$ 且 $g(x)\rightarrow M$,或 $g(x)>m$ 且 $g(x)\rightarrow m$,则

(5)若 $f(t)\geqslant g(x)$ 恒成立,则 $f(t)\geqslant M$;

(6)若 $f(t)\leqslant g(x)$ 恒成立,则 $f(t)\leqslant m$;

(7)若 $f(t)>g(x)$ 恒成立,则 $f(t)\geqslant M$;

(8)若 $f(t)<g(x)$ 恒成立,则 $f(t)\leqslant m$.

> 形如 $f(x)=ax+\frac{b}{x}(a,b>0)$ 的函数的单调性问题,是个重要的数学模型,用途很广,读者可作一定的探究.

【例5】 已知函数 $f(x)$ 满足:对任意实数 a,b 有

$$f(ab)=af(b)+bf(a),且|f(x)|\leqslant1.$$

求证:$f(x)\equiv0$.("$\equiv$"表示"恒等于")

> 此题为 2006 年清华大学试题.

思维指向 将条件等式中的 a 和 b 用特殊的数值代换,使条件等式向着有利于证明 $f(x)\equiv0$ 的结构转化.

问题探究 形如 $f(ab)=af(b)+bf(a)$ 的等式,两边同时除以 $ab(ab\neq0$ 时),即化为 $\frac{f(ab)}{ab}=\frac{f(b)}{b}+\frac{f(a)}{a}$.这种结构或许更有利于问题的证明.

> 这种结构形式,各个局部具有"同构"的特征,往往更有利于后续变形.

事实上,对于任意非零实数 x_0,令 $b=x_0$,则可得 $\frac{f(x_0)}{x_0}=$

$\dfrac{f(ax_0)}{ax_0} - \dfrac{f(a)}{a}$，两边对 $a \to +\infty$ 取极限，即可推出 $f(x_0) = 0$.

简明解答 令 $a = b = 0$，得 $f(0) = 0$.

对任意非零实数 x_0，令 $b = x_0$，则得

$$f(ax_0) = af(x_0) + x_0 f(a),$$

当 $a \neq 0$ 时，两边同时除以 ax_0，得

$$\dfrac{f(x_0)}{x_0} = \dfrac{f(ax_0)}{ax_0} - \dfrac{f(a)}{a} \qquad \text{①}$$

因为 $\lim\limits_{a \to +\infty} \dfrac{1}{a} = 0$，$|f(a)| \leqslant 1$，所以 $\lim\limits_{a \to +\infty} \dfrac{f(a)}{a} = 0$.

又 $\lim\limits_{a \to +\infty} \dfrac{1}{ax_0} = 0$，$|f(ax_0)| \leqslant 1$，所以 $\lim\limits_{a \to +\infty} \dfrac{f(ax_0)}{ax_0} = 0$.

因此，对①式两边取极限，得

$$\lim\limits_{a \to +\infty} \dfrac{f(x_0)}{x_0} = \lim\limits_{a \to +\infty} \dfrac{f(ax_0)}{ax_0} - \lim\limits_{a \to +\infty} \dfrac{f(a)}{a} = 0.$$

但 $\dfrac{f(x_0)}{x_0}$ 是常数，故 $\dfrac{f(x_0)}{x_0} = 0$，$f(x_0) = 0$.

综上可知，$f(x) \equiv 0$.

总结反思 解题过程中用到极限中的一个结论：

若 $\lim\limits_{a \to +\infty} g(x) = 0$，$|f(x)| \leqslant M$，$M$ 为一常数，则有

$$\lim\limits_{a \to +\infty} (f(x)g(x)) = 0.$$

【例6】 对于任何自然数 n，证明分数 $\dfrac{21n+4}{14n+3}$ 不可约.

思维指向 将"分数不可约"转换为更便于论述的等价形式.

问题探究 分数 $\dfrac{21n+4}{14n+3}$ 不可约，是说 $21n+4$ 和 $14n+3$ 互素，而两个整数 a, b 互素的充要条件是存在整数 x, y，使得 $ax + by = 1$. 因此，解题的关键就是要寻找整数 x, y，使得

$$x(21n+4) + y(14n+3) = 1.$$

对任意整数 n 恒成立. 接下来只要用待定系数法求出这样的 x，y 就可以了.

简明解答 设存在整数 x, y 使得 $x(21n+4) + y(14n+3) = 1$ 恒成立，即

$$(21x + 14y)n + (4x + 3y - 1) = 0$$

对任意整数 n 恒成立，故有

这里的证明采用的是极限的思想，有一定的新意.

问题的表述形式变换了两次：$\dfrac{21n+4}{14n+3}$ 不可约 $\Rightarrow$ $21n+4$ 和 $14n+3$ 互素 $\Rightarrow$ 存在 x, y 使得 $x(21n+4) + y(14n+3) = 1$.

$$\begin{cases} 21x+14y=0, \\ 4x+3y-1=0. \end{cases}$$

由此解得 $x=-2,y=3$.

所以,$(21n+4)$ 与 $(14n+3)$ 互素,即 $\dfrac{21n+4}{14n+3}$ 不可约.

总结反思 本题的思路还可用于证明问题:

相继两个自然数的平方和与这两个自然数的和的平方是互素的.

事实上,不妨设两个自然数分别为 $n,n+1$,欲证命题成立,就是要找两个整数 a,b,使得

$$a(2n+1)+b[n^2+(n+1)^2]=1.$$

注意到 $n^2+(n+1)^2$ 关于 n 是二次的,而 $2n+1$ 关于 n 是一次的,为了产生常数 1,设 $a=kn+c$,这里 k,c 均为整数,整理得

$$(2k+2b)n^2+(2c+2b+k)n+c+b-1=0$$

此式对任何 n 均成立,所以有

$$\begin{cases} 2k+2b=0, \\ 2c+2b+k=0, \\ c+b-1=0. \end{cases}$$

解之得 $k=-2,b=2,c=-1$,故 $a=-2n-1,b=2$,命题成立.

□ 问题的逆向思考

问题的逆向思考包括"执果索因"和构造反例、反证法等."执果索因"的思维过程是在假定结论成立的条件下,一步步反推,寻找到其成立的充分条件.构造反例是指:要说明一个命题成立,举一个反例就可以了.反证法是数学证题的一种重要的思维形式,许多文献资料中均有专文介绍.

【例7】 请找出一个以 $\sqrt{2}+\sqrt[3]{3}$ 为根的整系数多项式.

思维指向 关于 x 的一个多项式有一个以 $\sqrt{2}+\sqrt[3]{3}$ 的根,即当 $x=\sqrt{2}+\sqrt[3]{3}$ 时多项式的值为 0,因此以 $\sqrt{2}+\sqrt[3]{3}$ 为根的整系数多项式可由 $x=\sqrt{2}+\sqrt[3]{3}$ 逆向思考和推理得到.

这里的分析触及了问题的本质,因而同样简洁明了.请仔细体会.

此题为 2009 年清华大学试题.

解题的基本指导思想是由

$$x-\sqrt{2}=\sqrt[3]{3}$$

生成一个关于 x 的多项式方程.这是典型的逆向思维形式.

问题探究 设 $x=\sqrt{2}+\sqrt[3]{3}$，则 $x-\sqrt{2}=\sqrt[3]{3}$，两边立方则消去了等式中的三次方根，再将整系数的部分合并于一起，含有 $\sqrt{2}$ 的部分合并在一起，两边再平方则消去平方根了. 最后将等式的一边化为 0，另一边即是关于 x 的整系数多项式，它有一个根就是 $\sqrt{2}+\sqrt[3]{3}$.

简明解答 令 $x=\sqrt{2}+\sqrt[3]{3}$，则

$$x-\sqrt{2}=\sqrt[3]{3} \quad\quad ①$$

由①式两边同时立方，得 $x^3-3\sqrt{2}x^2+6x-2\sqrt{2}=3$，即

$$x^3+6x-3=(3x^2+2)\sqrt{2} \quad\quad ②$$

由②式两边同时平方，得

$$x^6+36x^2+9+12x^4-36x-6x^3=2(9x^4+4+12x^2)，$$

整理即得 $\quad x^6-6x^4-6x^3+12x^2-36x+1=0.$

它是一个整系数多项式，$x=\sqrt{2}+\sqrt[3]{3}$ 是它的一个根.

总结反思 此题是考查逆向思维的好题材，解题时要求对完全平方公式、完全立方公式能运用自如，对无理数系数有较强的分析和处理能力.

【例8】 是否存在两两不同的实数 a,b,c 使平面直角坐标系中三条直线 $y=ax+b,y=bx+c,y=cx+a$ 共点?

思维指向 可通过具体的例子进行试验，估计这样的直线是否存在，再证明所估计的结论. 如果不存在，则可用反证法给出证明.

问题探究 取 a,b,c 的一些特殊值，如 $(a,b,c)=(1,2,3),(1,2,4)$ 等，找不到共点的三条直线. 由此我们猜测不存在满足条件的三条直线，再用反证法证明猜测. 思路为:若三条直线有公共点 (x_0,y_0)，则三个方程 $y_0=ax_0+b,y_0=bx_0+c,y_0=cx_0+a$ 有公共解，将它们联立消去 a,b,c 得关于 x_0 的方程，该方程无解即得矛盾.

简明解答 不存在. 用反证法证明如下:

假设存在，不妨设三条直线相交于点 (x_0,y_0)，则有

$$y_0=ax_0+b \quad\quad ①$$
$$y_0=bx_0+c \quad\quad ②$$
$$y_0=cx_0+a \quad\quad ③$$

完全立方公式:
$(a\pm b)^3=a^3\pm3a^2b+3ab^2\pm b^3.$

此题为 2013 年北京大学保送生测试题.

由 a,b,c,x_0,y_0 在问题中的地位，可知消去 a,b,c,y_0 得关于 x_0 的方程的思路的合理性.

由①③可得

$$y_0 - b = x_0 y_0 - c x_0^2 \qquad\qquad ④$$

将②代入④得

$$(b-c) x_0^2 - (b-c) x_0 + (b-c) = 0.$$

因为 $b \neq c, b-c \neq 0$, 故有 $x_0^2 - x_0 + 1 = 0$, 但该方程中 $\Delta = -3 < 0$, 故没有实根, 矛盾.

因此, 不存在满足题设条件的三条直线.

总结反思 此题有一种很典型的错误解法: 不妨设 $a > b > 0$, 则由①②得 $x_0 < 0$; 由②③得 $x_0 > 0$, 矛盾. 错误的原因是 a, b, c 是轮换对称而非完全对称的, 故"不妨设 $a > b > c$"是不成立的.

【例9】 若存在常数 M, 使得对任意 $t \in D$(D 为函数的定义域), 都有 $|f(x)| \leqslant M$, 则称函数 $f(x)$ 有界. 试问函数 $f(x) = \dfrac{1}{x} \sin \dfrac{1}{x}$ 在定义域上是否有界?

思维指向 先判断函数 $f(x)$ 是否有界, 再给出证明. 证明 $f(x)$ 为无界函数, 应采用构造反例的方法, 即对于任意给定的常数 M, 寻找 x 的一个取值, 验证其对应的函数值大于常数 M.

问题探究 记 $g_1(x) = \sin \dfrac{1}{x}$, 显然 $g_1(x)$ 是有界的, 因 $|g_1(x)| = |\sin \dfrac{1}{x}| \leqslant 1$, 但 $g_2(x) = \dfrac{1}{x}$ 是无界的, 因对于无论多么大的正数 M, 总存在 x 的值使得 $\dfrac{1}{x} > M$.

因此, $f(x) = g_1(x) g_2(x)$ 或许为无界函数, 可采用构造反例的方法给出证明.

构造一个"点列" $\{x_k\}$, 使得 $\sin \dfrac{1}{x_k} = 1, \dfrac{1}{x_k}$ 可大于任何给定的正数 M, 问题则获得解决.

简明解答 函数 $f(x) = \dfrac{1}{x} \sin \dfrac{1}{x}$ 在定义域上无界, 证明如下:

取 $x_k = \dfrac{1}{2k\pi + \dfrac{\pi}{2}}$, k 为正整数, 则

$$f(x_k) = f\left(\dfrac{1}{2k\pi + \dfrac{\pi}{2}}\right) = 2k\pi + \dfrac{\pi}{2}.$$

本题也可用行列式解答, 有兴趣的读者可参看本书第4章第5节的"思考与训练"题的解答.

此题为2004年复旦大学试题.

这里的思路是先猜测再验证.

因 x_k 可在满足 $\sin \dfrac{1}{x_k} = 1$ 的前提下, 从正的方向"$\to 0$", 即"$\dfrac{1}{x_k} \to +\infty$", 所以这种构思具有可行性.

由 $2k\pi + \dfrac{\pi}{2} > M$,得 $k > \dfrac{2M-\pi}{4\pi}$.

记 $k_0 = \left[\dfrac{2M-\pi}{4\pi}\right]$([x]表示 x 的最大整数部分),则对任何正常数 M,总存在 $k > k_0$ 使得 $f(x_k) = 2k\pi + \dfrac{\pi}{2} > M$,故 $f(x) = \dfrac{1}{x}\sin\dfrac{1}{x}$ 在定义域上是无界的.

总结反思 函数 $f(x)$ 有界的定义是:"若存在常数 M,使得对任何 $x \in D$,都有 $|f(x)| \leqslant M$."否定函数 $f(x)$ 有界,即说明 $f(x)$ 无界,即是要说明"对任何常数 M,总存在 $x_0 \in D$,使得 $|f(x_0)| > M$".因此,说明函数 $f(x)$ 无界可采用构造反例的方式方法,这是问题的逆向思考的一种重要方式.

另外,函数 $f(x)$ 无界的另外一种说法是:存在点列 $x_k \in D$,使得当 $k \to +\infty$ 时,$f(x_k) \to +\infty$.

两种表述方式,实质上完全一样.

这种说法,虽然用到了极限语言,但也很容易理解和接受.本例的解题过程也可表述为:构造点列 $x_k = \dfrac{1}{2k\pi + \dfrac{\pi}{2}}$,则 $f(x_k) = 2k\pi + \dfrac{\pi}{2} \to +\infty$(当 $k \to +\infty$ 时).

【例10】 数列 $\{a_n\}$ 满足 $a_{n+1} = 2a_n^2 - 1$,$a_N = 1$ 且 $a_{N-1} \neq 1$,其中 $N \in \{2,3,4,\cdots\}$.

此题为 2005 年上海交大试题.命题的形式就隐含了"逆向思考"的思路.

(1)求证:$|a_1| \leqslant 1$;

(2)求证:$a_1 = \cos\dfrac{k\pi}{2^{N-2}}$ $(k \in \mathbf{Z})$.

思维指向 关于自然数的命题,可考虑用数学归纳法处理.

问题探究 对于(1),可由 $a_N = 1$,推出 $|a_{N-1}| \leqslant 1$,$|a_{N-2}| \leqslant 1$,$\cdots$,一般地有 $|a_{N-m}| \leqslant 1$,其中 $m \in \{1,2,\cdots,N-1\}$,由此得 $|a_1| \leqslant 1$.这个证明思路可由数学归纳法完成.

对于(2),可对 N 归纳,证明存在 $k \in \mathbf{Z}$,使得 $a_1 = \cos\dfrac{k\pi}{2^{N-2}}$.

简明解答 (1)因为 $a_N = 1$,$a_N = 2a_{N-1}^2 - 1$.

所以 $a_{N-1}^2 = 1$.

由 $a_{N-1} \neq 1$,知 $a_{N-1} = -1$.

又 $a_{N-2}{}^2 = \dfrac{a_{N-1}+1}{2} = 0$，所以 $a_{N-2} = 0, a_{N-3}{}^2 = \dfrac{a_{N-2}+1}{2} = \dfrac{1}{2}, \cdots$.

由此可猜测，对任意的 $k \in \{1, 2, \cdots, N-1\}$，$|a_{N-k}| \leqslant 1$. 下面用数学归纳法给出证明：

当 $k=1$ 时，$a_{N-1} = -1$，所以 $|a_{N-1}| \leqslant 1$.

假设 $k=m, m \in \{1, 2, \cdots, N-2\}$ 时，$|a_{N-m}| \leqslant 1$，则

$$a_{N-m-1}{}^2 = \frac{a_{N-m}+1}{2} \in [0, 1], |a_{N-m-1}| \leqslant 1.$$

所以，$k=m+1$ 时结论成立.

综上可知，对任何 $k \in \{1, 2, \cdots, N-1\}$，都有 $|a_{N-K}| \leqslant 1$，当然 $|a_1| \leqslant 1$.

（2）对 N 归纳，只需证存在 $k \in \mathbf{Z}$，使得 $a_1 = \cos\dfrac{k\pi}{2^{N-2}}$ 即可.

当 $N=2$ 时，由 $a_2 = 1, a_1^2 = \dfrac{a_2+1}{2} = 1$ 且 $a_1 \neq 1$，得 $a_1 = -1 = \cos\pi$ 成立.

假设 $N = m (m \geqslant 2)$ 时，存在 $k \in \mathbf{Z}$ 使得 $a_1 = \cos\dfrac{k\pi}{2^{m-2}}$，则当 $N = m+1$ 时，由归纳假设，知存在 k，使得 $a_2 = \cos\dfrac{k\pi}{2^{m-3}}$，则

$$a_1{}^2 = \frac{a_2+1}{2} = \frac{\cos\dfrac{k\pi}{2^{m-3}}+1}{2} = \cos^2\frac{k\pi}{2^{m-2}}.$$

所以，$a_1 = \cos\dfrac{k\pi}{2^{m-2}} = \cos\dfrac{2k\pi}{2^{m-1}}$，或

$a_1 = -\cos\dfrac{k\pi}{2^{m-2}} = \cos\dfrac{(2^{m-1}-2k)\pi}{2^{m-1}}$，结论也成立.

所以，无论 $N \geqslant 2$ 取何正整数，都存在 k 使得 $a_1 = \cos\dfrac{k\pi}{2^{N-2}}$，$k \in \mathbf{Z}$.

总结反思 本题（1）属于"先猜后证"的解题思路，欲证 $|a_1| \leqslant 1$，先猜测得出一个较强制结论 $|a_{N-k}| \leqslant 1$. 在用数学归纳法证明（1）的过程中，基本结构是由 $a_N = 1$，推出 $|a_{N-1}| \leqslant 1$，$|a_{N-2}| \leqslant 1, \cdots, |a_{N-K}| \leqslant 1$，具有逆向思考的基本特征.

这里的归纳形式常称之为反向归纳法，属于典型的逆向思考.

结论：$|a_{N-K}| \leqslant 1$，为运用数学归纳法提供了基础.

思 考 与 训 练 ★★★
★ ★ ★

1. 已知 O 为 $\triangle ABC$ 所在平面内的一定点,动点 P 满足

$$\overrightarrow{OP}=\overrightarrow{OA}+\lambda\left(\frac{\overrightarrow{AB}}{|\overrightarrow{AB}|\cos B}+\frac{\overrightarrow{AC}}{|\overrightarrow{AC}|\cos C}\right)$$

其中 $\lambda\in(0,+\infty)$,则动点 P 的轨迹一定通过 $\triangle ABC$ 的　　　　　（　　）

　　A. 内心　　　　　　　　　　　B. 垂心

　　C. 外心　　　　　　　　　　　D. 重心

2. 已知向量 $\boldsymbol{a}=(0,1)$,$\boldsymbol{b}=(-\frac{\sqrt{3}}{2},-\frac{1}{2})$,$\boldsymbol{c}=(\frac{\sqrt{3}}{2},-\frac{1}{2})$,$x\boldsymbol{a}+y\boldsymbol{b}+z\boldsymbol{c}=(1,1)$,则

$x^2+y^2+z^2$ 的最小值为　　　　　　　　　　　　　　　　　　　　　（　　）

　　A. 1　　　　　　B. $\frac{4}{3}$　　　　　　C. $\frac{3}{2}$　　　　　　D. 2

3. 设 $x_1>0$,$x_{n+1}=\frac{3(1+x_n)}{3+x_n}$,$n=1,2,3,\cdots$,那么　　　　　　　（　　）

　　A. 数列 $\{x_n\}$ 是单调递增数列

　　B. 数列 $\{x_n\}$ 是单调递减数列

　　C. 数列 $\{x_n\}$ 或是单调递增数列,或是单调递减数列

　　D. 数列 $\{x_n\}$ 既非单调递增数列,也非单调递减数列

4. 已知 $x^2-(\tan\theta+\cot\theta)x+1=1(0<\theta<\pi)$,且满足 $x+x^3+\cdots+x^{2n-1}+\cdots=\frac{\sqrt{3}}{2}$,则 $\theta=$ _____.

5. 复数 $|z|=1$,若存在负数 a 使得 $z^2-2az+a^2-a=0$,则 $a=$ _____.

6. 对于 $\mathbf{R}$ 上可导的任意函数 $f(x)$,若满足 $(x-1)f'(x)\geqslant 0$,则 $f(0)+f(2)$ 与 $2f(1)$ 的大小关系是 _____.

7. 有数条抛物线(线和线的内部)能够覆盖整个平面吗? 试证明你的结论.

8. 已知数列 $\{a_n\}$ 满足 $a_1=1$,$a_{n+1}=2a_n+1(n\in\mathbf{N}^*)$.

(1)求数列 $\{a_n\}$ 的通项公式;

(2)证明:$\frac{n}{2}-\frac{1}{3}<\frac{a_1}{a_2}+\frac{a_2}{a_3}+\cdots+\frac{a_n}{a_{n+1}}<\frac{n}{2}$.

第5节　问题的一般化与特殊化

问题的一般化,就是寻求问题的一般情境或解决当前问题的一般模式.问题的一般情形解决了,作为其特殊"条款"下的"子问题"当然获得解决办法;找到了解决当前问题的一般模式,当前问题的解决自然也不在话下.问题的特殊化,就是考察问题的特殊或极端情形,通过这种较为简单的状况发现解题思路,为当前问题的解决寻求思维方式或化归与转化方向的"生长点".总之,问题的一般化与特殊化是数学思考的重要的宏观策略.

问题的普遍性寓于特殊性之中,特殊性之中包含了普遍性.问题的一般化与特殊化,就是在基于对普遍性和特殊性的关系的这种认识之上的数学思考策略.

□ 特殊的试探作用

所谓特殊的试探作用,就是先考虑问题所涉及元素所属的一个约定的集合,然后再考虑含于这个集合的一个较小的集合的思想方法.这是数学思考中的重要的实验手段,对发现一般性问题的解法、结论乃至新的信息起着重要的作用.

【例1】 参数方程 $\begin{cases} x = a(t - \sin t), \\ y = a(1 - \cos t), \end{cases}$

$(a > 0)$ 所表示的函数 $y = f(x)$ 是　　　　　　（　　　）

　A. 图象关于原点对称

　B. 图象关于直线 $x = \pi$ 对称

　C. 周期为 $2a\pi$ 的周期函数

　D. 周期 2π 的周期函数

此题为 2010 年复旦大学自主招生试题.

思维指向 因为此参数方程不能转化为普通方程,故考虑取特殊的数值或特殊的点代入参数方程,通过"特殊的试探作用"排除不合要求的选项,确定正确的选项.

问题探究 对于选项 A,如果 t 用 $-t$ 代换,则 x 变为 $-x$ 而 y 值并不改变,故选项 A 不正确;

对于选项 B,设 $M(a(t_0 - \sin t_0), a(1 - \cos t_0))$ 是图象上任意一点,M 关于直线 $x = \pi$ 的对称点 $M'(2\pi - a(t_0 - \sin t_0), a(1$

否定一个结论,举一个反例即可.这就是本题中通过"特殊的试探作用"排除不合要求选项的基础.

$-\cos t_0$)),显然 M' 不一定恒在 $y=f(x)$ 的图象上,故选项 B 不正确;

对于选项 C,设 $M(a(t_0-\sin t_0),a(1-\cos t_0))$ 是 $y=f(x)$ 图象上任意一点.

$2a\pi+a(t_0-\sin t_0)=a(2\pi+t_0-\sin t_0)=a[(2\pi+t_0)-\sin(2\pi+t_0)]$,而 $a(1-\cos t_0)=a[1-\cos(2\pi+t_0)]$,即 t_0 用 $2\pi+t_0$ 代替后的点 $M'(a(2\pi+t_0-\sin(2\pi+t_0)),a(1-\cos(2\pi+t_0)))$ 也在 $y=f(x)$ 的图象上,用 t_0 是任意实数,故选项 C 正确.

理解和掌握关于对称点的一般规律和方法,是正确求解此类问题的关键.

简明解答 C.

总结反思 特殊的试探作用通常用于发现解题思路.但对于选择题,这里通过试探排除不正确的选项,肯定正确选项的方式常十分有效.选项 D 同样是可以通过特殊试探排除的,但由于四个选项中有且只有一个是正确的,既然已经得到正确的选项了,再"试探"也就大可不必了.

【例 2】 设 $f(x)=x^8-x^5+x^2-x+1$,则 $f(x)$ 有性质( )

A. 对任何实数 x,$f(x)$ 总大于 0

B. 对任何实数 x,$f(x)$ 总小于 0

C. 当 $x>0$ 时,$f(x)\leqslant 0$

D. 以上说法都不对

此题为 2008 年复旦大学自主招生试题.

思维指向 注意到 $f(x)$ 的奇次项系数均为负数,可知当 $x<0$ 时,$f(x)>0$,故可排除 B.这样逐步扩大 x 的取值范围,讨论 $f(x)$ 的符号变化,最终作出准确选择.

问题探究 注意到含 x 的偶次方幂的项,其系数为正;含 x 的奇次方幂的项,其系数为负,故 $x\leqslant 0$ 时,$f(x)=x^8+x^2+1-x^5-x>0$ 显然成立.

再注意到对 $\forall x\in\mathbf{R}$,$x^2-x+1>0$,而 $x^8-x^5=x^5(x^3-1)$,故当 $x\geqslant 1$ 时,$x^8-x^5+x^2-x+1>0$ 也成立.

最后,当 $0<x<1$ 时,$f(x)=x^8-x^5+x^2-x+1=x^8+(x^2-x^5)+(1-x)$,$x^2>x^5$,$1>x$,故 $f(x)>0$ 仍成立.

综上,对 $\forall x\in\mathbf{R}$,$f(x)>0$.

这里的"特殊"为一类特殊的项——奇次项.对 $f(x)$ 的符号的分析,也是分三类特殊的 x 的取值范围,$(-\infty,0]$,$[0,1)$,$[1,+\infty)$ 逐类进行的.

简明解答 A.

总结反思 由于对某个范围内的 x("特类")$f(x)$ 的符号很容易判定,就先确定这个范围内 $f(x)$ 的符号,再逐步扩大 x

的取值范围直至拓展到一般情形. 从"特类"拓展到一般是数学思考的一种策略. 本题用下面的配方法

$$f(x)=\left(x^4-\frac{1}{2}x\right)^2+\frac{3}{4}\left(x-\frac{2}{3}\right)^2+\frac{5}{6}>0$$

也可判定 $f(x)$ 的符号, 但技巧性很强.

【例3】 已知数列 $\{a_n\}$ 满足 $a_{n+1}=a_n^2-na_n+a$, 首项 $a_1=3$.

(1)如果 $a_n\geqslant 2n$ 恒成立, 试求 a 的取值范围;

(2)如果 $a=-2$, 求证:

$$\frac{1}{a_1-2}+\frac{1}{a_2-2}+\cdots+\frac{1}{a_n-2}<2.$$

思维指向 取 n 的特殊值 $n=1,2$ 等, 由不等式 $a_n\geqslant 2n$ 恒成立, 求出 a 的取值范围, 再验证这个范围满足一般性要求.

问题探究 (1)由 $a_1=3\geqslant 2\times 1$, 推出 a 可取任意实数, 但这不具有一般性.

由 $a_2=a_1^2-a_1+a=6+a\geqslant 2\times 2=4$, 可得 $a\geqslant -2$, 这是 a 应满足的必要条件.

条件 $a\geqslant -2$ 是否具有充分性呢? 这只要能证明: 当 $a\geqslant -2$ 时, 不等式 $a_n\geqslant 2n$ 恒成立, 即可给出肯定的回答.

(2)当 $a=-2$ 时, 由递推关系 $a_{n+1}=a_n^2-na_n+a$ 且 $a_1=3$, 可写出数列 $\{a_n\}$ 的前 n 项, 进而可就特殊的 n 的值验证要证的不等式成立.

对于一般的 n, 可将 $\frac{1}{a_n-2}$ 和 $\frac{1}{a_n+1}$ 放大, 使欲证不等式的左边"可求和", 最后转化为证明一个较强的不等式即可.

简明解答 (1)当 $n=1$ 时, $a_1=3\geqslant 2\times 1$ 成立, 得 $a\in\mathbf{R}$;

当 $n=2$ 时, 由 $a_2=6+a\geqslant 2\times 2$, 得 $a\geqslant -2$;

而当 $a\geqslant -2$ 时, 由 $a_n\geqslant 2n$, $n\geqslant 2$, 得

$$a_{n+1}=a_n^2-na_n+a\geqslant (2n)^2-n\times 2n-2$$
$$=2(n+1)+2(n(n-1)-2)\geqslant 2(n+1),$$

故 a 的取值范围是 $[-2,+\infty)$.

(2)若 $a=-2$, 则 $\frac{1}{a_1-2}=1$, $\frac{1}{a_2-2}=\frac{1}{2}$,

当 $n\geqslant 2$ 时, 由 $a_{n+1}=a_n^2-na_n-2$ 得

$$a_{n+1}-2=a_n^2-na_n-4\geqslant na_n-4\geqslant 2(a_n-2)>0,$$

则 $a_n-2\geqslant 2^{n-2}(a_2-2)>2^{n-1}$, 则 $\frac{1}{a_n-2}<\frac{1}{2^{n-1}}$, $\frac{1}{a_n+1}<$

操作性和技巧性常常是一对矛盾: 操作性强的往往较为繁琐; 技巧性强的往往难以想到.

此题为2013年"卓越联盟"自主招生试题.

由(2)中 $a=-2$ 的条件, 也可猜测出(1)中 a 的取值范围或许和"-2"有关.

这里用到二次函数, 求最值的规律, 因 a_n 的取值区间在对称轴 $a_n=\frac{n}{2}$ 的右边 $[2n,+\infty)$.

$\dfrac{1}{2^{n-1}+3}$,所以 $\dfrac{1}{a_1-2}+\dfrac{1}{a_2-2}+\cdots+\dfrac{1}{a_n-2}$

$$<1+\dfrac{1}{2}+\cdots+\dfrac{1}{2^{n-1}}=2\left[1-\left(\dfrac{1}{2}\right)^n\right]<2.$$

总结反思 "特殊探路"是求解此题的典型的思维规律. (1)中当 $\alpha\geqslant-2$ 时,证明 $a_n\geqslant2n$ 恒成立所用到的方法其实是数学归纳法. 其思维模式为:

①当 $n=1,2$ 时,命题显然成立;

②假设 $n=k(k\geqslant2)$ 时命题成立,即 $a_k\geqslant2k$,再证 $a_{k+1}\geqslant 2(k+1)$.

(2)中得出不等式 $a_{n+1}-2\geqslant2(a_n-2)>0$ 是关键,这是将不等式左边"放大"的基础. 这一招需要较强的洞察力,值得品鉴.

> 解题过程中没有指出使用数学归纳法,但实质上如此. 请读者在阅读其过程时看出"门道".

□ 化归为一般化的数学模型

数学中有许多具有一般性的数学模型是解题者十分熟悉的,而且不少的数学问题就是这些一般性数学模型的某些特例或"特类". 许多数学模型的结论,虽然不能直接引用,但可设法将现成的问题化归为这些数学模型,解题时再重复一般性数学模型的思维方法或思维规律,使问题迎刃而解,这就是将问题"化归到一般的数学模型",再依"套路"得出结论.

> 在数学学习中,熟记一些具有通用效能的一般化数学模型及其规律是十分有益的.

【例4】 求 $f(x)=|x-1|+|2x-1|+\cdots+|2011x-1|$ 的最小值.

> 此题 2011 年"北约"自主招生试题.

思维指向 联想到一般化的函数模型 $f(x)=|x-a_1|+|x-a_2|+\cdots+|x-a_n|$ 的规律,将问题化归到这个一般化的数学模型,再解决问题.

问题探究 设 $a_1<a_2<\cdots<a_n$,$f(x)=|x-a_1|+|x-a_2|+\cdots+|x-a_n|$,则由绝对值的几何意义知,若 n 为奇数,则当 $x=a_{\frac{n+1}{2}}$ 时,$f(x)$ 有最小值;若 n 为偶数,则当 $x\in\left[a_{\frac{n}{2}},a_{\frac{n}{2}+1}\right]$ 时,$f(x)$ 有最小值.

注意到 $|nx-1|=n\left|x-\dfrac{1}{n}\right|=\left|x-\dfrac{1}{n}\right|+\left|x-\dfrac{1}{n}\right|+\cdots+$

> 本题其实是一个分段函数模型,而且其图象是一条折线,其最小值或最大值就是折线的最低点或最高点所对应的函数值.

$\left|x-\dfrac{1}{n}\right|$（共 n 项），可知题中的函数 $f(x)$ 可化归为一般化的数学模型解题.

简明解答 易知，
$$f(x)=(x-1)+|2x-1|+\cdots+|2011x-1|$$
$$=|x-1|+\left|x-\dfrac{1}{2}\right|+\left|x-\dfrac{1}{2}\right|+\left|x-\dfrac{1}{3}\right|+$$
$$\left|x-\dfrac{1}{3}\right|+\left|x-\dfrac{1}{3}\right|+\cdots+\underbrace{\left|x-\dfrac{1}{2011}\right|+\cdots+\left|x-\dfrac{1}{2011}\right|}_{2011个}$$

共有：$1+2+\cdots+2011=\dfrac{2012\times2011}{2}=2\,023\,066$ 个点.

设 $a_1=1,a_2=a_3=\dfrac{1}{2},a_4=a_5=a_6=\dfrac{1}{3},\cdots,a_{2\,023\,066}=\dfrac{1}{2011}$.

因为 $\dfrac{2\,023\,066}{2}=1\,011\,533$

现在求 $a_{1\,011\,533}$ 和 $a_{1\,011\,534}$ 的值. 设 $a_{1\,011\,533}=\dfrac{1}{t}$，则
$$1+2+3+\cdots+t\geqslant1\,011\,533,$$
$$1+2+\cdots+t-1<1\,011\,533.$$

可得 $t=1422$，且 $a_{1\,011\,533}=a_{1\,011\,534}=\dfrac{1}{1422}$.

故 $x=\dfrac{1}{1422}$ 时，$f(x)$ 的值最小.

总结反思 在众多的数学问题中，有许多具有通用效能的一般化数学模型，如果待解的问题能化归为这种数学模型，则问题的解决就有"套路"可循了. 因此，在数学学习中熟练掌握一些数学模型，对提高解题能力是十分有益的.

【例5】 设实数 $a_i(i=1,2,3),b_i(b=1,2,3)$ 满足 $a_1+a_2+a_3=b_1+b_2+b_3,a_1a_2+a_2a_3+a_3a_1=b_1b_2+b_2b_3+b_3b_1,\min(a_1,a_2,a_3)\leqslant\min(b_1,b_2,b_3)$.

求证：$\max(a_1,a_2,a_3)\leqslant\max(b_1,b_2,b_3)$.

思维指向 问题条件的结构和三次多项式（一元三次方程）的韦达定理相关，因而考虑化归一般的三次多项式的数学模型解题.

问题探究 一方面，注意到条件关于 $a_i(i=1,2,3)$ 或 $b_i(i=1,2,3)$ 是对称的，不妨设定其大小顺序，如设 $a_1\leqslant a_2\leqslant a_3$，

参看本书第1章第1节"经验是个好东西"，这里所说的"熟悉的数学模型"，也是经验的组成部分.

此题为 2008 年北京大学自主招生试题.

关于某一组变量对称的式子，均可不妨设定这组变量的大小顺序，再在这个"不妨设"条件下将问题简化.

$b_1 \leqslant b_2 \leqslant b_3$，则条件 $\min(a_1,a_2,a_3) \leqslant \min(b_1,b_2,b_3)$ 化为 $a_1 \leqslant b_1$，欲证结论则化为 $a_3 \leqslant b_3$.

另一方面，如果构造两个三次多项式，使 $a_i(i=1,2,3)$ 和 b_i $(i=1,2,3)$ 分别是两个多项式的根，则利用条件中的两个等式可建立两个三次多项式的关系.

最后利用条件 $a_1 \leqslant b_1$，证明 $a_3 \leqslant b_3$ 即可. 为表述方便，可采用反证法，即假定 $a_3 > b_3$，计算当 $x=a_1$ 和 $x=a_3$ 时多项式的值，导出矛盾，从而肯定要证明的结论.

简明解答 不妨设 $a_1 \leqslant a_2 \leqslant a_3$，$b_1 \leqslant b_2 \leqslant b_3$，则 $a_1 \leqslant b_1$，下证：$a_3 \leqslant b_3$，若 $a_3 > b_3$，构造两个函数

$$f(x)=(x-a_1)(x-a_2)(x-a_3),$$
$$g(x)=(x-b_1)(x-b_2)(x-b_3).$$

由已知条件 $a_1+a_2+a_3=b_1+b_2+b_3$，$a_1a_2+a_2a_3+a_1a_3=b_1b_2+b_2b_3+b_1b_3$，知

$$f(x)=g(x)+b_1b_2b_3-a_1a_2a_3.$$

一方面，$f(a_1)=g(a_1)+b_1b_2b_3-a_1a_2a_3=0$，$f(a_3)=g(a_3)+b_1b_2b_3-a_1a_2a_3=0$，故 $g(a_1)=g(a_3)$.

另一方面，$g(a_1)=(a_1-b_1)(a_1-b_2)(a_1-b_3)$，$a_1-b_1 \leqslant 0$，$a_1-b_2 \leqslant 0$，$a_1-b_3 \leqslant 0$，故 $g(a_1) \leqslant 0$；而 $g(a_3)=(a_3-b_1)(a_3-b_2)(a_3-b_3)$，$a_3-b_1 > 0$，$a_3-b_2 > 0$，$a_3-b_3 > 0$，故 $g(a_3) > 0$. 这与 $g(a_1)=g(a_3)$ 矛盾！

因此 $a_3 \leqslant b_3$，$\max(a_1,a_2,a_3) \leqslant \max(b_1,b_2,b_3)$.

总结反思 本题将问题的条件"植入"了两个三次多项式，为建立条件之间的关系，发挥了重要的作用. 事实上，从直观角度考虑，$f(x)=(x-a_1)(x-a_2)(x-a_3)$ 和 $g(x)=(x-b_1)(x-b_2)(x-b_3)$ 是两个相互"平行"的三次函数，如图 2-5-1 所示. 由图可知 $a_3 \leqslant b_3$.

得出 $f(x)=g(x)+b_1b_2b_3-a_1a_2a_3$ 之后，由函数图象的平移变换规律，以及 $a_1 < b_1$，即可得到 $a_3 \leqslant b_3$ 了. 这里从纯代数的角度给出了说明，也是一个特色.

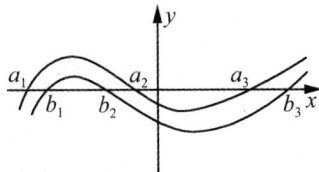

图 2-5-1

□ 熟知思路与方法的合理迁移

在数学解题中,有些解题思路与方法,可能在某一类问题中有着普遍的适用性,或从某一类问题迁移到类似的其他问题.这种思路与方法的合理迁移,需要有较强的数学洞察力,也是创造性思维的一个重要组成部分.

【例6】 如图 $2-5-2$ 所示,设 $\dfrac{AD}{AB}=x$, $\dfrac{AF}{AC}=y$, $\dfrac{DE}{DF}=z$, $S_{\triangle ABC}=4$,且 $y+z-x=1$,求 $\triangle BDE$ 面积的最大值.

此题为 2011 年"华约"自主招生试题.

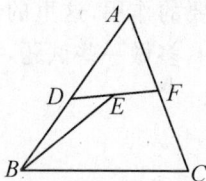

图 $2-5-2$

思维指向 通过三角形面积比的关系,将 $\triangle BDE$ 的面积和 $\triangle ABC$ 的面积建立联系,进而将 $\triangle BDE$ 的面积表示成关于 x,y,z 的关系式,再利用 $y+z-x=1$ 求其最大值.

问题探究 2004 年首届全国女子数学奥林匹克有这样一题试题:

已知 D 是 $\triangle ABC$ 的 AB 边上的任意一点, E 是边 AC 上的任意一点,连接 DE, F 是线段 DE 上的任意一点,设 $\dfrac{AD}{AB}=x$,

$\dfrac{AE}{AC}=y$, $\dfrac{DF}{DE}=z$,证明:

(1) $S_{\triangle BDF}=(1-x)yzS_{\triangle ABC}$; $S_{\triangle CEF}=x(1-y)(1-z)S_{\triangle ABC}$;

(2) $\sqrt[3]{S_{\triangle BDF}}+\sqrt[3]{S_{\triangle CEF}}\leqslant\sqrt[3]{S_{\triangle ABC}}$.

可以肯定地认为,例6就是由本题改造演变而来的,或许本题的解答已十分熟悉,如能合理迁移到解答例6,例6的解决也就水到渠成了.

例6是该试题的一种简单的变形.理解和掌握了该题的做法,例6的解决属水到渠成.由此可知,在数学学习中,熟记一些典型问题及其解法也是十分有益的.这也说明了"经验是个好东西"!

简明解答 连续 BF,因为

$$\frac{S_{\triangle BDE}}{S_{\triangle BDF}}=\frac{DE}{DF},\ \frac{S_{\triangle BDF}}{S_{\triangle ABF}}=\frac{BD}{AB},\ \frac{S_{\triangle ABF}}{S_{\triangle ABC}}=\frac{AF}{AC}$$

所以

$$S_{\triangle BDE} = \frac{DE}{DF} \cdot S_{\triangle BDF}$$

$$= \frac{DE}{DF} \cdot \frac{BD}{AB} \cdot S_{\triangle ABF}$$

$$= \frac{DE}{DF} \cdot \frac{BD}{AB} \cdot \frac{AF}{AC} \cdot S_{\triangle ABC}$$

$$= z \cdot (1-x) \cdot y \cdot 4$$

$$= 4yz(1-x) \leqslant 4\left(\frac{y+z+1-x}{3}\right)^3 = 4 \times \left(\frac{2}{3}\right)^3 = \frac{32}{27}.$$

等号成立的条件是 $\begin{cases} y=z=1-x, \\ y+z-x=1 \end{cases}$ 即 $y=z=\dfrac{2}{3}$，$x=\dfrac{1}{3}$。

总结反思 经验在数学解题中发挥着重要的作用，这里的经验也可以理解为"定势"．因此，在学习数学中，多做一些试题，积累一些定势，对提高解题能力是十分有益的．

【例7】已知函数 $f(x) = \dfrac{ax^2+1}{bx}(b>0)$．

此题为 2012 年"卓越"自主招生试题．

(1)求 $f(x)$ 的单调区间；

(2)若 $a>0, x_1+x_2>0, x_2+x_3>0, x_3+x_1>0, |x_i|>\dfrac{1}{\sqrt{a}}(i=1,2,3)$，求证：$f(x_1)+f(x_2)+f(x_3)>\dfrac{2\sqrt{a}}{b}$；

(3)如果 $f(x)$ 有极小值 $f_{\min}=f(1)=2$，试证明：

$$|f^n(x)| - |f(x^n)| \geqslant 2^n - 2.$$

思维指向 $f(x)$ 可化为 $f(x) = \dfrac{1}{b}\left(ax + \dfrac{1}{x}\right)$，这是 Nike (耐克)函数的一种特殊情形．因此，可将耐克函数的有关性质和研究方法迁移到本题，用于本题的解答．

问题探究 对于(1)，利用耐克函数的单调性的求法可立即给出解答，不同的是需要对常数 a 是正数、负数或 0 作分类讨论．

形如 $f(x) = ax + \dfrac{b}{x}$ 的函数称为 Nike(耐克)，利用函数单调性的定义或导数法不难得到其单调性的规律，记住这些规律是十分有益的．推导过程请读者自行完成，这里略．

对于(2)，若 $x_i>0(i=1,2,3)$，则可得 $x_i>\dfrac{1}{\sqrt{a}}$．

由(1)可知 $f(x)$ 在 $\left[\dfrac{1}{\sqrt{a}}, +\infty\right)$ 上单调递增，可立得 $f(x_i)>$

$f\left(\dfrac{1}{\sqrt{a}}\right) = \dfrac{2}{b}\sqrt{a}$，进而可得出要证的结论；若有某个 $x_i<0$，则不妨

设 $x_3 < 0$，由此得 $x_2 + x_3 > 0$，故有 $x_2 > -x_3 > 0$，且 $x_2 > -x_3$ $> \dfrac{1}{\sqrt{a}}$.

同样由 $f(x)$ 在 $[\dfrac{1}{\sqrt{a}}, +\infty)$ 上单调递增，可得 $f(x_2) >$ $f(-x_3) > f(\dfrac{1}{\sqrt{a}})$. 再由 $f(x)$ 为奇函数，可得 $f(x_2) + f(x_3) >$ 0，同样可得到要证的结论.

对于 (1)，可由 $f(x)$ 在 $x=1$ 外取到极小值 $f_{\min} = f(1) = 2$，求出 a、b 的值，将

$$|f^n(x)| - |f(x^n)| \geqslant 2^n - 2$$

化为最简单的形式，再寻求问题的证明方法.

简明解答 (1) 因为 $f(x) = \dfrac{ax^2 + 1}{bx} = \dfrac{1}{b}(ax + \dfrac{1}{x})$，所以

当 $a=0$ 时，$f(x) = \dfrac{1}{b} \cdot \dfrac{1}{x}$，由于 $b > 0$，故 $f(x)$ 在 $(-\infty, 0)$ 和 $(0, +\infty)$ 上均为单调递减函数；

当 $a > 0$ 时，由 Nike 函数性质，可知 $f(x)$ 在 $(0, \dfrac{1}{\sqrt{a}})$ 上单调递减；在 $[\dfrac{1}{\sqrt{a}}, +\infty)$ 上单调递增；在 $(-\infty, -\dfrac{1}{\sqrt{a}}]$ 上单调递增；在 $(-\dfrac{1}{\sqrt{a}}, 0)$ 上单调递减；

当 $a < 0$ 时，$f(x)$ 在 $(-\infty, 0)$ 和 $(0, +\infty)$ 上均为单调递减函数.

(2) 显然 x_1, x_2, x_3 中至多有一个是负的.

若 x_1, x_2, x_3 均为正数，则 $x_i > \dfrac{1}{\sqrt{a}}(i=1,2,3)$，由 (1) 知 $f(x_i) > f(\dfrac{1}{\sqrt{a}})$，故

$$f(x_1) + f(x_2) + f(x_3) > \dfrac{6}{b}\sqrt{a} > \dfrac{2}{b}\sqrt{a}.$$

若 x_1, x_2, x_3 中有一个是负的，不妨设 $x_3 < 0$，则由 $x_2 + x_3$ > 0，有 $x_2 > -x_3 > 0$，且 $x_2 > -x_3 > \dfrac{1}{\sqrt{a}}$，从而

$$f(x_2) > f(-x_3) > f(\dfrac{1}{\sqrt{a}}).$$

"至多有一个是负的"又包括两种情况，即"均为正数"或"有一个是负的"，这又得分类讨论了.

再注意到 $f(x)$ 为奇函数,可得 $f(x_2)+f(x_3)>0$,而 $f(x_3)$ $>f(\frac{1}{\sqrt{a}})=\frac{2}{b}\sqrt{a}$,故有

$$f(x_1)+f(x_2)+f(x_3)>\frac{2}{b}\sqrt{a}.$$

综上可知,$f(x_1)+f(x_2)+f(x_3)>\frac{2}{b}\sqrt{a}$ 成立.

(3)由于 $f(x)$ 的极小值为 $f(1)=2$,故有 $\frac{1}{\sqrt{a}}=1$ 且 $\frac{2\sqrt{a}}{b}=2$,解得 $a=1,b=1$.

所以,$f(x)=\frac{x^2+1}{x}=x+\frac{1}{x}$,欲证的不等式化为

$$\left|(x+\frac{1}{x})^n\right|-\left|x^n+\frac{1}{x^n}\right|\geqslant 2^n-2. \qquad ①$$

令 $g(x)=\left|(x+\frac{1}{x})^n\right|-\left|x^n+\frac{1}{x^n}\right|$,则 $g(x)$ 为偶函数,故欲证不等式①,只需考虑 $x>0$ 的情况. 当 $x>0$ 时,有

$$\left|(x+\frac{1}{x})^n\right|-\left|x^n+\frac{1}{x^n}\right|$$

$$=(x+\frac{1}{x})^n-(x^n+\frac{1}{x^n})$$

$$=C_n^1\cdot x^{n-1}\cdot\frac{1}{x}+C_n^2\cdot x^{n-2}\cdot(\frac{1}{x})^2+\cdots+C_n^{n-1}\cdot x\cdot(\frac{1}{x})^{n-1}$$

$$=C_n^1 x^{n-2}+C_n^2 x^{n-4}+\cdots+C_n^{n-1}\cdot x^{-(n-2)}.$$

注意到,

$$C_n^1 x^{n-2}+C_n^{n-1}x^{-(n-2)}=C_n^1 x^{n-2}+C_n^1 x^{-(n-2)}\geqslant 2C_n^1;$$

$$C_n^2 x^{n-4}+C_n^{n-2}x^{-(n-1)}=C_n^2 x^{n-4}+C_n^2 x^{-(n-4)}\geqslant 2C_n^2;$$

······

$$C_n^{n-1}x^{-(n-2)}+C_n^1 x^{n-2}=C_n^{n-1}x^{-(n-2)}+C_n^{n-1}x^{n-2}\geqslant 2C_n^{n-1}.$$

以上 $(n-1)$ 个式子相加,即得

$$C_n^1 x^{n-2}+C_n^2 x^{n-4}+\cdots+C_n^{n-1}\cdot x^{-(n-2)}\geqslant C_n^1+C_n^2+\cdots+C_n^{n-1}=2^n-2.$$

总结反思 Nike 函数是熟悉的数学模型. 其基本性质和运用技巧大多耳熟能详,合理迁移到本题的求解过程,当然是十分自然的.(2)的证明中分类讨论的数学思想和函数的单调性,

这里,$g(x)$ 为偶函数的性质为简化 $|f^n(x)|-|f(x^n)|$ 起到了决定性作用. 由此可知洞察问题的隐含性质是多么的重要. 这正是数学能力的卓越表现.

"联想到一个与本问题相关的熟悉的或似曾相识的结论",这是波利亚对解题者的忠告. 无论是过去,现在或是将来,它使数学爱好者受用良多.

以及(3)的证明中证明 $C_n^1 x^{n-2} + C_n^2 x^{n-4} + \cdots + C_n^{n-1} x^{-(n-2)} \geqslant 2^n - 2$ 所采用的"基本不等式法"和"倒序相加法"等,也都是熟悉思路与方法的合理迁移.

思考与训练 ★★★

1. 极坐标方程 $\rho = \dfrac{k}{k^2 - 2k\cos\theta + 1}$($k > 0$ 为常数)所表示的曲线是 （　　）

A. 圆或直线　　　　　　　　　　　　B. 抛物线或双曲线

C. 双曲线或椭圆　　　　　　　　　　D. 抛物线或椭圆

2. 将 1 张面值 10 元的人民币全部换成面值 1 角,2 角和 5 角的人民币,则换法总数为 （　　）

A. 450　　　　　　B. 451　　　　　　C. 540　　　　　　D. 541

3. 设 n 是一个正整数,则函数 $y = x + \dfrac{1}{nx^n}$ 在正实半轴上的最小值为 _____.

4. 设椭圆的长、短半轴分别为 a 和 b,从椭圆的中心 O 依次引 $n(n \geqslant 3)$ 条射线交椭圆于 $A_1, A_2, \cdots, A_n$,且相邻两射线的夹角都等于 $\dfrac{2\pi}{n}$.甲、乙、丙、丁计算 $\sum\limits_{k=1}^{n} |OA_k|^{-2}$ 得到的结果分别为: （　　）

甲：$\dfrac{n}{2}(a^{-2} + b^{-2})$　　　　　　　　乙：$\dfrac{n}{2}(b^{-2} - a^{-2})$

丙：$\dfrac{n}{2}(a^2 + b^2)$　　　　　　　　丁：$\dfrac{n}{2}(a^2 - b^2)$

其中正确的结论为 _____.(注:$|OA_k|$ 表示线段 OA_k 的长度,直接填写正确结论的序号.

5. 在 $1, 2, \cdots, 2012$ 中取一组数,使得任意两数之和不能被其差整除,最多能取多少个数?

6. 已知 $\sin t + \cos t = 1$,设 $s = \cos t + i\sin t$,试求 $f(s) = 1 + s + s^2 + \cdots + s^n$ 的值.

7. 现代信息用二进制字符表示,如:若 $v = (a_1, a_2, \cdots, a_n)$,$a_i = 0$ 或 $1(i \in [1, n]$ 且 $i = \mathbf{N}^*)$,则称 v 为长度为 n 的字节,设 $u = (a_1, a_2, \cdots, a_n)$,$v = (b_1, b_2, \cdots, b_n)$,用 $d(u, v)$ 表示使 $a_i \neq b_i$ 的个数,如 $v = (0, 0, 0, 1)$,$u = (1, 0, 0, 1)$,$w = (1, 1, 1, 1)$,则 $d(u, v) = 1, d(u, w) = 2, d(v, w) = 3$.

(1)若 $u = (0, 0, 0, 0)$,则使 $d(u, v) = 1$ 的长度为 5 的字节 v 有几个?

(2)若 $u = (0, 0, 0, 0)$,则使 $d(u, v) = 3$ 的长度为 5 的字节 v 有几个?

(3)若 $w = (0, 0, 0, \cdots, 0)$,长度为 n,$u = (a_1, a_2, \cdots, a_n)$,$v = (b_1, b_2, \cdots, b_n)$,求证:$d(u, v) \leqslant d(u, w) + d(v, w)$.

第6节　试探与猜想

在科学发现和创造性活动中,试探活动一刻也不会停止,猜想的火花一刻也不会熄灭,推动着科学不断向前发展.数学解题是一种特殊形式的科学发现与创造性活动,当然也不可或缺试探与猜想的作用.

科学总是在摸索着、尝试着、猜想着;总是首先大胆地跳跃到某种结论上,然后再去小心地搜寻证据.

——卡尔·波普尔语

□ 简化的引路作用

所谓简化的引路作用,是指对于某一个复杂的问题来说,先找到一个较为简单的情形作为"入口",并从对它的探索中,促发解决问题的灵感,并借用解决这个简单情形的方法或其结果,得到问题的整体解决方案.

"退一步海阔天空",这个人生箴言对数学解题思路的探索也有启示作用.

【例1】 已知 x、y、z 为三个互不相等的实数,且 $x+\dfrac{1}{y}=y+\dfrac{1}{z}=z+\dfrac{1}{x}$,求证:$x^2y^2z^2=1$.

思维指向 如直接计算 $x^2y^2z^2$ 的值,显然"此路不通".但注意到 x、y、z 轮换对称的特征,考虑将问题减少一个字母,变为"已知 x、y 为不相等的实数,且 $x+\dfrac{1}{y}=y+\dfrac{1}{x}$,求证:$x^2y^2=1$."简化后的问题的解法对原问题的解法或许有着引路作用.

问题探究 先证明如下的问题:

已知 x、y 为不相等的两个实数,且 $x+\dfrac{1}{y}=y+\dfrac{1}{x}$,求证:$x^2y^2=1$.

事实上,由条件变形可得:

$$x-y=\frac{1}{x}-\frac{1}{y}=\frac{y-x}{xy},\ \text{即}\ xy(x-y)=y-x.$$

因为 $x\neq y$,所以 $x-y\neq 0$,故 $xy=-1$,从而 $x^2y^2=1$.

这个解答当然不是原问题的解答,但它能为原问题的解答给予启示,这就是将整式、分式分离进行变形将有益于问题的证

明.原问题的解答不妨照葫芦画瓢试试.

简明解答 由条件得 $x+\dfrac{1}{y}=y+\dfrac{1}{z}$, 故 $x-y=\dfrac{1}{z}-\dfrac{1}{y}=$

$\dfrac{y-z}{yz}$, 故

$$yz(x-y)=y-z \qquad\qquad ①$$

同理, 由 $y+\dfrac{1}{z}=z+\dfrac{1}{x}$, 得 $\qquad zx(y-z)=z-x \qquad ②$

由 $z+\dfrac{1}{x}=x+\dfrac{1}{y}$, 得 $\qquad xy(z-x)=x-y \qquad ③$

> ①、②、③三个式子有着相同的结构,我们称之为"同构".这种"同构"现象能为解题带来方便!

将①、②、③三式相乘, 得

$$x^2y^2z^2(x-y)(y-z)(z-x)=(y-z)(z-x)(x-y)$$

因为 x、y、z 互不相等, 所以 $(x-y)(y-z)(z-x)\neq0$.

故 $x^2y^2z^2=1$.

总结反思 从上面的解题过程可知,解题的关键是构造"乘积",消去"和"或"差".由于无法直接构造出 xyz,故退一步分别凑出 xy、yz、zx.事实上,前面的解题过程还可修改如下形式:

由条件可知 $\quad x-y\neq0, y-z\neq0, z-x\neq0$.

由 $x+\dfrac{1}{y}=y+\dfrac{1}{z}$, 得 $yz=\dfrac{y-z}{x-y}$.

> 这里的表述更为简明.

同理可得 $zx=\dfrac{z-x}{y-z}$, $xy=\dfrac{x-y}{z-x}$.

三式相乘, 即得 $x^2y^2z^2=1$.

【例2】 已知 $x_i\geq0(i=1,2,\cdots,n)$, 且 $x_1+x_2+\cdots+x_n=1$.

求证: $1\leq\sqrt{x_1}+\sqrt{x_2}+\cdots+\sqrt{x_n}\leq\sqrt{n}$.

思维指向 问题中含有 n 个变元,解题感到很棘手.先将问题简化为两个变元,看能否给原问题的解决起引路作用.

问题探究 将题目中问题减少为两个变元,得到下面的新的问题:

已知 $x_1\geq0, x_2\geq0$, 且 $x_1+x_2=1$, 求证: $1\leq\sqrt{x_1}+\sqrt{x_2}\leq\sqrt{2}$.

通过该题解法的探讨,或许可为原题目的解答起引路作用.

事实上,当 $x_1\geq0, x_2\geq0$ 时,有 $0<2\sqrt{x_1x_2}\leq1$,

> 因为 $x_1+x_2=1$, 且 $x_1+x_2\geq2\sqrt{x_1x_2}$, 所以有
> $$0<2\sqrt{x_1x_2}\leq1.$$

所以 $1\leqslant x_1+x_2+2\sqrt{x_1 x_2}\leqslant 2$，即 $1\leqslant(\sqrt{x_1}+\sqrt{x_2})^2$ $\leqslant 2$，

即 $1\leqslant\sqrt{x_1}+\sqrt{x_2}\leqslant\sqrt{2}$.

这个解题过程的本质是用到了"平均值不等式"和"配方法".下面借用这个方法解原来的问题.

简明解答 因为 $x_i\geqslant 0,x_j\geqslant 0$，所以 $0\leqslant 2\sqrt{x_i\cdot x_j}\leqslant x_i+x_j$ $(1\leqslant i<j\leqslant n)$.

故 $0\leqslant 2\sum_{1\leqslant i<j}\sqrt{x_i\cdot x_j}\leqslant(n-1)(x_1+x_2+\cdots+x_n)=n-1$.

于是 $1\leqslant x_1+x_2+\cdots+x_n+2\sum_{1\leqslant i<j\leqslant n}\sqrt{x_i x_j}\leqslant n$.

即 $1\leqslant(\sqrt{x_1}+\sqrt{x_2}+\cdots+\sqrt{x_n})^2\leqslant n$.

故 $1\leqslant\sqrt{x_1}+\sqrt{x_2}+\cdots+\sqrt{x_n}\leqslant\sqrt{n}$.

总结反思 数学思考中，"要善于退，足够地退，退到最原始而又不失去一般性的地方"（华罗庚语）.本题中"简化的引路作用"就是一种"退"的策略.

□ 极端的探究作用

所谓极端情况（也可称之为退化情况），指的是在数学思考中，我们动态地观察问题时，考察其临界状态.这时，其临界状态的变化趋势，对我们思考问题往往很有启示作用，因此特别有用.

在数学中的极端情况很多，如点可视为三角形三顶点合一的极端情形；线段可视为三角形高为零的极端情形；点可视为圆的半径为零的极端情形；等等.

【例3】 若不等式 $(-1)^n a<2+\dfrac{(-1)^{n+1}}{n}$ 对任意正整数 n 恒成立，则实数 a 的取值范围是 （ ）

A. $(-2,\frac{3}{2}]$　　　　B. $[-2,\frac{3}{2})$

C. $[-1,\frac{3}{2})$　　　　D. $(-1,\frac{3}{2})$

思维指向 由于题中出现 $(-1)^n$，需对 n 的奇偶性进行讨论，再转化为不等式恒成立问题，分别求出 a 的取值范围然后求交集，但这样处理较为麻烦，对于选择题可考虑 $n\to+\infty$ 的极端情形，排除不合要求的选择支.

对于"四选一"的选择题，特殊化和极端化均是重要的解题策略.

问题探究 当 n 为奇数时，$a > -2 - \dfrac{1}{n}$.

当 $n \to +\infty$ 时，$a \to -2$，从而 $a > -2$.

简明解答 A.

总结反思 如果不采用极端化的思路处理，则满足的条件为 $a < 2 + \dfrac{1}{2n}$ 且 $a > -2 + \dfrac{1}{2n+1}$ 恒成立，即

$$\left(-2 + \frac{1}{2n+1}\right)_{\max} < a < \left(2 - \frac{1}{2n}\right)_{\min}$$

但 $\left(2 - \dfrac{1}{2n}\right)_{\min} = \dfrac{3}{2}$，$\left(-2 + \dfrac{1}{2n+1}\right)_{\max}$ 不存在，结论的表述还较为麻烦.

【例 4】 设函数 $f(x) = \dfrac{\ln x}{1+x} - \ln x + \ln(x+1)$.

(1) 求 $f(x)$ 的单调区间和极值；

(2) 是否存在实数 a，使得关于 x 的不等式 $f(x) \geqslant a$ 的解集为 $(0, +\infty)$？若存在，求 a 的取值范围；若不存在，试说明理由.

2008 年辽宁省高考理科第 22 题.

思维指向 对于 (1)，可通过导函数值的正负研究 $f(x)$ 的单调性，并找出极值点；对于 (2)，可设法求出 $f(x)$ 的最小值，或猜测出 $f(x)$ 的最小值再进行证明，不存在时举出反例即可.

(1) 是常规题型，(2) 是"含参数的不等式恒成立时求参数的取值范围"问题.

问题探究 (1) 通过对函数 $f(x)$ 的导函数 $f'(x)$ 的符号规律的探究，容易求出 $f(x)$ 的单调区间和极值.

(2) "$f(x) \geqslant a$ 的解集为 $(0, +\infty)$"等价于"$f(x) \geqslant a$ 对一切 $x \in (0, +\infty)$ 恒成立"．因此，如果能求出 $f(x)$ 在 $(0, +\infty)$ 上的最小值，也就知道了 a 的取值范围.

由于很难找到恰当的方法求 $f(x)$ 的最小值，或许它本来就没有最小值．直观上可以判断：

常规的"求含参数的不等式恒成立时参数的取值范围"的套路，在这里就失效了！

当 $x \to +\infty$，或者 $x \to 0$ 时，$f(x) \to 0$．因为对 $f(x)$ 来说，当 x 很大时，$\ln x$，$\ln(x+1)$ 相差无几，第一项趋近于 0 决定着 $f(x)$ 的极值；当正数 x 很小时，$\dfrac{\ln x}{x+1}$，$\ln x$ 相差无几，第三项趋近于 0 决定着 $f(x)$ 的极限.

对于上述的直观判断，尽管我们不能证明，但由此可以猜想 $a \leqslant 0$．于是命题可转化为：

当且仅当 $a \leqslant 0$ 时，$f(x) \geqslant a$.

接下来的证明就有"套路"可寻了.

简明解答 (1)对 $f(x)$ 求导数,得

$$f'(x)=\frac{1}{x(1+x)}-\frac{\ln x}{(1+x)^2}-\frac{1}{x}+\frac{1}{x+1}=-\frac{\ln x}{(1+x)^2}.$$

当 $x\in(0,1)$ 时,$f'(x)>0$,当 $x\in(1,+\infty)$ 时,$f'(x)<0$.

所以,$f(x)$ 在 $(0,1)$ 单调递增,在 $(1,+\infty)$ 单调递减,$f(x)$ 在 $(0,+\infty)$ 的极大值为 $f(1)=\ln 2$,没有极小值.

(2)①当 $a\leqslant 0$ 时,由于

$$f(x)=\frac{(1+x)\ln(1+x)-x-\ln x}{1+x}$$

$$=\frac{\ln(1+x)+x[\ln(1+x)-\ln x]}{1+x}>0.$$

故关于 x 的不等式 $f(x)\geqslant a$ 的解集为 $(0,+\infty)$.

②当 $a>0$ 时,由于 $f(x)=\frac{\ln x}{1+x}+\ln(1+\frac{1}{x})$,知

$$f(2^n)=\frac{\ln 2^n}{1+2^n}+\ln(1+\frac{1}{2^n})$$

其中 n 为正整数,且有

$$\ln(1+\frac{1}{2^n})<\frac{a}{2}\Leftrightarrow\frac{1}{2^n}<e^{\frac{a}{2}}-1\Leftrightarrow n>-\log_2(e^{\frac{a}{2}}-1).$$

又 $n\geqslant 2$ 时,$\dfrac{\ln 2^n}{1+2^n}=\dfrac{n\ln 2}{1+(1+1)^n}<\dfrac{n\ln 2}{\dfrac{n(n-1)}{2}}=\dfrac{2\ln 2}{n-1}$,且

$$\frac{2\ln 2}{n-1}<\frac{a}{2}\Leftrightarrow n>\frac{4\ln 2}{a}+1.$$

故取整数 n_0 满足 $n_0>-\log_2(e^{\frac{a}{2}}-1)$,$n_0>\dfrac{4\ln 2}{a}+1$,且 $n_0\geqslant 2$,则

$$f(2^{n_0})=\frac{n_0\ln 2}{1+2^{n_0}}+\ln(1+\frac{1}{2^{n_0}})<\frac{a}{2}+\frac{a}{2}=a,$$

即当 $a>0$ 时,关于 x 的不等式 $f(x)\geqslant a$ 的解集不是 $(0,+\infty)$.

综上①②,可知存在 a,使得关于 x 的不等式 $f(x)\geqslant a$ 的解集不是 $(0,+\infty)$,且 a 的取值范围为 $(-\infty,0]$.

总结反思 本例(2)的解题思路可简缩为:先证 $f(x)$ 在 $(0,+\infty)$ 上恒成立,由此知 a 取 $(-\infty,0]$ 内的值均符合题目要求.但这里的范围 $(-\infty,0]$ 能否进一步扩大呢?直觉告诉我们,当 x 无限增大时,$f(x)$ 的值无限趋近于 0,即无论 a 取多么小的

本题(1)的解法属于"套路",(2)的解答需要较强的数学能力,考察极端情况,通过合情推理猜测得出 a 的"最大值"是数学思考的奥妙所在.

极限的 ε 语言描述,是高等数学(《数学分析》)中的最基本概念.这里的实质就是极限的 ε 语句的灵活运用.

一个正数,总可找到 x 的某个值 x_0,使得 $f(x_0) < a$. 这正是数学中极限的思想方法,只是这里没有采用极限的 ε 语言表述罢了.

□ 类比的引导作用

所谓类比,就是根据两个(或两类)对象之间某些相似或相同点,推出它们在其他方面也可能相似或相同的一种逻辑推理方法. 类比在数学思考中的作用主要表现为发现问题、提出猜想、建立新的数学模拟上. 我们在探索解题方法时,对类比也应有足够的重视,并能很好地运用于数学解法的发现上.

> 每当理智缺乏可靠的论证思路时,类比这个方法往往能指引我们前进.
> ——康德语

【例5】 有对称中心的曲线叫做有心曲线,显然圆、椭圆、双曲线都是有心曲线. 过有心曲线的中心的弦叫有心曲线的直径.

定理 过圆 $x^2 + y^2 = r^2 (r > 0)$ 上异于直径两端点的任意一点与一条直径的两个端点连线,则两条连线的斜率(若斜率存在,下同)之积为定值 -1.

(1)写出该定理在椭圆 $\dfrac{x^2}{a^2} + \dfrac{y^2}{b^2} = 1 (a > b > 0)$ 中的推广,并加以证明;

(2)写出该定理在双曲线 $\dfrac{x^2}{a^2} - \dfrac{y^2}{b^2} = 1 (a > 0, b > 0)$ 中的推广.

你能从上述结论得到有心圆锥曲线(包括椭圆、双曲线、圆)的一般性结论吗?请写出你的结论.

> 本题的类比方式为:
> 圆、椭圆、双曲线都是有心二次曲线,因圆具有性质定理如题中所述,故椭圆、双曲线也可能具有类似的性质定理.

思维指向 将圆中的结论类比到椭圆和双曲线中时,这里类比后结论的表述为:过椭圆(或双曲线)上异于直径两端点的任意一点与一条直径的两个端点的连线的斜率之积为定值. 至于定值是什么,还得类比圆中相应结论的探索过程求解.

问题探究 先考察圆中"两条连线的斜率(若斜率存在)之积为定值 -1"的证明过程,再类比这个过程:

设直径的两个端点分别为 A、B,由椭圆的对称性可知,A、B 关于中心 $O(0,0)$ 对称,所以设 A 点坐标为 $A(x_1, y_1)$,则可写出 B 点坐标. 又设 $P(x, y)$ 为椭圆上任意一点.

> 这个思路也完全类似于圆中相关结论的证明思路.

因 A、B、P 三点都在椭圆上,所以有

$$b^2 x_1^2 + a^2 y_1^2 = a^2 b^2 \qquad\qquad ①$$

$$b^2 x^2 + a^2 y^2 = a^2 b^2 \qquad\qquad ②$$

再将 k_{PA}、k_{PB} 表示为关于 x_1、y_1、x、y 的关系式,得

$$k_{PA} \cdot k_{PB} = \frac{y^2 - y_1^2}{x^2 - x_1^2}.$$

由①②联立,可求得 $\dfrac{y^2 - y_1^2}{x^2 - x_1^2}$ 的值,结论即可得出.

简明解答 (1)设直径的两个端点分别为 A、B,由椭圆的对称性可得,A、B 关于中心 $O(0,0)$ 对称,所以 A、B 点的坐标分别为 $A(x_1, y_1)$,$B(-x_1, -y_1)$.

$P(x, y)$ 为椭圆 $\dfrac{x^2}{a^2} + \dfrac{y^2}{b^2} = 1$ 上任意一点($|x| \neq |x_1|$),因为 A、B、P 三点都在椭圆上,所以有

$$b^2 x_1^2 + a^2 y_1^2 = a^2 b^2 \qquad\qquad ①$$

$$b^2 x^2 + a^2 y^2 = a^2 b^2 \qquad\qquad ②$$

而 $k_{PA} = \dfrac{y - y_1}{x - x_1}$,$k_{PB} = \dfrac{y + y_1}{x + x_1}$,$k_{PA} \cdot k_{PB} = \dfrac{y^2 - y_1^2}{x^2 - x_1^2}$,

由①$-$②得: $b^2(x_1^2 - x^2) + a^2(y_1^2 - y^2) = 0$,

所以 $\dfrac{y^2 - y_1^2}{x^2 - x_1^2} = -\dfrac{b^2}{a^2}$.

所以该定理在椭圆中的推广为:过椭圆 $\dfrac{x^2}{a^2} + \dfrac{y^2}{b^2} = 1 (a > b > 0)$ 上异于直径两端点的任意一点与一条直径的两个端点连线,则两条连线的斜率之积为定值 $-\dfrac{b^2}{a^2}$.

(2)该定理在双曲线中的推广为:过双曲线 $\dfrac{x^2}{a^2} - \dfrac{y^2}{b^2} = 1 (a > 0, b > 0)$ 上异于直径两端点的任意一点与一条直径的两个端点连线,则两条连线的斜率之积为定值 $\dfrac{b^2}{a^2}$.

该定理在有心圆锥曲线中的推广应为:过有心圆锥曲线 $Ax^2 + By^2 = 1 (AB \neq 0)$ 上异于直径两端点的任意一点与一条直径的两个端点连线,则两条连线的斜率之积为定值 $-\dfrac{A}{B}$.

总结反思 本题以"圆"载体,解决问题的关键是利用课本

圆、椭圆、双曲线均为有心二次曲线!

本例从课本出发,无论是对内容的发散,还是解题思维的深入,都收到了"秀枝一株,嫁接成林"之功效.

中两直线(斜率存在)垂直的条件,"代点法"的有关知识和解题活动的经验,类比得出定理在椭圆、双曲线中的推广."有心二次曲线"是结论成立的前提条件.

【例6】 已知 $f(x)$ 是定义在 **R** 上的不恒为零的函数,且对于任意的 $a,b \in \mathbf{R}$ 都满足:

$$f(a \cdot b) = af(b) + bf(a).$$

若 $f(2) = 2, u_n = \dfrac{f(2^{-n})}{n} (n \in \mathbf{N})$,试求数列 $\{u_n\}$ 的前 n 项之和 S_n.

[思维指向] 分析 $f(a \cdot b) = af(b) + bf(a)$ 的结构特征,通比类比,找到和 $f(x)$ 的性质相对应的具体函数.再由具体函数的性质迁移到函数 $f(x)$,由此推出 $u_n = \dfrac{f(2^{-n})}{n}$ 的通项或递推关系.

参看本书第2章第4节"问题的换一种说法",这里的过程遵从的正是其思维形式.

[问题探究] 当 $ab \neq 0$ 时,由 $f(a \cdot b) = af(b) + bf(a)$,可得

$$\frac{f(ab)}{ab} = \frac{f(b)}{b} + \frac{f(a)}{a}.$$

令 $g(x) = \dfrac{f(x)}{x}$,则得 $g(ab) = g(a) + g(b)$,对数函数具有这一性质,因而在性质探讨的过程中,可将对数函数作为其母函数.

联想到要研究的通项 u_n 中有 $f(2^{-n})$ 的局部,因而可考虑运用"对数函数的性质" $g(a^n) = ng(a)$ 进行化简.化简后数列 $\{u_n\}$ 的前 n 项和就好求了.

[简明解答] 由于 $f(a \cdot b) = af(b) + bf(a)$ 对任意的 $a,b \in \mathbf{R}$ 成立,所以当 $ab \neq 0$ 时,有

$$\frac{f(ab)}{ab} = \frac{f(b)}{b} + \frac{f(a)}{a}.$$

令 $g(x) = \dfrac{f(x)}{x}$,则 $g(ab) = g(a) + g(b)$,且 $f(x) = xg(x)$.

$$g(a^n) = g(a^{n-1} \cdot a) = g(a^{n-1}) + g(a)$$
$$= g(a^{n-2} \cdot a) + g(a) = g(a^{n-2}) + 2g(a)$$
$$= \cdots = ng(a).$$

这个结论是通过类比对数函数的性质 $\log_a b^n = n\log_a b$ 发现的.

所以

$$f(a^n) = a^n \cdot g(a^n) = na^n g(a) = na^{n-1} f(a),$$

$$u_n = \frac{f(2^{-n})}{n} = (\frac{1}{2})^{n-1} f(\frac{1}{2}).$$

令 $a = b = 1$，得 $f(1 \times 1) = f(1) + f(1)$，即 $f(1) = 0$.

由 $f(2) = 2$，知 $0 = f(1) = f(2 \times \frac{1}{2}) = 2f(\frac{1}{2}) + \frac{1}{2} f(2) =$

$2f(\frac{1}{2}) + 1$，所以 $f(\frac{1}{2}) = -\frac{1}{2}$，$u_n = -\frac{1}{2} \times (\frac{1}{2})^{n-1}$.

$$S_n = u_1 + u_2 + \cdots + u_n$$

$$= -\frac{1}{2} [1 + \frac{1}{2} + \cdots + \frac{1}{2^{n-1}}]$$

$$= -\frac{1}{2} \times \frac{1 - (\frac{1}{2})^n}{1 - \frac{1}{2}}$$

$$= (\frac{1}{2})^n - 1.$$

$\boxed{\text{总结反思}}$ 某些待解决的问题没有现成的类比物，但可通过观察，待证命题的条件或结论与已知的数学关系结构上的相似性，寻找类比问题，然后可通过适当的变形或代换，将原问题转化为类比问题来解决. 最常见的同构类比就是数形结合、函数与图像，代数与解析几何等，如：

(1)任意 $x_1, x_2 \in \mathbf{R}^+$ 有 $f(x_1 \cdot x_2) = f(x_1) + f(x_2)$ 可和对数函数 $y = \log_a x$ 类比；

(2)任意 $x_1, x_2 \in \mathbf{R}$ 有 $f(x_1 + x_2) = f(x_1) \cdot f(x_2)$ 可和指数函数 $y = a^x$ 类比；

(3)任意 $x \in \mathbf{R}$，a 为正常数，$f(x + a) = \frac{f(x) + f(a)}{1 - f(x)f(a)}$ 通过公式 $\tan(\alpha + \beta) = \frac{\tan\alpha + \tan\beta}{1 - \tan\alpha \cdot \tan\beta}$ 和正切函数 $y = \tan x$ 类比.

$\log_a 1 = 0 (a > 0$ 且 $a \neq 1)$，这也和对数函数的性质吻合.

数学中可供类比的对象还有很多，这里仅是常见的几个. 熟练掌握一些类比的对象和方法是十分有益的，学习数学也包含这方面的积累.

思考与训练 ★★★
★★★

1.若关于 x 的方程 $\frac{|x|}{x+4} = kx^2$ 有四个不同的实数解，则 k 的取值范围为 (   )

A. $(0,1)$ B. $(\frac{1}{4},1)$

C. $(\frac{1}{4},+\infty)$ D. $(1,+\infty)$

2. 设 $a,b\in(-\infty,+\infty)$, $b\neq0$, α,β,γ 是三次方程 $x^3+ax+b=0$ 的三个根, 则总以 $\frac{1}{\alpha}+\frac{1}{\beta}$, $\frac{1}{\beta}+\frac{1}{\gamma}$, $\frac{1}{\gamma}+\frac{1}{\alpha}$ 为根的三次方程是   ( )

A. $a^2x^3+2abx^2+b^2x-a=0$ B. $b^2x^3+2abx^2+a^2x-b=0$

C. $a^2x^3+2ab^2x^2+bx-a=0$ D. $b^2x^3+2a^2bx^2+ax-b=0$

3. 由图 $3-6-1$, 得 $4(\frac{1}{2}ab)+c^2=(a+b)^2$,   ①

可推得勾股定理 $a^2+b^2=c^2$.

则由图 $2-6-2$, 可得一个类似于①的等式: _____.

从而推得一个重要的三角公式: _____.

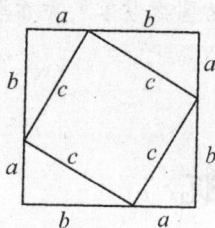 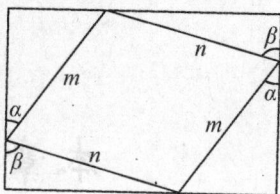

图 $2-6-1$ 图 $2-6-2$

4. 已知由整数组成部分无穷等差数列中有三项: $13,25,41$. 求证: 2009 为其中一项.

5. (1) 一个四面体, 证明: 至少存在一个顶点, 从其出发的三条棱可以组成一个三角形;

(2) 四面体的一个顶点的三个角分别是 $90°,60°$, $\arctan2$, 求 $60°$ 和 $\arctan2$ 的面所成的二面角.

第 3 章　经典数学方法综述

　　数学科学是统一的一体,其组织的活力依赖于其各部分之间的联系.构成数学中的进展的有:方法的简化,已经失去旧的程序的消失,以及以往相异的领域的新生.

——德国数学家　希尔伯特(D. Hilbert)

本章导航

第1节 数学归纳法

数学归纳法是用于证明与正整数 n 有关的数学命题的一种严格的推理方法,在不等式、数列、整除性质问题中有着广泛的应用. 数学归纳法有多种基本形式:第一数学归纳法、串值数学归纳法、跳跃数学归纳法、反向数学归纳法等. 在利用数学归纳法解题时,一般先按第一数学归纳法的步骤进行推理,在发现利用第一归纳法无法达到目的时,可根据相应的特点考虑运用其他不同的数学归纳法.

> 数学归纳法犹如多米诺骨牌,"推倒"了第一张则带来一系列连锁反应……

□ 第一数学归纳法

定理:设 $P(n)$ 是一个与正整数有关的命题. 如果

(1)当 $n=n_0(n_0\in\mathbf{N})$ 时,$P(n)$ 成立;

(2)假设当 $n=k(k\geqslant n_0,k\in\mathbf{N})$ 时,$P(n)$ 成立,由此推得 $n=k+1$ 时,$P(n)$ 也成立.

那么,根据(1)(2)可得结论:对一切正整数 $n\geqslant n_0$,命题 $P(n)$ 成立.

此定理常称之为第一数学归纳法,它是证明与自然数有关的命题的基本方法.

> (1)称之为"归纳基础";(2)即为在"归纳假设"下的"归纳推理".(1)(2)的合成就是数学归纳法.(1)(2)"两步"缺一不可.

【例1】 对于任意 $n\in\mathbf{N}^*$,$x_1,x_2,\cdots,x_n$ 均为非负实数,且 $x_1+x_2+\cdots+x_n\leqslant\dfrac{1}{2}$,试证明:

$$(1-x_1)(1-x_2)\cdots(1-x_n)\geqslant\dfrac{1}{2}$$

> 此题为2006年复旦大学自主招生试题.

思维指向▷欲证 $(1-x_1)(1-x_2)\cdots(1-x_n)\geqslant\dfrac{1}{2}$,可转化为证明

$$(1-x_1)(1-x_2)\cdots(1-x_n)\geqslant 1-(x_1+x_2+\cdots+x_n) \qquad ①$$

下面用数学归纳法完成这个证明.

问题探究▷由于用数学归纳法直接证明 $(1-x_1)(1-x_2)$ $\cdots(1-x_n)\geqslant\dfrac{1}{2}$ 时,在归纳假设的基础上,得出 $(1-x_1)(1-x_2)$

> 这是典型的"问题的换一种说法"(参看第2章第4节).这里的①式比原来的结论要强一些.

$\cdots(1-x_k)(1-x_{k+1})\geqslant\dfrac{1}{2}-\dfrac{1}{2}x_{k+1}$ 后,不可能推出 $\dfrac{1}{2}-\dfrac{1}{2}x_{k+1}\geqslant$ $\dfrac{1}{2}$,因而不可能推出当 $n=k+1$ 时命题也成立,故考虑证明比原命题更强的命题①.

另外,由条件易推出 $0\leqslant x_i\leqslant\dfrac{1}{2}$,$i=1,2,\cdots,k+1$. 这可能也是证明过程中需要用到的结论,值得注意.

【简明解答】先用数学归纳法证明

$(1-x_1)(1-x_2)\cdots(1-x_n)\geqslant 1-(x_1+x_2+\cdots+x_n)$.

(1)当 $n=1$ 时,显然 $1-x_1\geqslant 1-x_1$,命题成立.

(2)假设当 $n=k$ 时命题成立,即

$$(1-x_1)(1-x_2)\cdots(1-x_k)\geqslant 1-(x_1+x_2+\cdots+x_k)$$

由于当 $n=k+1$ 时,$x_1+x_2+\cdots x_{k+1}\leqslant\dfrac{1}{2}$,

故 $0\leqslant x_i\leqslant\dfrac{1}{2}$,$i=1,2,\cdots,k+1$.

$$\begin{aligned}&(1-x_1)(1-x_2)\cdots(1-x_k)(1-x_{k+1})\\&\geqslant[1-(x_1+x_2+\cdots+x_k)](1-x_{k+1})\\&=1-(x_1+x_2+\cdots+x_k+x_{k+1})+(x_1+x_2+\cdots x_k)x_{k+1}\\&\geqslant 1-(x_1+x_2+\cdots+x_k+x_{k+1})\end{aligned}$$

综上(1)(2)可知,

$$(1-x_1)(1-x_2)\cdots(1-x_n)\geqslant 1-(x_1+x_2+\cdots+x_n)$$

又由于 $x_1+x_2\cdots+x_n\leqslant\dfrac{1}{2}$,故

$$(1-x_1)(1-x_2)\cdots(1-x_n)\geqslant\dfrac{1}{2}.$$

【总结反思】在数学归纳法的运用中,真正的难点是由 $n=k$ 时命题成立,推出 $n=k+1$ 时命题成立. 如果直接就原命题证明无法实现这种推理过程,往往可能是原命题不太强所致,此时加强命题是可行的方式.

【例2】 证明:对于一切自然数 $n\geqslant 1$,都有 $2^n+2>n^2$.

【思维指向】本题是关于自然数 n 的证明题,可考虑采用数学归纳法.

【问题探究】在运用数学归纳法证明本题的过程中,如果假设 $n=k$ 时命题成立,可得 $2^k>k^2-2$.为证明当 $n=k+1$ 时命题

第一数学归纳法证题过程是程序化的,但在执行程序时充满思辨.这正是数学归纳法的魅力所在,也是难点所在.

由于当 x 较大时,函数 $f(x)=2^x+2$ 和此函数 $g(x)=x^2$ 的增长速度快得多,故直观告诉我们:n 较大之后,此不等式当然成立.

成立,可考虑证明

$$2^{k+1}+2-(k+1)^2 = 2 \cdot 2^k +2-(k^2+2k+1)$$
$$>2(k^2-2)+2-(k^2+2k+1)$$
$$=(k-3)(k+1)>0$$

若 $k>3$,则这是显然成立的,为保证 $k>3$,对 $n=1,2,3$ 的情形可直接验证.

简明解答 (1)当 $n=1$ 时,$2^1+2=4>1^2=1$,成立,

当 $n=2$ 时,$2^2+2=6>2^2=4$,成立;

当 $n=3$ 时,$2^3+2=10>3^2=9$,成立.

(2)假设当 $n=k(k\geqslant3,k\in\mathbf{N})$ 时不等式成立,即 $2^k+2>k^2$,$2^k>k^2-2$.则当 $n=k+1$ 时,

$$2^{k+1}+2-(k+1)^2 = 2 \cdot 2^k +2-(k^2+2k+1)$$
$$>2(k^2-2)+2-(k^2+2k+1)$$
$$=(k^2-2k-3)=(k-3)(k+1)$$

因为 $k\geqslant3$,即 $(k-3)(k+1)\geqslant0$,所以 $2^{k+1}+2-(k+1)^2>0$,即 $2^{k+1}+2>(k+1)^2$.

综上(1)(2)可知,原不等式成立.

总结反思 此题在讨论命题当 $n=k+1$ 是否成立时,需要利用 $(k-3)(k+1)$ 的非负性来得出结论,故需要 $k\geqslant3$. 此时,在做数学归纳法的第1步时应将起点适当增加.

□ 串值数学归纳法

定理:如果 $P(n)$ 是一个与正整数有关的命题,且满足

(1)当 $n=n_0(n_0\in\mathbf{N})$ 时,$P(n)$ 成立;

(2)假设 $n\leqslant k(k\geqslant n_0,k\in\mathbf{N})$ 时,$P(n)$ 成立,由此推得 $n=k+1$ 时,$P(n)$ 也成立.

那么,由(1)(2)可得到结论:对一切正整数 $n\geqslant n_0$,命题 $P(n)$ 成立.

此定理常称之为串值数学归纳法,在命题的推证过程中,在讨论 $n=k+1$ 情况时,出现的不仅是 $n=k$ 时的相关项,还出现了 $n=k-1$ 或 $k-2$ 时的相关项,就应考虑使用串值数学归纳法.

这里采用的方式称为"起点增加",是应用数学归纳法时做"归纳基础"的一个技巧.

如果一队列满足两个条件.

(1)队列的第1人戴有大红花;

(2)如果队列中某人前面的人戴了大红花,则他一定跟着戴上大红花.

试推测得出相关结论.这就是串值数学归纳法和生活事实的类比.

【例3】 设 $a=x+\dfrac{1}{x}$,求证:$x^n+\dfrac{1}{x^n}$ 可表示为 a 的 n 次多项式.

思维指向 这是一个关于自然数 n 的命题,可考虑用数学归纳法处理.

问题探究 由于当 $n=k+1$ 时,
$$x^{k+1}+\frac{1}{x^{k+1}}=\left(x^k+\frac{1}{x^k}\right)\left(x+\frac{1}{x}\right)-\left(x^{k-1}+\frac{1}{x^{k-1}}\right).$$
其中涉及的局部有 $n=k,n=k-1,n=1$ 三种情形,故用串值数学归纳法更为方便.

简明解答 (1)当 $n=1$ 时,命题显然成立;

(2)假设当 $n\leqslant k$ 时,命题成立,则当 $n=k+1$ 时,
$$x^{k+1}+\frac{1}{x^{k+1}}=\left(x^k+\frac{1}{x^k}\right)\left(x+\frac{1}{x}\right)-\left(x^{k-1}+\frac{1}{x^{k-1}}\right).$$

由归纳假设可知,$x^k+\dfrac{1}{x^k}$ 为 a 的 k 多项式,$x+\dfrac{1}{x}$ 为 a 的一次多项式,$x^{k-1}+\dfrac{1}{x^{k-1}}$ 为 a 的 $(k-1)$ 次多项式,故 $x^{k+1}+\dfrac{1}{x^{k+1}}$ 为 a 的 $(k+1)$ 次多项式.

综上(1)(2)可知,$x^n+\dfrac{1}{x^n}$ 可表示为 a 的 n 次多项式.

总结反思 由于串值数学归纳法在归纳假设时,假定了所有 $n\leqslant k$ 时的命题都是正确的,这为推证 $n=k+1$ 时命题成立提供了更多的条件,当然更有利于问题的解决.

□ 跳跃数学归纳法

定理:如果 $P(n)$ 是一个与正整数有关的命题,且

(1)当 $n=1,2,\cdots,l$ 时,$P(1),P(2),\cdots,P(l)$ 均成立;

(2)假设当 $n=k(k\geqslant n_0,k\in\mathbf{N})$ 时 $P(n)$ 成立,由此推得 $n=k+l$ 时,$P(n)$ 也成立.

那么,由(1)(2)可得到结论:对一切正整数 $n\geqslant 1$,命题 $P(n)$ 成立.

此定理常称之为跳跃数学归纳法. 在命题的推证过程中,由 $n=k$ 时命题成立不能在直接推得其后继项 $n=k+1$ 时命题成立,而是要跳跃式越过某些项,就应考虑使用跳跃数学归纳法.

> 串值归纳法的实质是为归纳推理假定了更多的可用"条件",这也是它的力量所在.

> 如果将"l"称为由"归纳假设"到"归纳推理"的"步长",则跳跃数学归纳法的实质就是"增大""步长".

【例4】 求证:适合 $x+2y=n(x\geqslant0,y\geqslant0)$ 的整数解组数 $r(n)$ 满足:

$$r(n)=\frac{1}{2}(n+1)+\frac{1}{4}[1+(-1)^n]$$

|思维指向▷|本题是关于自然数 n 的命题,故考虑采用数学归纳法证明.

|问题探究▷|由于要证明的结论中有 $(-1)^n$,当 $n=k$ 和 $n=k+1$ 时,这两项的符号不同,阻碍了继续的推理证明的"步伐",但注意到当 $n=k$ 和 $n=k+2$ 时的情形,有 $(-1)^k=(-1)^{k+2}$,故考虑用跳跃数学归纳法较好.

"步长"增加1个单位,解题思路别有洞天.

|简明解答▷|(1)当 $n=1$ 时,$x+2y=1$ 仅有一组正整数解 $\begin{cases}x=1,\\y=0\end{cases}$ 此时 $r(1)=1$,命题成立;

当 $n=2$ 时,$x+2y=2$ 有两组解 $\begin{cases}x=2\\y=0\end{cases}$ 或 $\begin{cases}x=0,\\y=1.\end{cases}$

此时 $r(2)=2$,命题成立.

(2)设当 $n=k$ 时命题成立,即

$$r(k)=\frac{1}{2}(k+1)+\frac{1}{4}[1+(-1)^k].$$

则当 $n=k+2$ 时,$x+2y=k+2$ 的解分为两类:

①当 $y=0$ 时,仅有 $\begin{cases}x=k+2,\\y=0\end{cases}$ 一组解;

巧妙分类,合理"退回到" $n=k$ 的情形,值得品鉴.

②当 $y\geqslant1$ 时,$y-1\geqslant0$,$x+2y=k+2$ 可化为 $x+2(y-1)=k$,解的组数应为 $r(k)$,故

$$r(k+2)=r(k)+1=\frac{1}{2}(k+1)+\frac{1}{4}[1+(-1)^k]+1$$

$$=\frac{1}{2}[(k+2)+1]+\frac{1}{4}[1+(-1)^{k+2}]$$

故当 $n=k+2$ 时命题成立.

综上(1)(2)可知,原命题得证.

|总结反思▷|不用跳跃数学归纳法,此题是不好处理的.如当 $n=k+1$ 时,$x+2y=k+1$,如果也分为 $x=0$ 和 $x\geqslant1$ 两类计算方程整数解的组数,虽然当 $x\geqslant1$ 时,方程化为 $(x-1)+2y=k$ 的整数解的组数为 $r(k)$,但 $x=0$ 时,方程化为 $2y=k+1$,其整数解的组数就必须分 k 的奇偶性讨论了.

【例5】 试证:用面值为 3 分和 5 分的邮票,可以支付任何 $n(n>7,n\in\mathbf{N})$ 分的邮资.

思维指向▶ 本题是关于自然数 n 的命题,故可考虑用数学归纳法证明.

问题探究▶ 如果假设当 $n=k$ 时命题成立,在推证 $n=k+3$ 时命题也成立时是很容易的,因为只要多支付一张 3 分的票问题就解决了. 同样,$n=k+5$ 时命题成立也很容易,只需多支付一张 5 分的票即可. 因此,用跳跃归纳法很容易求解本题.

简明解答▶ (1)当 $n=8$ 时,用 1 张 3 分票和 1 张 5 分票即可支付;当 $n=9$ 时,用 3 张 3 分票即可支付;当 $n=10$ 时,用 2 张 5 分票即可支付.

(2)假设当 $n=k(k>7,k\in\mathbf{N})$ 时命题成立,则当 $n=k+3$ 时,只要在 $n=k$ 的基础上多支付一张 3 分的票就可以.

综上(1)(2)可知,命题获证.

总结反思▶ 本题中,选择"步长"为 5 也容易处理,只是解题过程中要逐个验证 $n=8,9,10,11,12$ 共五种邮资均可支付的方式,请读者练习.

另外,本题用第一数学归纳也可以处理,只要在由 $n=k$ 时命题成立推证 $n=k+1$ 时命题也成立时,注意分类讨论. 这里提供一种方法.

若这 k 分邮资全用 3 分票支付,则至少有 3 张,用 3 张 3 分票换成 2 张 5 分票就可支付 $(k+1)$ 分邮资;

若这 k 分邮资至少有一张 5 分票,则用 1 张 5 分票换 2 张 3 分票就可支付 $(k+1)$ 分邮资.

□ 反向数学归纳法

定理:如果 $P(n)$ 是一个与正整数有关的命题,且满足:

(1)$P(n)$ 对无限多个 正整数 n 成立;

(2)从命题 $P(n)$ 成立可以推出命题 $P(n-1)$ 也成立.

那么,由(1)(2)可得结论:对一切正整数 n,命题 $P(n)$ 成立.

此定理常称之为反向归纳法. 如果命题 $P(n)$ 对无穷

> 生活中的事实,如何对其进行数学思考,从本例可获得一些启发!

> 请读者自主构建一个类似于串值数学归纳法旁白的情景,以阐释反向归纳法的道理.

> 这里的方式显然不及串值数学归纳法简洁明了.

> 推广形式Ⅰ即将(2)转化为其逆否命题.

> 推广形式Ⅱ即是在"反向"时增大"步长".

多个自然数成立的证明很困难,还可以考虑反向归纳法的另外两种形式:

推广形 I:如果 $P(n)$ 是一个与正整数有关的命题,且满足:

(1)当 $n=1$ 时,命题 $P(n)$ 成立;

(2)假设由 $P(n)$ 不成立,可推出 $P(n-1)$ 不成立.

那么,根据(1)(2)可得结论:对一切正整数 n,命题 $P(n)$ 成立.

推广形式 II:如果 $P(n)$ 是一个与正整数有关的命题,且满足:

(1)当 $n=1,2,\cdots,r$ 时,命题 $P(1),P(2),\cdots,P(r)$ 都成立;

(2)假设由 $P(n)$ 不成立,可推出 $P(n-r)$ 不成立,

那么,根据(1)(2)可得结论:对一切正整数 n,命题 $P(n)$ 成立.

【例6】 已知 $f(x)$ 是定义在 $\mathbf{N}^*$ 上,又在 $\mathbf{N}^*$ 上取值的函数,且

①$f(2)=2$;

②$\forall m,n\in\mathbf{N},f(mn)=f(m)\cdot f(n)$;

③当 $m>n$ 时,$f(m)>f(n)$.

求证:$f(x)=x$,在 $\mathbf{N}^*$ 上恒成立.

▌思维指向▐ 这是一个关于自然数 n 的命题,可考虑用数学归纳法.

▌问题探究▐ 在本题中,2 是一个特殊的数值,由 $f(2)=2$,$f(mn)=f(m)\cdot f(n)$,可立即推得 $f(2^m)=2^m,m\in\mathbf{N}^*$ 这其实证明了有无穷多个 x 使得 $f(x)=x$. 因此,可考虑用反向数学归纳法给出问题的证明. 即要在假设 $f(k)=k$ 的前提下,推出 $f(k-1)=k-1$.

▌简明解答▐ (1)对于 $x=2^m(m\in\mathbf{N}^*)$,易证 $f(x)=x$,故原命题有无限个 x 使命题成立.

(2)假设当 $x=k$ 时命题成立,即 $f(k)=k$.

解题过的关键步骤为:

欲证 $f(k-1)=k-1$,

转化为证明 $f(k-1)\leqslant k-1$ 且 $f(k-1)\geqslant k-1$ 同时成立.

这是典型的利用不等式证明等式的模式.

由 $f(k-1)<f(k)=k$,可知 $f(k-1)\leqslant k-1$.

由 $f(k-1)>f(k-2)$,可知 $f(k-1)\geqslant f(k-2)+1$,故有

$f(k-1)\geqslant f(k-2)+1\geqslant f(k-3)+2\geqslant\cdots\geqslant f(2)+k-3=$ $k-1$.

故 $f(k-1)=k-1$.

综上(1)(2)所述,原命题得证.

总结反思 用串值归纳法也可证明本题,只是在归纳假设"当 $x\leqslant k$ 时,都有 $f(x)=x$"的条件下,推证"当 $x=k+1$ 时,$f(x)=x$"时,要按如下分类进行讨论:

若 $k+1$ 为偶数,设为 $2s$,则 $f(k+1)=f(2s)=f(2)\cdot f(s)$ $=2s=k+1$;

若 $k+1$ 为奇数,设为 $2s+1$,则

$2s=f(2s)<f(2s+1)<f(2s+2)=2f(s+1)=2(s+1)$.

由于 $f(x)$ 在 $\mathbf{N}^*$ 上取值,则 $f(2s+1)=2s+1$,即

$$f(k+1)=k+1.$$

【例7】 证明:对任何正整数 n,$f(n)=n^2+3n+5$ 都不能被 121 整除.

思维指向 整除性问题利用第一数学归纳法可得到方便的证明,但对不能整除问题就不是很方便了,因而考虑利用反向数学归纳法处理.

问题探究 因为假设条件"不能被整除",没法得到需要的数学关系式. 为了解决该问题,可考虑利用反向数学归纳法的推广形式. 简单的运算可发现利用推广形式 I 无法进一步证明,故改用推广形式 II. 由于 $121=11^2$,故考虑 $l=11$ 的情形.

简明解答 因为 $f(1)<f(2)<\cdots<f(9)=113<121$,且 $f(10)=121+14$,$f(11)=121+38$.

所以,当 $n=1,2,\cdots,11$ 时,$f(n)$ 都不能被 121 整除.

假设当 $n=k(k>11)$ 时,$f(n)$ 能被 121 整除,即

$$f(k)=k^2+3k+5=121t(t\in\mathbf{N}^*)$$

即 $(k+\dfrac{3}{2})^2+\dfrac{11}{4}=121t$,$(2k+3)^2=484t-11$.

所以,$11|(2k+3)$,故 $2k+3=11\mu(\mu\in\mathbf{N}^*)$.

因为 $f(k-11)=(k-11)^2+3(k-11)+5=f(k)-11(2k+3)+121=f(k)-121\mu+121$.

为什么不考虑 $l=121$ 呢? 因 $l=121$ 太大了,验算起来不方便.

所以 $121 \mid f(k-11)$.

综上可知,原命题获证.

总结反思 对于否定命题的证明,不便直接下手时,可考虑其反面.

思考与训练 ★★★

★★★

1. 设数列 $\{a_n\}$ 中,$a_1=1$,$a_{n+3} \leqslant a_n+3$,$a_{n+2} \geqslant a_n+2$,求 a_{2013}.

2. 已知数列 $\{a_n\}$ 满足 $\sum\limits_{i=1}^{n} \dfrac{1}{a_i} = \prod\limits_{i=1}^{n} \dfrac{1}{a_i}$.

(1)求 a_n 和 a_{n+1} 的关系;

(2)若 $0<a_1<1$,证明:$0<a_n<1$;

(3)若 $a_i \notin [0,1]$,证明:$a_n<a_{n+1}$.($n \geqslant 2$)

3. 请证明:方程 $1+x+\dfrac{x^2}{2!}+\dfrac{x^3}{3!}+\cdots+\dfrac{x^n}{n!}=0$ 在 n 为偶数的时候没有实数根,在 n 为奇数的时候,有且仅有一个实数根.

4.(1)用数学归纳法证明以下结论:

$1+\dfrac{1}{2^2}+\dfrac{1}{3^2}+\cdots+\dfrac{1}{n^2}<2-\dfrac{1}{n}$($n \geqslant 2$,$n \in \mathbf{N}^*$).

(2)若有 $1-\dfrac{x^2}{6}<\dfrac{\sin x}{x}<1$,利用(1)的结论求:

$\lim\limits_{n \to \infty} \dfrac{1}{n}(1 \cdot \sin 1+2 \cdot \sin \dfrac{1}{2}+\cdots+n \cdot \sin \dfrac{1}{n})$.

5. 数列 $\{a_n\}$ 满足条件:$a_1=1$,$a_n=1+\dfrac{1}{a_{n-1}}$($n \geqslant 2$),试证明:

(1)$1 \leqslant a_n \leqslant 2$($n \in \mathbf{N}^*$);

(2)$\dfrac{1}{3} \leqslant \dfrac{|a_{n+1}-a_n|}{|a_n-a_{n-1}|} \leqslant \dfrac{1}{2}$($n \geqslant 2$).

6. 设二次函数 $y=f(x)$ 过点 $(0,0)$,且满足 $-3x^2-1 \leqslant f(x) \leqslant 6x+2$,数列 $\{a_n\}$ 满足 $a_1=\dfrac{1}{3}$,$a_{n+1}=f(a_n)$.

(1)试确定 $f(x)$ 的表达式;

(2)证明:$a_{n+1}>a_n$;

(3)证明:$\dfrac{1}{\frac{1}{2}-a_1}+\dfrac{1}{\frac{1}{2}-a_2}+\cdots+\dfrac{1}{\frac{1}{2}-a_n} \geqslant 3^{n+1}-3$.

第 2 节　设计构造法

设计构造法是一类重要的数学方法,一般包括两种情形.其一是设计构造特定的数学模型,为相关的数学问题提供背景支持;其二是设计构造特定的数学对象,并严格论证所构造的数学对象符合要求.设计构造法的运用,往往具有创新性,对分析问题和解决问题的能力有较高要求.

善于构造,需要数学上的智慧.

□ 设计构造函数模型

函数是研究变量之间动态关系的数学模型,是高中数学的一条主线,其性质千变万化,解题中,若能构造函数模型,将问题置于特定的函数背景之下,利用函数的性质,往往能为解题大开方便之门.

生产实践中大量存在着变量之间的函数关系,因而函数模型具有应用的广泛性.

【例 1】　若 $x,y\in\left[-\dfrac{\pi}{4},\dfrac{\pi}{4}\right]$,$a\in\mathbf{R}$,且满足方程 $x^3+\sin x-2a=0$,和 $4y^3+\sin y\cos y+a=0$,求 $\cos(x+2y)$ 的值.

思维指向　分析条件中两个方程的结构特征,利用它求出 $x+2y$ 的值,进而求出 $\cos(x+2y)$ 的值.

在函数背景下,两个方程结构相同,为它们联立起作用提供了基础.

问题探究　将第二个方程变形,可得 $(2y)^3+\sin 2y+2a=0$,前面两项和第一个方程的前面两项有相同的结构特征,因此可构造函数 $f(x)=x^3+\sin x$.这样,条件中的两个方程分别化为 $f(x)=2a$ 和 $f(2y)=-2a$.由此即可寻求 $x+2y$ 的取值;进而求出 $\cos(x+2y)$.

简明解答　构造函数 $f(x)=x^3+\sin x$,则两个条件等式分别化为 $f(x)=2a$ 和 $f(2y)=-2a$,即
$$f(x)=-f(2y).$$
又由于 $f(x)=x^3+\sin x$ 是奇函数,所以有
$$f(x)=f(-2y).$$
又当 $x,y\in\left[-\dfrac{\pi}{4},\dfrac{\pi}{4}\right]$ 时,$f(x)$ 是单调递增函数,故 $x=-2y$,即 $x+2y=0$,$\cos(x+2y)=1$.

只要满足从定义域到值域按对应关系 f 是一一对应就能由函数值的相等推出自变量的相等.单调函数正好保证了这个要求.

总结反思 本题解答中，构造出函数 $f(x)=x^3+\sin x$，接着用到了该函数为奇函数，且是单调函数的性质. 这是一道典型的关于函数的逆向思考问题.

【例2】 试构造函数 $f(x),g(x)$，使其定义域为 $(0,1)$，值域为 $[0,1]$，且分别满足下面各小题的要求.

(1)对于任意 $a\in[0,1]$，$f(x)=a$ 只有一解；

(2)对于任意 $a\in[0,1]$，$g(x)=a$ 有无穷多个解.

此题为 2006 年复旦大学自主招生试题.

思维指向 紧紧依据条件，从几何直观入手建构函数模型.

问题探究 (1)可在函数 $f(x)=x(x\in(0,1))$ 的直观下，通过重新定义某些特殊点的函数值，使其值域为 $[0,1]$，且从定义域到值域的对应是一一对应.

(2)可考虑构造与正弦相关的函数 $g(x)$，使其定义域为 $(0,1]$，值域为 $[0,1]$，且 $g(x)=a$ 有无穷多个解.

简明解答

$$(1)\begin{cases} x, & x\neq\dfrac{1}{2^n},\dfrac{1}{3^n},x\in(0,1),n\in\mathbf{N}^*, \\ 1, & x=\dfrac{1}{2}, \\ 2x, & x=\dfrac{1}{2^n}(n>1,n\in\mathbf{N}^*), \\ 0, & x=\dfrac{1}{3}, \\ 3x, & x=\dfrac{1}{3^n}(n>1,n\in\mathbf{N}^*). \end{cases}$$

$(2)g(x)=\sin\dfrac{1}{x},x\in(0,1)$.

看似给出两个具体的函数表达式，但如何想到它们是需要智慧的. 保证"一对一"的最基本的函数模型是一次函数；实现"多对一"的最基本的函数模型是三角函数. 本题的构造就是这两个"基本的函数模型"上作加工改造完成的.

总结反思 函数 $f(x)$ 的构造是在数形结合的条件下，通过对函数 $f(x)=x(x\in(0,1))$ 作改造完成的，第 1 步，定义 $f(\dfrac{1}{2})=1$，但为了满足 $f(x)=a$ 只有一解，必须去除原来的 $f(\dfrac{1}{2})=\dfrac{1}{2}$；但这样值域中又没有 $\dfrac{1}{2}$ 这个值了，故又定义 $f(\dfrac{1}{2^2})=\dfrac{1}{2}$，去除原来的 $f(\dfrac{1}{2^2})=\dfrac{1}{2^2}$，依此类推. 第 2 步，定义 $f(\dfrac{1}{3})=0$，同样为了满足 $f(x)=a$ 只有唯一解，必须去除 $f(\dfrac{1}{3})=\dfrac{1}{3}$；但

这样值域又没有 $\frac{1}{3}$ 这个值了,故又定义 $f(\frac{1}{3^2})=\frac{1}{3}$,去除原来的 $f(\frac{1}{3^2})=\frac{1}{3^2}$,依此类推.

函数 $g(x)$ 的构造是在对比题设要求和熟知结论下完成的. $g(x)=\sin\frac{1}{x}$ 是个熟悉的函数,取形如 $x=\frac{1}{2k\pi+\alpha}(k\in\mathbf{N},\alpha\in(0,\frac{\pi}{2})$ 可取遍区间 $(0,1)$,$\sin\frac{1}{x}=\sin\alpha$ 可取遍区间 $[0,1]$,而且一个 $\sin\alpha$ 的值可对应着无穷多个 x 的值(通过取不同的 $k\in\mathbf{N}$ 实现). 这样,就得到要求构造的函数 $g(x)$ 了.

□ **设计构造方程或不等式模型**

方程和不等式是两类重要的数学模型,含有未知数的等量关系均可置于方程的背景进行研究. 构造方程或不等式,通过解方程或不等式或利用它们的性质及广义韦达定理等,常可将复杂问题简化,从而方便求解.

【例3】 已知 $\frac{1}{m^2}+\frac{1}{m}-3=0,n^4+n^2-3=0$,且 $\frac{1}{m}\neq n^2$,试求 $\frac{mn^4+n^2}{m^2}$ 的值.

思维指向 观察条件中两个等式的特征,发现具有相同的结构规律,可考虑构造方程解题.

问题探究 题设条件中两个等式均满足方程 $x^2+x-3=0$ 的形式,$\frac{1}{m}$ 和 n^2 可看作该方程的两个根. 因此,构造一元二次方程,通过研究该方程的根解决问题.

简明解答 因为 $\frac{1}{m^2}+\frac{1}{m}-3=0,n^4+n^2-3=0$,且 $\frac{1}{m}\neq n^2$.

所以,$\frac{1}{m}$ 和 n^2 是方程 $x^2+x-3=0$ 的两个根,即 $\frac{1}{m}+n^2=-1,\frac{1}{m}\cdot n^2=-3$. 故有

$$\frac{mn^4+n^2}{m^2}=\frac{n^2}{m}(n^2+\frac{1}{m})=-1\times(-3)=3.$$

三角函数模型是描述"多对一"变化规律的数学模型.(2)要求的"无穷多个解"就是函数关系中的"多对一",因而首选三角函数模型.

解题的实质就是整体求出 $\frac{1}{m}+n^2$ 和 $\frac{1}{m}\cdot n^2$ 的值,再代入求要求的值.

总结反思 本题的设计构造方程的解法其实是一种整体解题思路——将 m、n 的关系整体嵌入一元二次方程 $x^2+x-3=0$ 之中,从而先整体求出 $\frac{1}{m}+n^2$ 和 $\frac{1}{m}\cdot n^2$ 的值,再求 $\frac{mn^4+n^2}{m^2}$ 的值.

【例4】 已知 $x,y,z\in\mathbf{R}$,且 $(z-x)^2-4(x-y)(y-z)=0$,试证:x,y,z 成等差数列.

思维指向 等式 $(z-x)^2-4(x-y)(y-z)=0$ 形似一元二次方程的判别式,因而考虑构造一元二次方程解题.

问题探究 x,y,z 成等差数列,其充要条件是 $2y=x+z$,但是由条件给出的二次式化为该结论的难度较大. 仔细观察条件式的特点,可发现其很像二次方程中的特别式,由此可考虑构造二次方程来解决问题.

简明解答 构造一元二次方程

$$(y-z)t^2+(z-x)t+(x-y)=0$$

观察该方程各项系数特点,可发现其各项系数之和为零,所以方程必有一根为1.

又由条件,可知该方程的判别式

$$\Delta=(z-x)^2-4(x-y)(y-z)=0$$

故该方程有两个相等的实数根,即两个根都为1,由韦达定理,得 $t_1t_2=\dfrac{x-y}{y-z}=1$,即 $2y=x+z$.

所以,命题获证.

总结反思 本题的解题思路为构造一元二次方程,使其判别式满足特定的结构关系,再研究相应方程的根的状况,从而实现解题目标. 著名的柯西(Cauchy)不等式

$$(a_1^2+a_2^2+\cdots+a_n^2)(b_1^2+b_2^2+\cdots+b_n^2)\geqslant(a_1b_1+a_2b_2+\cdots+a_nb_n)^2$$

其中 $a_i,b_i(i=1,2,\cdots,n)$ 均为实数,当且仅当 $\dfrac{a_1}{b_1}=\dfrac{a_2}{b_2}=\cdots=\dfrac{a_n}{b_n}$ 时取"=",就可以采用这一方法证明,请读者自行练习.

【例5】 解方程 $\left[\sin^2 x+\sin^2\left(\dfrac{\pi}{3}-x\right)\right]\left[\cos^2 x+\cos^2\left(\dfrac{\pi}{3}-x\right)\right]=\dfrac{3}{4}$.

思维指向 直接解方程,几乎无从入手,因此转而寻求具

构造一元二次方程再利用其判别式解题是一类重要的数学方法. 这方面的案例很多,请读者查阅相关资料作进一步的充实.

可构造方程:

$$\left(\sum_{i=1}^{n}a_i\right)x^2-2\left(\sum_{i=1}^{n}a_ib_i\right)x+\left(\sum_{i=1}^{n}b_i\right)=0$$,具体的过程请读者完成.

有类似结构的数学模型.

问题探究 不等式左边具有 $(a_1{}^2+a_2{}^2)(b_1{}^2+b_2{}^2)$ 的形式,或许可利用柯西不等式模型, $(a_1{}^2+a_2{}^2)(b_1{}^2+b_2{}^2) \geqslant (a_1b_1+a_2b_2)^2$,得到

$$\left[\sin^2 x+\sin^2(\frac{\pi}{3}-x)\right]\left[\cos^2 x+\cos^2(\frac{\pi}{3}-x)\right]$$

$$\geqslant \left[\sin x\cos x+\sin(\frac{\pi}{3}-x)\cos(\frac{\pi}{3}-x)\right]^2=\frac{3}{4}$$

从而得到柯西不等式取"="的条件,进而求出 x 的值.

简明解答 由柯西不等式,可得

$$\left[\sin^2 x+\sin^2(\frac{\pi}{3}-x)\right]\left[\cos^2 x+\cos^2(\frac{\pi}{3}-x)\right]$$

$$\geqslant \left[\sin x \cdot \cos(\frac{\pi}{3}-x)+\sin(\frac{\pi}{3}-x)\cos x\right]^2$$

$$=\sin^2(x+\frac{\pi}{3}-x)=\frac{3}{4}.$$

当且仅当 $\dfrac{\sin x}{\cos(\frac{\pi}{3}-x)}=\dfrac{\sin(\frac{\pi}{3}-x)}{\cos x}$ 时取"=",故有

$$\sin 2x=\sin(\frac{2\pi}{3}-2x)$$

由此解得 $x=\dfrac{k\pi}{2}+\dfrac{\pi}{6}[k\in \mathbf{Z}]$.

总结反思 解题过程中用到了柯西不等式模型. 这和"问题探究"中的思路是一致的. 但这里" a_i "和" b_i "的匹配方式有些变化,表现了解题思路调整的灵活性.

□ 设计构造数列模型

数列是一类重要的数学模型,是解决许多数学问题的基础. 特别是,如果数学问题中隐含着阶差递推关系的,可考虑将其一般化,从而揭示出相邻阶之间的关系,建立起递推数列模型.

【例6】 如图 3-2-1,一种跳格游戏,某人从格外只能进入第 1 格,在格中每次可向前跳 1 格或 2 格,那么从格外跳到第

由 $\sin \alpha=\sin \beta$,可推得 $\alpha=2k\pi+\beta$ 或 $\alpha=2k\pi+\pi-\beta$.

这里,由 $\sin 2x=\sin(\frac{2\pi}{3}-2x)$ 得到 $x=\dfrac{k\pi}{2}+\dfrac{\pi}{6}(k\in \mathbf{Z})$,用到的就是这个思路.

柯西不等式的证明方法很多,判别式法是其中最简捷的之一,几乎在任何一本相关的读物中均能找得到,因而这里就不评述了.

8格的方法种数为(　　).

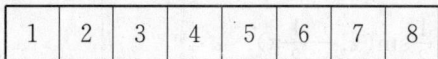

1	2	3	4	5	6	7	8

图 3-2-1

　A. 21　　　　　B. 26　　　　　C. 17　　　　　D. 13

思维指向 设跳到第 n 格的方法为 a_n,由加法原理得出 a_n,a_{n-1} 和 a_{n-2} 的递推关系式,由递推关系式推出从格外跳到第 8 格的方法种数.

问题探究 设跳到第 n 格的方法数为 a_n,则到达第 n 格的方法有两类:

(1)向前跳 1 格到达第 n 格,方法数为 a_{n-1};

(2)向前跳 2 格到达第 n 格,方法数为 a_{n-2}.

由加法原理知:$a_n = a_{n-1} + a_{n-2}$,由数列的递归关系得该数列的前 8 项为 1,1,2,3,5,8,13,21,所以某人从格外跳到第 8 格的方法种数为 21 种.

简明解答 A

总结反思 本题亦可以运用加法原理,利用常规分类讨论求解,但需做到不重不漏,对思维的缜密性要求较高.这里通过构造数列模型,借用递归思想,使讨论简化了.借助递归关系和数列知识,不仅可以求出到达第 8 格的方法数,而且对于到达任意格的方法数,皆可顺利求解,这是常规的分类讨论无法实现的.

【例 7】 已知数列 $\{x_n\}$ 中,$x_1 = \dfrac{3}{4}\pi$,且 $2x_{n+1} + \cos x_n - \pi = 0(n \geqslant 1)$. 求证:$\left| x_n - \dfrac{\pi}{2} \right| \leqslant \dfrac{\pi}{2^{n+1}}(n \geqslant 1)$.

思维指向 条件中有三角函数 $\cos x_n$,结论中没有. 可考虑利用熟知结论 $\sin x \leqslant |x|(x \in \mathbf{R})$ 去掉条件中的 $\cos x_n$,放缩得到要证的结论.

问题探究 将 $2x_{n+1} + \cos x_n - \pi = 0$,化为 $x_{n+1} - \dfrac{1}{2}\pi =$

$-\dfrac{1}{2}\cos x_n = \dfrac{1}{2}\sin\left(x_n - \dfrac{\pi}{2}\right)$,进一步得

$$\left| x_{n+1} - \dfrac{1}{2}\pi \right| \leqslant \dfrac{1}{2}\left| x_n - \dfrac{1}{2}\pi \right|.$$

取 $n = 1,2,\cdots,n-1$ 代入上式,叠加即可得出要证的结论.

当 $x \in \left(-\dfrac{\pi}{2}, \dfrac{\pi}{2}\right)$ 时,利用如图 3-2-2 所示单位圆中正弦线,不难得出 $\sin x \leqslant |x|$.

当 $x \notin \left(-\dfrac{\pi}{2}, \dfrac{\pi}{2}\right)$ 时,$\sin x \leqslant |x|$ 显然成立.

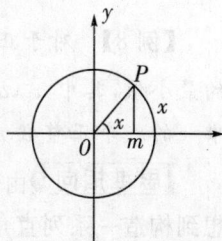

图 3-2-2

简明解答 由 $2x_{n+1}+\cos x_n-\pi=0$，得

$$x_{n+1}-\frac{1}{2}\pi=-\frac{1}{2}\cos x_n=\frac{1}{2}\sin\left(x_n-\frac{1}{2}\pi\right).$$

所以

$$\left|x_{n+1}-\frac{1}{2}\pi\right|\leqslant\frac{1}{2}\left|x_n-\frac{1}{2}\pi\right|,$$

由此得

$$\left|x_n-\frac{1}{2}\pi\right|\leqslant\frac{1}{2}\left|x_{n-1}-\frac{1}{2}\pi\right|,$$

$$\left|x_{n-1}-\frac{1}{2}\pi\right|\leqslant\frac{1}{2}\left|x_{n-2}-\frac{1}{2}\pi\right|,$$

$$\cdots$$

$$\left|x_2-\frac{1}{2}\pi\right|\leqslant\frac{1}{2}\left|x_1-\frac{1}{2}\pi\right|.$$

将以上各式分别相乘，注意到 $x_n\neq\frac{1}{2}\pi$，得

$$\left|x_n-\frac{1}{2}\pi\right|\leqslant\frac{1}{2^{n-1}}\left|x_1-\frac{1}{2}\pi\right|=\frac{\pi}{2^{n+1}}.$$

总结反思 条件中有 $\cos x_n$，而结论中没有，消去这种差异是解题探究的基本策略，构造递推式

$$x_{n+1}-\frac{\pi}{2}=\frac{1}{2}\sin\left(x_n-\frac{\pi}{2}\right)$$

是消去这种差异的关键一步。

关注条件和结论的"差异特征"也是数学思考的一个要旨。

□ 设计构造几何图形

设计构造几何图形解题是构造思想的一个重要应用。这里的构造强调两层意思：其一是既不脱离又不局限于原图，而是借助于原图，通过加工处理，构造一个有利于问题解决的新图形；其二是构造符合特定要求的几何图形，并进行论证、计算和推理。

"数缺形时少直观，形缺数时难入微"（华罗庚语），由此可见构造几何图形在数学中的重要地位！

【例8】 对于正整数 n，定义 S_n 为和式 $\sum\limits_{k=1}^{n}\sqrt{(2k-1)^2+a_k^2}$ 的最小值，其中 $a_1,a_2,\cdots,a_n$ 是正实数，它们的和是 17，且存在唯一的一个正整数 n，使 S_n 也是一个正整数，求这个正整数 n。

思维指向 由于 $(2k-1)^2+a_k^2$ 形似勾股定理，故可以联想到构造一系列直角三角形，使和式具有几何背景，进而在几何直观下探究问题的结论。

问题探究 如图 $3-2-3$ 所示，作 $AB_1=1,C_1B_2=3,\cdots,C_{n-1}B_n=2n-1$；$B_1C_1=a_1,B_2C_2=a_2,\cdots,B_{n-1}C_{n-1}=a_{n-1},$ $B_nC=a_n.$ 由此得

$$\sum_{k=1}^{n}\sqrt{(2k-1)^2+a_k{}^2}\geqslant\sqrt{n^2+17}.$$

猜测 $S_n=\sqrt{n^2+17}$，并验证猜测正确并求出 n 的值.

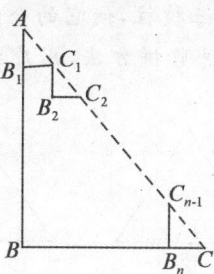

图 $3-2-3$

问题探究 如图 $3-2-3$ 所示，作 $AB_1=1,CB_2=3,\cdots,C_{n-1}B_n=2n-1,B_1C_1=a_1,B_2C_2=a_2,\cdots,$ $B_{n-1}C_{n-1}=a_{n-1},B_nC=a_n,$ 则

$$AB=\sum_{k=1}^{n}(2k-1)=n^2,BC=a_1+a_2+\cdots+a_n=17.$$

由勾股定理,得

$$\sum_{k=1}^{n}\sqrt{(2k-1)^2+a_k{}^2}=AC_1+C_1C_2+\cdots+C_{n-1}C\geqslant AC$$
$$=\sqrt{n^4+17^2}.$$

若 $S_n=\sqrt{n^4+17^2}$，则 S_n 是正整数,且只有唯一的正整数 n 使得 S_n 是正整数.

不妨设 $n^4+17^2=m^2(m\in\mathbf{N}^*)$，即 $(m-n^2)(m+n^2)=289$，由于 $m-n^2<m+n^2$，故可知

$$\begin{cases}m-n^2=1,\\m+n^2=289.\end{cases}$$

由此解得　$n=12,m=145.$

即存在唯一的正整数 $n=12$，使 $\sqrt{(4k-1)^2+ak^2}$ 的最小值是 145.

总结反思 本题根据题目提供的信息,构造出了符合题目条件的一系列直角三角形,借助于图形直观将代数条件转化为几何条件,为求最小值 S_n 及相应的 n 的值找到了可行的思路.

【例9】 (1)给出两块相同的正三角形纸片(如图 $3-2-4$ ①,图 $3-2-4$②),要求用其中一块剪拼成一个正三棱锥模型,另一块剪拼成一个正三棱柱模型,使它们的全面积都与原三角形的面积相等,请设计一种剪拼方法,分别用虚线标示在图 $3-2-4$①、图 $3-2-4$②中,并作简要说明;

(2)试比较你剪拼的正三棱锥与正三棱柱的体积的大小;

(3)如果给出的是一块任意三角形的纸片(如图 $3-2-4$

将 289 分解质因数只有
$$289=1\times289,$$
$$289=17\times17$$
两种形式!

此题为 2002 年全国高考理科数学试题.在当年的高考中,此题难倒了许多优秀的学生.本题源自几何学中的"波尔约-盖尔文定理".

③),要求剪拼成一个直三棱柱,使它的全面积与给出的三角形的面积相等.请设计一种剪拼方法,用虚线表示在图 3－2－4 ③中.

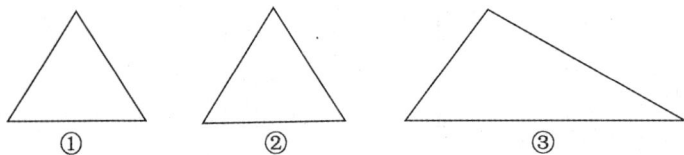

图 3－2－4

思维指向 按题目的要求进行设计和构造,构造后再进行计算.设计构造的方式或许多种多样,选择一个最熟悉的即可.

问题探究 (1)有多种构造方法,任选一种即可;

(2)计算(1)构造得到的三棱锥和三棱柱的体积,再比较大小;

(3)设想将三角形的纸片的三个角裁去一些后再折叠,用被裁的部分作上底构造得到题设要求的直三棱柱.为实现这个设想,要注意抓住三角形内心的特征并加以利用.

简明解答 (1)如图 3－2－5①,沿正三角形三边中点连线折起,可拼得一个正三棱锥.

如图 3－2－5②,正三角形三个角上剪出三个相同的四边形,其较长的一组邻边边长为三角形边长的 $\frac{1}{4}$,有一组对角为直角,余下部分按虚线折起,可成一个缺上底的正三棱柱,而剪出的三个相同的四边形恰好拼成这个正三柱的上底.

(2)依上面剪拼方法,有 $V_柱>V_锥$.推理如下:

设给出正三角形纸片的边长为 2,那么,正三棱锥与正三棱柱的底面都是边长为 1 的正三角形,其面积为 $\frac{\sqrt{3}}{4}$.现在计算它们的高:

$$h_锥=\sqrt{1-\left(\frac{2}{3}\cdot\frac{\sqrt{3}}{2}\right)^2}=\frac{\sqrt{6}}{3},\quad h_柱=\frac{1}{2}\tan30°=\frac{\sqrt{3}}{6}.$$

$$V_柱-V_锥=\left(h_柱-\frac{1}{3}h_锥\right)\cdot\frac{\sqrt{3}}{4}=\left(\frac{\sqrt{3}}{6}-\frac{\sqrt{6}}{9}\right)\cdot\frac{\sqrt{3}}{4}=\frac{3-2\sqrt{2}}{24}>0.$$

所以 $V_柱>V_锥$.

(3)如图 3－2－5③,分别连结三角形的内心与各顶点,得三条线段,再以这三条线段的中点为顶点作三角形.以新作的三角形为直棱柱的底面,过新三角形的三个顶点向原三角形三边

有多种剪拼方法,这里仅举一种.

当年的高考中,本题(3)为附加题.如果解答正确,加 4 分,但全卷总分不得超过 150 分.这也是高考数学命题改革的一个创举.

作垂线,沿六条垂线剪下三个四边形,可剪拼成直三棱柱的上底,余下部分按虚线折起,成为一个缺上底的直三棱柱,即可得到直三棱柱.

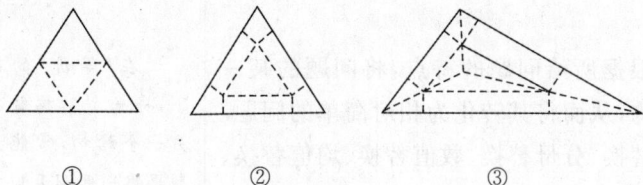

① ② ③

图 3－2－5

总结反思 此题为 2002 年全国高考理科试题,是一道典型的"设计构造型"问题,对能力的要求很高,而且非常具有新意.符合题意要求的三棱柱和三棱锥的设计构造方式还有多种,限于篇幅这里不作介绍了.

上海的戴再平先生曾撰文对此题的解法和背景作过深入的探究,有兴趣的读者请参阅相关文献.

思 考 与 训 练 ★★★
★★★

1. 方程 $3x^2 - e^x = 0$ 的实根是 ( )

A. 不存在 B. 有一个

C. 有两个 D. 有三个

2. 设有 4 个数的数列为 a_1,a_2,a_3,a_4,前 3 个数构成一个等比数列,其和为 k,后 3 个数构成一个等差数列,其和为 9,且公差非零.对于任意固定的 k,若满足条件的数列的个数大于 1,则 k 应满足 ( )

A. $12k > 27$ B. $12k < 27$

C. $12k = 27$ D. 其他条件

3. 在蒲丰投针试验中,平行线间距为 a,针长为 b,试求针与线相交概率与 a、b 的关系,并求什么情况下概率是 $\dfrac{1}{\pi}$.

4. 现有一段长度为 n 的木棍,希望将其锯成尽可能多的小段,要求每一小段的长度都是整数,并且任何一个时刻,当前最长的一段都严格小于当前最短的一段的长度的 2 倍.例如:当 $n=6$ 时最多只能锯成两段:$6=3+3$,当 $n=7$ 时最多可锯:$7=4+3$ $=3+2+2$.问:$n=30$ 时最多能锯成多少段?

第 3 节　局部结构替换法

局部结构替换法即是根据所给问题的特点,将问题的某一局部的结构替换为新的结构,从而将其转化为相对简单的问题.常用的局部替换法有三角替换、分母替换、数值替换、均值替换、结构替换等等.

□ 三角函数值替换

三角函数值替换是最常见的一种替换方法. 当条件中出现 $a+b=1, a^2+b^2=1, \sqrt{a^2-x^2}$ 等结构时,就可考虑三角替换. 某些含有"1"的等式,如能利用 $\sin^2\theta+\cos^2\theta=1$, $\sec^2\theta-\tan^2\theta=1, \tan\theta\cdot\cot\theta=1$,巧妙地用右边的式子代替常数"1",常能为解题带来意想不到的效果. 这也属于三角和数值替换的具体形式.

【例1】　已知 $|x|<1, n\geqslant 2$. 求证:$(1-x)^n+(1+x)^n<2^n$.

思维指向　利用正弦、余弦函数替换 $(1-x)$ 和 $(1+x)$,使要证明的不等式简化,从而有利于问题的解决.

问题探究　由于 $(1-x)+(1+x)=2$,故可设 $1-x=2\cos^2\alpha, 1+x=2\sin^2\alpha$. 这种设法可简化要证不等式 $(1-x)^n+(1+x)^n<2^n$ 的结构,也符合条件 $|x|<1$ 的要求.

简明解答　设 $1-x=2\cos^2\alpha, 1+x=2\sin^2\alpha, 0<\alpha<\dfrac{\pi}{2}$,则

$$(1-x)^n+(1+x)^n$$
$$=2^n(\cos^{2n}\alpha+\sin^{2n}\alpha)$$
$$<2^n(\cos^2\alpha+\sin^2\alpha)=2^n.$$

总结反思　对于形如 $a+b=1(a,b\in\mathbf{R}^+)$ 的式子,常设 $a=\cos^2\alpha, b=\sin^2\alpha$ 作替换;对于形如 $a^2+b^2=1$ 的式子,常设 $a=\cos\alpha, b=\sin\alpha$ 作替换;对于形如 $x-y=1$ 的式子,常设 $x=\sec^2\alpha, y=\tan^2\alpha$ 作替换. 掌握这些规律,对解题思路的展开大有

形如 $x+y=A$(A 为常数)的式子,均可设
$$\begin{cases}x=\sqrt{A}\sin^2\theta,\\ y=\sqrt{A}\cos^2\theta.\end{cases}$$
这是简化问题的一个可行途径.

帮助.

【例 2】 已知 $a,b,c \geqslant 0, a+b+c=1$,证明: $\sqrt{a}+\sqrt{b}+\sqrt{c}$ $\leqslant \sqrt{3}$.

思维指向 引入三角替换,使其满足已知条件,且使要证不等式的各个根号下均为某个三角函数式子的平方.

问题探究 由条件知 $0 < a,b,c \leqslant 1$,故可设 a,b,c 均为某个角的正弦或余弦的平方. 如果设 $a = \sin^2\alpha$,则 a,b,c 的设法应使其满足 $b+c = \cos^2\alpha$,故设 $b = \cos^2\alpha\sin^2\beta$,$c = \cos^2\alpha\cos^2\beta$. 这样替换,欲证不等式 $\sqrt{a}+\sqrt{b}+\sqrt{c} \leqslant \sqrt{3}$ 的结构可大为简化.

简明解答 由题意,得 $0 \leqslant a,b,c \leqslant 1$,故不妨设

$$a = \sin^2\alpha, b = \cos^2\alpha\sin^2\beta, c = \cos^2\alpha\cos^2\beta, 0 \leqslant \alpha,\beta \leqslant \frac{\pi}{2}.$$

由 $\sin\beta+\cos\beta = \sqrt{2}\sin(\beta+\frac{\pi}{4}) \leqslant \sqrt{2}$,可知

$$\sqrt{a}+\sqrt{b}+\sqrt{c} = \sin\alpha+\cos\alpha(\sin\beta+\cos\beta)$$
$$\leqslant \sin\alpha+\sqrt{2}\cos\alpha$$
$$= \sqrt{3}\sin(\alpha+\theta) \leqslant \sqrt{3}.$$

> 参看教材选修 4—4 中球面坐标和柱面坐标的内容,以加深对这一设法的理解.

总结反思 本题提供了三个正数和为 1 时的替换方法,从球面坐标的设法中可看到这种方法的雏形.

【例 3】 设 $x,y > 0, x+2y=1$,求 $\frac{1}{x}+\frac{1}{y}$ 的最小值.

思维指向 考虑条件 $x+2y=1$ 和待求最小值的式子 $\frac{1}{x}+\frac{1}{y}$ 如何建立联系,为问题的解决找到切入点.

问题探究 将 $\frac{1}{x}+\frac{1}{y}$ 中的"1"用 $x+2y$ 替换,条件和结论就建立起关联了,解题过程 就只要集中于对替换后的式子作处理即可.

> 这里采用的方法也是典型的数值替换法.

简明解答 由 $x+2y=1$,得

$$\frac{1}{x}+\frac{1}{y} = \frac{x+2y}{x}+\frac{x+2y}{y} = 3+\left(\frac{2y}{x}+\frac{x}{y}\right) \geqslant 3+2\sqrt{2}.$$

当且仅当 $\frac{2y}{x}=\frac{x}{y}$,即 $\begin{cases} x=\sqrt{2}+1, \\ y=\dfrac{\sqrt{2}+2}{2} \end{cases}$ 或 $\begin{cases} x=\sqrt{2}-1, \\ y=\dfrac{2-\sqrt{2}}{2} \end{cases}$ 时取"=".

所以，$\dfrac{1}{x}+\dfrac{1}{y}$ 的最小值为 $3+2\sqrt{2}$.

总结反思 正确解答问题，一般要用完所有的题设条件．因此，设法将已知条件和待求建立联系是解题的关键所在．数值替换是建立联系的一种需要方式．本例如按下面的用柯西不等式求解，也是在基于数值替换的前提下进行的：

$$\frac{1}{x}+\frac{1}{y}=(x+2y)\left(\frac{1}{x}+\frac{1}{y}\right)$$

$$\geqslant\left(\sqrt{x}\cdot\frac{1}{\sqrt{x}}+\sqrt{2y}\cdot\frac{1}{\sqrt{y}}\right)^2$$

$$=3+2\sqrt{2}.$$

【例 4】 设 x,y 为正数，$x+y=1$，试证明：

$$x^2+y^2+\frac{1}{x^2}+\frac{1}{y^2}\geqslant\frac{17}{2}.$$

思维指向 利用条件中 $x+y=1$ 作数值替换，化简欲证不等式的左边．

问题探究 对于 $x+y=1$ 这样的条件，除了想到一般的三角替换和平均值不等式外，还要注意乘以"1"或除以"1"表达式的值不变的特征作数值替换．这样往往可以把原表达式表示成更有明显特征的表达式．

简明解答 由题设条件，得

$$\frac{x^2+y^2}{2}\geqslant\left(\frac{x+y}{2}\right)^2=\frac{1}{4}.$$

当且仅当 $x=y=\dfrac{1}{2}$ 时取"$=$"，故有

$$\frac{1}{x^2}+\frac{1}{y^2}=\frac{x^2+y^2}{x^2y^2}\geqslant\frac{x^2+y^2}{xy}\cdot\frac{(x+y)^2}{xy}$$

$$\geqslant\frac{2xy}{xy}\cdot\frac{4xy}{xy}=2\times4=8.$$

当且仅当 $x=y=\dfrac{1}{2}$ 时取"$=$"，故有

$$x^2+y^2+\frac{1}{x^2}+\frac{1}{y^2}\geqslant\frac{1}{2}+8=\frac{17}{2}.$$

原不等式获证：

总结反思 本题的解答中，对欲证不等式左边的两个局部分别通过数值替换作了下界的估计．首先得到的是 $x^2+y^2\geqslant$

两次放缩均保持了同样的取"$=$"号的条件 $x=y=\dfrac{1}{2}$，这点十分重要．

$\frac{1}{2}$,之后得到的是 $\frac{1}{x^2}+\frac{1}{y^2}\geqslant8$. 值得注意的是两次下界的估计最好保证在同一条件下"="成立,否则可能出现"放缩过头"的危险.

□ 分母平均值替换法

如果一个分式的分子较简单而分母相对复杂时,那么对分母进行替换,可使分式得到更好的化简,从而易于得到解题思路. 当问题的条件中具有形如 $a_1+a_2+\cdots+a_n=s(s$ 为常数)的局部时,可考虑作替换 $a_k=\frac{s}{n}+t_k$(其中 $k=1,2,\cdots,n$),t_k 满足 $t_1+t_2+\cdots+t_n=0$. 特别地,当 $n=2$ 时,可令 $a_1=\frac{s}{2}+t,a_2=\frac{s}{2}-t$. 这种局部替换的方法称之为均值替换.

> 分母替换法和均值替换法是两种不同的替换法,其目的均是以简化问题的结构为目标.

【例5】 设 A,B,C 是 $\triangle ABC$ 的三个内角. 求证:

$$\frac{\sin A}{\sin B+\sin C-\sin A}+\frac{\sin B}{\sin A+\sin C-\sin B}+\frac{\sin C}{\sin A+\sin B-\sin C}\geqslant3.$$

┃思维指向┃ 各分式的分子是单项式,而分母是多项式,但如果将分母设定为一个字母表示,将分子转化为关于这些字母的代数式,再"拆分"就将欲证的不等式等价转化为较简单的形式了.

┃问题探究┃ 先利用正弦定理,将欲证的不等式转化为关于三角形三条边的不等式. 但由于不等式中分母较复杂,故考虑引入新的字母替换分母,从而大大简化欲证不等式,为最后利用基本不等式得出最终结论提供条件.

┃简明解答┃ 由正弦定理,可知原不等式等价于

$$\frac{a}{b+c-a}+\frac{b}{a+c-b}+\frac{c}{a+b-c}\geqslant3$$

其中 a,b,c 分别为角 A,B,C 所对的边.

令 $x=b+c-a,y=a+c-b,z=a+b-c$,则 $x,y,z>0$,且 $a=\frac{y+z}{2},b=\frac{x+z}{2},c=\frac{x+y}{2}$,原不等式等价于

$$\dfrac{\frac{y+z}{2}}{x}+\dfrac{\frac{x+z}{2}}{y}+\dfrac{\frac{x+y}{2}}{z}\geqslant 3.$$

由于 $\dfrac{\frac{y+z}{2}}{x}+\dfrac{\frac{x+z}{2}}{y}+\dfrac{\frac{x+y}{2}}{z}=\dfrac{1}{2}\left(\dfrac{y}{x}+\dfrac{x}{y}+\dfrac{z}{x}+\dfrac{x}{z}+\dfrac{z}{y}+\dfrac{y}{z}\right)\geqslant 3.$

当且仅当 $x=y=z$，即 $\triangle ABC$ 为等边三角形时取"="．

所以，原不等式成立．

总结反思 当一个分式的分母是多项式时，常用一个字母替换分母，再将分子转化为关于这个字母的代数式．这种替换，有利于式子的化简．

【例 6】 已知 $p,q,r\geqslant 0$，$p+q+r=1$．试证明：
$$7(pq+qr+rp)\leqslant 2+9pqr.$$

思维指向 由于 $p+q+r=1$，故每个数的平均值为 $\dfrac{p+q+r}{3}=\dfrac{1}{3}$，可考虑均值替换化简要证的不等式．

问题探究 对不等式作均值替换 $p=\dfrac{1}{3}+a$，$q=\dfrac{1}{3}+b$，$r=\dfrac{1}{3}+c$ 之后，不等式可化为 $4(ab+bc+ac)\leqslant 9abc$．

此形式和原来比较，仍然保持了对称性，且形式有所简化，并增加的条件 $a+b+c=0$ 也比原来简单．

因此，这种替换应该是有价值的．下面的解答循着这个思路进行．

简明解答 设 $p=\dfrac{1}{3}+a$，$q=\dfrac{1}{3}+b$，$r=\dfrac{1}{3}+c$，则 $a+b+c=0$，原不等式等价于
$$4(ab+bc+ac)\leqslant 9abc.$$

根据 a、b、c 的对称性，不妨设 $a\geqslant b\geqslant c$，故有 $c\leqslant 0$，$a+b\geqslant 0$，$c=-(a+b)$，$4(ab+bc+ac)=-4(a^2+b^2+ab)$，$9abc=-9ab(a+b)$，原不等式等价于
$$4(a^2+b^2+ab)\geqslant 9ab(a+b).$$

注意到 $a^2+b^2+ab=\left(a+\dfrac{1}{2}b\right)^2+\dfrac{3}{4}b^2\geqslant 0$，可知当 $ab\leqslant 0$ 时，该不等式显然成立．下证当 $ab>0$ 时，该不等式也成立．

因为 $a+b=p+q-\dfrac{2}{3}\leqslant\dfrac{1}{3}$，$4(a^2+b^2+ab)\geqslant 3ab$ 显然成

这里的"替换"，式子中字母的个数没有变化，但结构上简约了许多，这就是其功能之所在．

"替换"后字母的个数没有增加，不但原有的"好性质"没有失去，而且还增加了一个条件，结构也化简了．其意义也就不言而喻了．

立,故有

$$4(a^2+b^2+ab)\geqslant 3ab\geqslant 9ab(a+b).$$

综上可知,原不等式得证.

总结反思 本题的解答中,既用到了均值替换,也用到了根据 a、b、c 对称性而得到的"不妨设"条件,还对 ab 的符号作了分类讨论,综合性很强.

【例7】 已知 $a,b,c\geqslant 0,a+b+c=1$. 试证明:$0\leqslant bc+ca+ab-2abc\leqslant\dfrac{7}{27}$.

思维指向 设法通过替换化简欲证的不等式,再进行证明.

问题探究 仿例6作均值替换,发现在替换 $bc+ca+ab-2abc$ 之后,进一步化简时还甚为烦琐,似乎找不到可行的思路. 但注意到不等式关于 a,b,c 的对称性,不妨设 $a\geqslant b\geqslant c$,这样可推出 $c\leqslant\dfrac{1}{3},a+b\geqslant\dfrac{2}{3}$. 不妨从这一角度对 c 和 $(a+b)$ 分别作数值替换试试.

"均值替换"也不是一个固定不变的模式,其中不乏一些特殊的"窍门",完全因"题"而异.

简明解答 设 $a\geqslant b\geqslant c\geqslant 0$,则 $c\leqslant\dfrac{1}{3},a+b\geqslant\dfrac{2}{3}$.

不妨设 $a+b=\dfrac{2}{3}+t,c=\dfrac{1}{3}-t(0\leqslant t\leqslant\dfrac{1}{3})$,易得 $ab\leqslant(\dfrac{a+b}{2})^2=(\dfrac{1}{3}+\dfrac{t}{2})^2$,进一步得

$$bc+ca+ab-2abc=c(a+b)+ab(1-2c)$$

$$\leqslant(\dfrac{1}{3}-t)(\dfrac{2}{3}+t)+(\dfrac{1}{3}+\dfrac{t}{2})^2(\dfrac{1}{3}+2t)$$

$$=\dfrac{7}{27}-\dfrac{t^2}{2}(\dfrac{1}{2}-t)$$

$$\leqslant\dfrac{7}{27}.$$

综上可知,原不等式获证.

总结反思 本题没有机械照搬例6中均值替换的方式,而是在"不妨设"条件下先得到 $a+b\geqslant\dfrac{2}{3},c\leqslant\dfrac{1}{3}$,再作数值替换. 这种方式也是原于均值替换的思想,是灵活运用解题方法的表现,值得学习.

□ 结构等价替换

问题的结构决定着问题解决的难易. 下面的结构替换常有助于问题的化简.

(1)对于含有三个元 a,b,c 的结构,可设 $a=c+p,b=c+q,p,q$ 称为增量,因而这种方法可称为增量结构替换.特别地,在有条件 $a \geqslant b \geqslant c$ 时,这样处理更为自然;

(2)对于含有三个元 a,b,c 的结构,可设 $x=a+b-c,y=b+c-a,z=c+a-b$. 这种方法可称之为差量结构替换;

(3)对于含有二个元 a,b 的结构,既可作增量结构替换 $a=t+p,b=t-p$,也可作差量结构替换 $x=a-b$.

(4)将等式变形,整体代入,这也是结构等价替换的重要形式.

【例8】 已知 $abc=-1,\dfrac{a^2}{c}+\dfrac{b}{c^2}=1,a^2b+b^2c+c^2a=t$,试求 $ab^5+bc^5+ca^5$ 的值.

此题为 2013 年清华大学保送生测试题.

思维指向 由三个条件等式变形替换 $ab^5+bc^5+ca^5$ 中的局部,直至求出其值.

问题探究 由 $abc=-1$ 得出 $b=-\dfrac{1}{ac}$(或 $a=-\dfrac{1}{bc},c=-\dfrac{1}{ac}$)代入 $ab^5+bc^5+ca^5$,再变形观察其结构的变化.必要时将 $b=-\dfrac{1}{ac}$(或 $a=-\dfrac{1}{bc},c=-\dfrac{1}{ac}$)代入 $\dfrac{a^2}{c}+\dfrac{b}{c^2}=1$ 变出和前面结构相匹配的局部,两者协同求出 $ab^5+bc^5+ca^5$ 的值.

这里,数式变形的方向不甚明确,这也正是此题的难点所在.

简明解答 由 $abc=-1$,得 $b=-\dfrac{1}{ac}$,

将 $b=-\dfrac{1}{ac}$ 代入 $\dfrac{a^2}{c}+\dfrac{b}{c^2}=1$,得 $a^3c^2=ac^3+1$,于是

$$ab^5+bc^5+ca^5=-\dfrac{1}{a^4c^5}-\dfrac{c^4}{a}+ca^5=\dfrac{a^9c^6-1-a^3c^9}{a^4c^5}$$

$$=\dfrac{(ac^3+1)^3-1-a^3c^9}{a^4c^5}=\dfrac{3a^2c^6+3ac^3}{a^4c^5}$$

这里,用 ac^3+1 对 a^3c^2 作了结构等价替换,替换后能抵消后面的"-1"和"$-a^3c^9$".

$$= \frac{3ac^3 + 3}{a^3c^2} = 3.$$

故有 $ab^5 + bc^5 + ca^5 = 3$.

总结反思 本题考查的是考生基本的代数变形能力. 虽然初中生也能完成此题, 但据负责招生考试的老师反映此题的得分率极低, 许多同学不知如何入手. 这充分说明了目前中学数学教学对学生的恒等变形能力的培养存在着严重的不足, 值得我们深思.

其实, 求解此题所用到的就是代入消元法. 这是方程思想的核心.

【例9】 点 A 在直线 $y = kx$ 上, 点 B 在直线 $y = -kx$ 上, 其中 $k > 0$, $|OA| \cdot |OB| = k^2 + 1$ 且 A, B 在 y 轴同侧.

(1) 求 AB 中点 M 的轨迹 C;

(2) 曲线 C 与抛物线 $x^2 = 2py (p > 0)$ 相切, 求证: 切点分别在两条定直线上, 并求切线方程.

此题为 2013 年"华约"自主招生试题.

思维指向 利用结构替换法求解 (1), 运用方程思想求解 (2).

问题探究 (1) 设 $A(x_1, y_1)$, $B(x_2, y_2)$, $M(x, y)$, 则可得

此方法在解析几何中称为"相关点法".

$$x = \frac{x_1 + x_2}{2}, \quad y = \frac{y_1 + y_2}{2} = k \cdot \frac{x_1 - x_2}{2}.$$

显然由条件 $|OA| \cdot |OB| = k^2 + 1$ 可得关于 x_1, x_2 的方程, 如果能将该方程化为关于 $(x_1 + x_2)$ 和 $(x_1 - x_2)$ 的方程, 则由结构替换法可得点 M 的轨迹方程.

(2) 将 (1) 中的方程与抛物线方程 $x^2 = 2py (p > 0)$ 联立消去 x (或 y), 得关于 y (或 x) 的一元二次方程. 由两曲线相切, 可知判别式为 0, 进而可求出两曲线的切点坐标, 最后利用导数方法求出切线的斜率, 进而得出切线的方程.

判别式法是研究两曲线相切问题的通法.

简明解答 (1) 设 $A(x_1, y_1)$, $B(x_2, y_2)$, $M(x, y)$, 则 $y_1 = kx_1$, $y_2 = -kx_2$.

由 $|OA| \cdot |OB| = k^2 + 1$, 得 $x_1 x_2 = 1$, 即

$$\frac{(x_1 + x_2)^2}{4} - \frac{(x_1 - x_2)^2}{4} = 1 \qquad ①$$

由 $x_1 x_2 = 1$ 得到 ① 是不容易想到的一个过程, 特别依赖于 [问题探究] 中的分析.

又 $x = \dfrac{x_1 + x_2}{2}$, $y = \dfrac{y_1 + y_2}{2} = k \cdot \dfrac{x_1 - x_2}{2}$, 代入 ① 得点 M 的轨迹方程

$$x^2 - \frac{y^2}{k^2} = 1.$$

于是 AB 中点 M 的轨迹 C 是焦点为 $(\pm\sqrt{k^2+1},0)$，实轴长为 2 的双曲线.

(2)将 $x^2=2py(p>0)$ 与 $x^2-\dfrac{y^2}{k^2}=1$ 联立，得

$$y^2-2pk^2y+k^2=0.$$

因曲线 c 与抛物线相切，故有

$$\Delta=4p^2k^4-4k^2=0.$$

又 $p,k>0$，故得 $pk=1$，且 $y=pk^2=k$，$x=\pm\sqrt{2pk}=\pm\sqrt{2}$.

因此两切点分别在直线 $x=\sqrt{2}$ 和 $x=-\sqrt{2}$ 上，两切点为 $D(\sqrt{2},k)$，$E(-\sqrt{2},k)$.

由切点的横坐标为常数，即可说明切点在定直线上.这点，在解题过程中要有明确的预见性.

又因为 C 的方程可化为 $y=\dfrac{x^2}{2p}$，$y'=\dfrac{x}{p}$，于是在点 $D(\sqrt{2},k)$ 外的切线方程为 $y=\dfrac{\sqrt{2}}{p}(x-\sqrt{2})+k$，即

$$y=\dfrac{\sqrt{2}}{p}x-\dfrac{1}{p}.$$

在点 $E(-\sqrt{2},k)$ 外的切线方程为 $y=-\dfrac{\sqrt{2}}{p}(x+\sqrt{2})+k$，即

$$y=-\dfrac{\sqrt{2}}{p}-\dfrac{1}{p}.$$

总结反思 此题综合性较强，但解题中所涉及的方法均为解析几何的通法.求解两曲线（非直线）的相切问题的一般思路为：第 1 步，联立两曲线方程，由判别式法求出切点坐标；第 2 步，利用导数法求出切线的斜率，进而写出切线的方程.

两曲线（非直线）的相切问题在高中数学教学中涉及较少，值得重视.

【例 10】 设正整数 $x_1,x_2,\cdots,x_6$，满足 $x_1+x_2+\cdots+x_6=x_1x_2\cdots x_6$.试证明：

$$1<\dfrac{x_1+x_2+\cdots+x_6}{6}\leqslant 2.$$

思维指向 根据 $x_1,x_2,\cdots,x_6$ 为正整数，且满足 $x_1+x_2+\cdots+x_6=x_1x_2\cdots x_6$ 进行分析，事实上，由于 $x_k(k=1,2,\cdots,6)$ 都为正整数，且由条件等式可知不可能都是 1，故左边的不等式是显然成立的.

同理还可推得 x_k 不可能都大于或等于 2，故最小的数 $x_i=1$.

反复仿此推理，可减少要证不等式中的参变量的个数，问题

稍作"推敲"，对问题正确性的理解就深入了几分，解题思路也就有些眉目了.

当然就得到了简化. 尽可能将要证的不等式化简. 在这个过程中,适时考虑局部替换的方法的灵活运用.

问题探究 先根据正整数的性质化简不等式. 由于 $x_k(k=1,2,\cdots,6)$ 都为正整数,如果都为 1,则 $x_1+x_2+\cdots+x_6 \neq x_1 x_2 \cdots x_6$,因此至少有一个不为 $1,1 < \dfrac{x_1+x_2+\cdots+x_6}{6}$ 是显然成立的. 因此,数学思考只须集中于证明右边的不等式.

若所有的 $x_k(k=1,2,\cdots,6)$ 均大于或等于 2,利用 $x_1+x_2+\cdots+x_6 = x_1 x_2 \cdots x_6$ 可推出矛盾,故至少有一个 $x_k = 1$.

仿上面的推理,可将欲证不等式化简为 $x_1+x_2+x_3 \leqslant 9$,已知条件则变为 $x_1+x_2+x_3+3 = x_1 x_2 x_3$. 此时再考虑作结构替换题.

简明解答 由题意知 $x_k(k=1,2,\cdots,6)$ 不可能都是 1,故左边不等式成立.

设 $x_1 \geqslant x_2 \geqslant \cdots \geqslant x_6$,同样可知 $x_k(k=1,2,\cdots,6)$ 不可能都大于或等于 2,否则

$$6x_1 \geqslant x_1+x_2+\cdots+x_6 = x_1 x_2 \cdots x_6 \geqslant 32x_1$$

矛盾,故 $x_6 = 1$.

同理可得 $x_4 = x_5 = 1$,故欲证的右边的不等式变为 $x_1+x_2+x_3+3 \leqslant 9$,已知条件变为 $x_1+x_2+x_3+3 = x_1 x_2 x_3$.

当 $x_3 = 1$ 时,易得 $x_1 = 6, x_2 = 2$,满足不等式.

当 $x_3 \geqslant 2$ 时,设 $x_k = 1+y_k, y_k \geqslant 1(k=1,2,3)$,所证不等式化为

$$y_1+y_2+y_3 \leqslant 6.$$

而条件变为

$$y_1+y_2+y_3+6-(1+y_1)(1+y_2)(1+y_3) = 1+y_1+y_2+y_3+y_1 y_2+y_2 y_3+y_3 y_1+y_1 y_2 y_3 > 2(y_1+y_2+y_3).$$

由此即可得 $y_1+y_2+y_3 \leqslant 6$. 这就是要证的不等式.

综上可知,原不等式获证.

总结反思 本题先利用整数的特点对不等式化简,再利用增量结构替换化简,实现了问题的解决. 值得指出的是,后面的过程中也可以通过差量结构替换,设 $x_k = 2+y_k$,请读者自行练习.

【例 11】 在 $\triangle ABC$ 中,若 $a+b+c=1$,求证:$a^2+b^2+c^2+$

本解答首先采用的是构造不等式模型. 这一策略有效简化了问题的条件和结论;接着采用的就是通过设增长量而进行的等价结构替换.

构造不等式模型,减少了变元的个数;等价结构替换,降低了项的次数. 两者的效能均是化简.

$4abc < \dfrac{1}{2}$.

> **思维指向** 对 a,b,c 作差量结构替换,转化要证的不等式.

> **问题探究** 由 $a+b+c=1$,可尝度三角替换或均值替换. 但试验发现,这些替换无助于欲证不等式的解决,转而尝试差量结构替换:设 $x=a+b-c,y=b+c-a,z=c+a-b$,并由此分别求出 a,b,c 关于 x,y,z 的等式,替换欲证不等式中的 a,b,c,寻求可行的解题思路.

> **简明解答** 设 $x=a+b-c,y=b+c-a,z=c+a-b$,则 $x,y,z > 0$,由三式联立解得

$$a=\frac{x+z}{2}, k=\frac{x+y}{2}, c=\frac{y+z}{2}, x+y+z=a+b+c=1.$$

原不等式可化为

$$\left(\frac{x+z}{2}\right)^2 + \left(\frac{x+y}{2}\right)^2 + \left(\frac{y+z}{2}\right)^2 + \frac{(x+y)(x+z)(y+z)}{2} < \frac{1}{2}.$$

即 $\left(\dfrac{1-y}{2}\right)^2 + \left(\dfrac{1-z}{2}\right)^2 + \left(\dfrac{1-x}{2}\right)^2 + \dfrac{(1-z)(1-y)(1-x)}{2} < \dfrac{1}{2}.$

化简,得

$$2 - 2xyz < 2.$$

这是显然成立的,故原不等式获证.

> **总结反思** 涉及三角形三边长的不等式,常用本题所用的差量结构替换. 它是磨光变换的一种基本形式. 这种替换的特点是和数组 (a,b,c) 比较,数组 (x,y,z) 的各分量能保持动态的平衡,更趋于相等. 或许这就是替换后结论不证自明的妙处所在.

变量个数没变化,变量之和没变化,仅是不等式结构的改变,结论就成为显然了. 等价结构替换的妙处,可见一斑.

思考与训练 ★★★
★★★

1. $\arctan \dfrac{1}{3} + \arctan \dfrac{1}{5} + \arctan \dfrac{1}{7} + \arctan \dfrac{1}{8} =$ ( )

A. $\dfrac{\pi}{3}$ B. $\dfrac{\pi}{4}$ C. $\dfrac{\pi}{5}$ D. $\dfrac{3\pi}{8}$

2. 设三次方程 $x^3+px+q=0$ 的 3 个根互异,且可成等比数列,则它们的公比是 (　　)

A. $-\dfrac{1}{2}\pm\dfrac{\sqrt{3}}{2}i$ 　　　　B. $\dfrac{1}{2}\pm\dfrac{\sqrt{3}}{2}i$

C. $\dfrac{\sqrt{3}}{2}\pm\dfrac{1}{2}i$ 　　　　D. $-\dfrac{\sqrt{3}}{2}\pm\dfrac{1}{2}i$

3. 使不等式 $\dfrac{1}{n+1}+\dfrac{1}{n+2}+\cdots+\dfrac{1}{2n+1}<a-2012\dfrac{1}{3}$ 对一切正整数 n 恒成立的最小正整数 a 的值为 _____.

4. 在 $(x^2-\dfrac{1}{x})^{10}$ 的展开式中,系数最大的项是 _____.(填项数)

5. 实数 A,B,C 满足 $A+B+C=\pi,\cos A+\cos B+\cos C=1$,求证:$(1-\cos A)(1-\cos B)(1-\cos C)=0$.

6. 已知实数 $x_i\in[-6,10]$,$\sum\limits_{i=1}^{10}x_i=50$,$i=1,2,\cdots,10$,当 $\sum\limits_{i=1}^{10}x_i^2$ 取到最大值时,有多少个 -6?

7. 对于 $M\subseteq\mathbf{R}^2$(表示二维点素),称 M 为开集,当且仅当 $\forall P_0\in M,\exists r>0$,使得 $\{P\in\mathbf{R}^2\mid|PP_0|<r\}\subseteq M$.判断集合 $\{(x,y)\mid 4x+2y-5>0\}$ 与 $\{(x,y)\mid x\geqslant0,y>0\}$ 是否为开集,并证明你的结论(注:"$\forall$"表示"任意":"$\exists$"表示"存在").

8. $f(x)=\dfrac{2x}{ax+b}$,$f(1)=1$,$f(\dfrac{1}{2})=\dfrac{2}{3}$,数列 $\{x_n\}$ 满足 $x_{n+1}=f(x_n)$,且 $x_1=\dfrac{1}{2}$.

(1)求 x_n 的通项;

(2)求证:$x_1x_3\cdots x_n>\dfrac{1}{2e}$.

第4节 微微调整逼近法

微微调整逼近法,就是为了达到某个最优目标,先从某个起点出发,分别调整各个部分,使得每次更接近目标.经过一系列这样的调整,达到最优目标,并证明最后到达的目标确实就是最优目标.调整的力度不一定要多大,关键是要对路.有时,调整中的微微一小步也可能离结论逼近一大步.

□ 性态调整逼近法

性态调整逼近法,就是从基本性质的角度,如数值的正负性、奇偶性等,作逐步调整,观察某种性质的稳定性情况,最后肯定确实具有某种性质.极端情形常常是调整逼近的起步点.

【例1】 在 $1,2,3,\cdots,2012$ 的每个数前添上"+"号或"-"号,使其代数和为最小的非负数,并写出算式.

思维指向 先确定和为最小的非负数奇偶性,再构造一个算式说明能取到这类数中的最小值.

问题探究 先看 $1,2,\cdots,2012$ 中全添上"+"号的极端情形,其代数和的奇偶性.再说明将其中若干个"+"号改变为"-"号时,奇偶性具有稳定性.从而确定不论怎样添加"+"号或"-"号,其代数和有确定的奇偶性.

如果上面所确定的代数和为奇数,则构造一种添加"+"号或"-"号的方法,说明代数和能取到最小的非负奇数 1;如果上面所确定的代数和为偶数,则构造一种添加"+"号或"-"号的方法,说明代数和能取到最小的非负偶数 0.

简明解答 先证其代数和为偶数.

从简单情形考虑:全添上"+",此时 $1+2+\cdots+2011+2012=2013\times1006$ 是偶数.

对一般情况,只要将若干个"+"调整为"-"即可.

因 $a+b$ 与 $a-b$ 奇偶性相同,故每次调整,其代数和的奇偶

最小的非负数是 0,从合情推理的角度分析,猜想代数和的最小值为 0 是十分自然的.

性不变,即总和为偶数.

注意到 0 为最小的非负偶数,且

$$(1-2-3+4)+(5-6-7+8)+\cdots+(2009-2010-2011+2012)=0 \quad ①$$

可知其代数和可以为最小的非负数 0,算式即为①.

总结反思 先由极端情形猜测所具有的性质,再利用调整逼近法证明猜测的正确性,最后构造出符合这个性质的题设结论. 这就是求解此类问题的一般模式.

若 a_1, a_2, a_3, a_4 成等差数列,则 $a_1 - a_2 - a_3 + a_4 = 0$. 这个规律为这里的构造提供了背景支持.

□ 数值调整逼近法

数值调整逼近法,就是从数值大小变化的角度,作逐步调整,直至逼近预设的目标. 这种方法通常用于处理有关约束条件下的极值问题. 其一般的思路是:先证明所求的极值存在,然后观察作怎样的调整和结论的变化趋势,从而猜出极值点,最后用反证法证明其他点不能达到极值.

【例 2】 数列 $\{a_n\}$ 的各项均为正数,且对任意 $n \in \mathbf{N}^*$ 均满足 $a_{n+1} = a_n + ca_n^2$($c > 0$ 为常数).

(1)求证:对任意的正数 M,存在 $n \in \mathbf{N}^*$,使得当 $n > N$ 时,有 $a_n > M$;

(2)设 $b_n = \dfrac{1}{1 + ca_n}$,$S_n$ 是数列 $\{b_n\}$ 的前 n 项和,求证:对任意 $d > 0$,存在 $N \in \mathbf{N}^*$,使得当 $n > N$ 时,有

$$0 < |S_n - \frac{1}{ca_1}| < d.$$

此题为 2013 年"华约"自主招生试题.

思维指向 (1)实质上就是要证明:对任意给定的正数,总存在数列中的某一项,使得该项之后的所有项均大于该正数. (2)实质上就是要证明:随着 n 的增大,$S_n - \dfrac{1}{ca_1}$ 的取值可"聚集"在"零点"附近. 解题中,可利用递推关系 $a_{n+1} = a_n + ca_n^2$,对数列 $\{a_n\}$ 和 $\{b_n\}$ 的通项进行放缩,使其数值特征向有利于解题的方向转化.

此题的解题思路需要高等数学中"数学分析"的背景,这正好表现出自主招生的试题特色.

问题探究 (1)由 $c > 0$,$a_{n+1} - a_n = ca_n^2$,易知数列 $\{a_n\}$ 为

单调递增数列. 注意到

$$a_{n+1}-a_n = (a_n+ca_n^2)-(a_{n-1}+ca_{n-1}^2)$$
$$= (a_n-a_{n-1})+c(a_n^2-a_{n-1}^2)$$
$$> a_n-a_{n-1}$$

可知 $a_{n+1}-a_n > a_n-a_{n-1} > \cdots > a_2-a_1 = ca_1^2$.

利用 $a_n = (a_n-a_{n-1})+(a_{n-1}-a_{n-2})+\cdots+(a_2-a_1)+a_1$

可估计出 a_n 的一个"下界"$f(n)$,再解不等式 $f(n)>M$,得出符合条件的 $N \in \mathbf{N}^*$。

(2)由递推关系可立得 $a_{n+1}=a_n(ca_n+1)$,进而得

$$\frac{1}{ca_{n+1}} = \frac{a_n}{a_{n+1}} = \frac{ca_n^2}{ca_na_{n+1}} = \frac{a_{n+1}-a_n}{ca_na_{n+1}} = \frac{1}{ca_n} - \frac{1}{ca_{n+1}},$$

再仿(1)的思路,得出符合条件的 $N \in \mathbf{N}^*$.

简明解答 因为对任意 $n \in \mathbf{N}^*$ 满足 $a_n>0$,所以

$$a_{n+1}=a_n+ca_n^2>a_n.$$

又因为 $c>0$,所以

$$a_{n+1}-a_n = (ca_n^2-ca_{n-1}^2)+(a_n-a_{n-1})$$
$$> a_n-a_{n-1} > \cdots > a_2-a_1.$$

$$a_n = (a_n-a_{n-1})+(a_{n-1}-a_{n-2})+\cdots+(a_2-a_1)+a_1$$
$$> (n-1)(a_2-a_1)+a_1 = (n-1)ca_1^2+a_1.$$

由 $a_n>M$,得 $(n-1)(a_1^2+a_1)>M$,即

$$n > \left[\frac{m-a_1}{ca_1^2}+1\right].$$

> $a_{n+1}>a_n>0$ 保证了这里"数值调整逼近"的进行.

故对任意的正数 M,存在 $N=\max\{1,[\frac{M-a_1}{ca_1^2},+1]\}$,使得当 $n>N$ 时,有 $a_n>M$ 成立.

(2)由 $a_{n+1}=a_n+ca_n^2$,得 $a_{n+1}=a_n+ca_n^2=a_n(ca_n+1)$,故

$$\frac{1}{ca_n+1} = \frac{a_n}{a_{n+1}} = \frac{ca_n^2}{ca_na_{n+1}} = \frac{a_{n+1}-a_n}{ca_na_{n+1}} = \frac{1}{ca_n} - \frac{1}{ca_{n+1}}.$$

$$S_n = \sum_{i=1}^{n} b_i = \frac{1}{ca_1} - \frac{1}{ca_{n+1}}.$$

$$\left|S_n - \frac{1}{ca_1}\right| = \frac{1}{ca_{n+1}} > 0.$$

> 这里,$[x]$表示不超过 x 的最大整数. 因为要找的 $N \in \mathbf{N}^*$,所以这种处理是必要的.

且由(1)可知,$a_{n+1}>na_1^2$,即 $\frac{1}{ca_{n+1}} < \frac{1}{nca_1^2}$.

故对任意 $d>0$,存在 $N=\max\{1,[\frac{1}{dca_1^2}]\}$,满足当 $n>N$

> 这里省去了一个不等式 $\frac{1}{nca_1^2}<d$ 的解的过程.

时,有 $0<|S_n-\dfrac{1}{ca_1}|<d$.

总结反思 此题属于存在性问题,解答的基本过程是先假定存在,再利用分析法得出满足条件的 N 的值。在解题过程中,先对 $(a_{n+1}-a_n)$ 作调整使之能利用 (a_2-a_1) 进行逼近,为运用 $a_n=\sum\limits_{k=2}^{n}(a_k-a_{k-1})+a_1>(n-1)(a_2-a_1)+1$ 奠定了基础. 在 (2)中,对 $\dfrac{1}{ca_n+1}$ 所做的变形有较强的技巧性,值得品鉴.

【例3】 已知正实数 $x_1,x_2,\cdots,x_n$ 满足 $x_1\cdot x_2\cdot\cdots\cdot x_n=1$. 求证:

$$\frac{1}{n-1+x_1}+\frac{1}{n-1+x_2}+\cdots+\frac{1}{n-1+x_n}\leqslant 1.$$

思维指向 从特殊情形入手,$x_1=x_2=\cdots=x_n=1$ 时不等式成立,然后研究一般情况,通过数量局部调整法解决问题.

这也是发挥了"特殊的试探作用"!

问题探究 对于 $x_1=x_2=\cdots=x_n=1$ 的特殊情形,不等式显然成立. 对于非特殊情形,即 $x_1,x_2,\cdots,x_n$ 中不全为 1 时,必有一个属于 $(0,1)$,另一个属于 $(1,+\infty)$. 以这两个值的调整为起点,当调整到一个为 1,另一个"与此相关"时(两个量均是向 1 逼近的),证明调整后的数组使得要证不等式的左边不减,且能保持依次继续调整的同样的条件.

依此逐步调整,直至不等式的左边按照调整后不减的方向逼近 $\dfrac{1}{n}+\dfrac{1}{n}+\cdots+\dfrac{1}{n}=1$(此时数组 $(x_1,x_2,\cdots,x_n)$ 逼近 $(1,1,\cdots,1)$),问题也就得到了解答.

简明解答 当 $x_1=x_2=\cdots=x_n=1$ 时,不等式成立.

当 $x_1,x_2,\cdots,x_n$ 不全为 1 时,其中必有一个属于 $(0,1)$,另一个属于 $(1,+\infty)$. 根据对称性,不妨设 $0<x_1<1<x_n,x_1\leqslant x_2\leqslant\cdots\leqslant x_n$.

$\dfrac{1}{n-1+x_1}+\dfrac{1}{n-1+x_n}$ 是和式中最大项和最小项的和,在数量上有其特殊性,以此为调整的出发点,有合情推理的依据.

(1)若 $\dfrac{1}{n-1+x_1}+\dfrac{1}{n-1+x_n}\leqslant\dfrac{1}{n-1}$,由于

$$\frac{1}{n-1+x_2}+\frac{1}{n-1+x_3}+\cdots+\frac{1}{n-1+x_{n-1}}<\underbrace{\frac{1}{n-1}+\frac{1}{n-1}+\cdots+\frac{1}{n-1}}_{\text{共}(n-2)\text{项}}$$

$=\dfrac{n-2}{n-1}$,可得

$$\frac{1}{n-1+x_1}+\frac{1}{n-1+x_2}+\cdots+\frac{1}{n-1+x_{n-1}}+\frac{1}{n-1+x_n}$$

$$<\frac{n-2}{n-1}+\frac{1}{n-1}=1.$$

(2)若 $\dfrac{1}{n-1+x_1}+\dfrac{1}{n-1+x_n}>\dfrac{1}{n-1}$，即 $x_1\cdot x_2<(n-1)^2$，作如下调整：

令 $x'_1=1,x'_n=x_1x_n,x'_j=x_j,(z\leqslant j\leqslant n-1)$，下证

$$\frac{1}{n-1+x_1}+\frac{1}{n-1+x_2}+\cdots+\frac{1}{n-1+x_n}$$

$$\leqslant\frac{1}{n-1+x'_1}+\frac{1}{n-1+x'_2}+\cdots+\frac{1}{n-1+x'_n},$$

即证

$$\frac{1}{n-1+x_1}+\frac{1}{n-1+x_n}\leqslant\frac{1}{n}+\frac{1}{n-1+x_1x_n} \quad ①$$

令 $f(x)=\dfrac{1}{n-1+x}$，则

$$f(x_1)+f(x_n)=\frac{1}{n-1+x_1}+\frac{1}{n-1+x_n}$$

$$=\frac{2(n-1)+x_1+x_n}{(n-1)^2+x_1x_n+(n-1)(x_1+x_2)}.$$

记 $b=(n-1)^2+x_1x_2=(n-1)^2+x'_1x'_n,m=(n-1)(x_1+x_n),m'=(n-1)(x'_1+x'_n)=(n-1)(1+x_1x_n),a=2(n-1),c=\dfrac{1}{n-1}$，则

①的左边 $=f(x_1)+f(x_n)=\dfrac{a+cm}{b+m}$；

①的右边 $=f(1)+f(x_1x_n)=\dfrac{a+cm'}{b+m'}$.

因为 $m'-m=(n-1)(1+x_1x_n)-(n-1)(x_1+x_n)=(n-1)(x_1-1)(x_n-1)<0$，

所以，$m'<m$. 从而

①式 $\Leftrightarrow\dfrac{a+cm}{b+m}\leqslant\dfrac{a+cm'}{b+m'}\Leftrightarrow(a-bc)(m-m')\geqslant0\Leftrightarrow a\geqslant bc\Leftrightarrow$

$2(n-1)\geqslant\dfrac{1}{n-1}[(n-1)^2+x_1x_n]\Leftrightarrow x_1x_n\leqslant(n-1)^2.$

由于已证最后的不等式成立，故①式获证，即有

$$\frac{1}{n-1+x_1}+\frac{1}{n-1+x_2}+\cdots+\frac{1}{n-1+x_n}\leqslant\frac{1}{n}+\frac{1}{n-1+x'_2}+$$

$$\cdots + \frac{1}{n-1+x'_n},$$

其中 $x'_2 \cdot x'_3 \cdots x'_n = 1$.

再继续调整,同理可得

$$\frac{1}{n-1+x'_2} + \frac{1}{n-1+x'_3} + \cdots + \frac{1}{n-1+x'_n} \leqslant \frac{1}{n} + \frac{1}{n-1+x''_3}$$

$$+ \cdots + \frac{1}{n-1+x''_n} \text{其中} x''_3 \cdot x''_4 \cdots x''_n = 1.$$

依此逐次调整,最后必定得到

$$\frac{1}{n-1+x_1} + \frac{1}{n-1+x_2} + \cdots + \frac{1}{n-1+x_n} \leqslant \underbrace{\frac{1}{n} + \frac{1}{n} + \cdots + \frac{1}{n}}_{\text{共} n \text{个}} = 1.$$

问题获证.

总结反思 此题属于用定量调整法处理条件极值问题的经典试题. 解题过程的基本模式是:

证明极值点存在——→猜测出极值点——→证明其他点非极值点——→得出结论.

□ 位置调整逼近法

有些几何极值问题,其极值的取得由几何位置决定. 在解题过程中,通过不断调整几何位置,寻求几何极值,并给予证明的方法,称为位置调整逼近法.

【例 4】 已知锐角三角形 ABC 中,$\angle A > \angle B > \angle C$. 在 $\triangle ABC$ 的内部(含边界)上找一点 P,使点 P 到三边的距离之和最小.

思维指向 先对点 P 在 $\triangle ABC$ 边界上时,研究点 P 在什么位置,到三边距离之和最小,然后再对点 P 在 $\triangle ABC$ 的内部进行研究.

问题探究 分两类情况对点 P 的位置进行调整,逼近"点 P 到三边的距离之和最小"的极值点. 第一类为点 P 在 $\triangle ABC$ 的边界上的情形;第二类为点 P 在 $\triangle ABC$ 的内部的情形. 第二类的情形可转化为第一类情形作分析探究.

简明解答 (1)当点 P 在 $\triangle ABC$ 的边界上时,有三种

$\frac{1}{n-1+x_i}$ ($i=1,2,\cdots,n$)随着 i 的增加逐渐减小. 这里调整和逼近的方式就是让较大的减小,同时较小的增大,最终使每一项都逼近 $\frac{1}{2}$.

"非他点非极值点"的含义,其实就是

$$\sum_{i=1}^{n} \frac{1}{n-1+x_i} \leqslant \sum_{i=1}^{n} \frac{1}{n} = 1.$$

对于正三角形 ABC,易证 P 到三边的距离之和为定值. 正三角形可看作是三角形的极端情形.

这里,调整逼近的对象不是三角形的形状,而是点 P 的动态位置.

情况：

①若点 P 在边 BC 上（如图 3－4－1 所示），记 $\triangle ABC$ 的顶点 A,B,C 对应的边分别是 a,b,c，边 a,b,c 上的高分别为 h_a,h_b,h_c，点 P 到 c,b 的距离分别为 x,y，连接 PA.

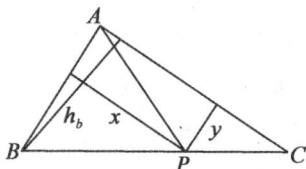

图 3－4－1

因为 $\angle A>\angle B>\angle C$，所以 $a>b>c$，即 $h_a<h_b<h_c$. 由面积关系，得

$$\frac{1}{2}b\cdot h_b=\frac{1}{2}c\cdot x+\frac{1}{2}y\cdot b\leqslant\frac{1}{2}x\cdot b+\frac{1}{2}y\cdot b=\frac{1}{2}(x+y)b.$$

由此得

$$h_b\leqslant x+y$$

当且仅当 $x=0$ 时取"＝"号，即点 P 在点 B 处时，点 P 到三边距离之和最小.

②若点 P 在边 AC 上，点 P 在点 A 处时，点 P 到三边距离之和最小.

③若点 P 在边 AB 上，点 P 在点 A 处时，点 P 到三边距离之和最小.

综上①②③，可知当点 P 在 A 处时，点 P 到三边的距离之和最小.

（2）当点 P 在 $\triangle ABC$ 的内部时，如图 3－4－2 所示，过点 P 作 BC 的平行线交 AB 于点 E，交 AC 于点 F，固定 x，由（1）的结论知，$x+y+z>EG+EH$.

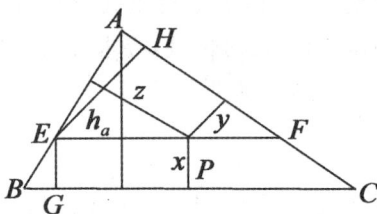

图 3－4－2

让 x 变化，有 $EG+EH\geqslant h_a$，故有 $x+y+z>h_a$.

综合（1）（2）可知，当点 P 在点 A 处时，$x+y+z$ 最小.

总结反思 显然动点 P 到三边的距离之和可取得△ABC 三条边上的高 h_a,h_b,h_c. 由于 $h_a<h_b<h_c$，故需求的最小值容易猜测得出为 h_a. 显然，要严格证明所猜测得出的结论，就依赖于位置调整逼近法了.

本题调整分析的对象不是三角形的形状，而是点 P 的具体位置.

思 考 与 训 练 ★★★
★★★

1. 在一个底面半径为 $\frac{1}{2}$，高为 1 的圆柱内放入一个直径为 1 的实心球后，在圆柱内空余的地方放入和实心球侧面以及两个底面之一都相切的小球，最多可以放入这样的小球个数是 ( )

A. 32   B. 30   C. 28   D. 26

2. 已知函数 $f(x) = \cos\left(\frac{6k+1}{3}\pi + 2x\right) + \cos\left(\frac{6k-1}{3}\pi - 2x\right) + 2\sqrt{3}\sin\left(\frac{\pi}{3} + 2x\right)$，其中 x 为实数，且 k 为整数，则 $f(x)$ 的最小正周期为 ( )

A. $\frac{\pi}{4}$ B. $\frac{\pi}{2}$ C. π D. 2π

3. 已知函数 $f(x)$ 满足：$f(p+q) = f(p)f(q)$，$f(1) = 3$，则 $\dfrac{f^2(1)+f(2)}{f(1)} + \dfrac{f^2(2)+f(4)}{f(3)} + \dfrac{f^2(3)+f(6)}{f(5)} + \dfrac{f^2(4)+f(8)}{f(7)} = $ _____.

4. 已知椭圆 $\dfrac{x^2}{4} + \dfrac{y^2}{3} = 1$ 过第一象限上一点 $P(x_0, y_0)$，则过 P 的切线与坐标轴所围成的三角形面积是 _____.

5. 求所有满足 $\tan A + \tan B + \tan C \leqslant [\tan A] + [\tan B] + [\tan C]$ 的非直角三角形.

6. 已知 $a > 0, b > 0$，求证：$\dfrac{1}{a+b} + \dfrac{1}{a+2b} + \cdots + \dfrac{1}{a+nb} < \dfrac{n}{\sqrt{\left(a+\frac{1}{2}b\right)\left(a+\frac{2n+1}{2}b\right)}}$.

第5节 函数解析法

函数贯穿高中数学的一条主线. 函数解析法是指用函数的概念和性质去分析问题、转化问题和解决问题. 运用函数解析法解题时,往往需要将字母看作变量,将代数式看作函数,利用函数的性质进行分析,或者构造一个函数将表面上不是函数的问题化归为函数问题.

□ 构造满足某种条件的函数

函数是许多数问题的研究工具,诸如研究方程的根、证明或求解不等式等. 在利用函数处理问题时,常需要构造满足某种条件的特殊函数. 这里的"某种条件",或者是题目条件所给出的要求,或者由解题者按问题的需要预设,或者通过探究得出."逆向思考"是得到满足某种条件的函数的一个重要方式.

> 本书第2章第4节例7就是要构造一个整系数多项多函数 $f(x)$,使得该函数有一个因式 $x-(\sqrt{2}+\sqrt[3]{3})$.

【例1】 设 $a_1, b_1, c_1, a_2, b_2, c_2 \in \mathbf{R}$,满足 $a_1 > 0, a_2 > 0, a_1 c_1 \geq b_1^2, a_2 c_2 \geq b_2^2$. 求证:$(a_1 + a_2)(c_1 + c_2) \geq (b_1 + b_2)^2$.

[思维指向] 构造二次函数,利用判别式证明要证的不等式.

[问题探究] 构造两个二次函数 $f_1(x) = a_1 x^2 + 2b_1 x + c_1$,$f_2(x) = a_2 x^2 + 2b_2 x + c_2$,由已知条件可知这两个二次函数的判别式均非正,故其图象和 x 轴均至多有一个交点.

两函数"相加"得

$$f(x) = (a_1 + a_2)x^2 + 2(b_1 + b_2)x + (c_1 + c_2).$$

由易知函数 $f(x)$ 也和 x 轴至多有一个交点,故其判别式非正,由此即可得要证的不等式.

[简明解答] 构造二次函数 $f_1(x) = a_1 x^2 + 2b_1 x + c_1$,$f_2(x) = a_2 x^2 + 2b_2 x + c_2$.

因为 $a_1 > 0, a_2 > 0, 4b_1^2 - 4a_1 c_1 \leq 0, 4b_2^2 - 4a_2 c_2 \leq 0$,

所以 $f_1(x) \geq 0 (x \in \mathbf{R}), f_2(x) \geq 0 (x \in \mathbf{R})$,进一步得

$$f(x)=(a_1+a_2)x+2(b_1+b_2)x+(c_1+c_2)\geqslant 0(x\in\mathbf{R}).$$

因为 $a_1+a_2>0$，所以

$$\Delta=4(b_1+b_2)^2-4(a_1+a_2)(c_1+c_2)\leqslant 0.$$

由此得 $\quad(a_1+a_2)(c_1+c_2)\geqslant(b_1+b_2)^2.$

综上，原不等式得证.

▶总结反思◀ 本题实质上是判别式方法的综合运用：首先，构造两个二次函数，将两个已知条件分别化归为二次函数的判别式非正；接着，由这两个二次函数"合成"一个新的二次函数，由新的二次函数和 x 轴至多只有一个交点，得出判别式非正，进一步得出要证的不等式.

【例2】 已知函数 $f(x)$ 满足 $f(x+y)=f(x)+f(y)+xy(x+y)$，且 $f'(0)=1$，试求 $f(x)$.

此题为上海交大自主招生试题.

▶思维指向◀ 此题函数所满足的条件为一个函数方程. 解题从探讨这个函数方程所隐含的函数特征谈起.

▶问题探究◀ 所给函数方程不是柯西方程形式，我们试图将其构造成柯西方程形式. 由于多出来的项为 $xy(x+y)$ 是三次多项式，因而想到 $(x+y)^2$，易知 $xy(x+y)=\frac{1}{3}[(x+y)^3-x^3-y^3]$，代入条件式，就构成柯西方程形式了.

形如 $f(x+y)=f(x)+f(y)$ 的函数方程，叫做柯西方程. 满足柯西方程的函数一定是正比例函数 $f(x)=ax$ $(a\neq 0)$.

▶简明解答◀ 易知 $xy(x+y)=\frac{1}{3}[(x+y)^3-x^3-y^3]$，故原题条件变为 $f(x+y)=f(x)+f(y)+\frac{1}{3}[(x+y)^3-x^3-y^3]$，即

$$f(x+y)-\frac{1}{3}(x+y)^3=[f(x)-\frac{1}{3}x^3]+[f(y)-\frac{1}{3}y^3].$$

令 $g(x)=f(x)-\frac{1}{3}x^3$，得 $g(x+y)=g(x)+g(y)$.

又 $f'(0)=1$，可知 $f(x)$ 和 $g(x)$ 在 $x=0$ 点连续，故 $g(x)$ 是柯西方程形式，则 $g(x)=ax$，其中 $a=g(1)$.

所以，$f(x)=\frac{1}{3}x^3+ax$，

由 $f'(0)=1$，知 $a=1$，则 $f(x)=\frac{1}{3}x^3+x$.

▶总结反思◀ 设 $f(x)$ 为 R 上的连续函数，则形如 $f(x+y)=f(x)+f(y)$ 的方程，称为柯西方程. 满足柯西方程的函数一

定是正比例函数 $f(x)=ax$，其中 $a=f(1)$.

□ 函数的某些性态分析

函数的性质，是函数研究的重要方面．函数的性质很多，奇偶性、单调性、周期性、对称性、最大值和最小值等．这里的"函数的某些性态"，特指除以所列之外的具有"自定义"意义的内容．对这些"自定义"性态的分析研究，是自主招生中的热点题材，值得重视．

【例3】 若有函数 $f(x,y)=a(x)b(y)+c(x)d(y)$，其中 $a(x)$、$c(x)$ 为关于 x 的多项式，$b(y)$、$d(y)$ 为关于 y 的多项式，则称 $f(x,y)$ 为 p 类函数．试判断下列函数是否是 p 类函数，并说明理由．

(1) $1+xy$；

(2) $1+xy+x^2y^2$．

思维指向 理解 p 类函数的定义，依定义逐个验证(1)和(2)分别是否为 p 类函数．如果是，则应具体构造出相应的 p 类函数的结构，如果不是，则应说明理由．

问题探究 (1)显而易见为 p 类函数，取 $a(x)=1$，$b(y)=1$，$c(x)=x$，$d(y)=y$ 即可．

(2)由于 x、y 的最高次幂都只能是二次，故可以将四个待求的多项式均设成二次多项式，再利用对应项系数相等，得到相关的结果．

简明解答 (1)因为 $1+xy=1\times1+x\cdot y$，其中 $a(x)=1$，$b(y)=1$，$c(x)=x$，$d(y)=y$，所以 $1+xy$ 是 p 类函数．

(2) $1+xy+x^2y^2$ 不是 p 类函数，下面用反证法证明：

若 $1+xy+x^2y^2$ 是 p 类函数，那么 $a(x)$、$c(x)$ 与 $b(y)$、$d(y)$ 的最高次项都不应该超过二次，否则 $a(x)$ 与 $b(y)$、$c(x)$ 与 $d(y)$ 乘积中次数高于二次的对应项系数之和为零，从而 $a(x)$ 与 $c(x)$ 的对应项系数成比例(或者 $b(y)$ 与 $d(y)$ 的对应项系数成比例)，这样 $1+xy+x^2y^2$ 就可以表示成 $1+xy+x^2y^2=p(x)q(x)$ 的形式，而这里显然是不可能的．

此题为上海交通大学自主招生试题．题中的"P 类函数"是函数的一个"自定义"性质．

如果 $1+xy+x^2y^2$ 是 P 类函数，则应具体构造出 P 类函数的结构，特定系数法是实现这个过程的重要工具．但为了使得在应用待定系数法时，能巧妙地"设"和正确地"列"，先分析认识函数的基本特征是必要的．

设 $1+xy+x^2y^2=(a_1x^2+a_2x+a_3)(b_1y^2+b_2y+b_3)+(c_1x^2+c_2x+c_3)(d_1y^2+d_2y+d_3)$,

展开后,由对应项系数相等,可得

$$\begin{cases} a_1b_1+c_1d_1=1, \\ a_1b_2+c_1d_2=0, \\ a_1b_3+c_1d_3=0, \end{cases} \begin{cases} a_2b_1+c_2d_1=0, \\ a_2b_2+c_2d_2=1, \\ a_2b_3+c_2d_3=0, \end{cases} \begin{cases} a_3b_1+c_3d_1=0, \\ a_3b_2+c_3d_2=0, \\ a_3b_3+c_3d_3=1. \end{cases}$$

所以,b_1,b_2,b_3 与 d_1,d_2,d_3 对应成比例. 这样 $1+xy+x^2y^2$ 就可以表示成 $1+xy+x^2y^2=(e_1x^2+e_2x+e_3)(f_1y^2+f_2y+f_3)$ 的形式,于是有

$$\begin{cases} e_1f_1=1, \\ e_2f_2=1, \\ e_3f_3=1, \end{cases} \begin{cases} e_1f_2=0, \\ e_1f_3=0, \\ e_2f_1=0. \end{cases}$$

但这两个式子是矛盾的,从而假设不成立,所以 $1+xy+x^2y^2$ 不是 p 类函数.

总结反思 本题的"p 类函数"是一个"自定义"概念,要求解题首先阅读理解这个概念,然后验证特定的函数为 p 类函数,或证明它不是 p 类函数.

【例4】 已知整数 $m,n(m<n)$,求区间 $[m,n]$ 内可表示为 $\dfrac{N}{3}$(N 为不含因子 3 的整数)的数之和.

思维指向 先将区间 $[m,n]$ 间的数均表示为 $\dfrac{N}{3}$ 的形式,再求和,最后从中减去 N 包含因子 3 的数.

问题探究 区间 $[m,n]$ 间的数均可表示成 $\dfrac{N}{3}$ 的形式为 $\dfrac{3m}{3},\dfrac{3m+1}{3},\dfrac{3m+2}{3},\cdots,\dfrac{3n-1}{3},\dfrac{3n}{3}$. 分母均为 3,分子依次从 $3m$ 取到 $3n$. 分子包含因子 3 的数为 $m,m+1,m+2,\cdots,n$. 前面的 $(3n-3m)+1$ 个数求和,再减去后面的 $(n-m)+1$ 个数之和,即得要求的数之和.

简明解答 由题意,可知区间 $[m,n]$ 内可表示为 $\dfrac{N}{3}$(N 为不含因子 3 的整数)的数之和为

$$S=\left(\frac{3m}{3}+\frac{3m+1}{3}+\frac{3m+2}{3}+\cdots+\frac{3n-1}{3}+\frac{3n}{3}\right)-[m+(m+1)+\cdots+n]$$

解题中要求先阅读理解新概念,再直接应用新概念解题,这类问题称为阅读理解型问题.

此题为清华大学自主招生试题.

$$=\frac{(3m+3n)(3n-3m+1)}{6}-\frac{(m+n)(n-m+1)}{2}$$

$$=\frac{3}{2}(n^2-m^2)+\frac{1}{2}(m+n)-\frac{1}{2}(n^2-m^2)-\frac{1}{2}(m+n)$$

$$=n^2-m^2.$$

总结反思 区间 $[m,n]$ 内可表示为 $\frac{N}{3}$（N 为不含因子 3 的整数）可以看作是一个特殊的函数关系，其函数值可以一一列举. 本题解答中，为便于求和，在列举时先将不合要求的数，即 N 为含有 3 的因数的整数，也列在内，求和之后再减去. 这是一种处理问题的整体思路.

此解答中所关注的函数的"性态"是什么？请读者思考.

【例 5】 设 a,b,c,d 是实数，且满足

$$(a+b+c)^2\geq2(a^2+b^2+c^2)+4d.$$

求证：$ab+bc+ca\geq3d$.

思维指向 根据欲证结论的特点，将其横向分解为 3 个简单的不等式，再从条件出发证明每一个不等式.

问题探究 若能证明 $ad\geq d$，则同理可证 $bc\geq d$，$ca\geq d$，从而命题得证. 在证明 $ab\geq d$ 时，注意到该不等式中不含字母 c，即字母 c 具有特殊性，从而将已知条件转化为关于 c 的一元二次不等式，再由该不等式解的情况确定判别式的符号，得出 $ab\geq d$ 的结论.

这里，实际上是先将要证明的不等式横向分解为三个同构的简单的形式，再利用所构造出的二次函数的特殊性态解题.

简明解答 由已知条件 $(a+b+c)^2\geq2(a^2+b^2+c^2)+4d$，得

$$c^2-2(a+b)c+[(a^2+b^2)-2ab+4d]\leq0.$$

构造函数 $f(x)=x^2-2(a+b)x+[(a^2+b^2)-2ab+4d]$，易知 $f(x)$ 是开口向上的抛物线，且 $f(c)\leq0$，故有

$$\Delta=4(a+b)^2-4(a^2+b^2-2ab+4d)\geq0.$$

化简即得 $ab\geq d$.

同理可证 $bc\geq d$，$ca\geq d$.

三个不等式相加，即得 $ab+bc+ca\geq3d$.

综上可知，原不等式获证.

总结反思 本题巧妙地利用 $f(c)\leq0$，得出抛物线和 x 轴有交点，进而得出 $\Delta\geq0$ 的事实，属于判别式法的实际应用.

□ 函数特征的理解和应用

不同的函数有着特定的关系特征或数值特征. 这些特征常常是数学解题探索的"题眼". 对函数特征的发现、理解和运用,是获得问题的巧妙解法的十分有效的途径.

"题眼"即解题的切入点,不同的函数特征有着不同的切入点.

【例6】 设 $f(x)=x^2-53x+196+|x^2-53x+196|$,求 $f(1)+f(2)+\cdots+f(50)$ 的值.

此题为北京大学自主招生试题.

思维指向 观察和利用自变量的取值范围和函数值的关系特征,将要待求值的和化简.

问题探究 直接求值肯定是不可取的办法. 注意到本题给出的 $x+|x|$ 的形式,而在 $x\leqslant 0$ 的情况下该式是等于零的. 根据这一特点,本题实际上就是求不等式 $x^2-53x+196\leqslant 0$ 的解集.

简明解答 由 $x^2-53x+196=(x-4)(x-49)\leqslant 0$,可得 $4\leqslant x\leqslant 49$,故有 $f(4)=f(5)=\cdots=f(49)=0$,进一步得

$f(1)+f(2)+\cdots+f(50)$

$=f(1)+f(2)+f(3)+f(50)$

$=2(1^2-53\times 1+196)+2(2^2-53\times 2+196)+2(3^2-53\times 3+196)+2(50^2-53\times 50+196)$

$=660.$

题目的外形是"函数值求和",但解题的切入点都是解不等式. 这一解题思路正是基于对函数特征的理解和应用.

总结反思 本题解答的主体部分是解不等式 $x^2-53x+196\leqslant 0$,理解了该函数"在不等式 $x^2-53x+196\leqslant 0$ 的解集中取值时其函数值为0"的特征,问题的解答就十分容易了.

【例7】 定义在 R 上的函数 $f(x)(x\neq 1)$ 满足

$$f(x)+2f(\frac{x+2002}{x-1})=4015-x,$$

求 $f(2004)$ 的值.

此题为复旦大学自主招生试题.

思维指向 观察函数方程的特征,发现方程中出现 $f(2004)$ 的规律,并用之于问题的解决.

问题探究 当 $x=2004$ 时,$\frac{x+2002}{x-1}=2$;当 $\frac{x+2002}{x-1}=$

2004 时，$x=2$. 由这一特征，利用函数方程可构造得到关于 $f(2)$ 和 $f(2004)$ 的二元一次方程组，解方程组求出 $f(2004)$ 的值.

简明解答 由题设条件，可得方程组：
$$\begin{cases} f(2)+2f(2004)=4013; \\ f(2004)+2f(2)=2011. \end{cases}$$
由此解得 $f(2004)=2005$.

总结反思 此题的解题方法常称为赋值法. 这是处理函数方程问题的基本方法，发现函数方程所隐含的基本特征，是巧妙赋值的关键所在.

当 $x=2004$ 时，
$$f\left(\frac{x+2002}{x-1}\right)=f(2);$$
当 $x=2$ 时，
$$f\left(\frac{x+2002}{x-1}\right)=f(2004)$$
这个特征是得到关于 $f(2)$ 和 $f(2004)$ 的方程组的基础.

思考与训练 ★★★
★★★

1. 求使得 $\sin 4x \sin 2x - \sin x \sin 3x = a$ 在 $[0,\pi]$ 有唯一解的 a.

2. 函数 $f(x)=2\left(\sin 2x+\dfrac{\sqrt{3}}{2}\right)(\cos x-\sin 3x)$，且 $x\in[0,2\pi]$.

(1)求函数的最大值和最小值；

(2)求方程 $f(x)=\sqrt{3}$ 的解.

3. 函数 $f(x)=\dfrac{ax^2+1}{bx}(b>0)$.

(1)求 $f(x)$ 的单调区间；

(2)$a>0$，$x_1+x_2>0$，$x_2+x_3>0$，$x_1+x_3>0$，$|x_i|>\dfrac{1}{\sqrt{a}}(i=1,2,3)$，求证：$f(x_1)+f(x_2)+f(x_3)>\dfrac{2\sqrt{a}}{b}$；

(3)$f(x)$ 有极小值 $f_{\min}=f(1)=2$，试证明 $|f^n(x)|-|f(x^n)|\geqslant 2^n-2$.

4. 设对一切有定义，且满足：(1)$f(x)$ 在 $(0,+\infty)$ 是增函数；(2)任意 $x>0$，$f(x)$ $f\left(f(x)+\dfrac{1}{x}\right)=1$，求 $f(x)$.

第4章 热点题材专题拓展

我们感到有可能和比我们水平高许多的数学接触,这种数学的力量与美尽管只能简单地一瞥,也构成了丰富我们思想的基础,并在我们作为数学使用者和数学教师的朴素活动中给了我们长期反思的机会.

——匈牙利数学家 费雷尔斯 L. Felix)

本章导航

第1节 不等式的证明和应用

不等式问题和方法是数学中的重要工具,也广泛地应用到其他各个领域.因此,无论是高考还是自主招生考试,不等式都是最重要的知识点之一,不等式的证明更为重中之重.若干重要不等式的综合应用,证明不等式的一般思路和方法,均是参加高考自主招生必要的数学基础.

生活中的不等式"远远多于"等式,由此可见不等式的重要性.

□ 平均值不等式的应用

平均值不等式:设 $a_1,a_2,\cdots,a_n\in\mathbf{R}^+$,则有

$$\frac{a_1+a_2+\cdots+a_n}{n}\geqslant\sqrt[n]{a_1a_2\cdots a_n}.$$

当且仅当 $a_1=a_2=\cdots=a_n$ 时等号成立.

通常称 $A(n)=\dfrac{a_1+a_2+\cdots+a_n}{n}$,$G(n)=\sqrt[n]{a_1a_2\cdots a_n}$,

$H(n)=\dfrac{n}{\dfrac{1}{a_n}+\dfrac{1}{a_2}+\cdots+\dfrac{1}{a_n}}$,$A_2(n)=\sqrt{\dfrac{a_1{}^2+a_2{}^2+\cdots+a_n{}^2}{n}}$,

$A_m(n)=\sqrt[m]{\dfrac{a_1{}^m+a_2{}^m+\cdots+a_n{}^m}{n}}$ 分别为 n 个正数的算术平均值,几何平均值,调和平均值,平方平均值和幂平均值,且一般地有不等式.

$$H(n)\leqslant G(n)\leqslant A(n)\leqslant A_2(n)\leqslant A_m(n).$$

其中 $m\geqslant 3$,当且仅当 $a_1=a_2=\cdots=a_n$ 时取等号.

对平均值不等式,用得最多的是 $n=2$ 或 3 的情形,请读者对这两种情形作更细致的品味!

【例1】 设有正数 a,b 满足 $a<b$,若有实数 x_1,y_1,x_2,y_2,使得 x_1+y_1 是 a,b 的算术平均数,x_2y_2 是 a,b 的几何平均数,试求 $\dfrac{\sqrt{x_1y_1}}{(x_2+y_2)^2}$ 的取值范围.

此题为同济大学自主招生试题.

思维指向 将式子中的 $\sqrt{x_1y_1}$ 和 $(x_2+y_2)^2$ 放缩为关于 a,b 的式子,即得其取值范围.

问题探究 由条件,得 $x_1+y_1=\dfrac{a+b}{2}$,取 $x_1\to 0$,$y_1\to$

$\dfrac{a+b}{2}$,则可知 $\dfrac{\sqrt{x_1 y_1}}{(x_2+y_2)}>0$ 且 $\dfrac{\sqrt{x_1 y_1}}{(x_2+y_2)^2}\to 0$.

又由 $x_1+y_1=\dfrac{a+b}{2}$,$\sqrt{x_1 y_1}\leqslant\dfrac{x_1+y_1}{2}=\dfrac{a+b}{4}$,$(x_2+y_2)^2\geqslant$

$4x_2 y_2$,且 $x_2 y_2=\sqrt{ab}$,可得 $\dfrac{\sqrt{x_1 y_1}}{(x_2+y_2)^2}\leqslant\dfrac{a+b}{16\sqrt{ab}}$.

综上,即可得出要求的范围.

简明解答 因为 $x_1+y_1=\dfrac{a+b}{2}$,$x_2 y_2=\sqrt{ab}$,$(0<a<b)$.

所以 $\dfrac{\sqrt{x_1 y_1}}{(x_2+y_2)^2}\leqslant\dfrac{\dfrac{x_1+y_1}{2}}{4x_2 y_2}=\dfrac{a+b}{16\sqrt{ab}}$.

又显然 $\dfrac{\sqrt{x_1 y_1}}{(x_2+y_2)^2}>0$.

故 $\dfrac{\sqrt{x_1 y_1}}{(x_2+y_2)^2}$ 的取值范围是 $\left(0,\dfrac{a+b}{16\sqrt{ab}}\right]$.

> 注意到 $\sqrt{x_1 y_1}\leqslant\dfrac{x_1+y_1}{2}$,$(x_2+y_2)^2\geqslant 4x_2 y_2$ 在 $x_1=y_1$ 且 $x_2=y_2$ 时同时取到"=",故 $\dfrac{a+b}{16\sqrt{ab}}$ 是取得到的.

总结反思 此题的变形过程即是利用两个正数的平均值不等式 $\dfrac{x_1+x_2}{2}\geqslant\sqrt{x_1 x_2}$,将式子 $\dfrac{\sqrt{x_1 y_1}}{(x_2+y_2)^2}$ 放大为关于 a,b 的式子 $\dfrac{a+b}{16\sqrt{ab}}$.在变形过程中,始终要注意等号成立的条件.

【例2】 已知小于1的 n 个正数 $x_1,x_2,\cdots,x_n(n\geqslant 2)$ 满足 $x_1+x_2+\cdots+x_n=1$.

求证:$\dfrac{1}{x_1-x_1^3}+\dfrac{1}{x_2-x_2^3}+\cdots+\dfrac{1}{x_n-x_n^3}>4$.

> 此题为 2010 年浙江大学自主招生试题.

思维指向 先利用不等式的基本性质化简不等式左边的每一个局部,再利用平均值不等式进行放缩,直到得出">4"的结论.

问题探究 由于 $0<x_i<1$,故 $x_i-x_i^3=x_i(1-x_i^2)<x_i$,

即 $\dfrac{1}{x_i-x_i^3}>\dfrac{1}{x_i}$,故

$\dfrac{1}{x_1-x_1^3}+\dfrac{1}{x_2-x_2^3}+\cdots+\dfrac{1}{x_n-x_n^3}>\dfrac{1}{x_1}+\dfrac{1}{x_2}+\cdots+\dfrac{1}{x_n}$.

> 由于每一个局部结构相同,即"同构",故只要化简了一个局部,式子整体也就化简了.

接下来只要证明 $\dfrac{1}{x_1}+\dfrac{1}{x_2}+\cdots+\dfrac{1}{x_n}\geqslant 4$ 即可,注意到其外形特征和 $x_1+x_2+\cdots+x_n=1$ 的条件,可知平均值不等式容易实

现这个过程.

简明解答 因为 $0 < x_i < 1$，所以 $\dfrac{1}{x_i - x_i^3} > \dfrac{1}{x_i}$，$i = 1, 2, \cdots,$ n，故

$$\frac{1}{x_1 - x_1^3} + \frac{1}{x_2 - x_2^3} + \cdots + \frac{1}{x_n - x_n^3} > \frac{1}{x_1} + \frac{1}{x_2} + \cdots + \frac{1}{x_n}.$$

注意到

$$\frac{1}{x_1} + \frac{1}{x_2} + \cdots + \frac{1}{x_n} \geqslant n \sqrt[n]{\frac{1}{x_1 x_2 \cdots x_n}},$$

又 $\sqrt[n]{x_1 x_2 \cdots x_n} \leqslant \dfrac{x_1 + x_2 + \cdots + x_n}{n} = \dfrac{1}{n}$，可得

$$\frac{1}{x_1} + \frac{1}{x_2} + \cdots + \frac{1}{x_n} \geqslant n^2.$$

综上可知

$$\frac{1}{x_1 - x_1^3} + \frac{1}{x_2 - x_2^3} + \cdots + \frac{1}{x_n - x_n^3} > n^2 \geqslant 2^2 = 4.$$

总结反思 观察特征是发现解题思路的重要途径.本例中先由 x_i 均为 $(0,1)$ 内的数化简欲证的不等式,再由正数 $x_1 + x_2 + \cdots + x_n = 1$ 联想到平均值不等式 $x_1 + x_2 + \cdots + x_n \geqslant n \sqrt[n]{x_1 x_2 \cdots x_n}$,得到乘积形式 $x_1 x_2 \cdots x_n$,再作进一步的处理.

本例也可以利用柯西不等式证明,请参看本节例 5.

□ 柯西不等式的应用

柯西不等式:设 $a_1, a_2, \cdots, a_n, b_1, b_2, \cdots b_n \in \mathbf{R}$,则有

$$(a_1^2 + a_2^2 + \cdots + a_n^2)(b_1^2 + b_2^2 + \cdots + b_n^2) \geqslant (a_1 b_1 + a_2 b_2 + \cdots + a_n b_n)^2$$

当且仅当 $\dfrac{a_1}{b_1} = \dfrac{a_2}{b_2} = \cdots = \dfrac{a_n}{b_n}$ 时等号成立.

由柯西不等式可立得如下推论:

设 $a_1, a_2, \cdots, a_n$ 是 n 个正数,则有

$$(a_1 + a_2 + \cdots + a_n)\left(\frac{1}{a_1} + \frac{1}{a_2} + \cdots + \frac{1}{a_n}\right) \geqslant n^2.$$

当且仅当 $a_1 = a_2 = \cdots = a_n = 1$ 时等号成立.此不等式同样有着十分广泛的应用.

由 $H(n) \leqslant G(n) \leqslant A(n)$，即可得

$$\frac{n}{\dfrac{1}{x_1} + \dfrac{1}{x_2} + \cdots + \dfrac{1}{x_n}} \leqslant$$

$$\frac{x_1 + x_2 + \cdots + x_n}{n} = \frac{1}{n},$$

即

$$\frac{1}{x_1} + \frac{1}{x_2} + \cdots + \frac{1}{x_n} \geqslant n^2.$$

这个过程更为直接.

可通过构造方程模型证明柯西不等式,在本书第 3 章第 2 节中有所提示,详细过程留作读者练习.

【例3】 给定正整数 n 和正常数 a，对于满足不等式 $a_1{}^2 + a_{n+1}{}^2 \leqslant a$ 的所有等差数列 $a_1, a_2, a_3, \cdots$，和式 $\sum\limits_{i=n+1}^{2n+1} a_i$ 的最大值为

此题为复旦大学自主招生试题.

（　　）

A. $\dfrac{\sqrt{10a}}{2}(n+1)$ 　　　B. $\dfrac{\sqrt{10a}}{2}n$

C. $\dfrac{\sqrt{5a}}{2}(n+1)$ 　　　D. $\dfrac{\sqrt{5a}}{2}n$

思维指向 将和式 $\sum\limits_{i=n+1}^{2n+1} a_i$ 化简,利用柯西不等式和条件 $a_1{}^2 + a_{n+1}{}^2 \leqslant a$ 进行放缩,得出要求的最大值.

问题探究 由等差数列求和公式,可得

$$\sum_{i=n+1}^{2n+1} = \frac{a_{n+1} + a_{2n+1}}{2}(n+1) = \frac{a_{n+1} + 2a_{n+1} - a_1}{2}(n+1)$$
$$= \frac{3a_{n+1} - a_1}{2}(n+1).$$

由柯西不等式,可得

这里用到的是柯西不等式的最简单情形:
$(a_1{}^2 + a_2{}^2)(b_1{}^2 + b_2{}^2) \geqslant (a_1 b_1 + a_2 b_2)^2.$

$$(-a_1 + 3a_{n+1})^2 \leqslant [(-1)^2 + 3^2](a_1{}^2 + a_{n+1}{}^2)$$
$$= 10(a_1{}^2 + a_{n+1}{}^2) \leqslant 10a.$$

其中等号成立的条件为 $\dfrac{a_1}{-1} = \dfrac{a_{n+1}}{3}$,即 $a_{n+1} = -3a_1$,且 $a_1{}^2 + a_{n+1}{}^2 = a$. 这样的等差数列显然是存在的. 从而 $\sum\limits_{i=n+1}^{2n+1} a_i$ 的最大值为 $\dfrac{\sqrt{10a}}{2}(n+1)$.

简明解答 A.

总结反思 本题的解题思路十分自然,这就是先化简要求最大值的式子,并将其和已知条件建立联系,实现解题目标.

【例4】 已知对 $\forall x \in \mathbf{R}, a\cos x + b\cos 2x \geqslant -1$ 恒成立,求 $a + b$ 的最大值 $(a+b)_{\max}$.

此题为北京大学自主招生试题.

思维指向 先将不等式化简,并转化为二次函数在闭区间上恒非负问题,再分类讨论,由柯西不等式得出 $a + b$ 的最大值.

问题探究 令 $\cos x = t$,则 $-1 \leqslant t \leqslant 1$,原不等式可化为关于 t 的一元二次不等式.

再构造二次函数 $f(t)$,对该二次函数在 $[-1, 1]$ 上恒非负的条件进行转化,从而得出"$a + b \leqslant \cdots \leqslant$ 某一常数"的形式,并说

明等号取得到. 这个常数就是要求的最大值了.

$\boxed{\text{简明解答}}$ 原不等式即 $b(2\cos^2 x-1)+a\cos x+1\geqslant 0$, 即 $2b\cos^2 x+a\cos x-b+1\geqslant 0$.

令 $f(t)=2bt^2+at-b+1(-1\leqslant t\leqslant 1)$, 条件即为 $f(t)$ 在 $[-1,1]$ 上恒非负, 有如下几种情况:

（Ⅰ）当 $b\leqslant 0$ 时, 由条件得

$$\begin{cases} f(-1)=2b-a-b+1\geqslant 0, \\ f(1)=2b+a-b+1\geqslant 0. \end{cases}$$

由此得 $a+b\leqslant 2b+1\leqslant 1<2.$

（Ⅱ）当 $b>0$ 时, 由条件得如下两种情况:

(1) $\begin{cases} -\dfrac{a}{4b}\notin[-1,1], \\ b-a+1\geqslant 0, \\ b+a+1\geqslant 0. \end{cases}$ 进一步得

①若 $a<-4b$, 则 $a+b<-3b<0<2$;

②若 $a>4b$, 则 $4b<a\leqslant 1+b, b\leqslant\dfrac{1}{3}, a+b\leqslant 1+2b\leqslant\dfrac{5}{3}<2.$

(2) $\begin{cases} -\dfrac{a}{4b}\in[-1,1], \\ a^2\leqslant 8b(1-b), \end{cases}$ 即 $a^2+8(b-\dfrac{1}{2})^2\leqslant 2.$

由柯西不等式, 得

$$2\times\dfrac{9}{8}\geqslant[a^2+8(b-\dfrac{1}{2})^2](1+\dfrac{1}{8})\geqslant(a+b-\dfrac{1}{2})^2.$$

由此得 $a+b-\dfrac{1}{2}\leqslant\dfrac{3}{2}, a+b\leqslant 2$, 等号成立的条件是 $a=\dfrac{4}{3}$, $b=\dfrac{2}{3}$, 且满足 $-\dfrac{a}{4b}=-\dfrac{1}{2}\in[-1,1].$

综上可知, $a+b$ 的最大值是 $(a+b)_{\max}=2.$

$\boxed{\text{总结反思}}$ 本题将三角函数式的恒成立问题化归为一元二次函数在闭区间上恒非负问题, 为解题思路打开了缺口. 这也是一种十分常用的化归思路. （Ⅱ）中化归后的条件是 $a^2+8(b-\dfrac{1}{2})^2\leqslant 2$, 要实现求 $(a+b)_{\max}$, 需对此式"降次", 柯西不等式是实现这个想法的好工具.

【例5】 用柯西不等式证明本节例2.

$\boxed{\text{思维指向}}$ 注意到 $x_i-x_i^2>0$, 不难证明

可结合二次函数在闭区间 $[-1,1]$ 上的图象规律分类探究应满足的不等式组.

这里进行了多级分类, 这是一个难点.

这里运用柯西不等式较好地实现了"降次". 柯西不等式是"降次"的好工具, 这里的策略有通用效能.

$(x_1-x_1{}^3)+(x_2-x_2{}^3)+\cdots+(x_n-x_n{}^3)\in(0,1)$.

考虑用柯西不等式的推论给出证明.

问题探究 由柯西不等式的推论,可得

$$\frac{1}{x_1-x_1{}^3}+\frac{1}{x_2-x_2{}^3}+\cdots+\frac{1}{x_n-x_n{}^3}$$

$$\geqslant\frac{n^2}{(x_1-x_1{}^3)+(x_2-x_2{}^3)+\cdots+(x_n-x_n{}^3)}.$$

只要能设法证明 $(x_1-x_1{}^3)+(x_2-x_2{}^3)+\cdots+(x_n-x_n{}^3)$ <1,问题即获得解决,这是不难的.

简明解答 因为 $0<x_i<1$,所以 $\frac{1}{x_i-x_i{}^3}>0$,由柯西不等式的推论,得

$$\left[(x_1-x_1{}^3)+(x_2-x_2{}^3)+\cdots+(x_n-x_n{}^3)\right]\left(\frac{1}{x_1-x_1{}^3}+\right.$$

$$\left.\frac{1}{x_2-x_2{}^3}+\cdots+\frac{1}{x_n-x_n{}^3}\right)\geqslant n^2.$$

又因为 $x_i-x_i{}^3>0$,且

$$(x_1-x_1{}^3)+(x_2-x_2{}^3)+\cdots+(x_n-x_n{}^3)=1-(x_1{}^3+x_2{}^3+$$

$$\cdots+x_n{}^3)\in(0,1).$$

所以,$\dfrac{1}{x_1-x_1{}^3}+\dfrac{1}{x_2-x_2{}^3}+\cdots+\dfrac{1}{x_n-x_n{}^3}>n^2$,

又因为 $n\geqslant2$,所以

$$\frac{1}{x_1-x_1{}^3}+\frac{1}{x_2-x_2{}^3}+\cdots+\frac{1}{x_n-x_n{}^3}>4.$$

总结反思 柯西不等式及其推论是研究不等式的有力工具.大凡与两组正数和的积有关的问题,均可考虑应用柯西不等式解决,而与一组正数和及其倒数和的积有关的问题,则应考虑应用柯西不等式的推论.

凸函数的琴生不等式

定义:设 $f(x)$ 为定义在区间 I 上的函数.

(1)如图 $4-1-1(1)$ 所示,如果对区间 I 上任意两点 x_1,x_2,总有

这里实质上是作了代换处理:设 $a_i=x_i-x_i{}^3$,$(i=1,2,\cdots,n)$,由柯西不等式.

$$(a_1+a_2\cdots+a_n)\cdot$$
$$\left(\frac{1}{a_1}+\frac{1}{a_2}+\cdots+\frac{1}{a_n}\right)$$
$$\geqslant n^2$$

变形即得.

请结合图 $4-1-1$ 深化对凸函数和凹函数定义的理解.

$$f\left(\frac{x_1+x_2}{2}\right)\leqslant\frac{1}{2}[f(x_1)+f(x_2)]$$

则称 $f(x)$ 为区间 I 上的凸函数.

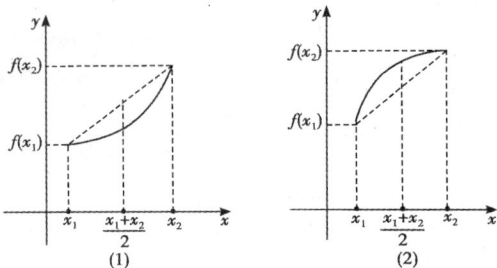

图 4-1-1

(2)如图 4-1-1(2)所示,如果对区间 I 上的任意两点 x_1,x_2,总有

$$f\left(\frac{x_1+x_2}{2}\right)\geqslant\frac{1}{2}[f(x_1)+f(x_2)]$$

则称 $f(x)$ 为区间 I 上的凹函数.

定理 1:设 $f'(x)$ 为函数 $y=f(x)$ 的导函数,记 $f''(x)=[f'(x)]'$,并称之为 $f(x)$ 在区间 I 上的二阶导数.

(1)设 $f(x)$ 为区间 I 上的二阶可导函数,若 $f''(x)\geqslant0$,则 $f(x)$ 在区间 I 上是凸函数;

(2)设 $f(x)$ 为区间 I 上的二阶可导函数,若 $f''(x)\leqslant0$,则 $f(x)$ 在区间 I 上是凹函数;

定理 2:琴生不等式

(1)若函数 $f(x)$ 为区间 $[a,b]$ 上的凸函数,则对任意的 $x_i[a,b]$,$(i=1,2,\cdots,n)$,有

$$f\left(\frac{x_1+x_2+\cdots+x_n}{n}\right)\leqslant\frac{1}{n}[f(x_1)+f(x_2)+\cdots+f(x_n)].$$

(2)若函数 $f(x)$ 为区间 $[a,b]$ 上的凹函数,则对任意的 $x_i\in[a,b]$,$(i=1,2,\cdots,n)$,有

$$f\left(\frac{x_1+x_2+\cdots+x_n}{n}\right)\geqslant\frac{1}{n}[f(x_1)+f(x_2)+\cdots+f(x_n)].$$

【例 6】 设 $x_1,x_2\in\left(0,\frac{\pi}{2}\right)$,且 $x_1\neq x_2$,不等式

判定一个函数是否为凸函数或凹函数,除运用定义时,就可运用定理 1.对定理 1 可结合图 4-1-1 的特征,从导函数单调性的角度深化理解.

此题为复旦大学自主招生试题.

(1)$\dfrac{1}{2}(\tan x_1+\tan x_2)>\tan\dfrac{x_1+x_2}{2}$;

(2)$\dfrac{1}{2}(\tan x_1+\tan x_2)<\tan\dfrac{x_1+x_2}{2}$;

(3)$\dfrac{1}{2}(\sin x_1+\sin x_2)>\sin\dfrac{x_1+x_2}{2}$;

(4)$\dfrac{1}{2}(\sin x_1+\sin x_2)<\sin\dfrac{x_1+x_2}{2}$.

成立的是 （ ）

A. (1)(3)　　　　B. (1)(4)

C. (2)(3)　　　　D. (2)(4)

▌思维指向▐考察 $y=\tan x$ 和 $y=\sin x$ 在 $\left(0,\dfrac{\pi}{2}\right)$ 上的凸性，利用凸函数的琴生不等式作出判断.

▌问题探究▐分别画出函数 $y=\tan x$，$y=\sin x$，$x\in\left(0,\dfrac{\pi}{2}\right)$ 的草图如图 4-1-2.

$y=\tan x$，$y=\sin x$ 在 $x\in\left(0,\dfrac{\pi}{2}\right)$ 上分别是凸函数和凹函数.

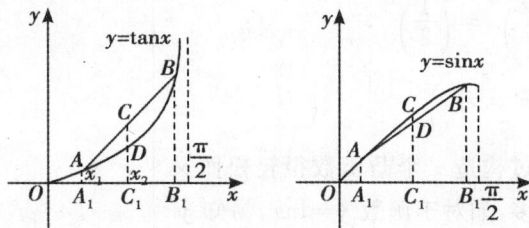

图 4-1-2

设 $A(x_1,\tan x_1)$，$B(x_2,\tan x_2)$，C 是 AB 的中点，过 A,B,C 分别作 x 轴的垂线，垂足分别为 A_1,B_1,C_1，CC_1 与 $y=\tan x$ 交于点 D. 由 $CC_1>DC_1\Leftrightarrow\dfrac{1}{2}(\tan x_1+\tan x_2)>\tan\dfrac{x_1+x_2}{2}$. 同理 $\dfrac{1}{2}(\sin x_1+\sin x_2)<\sin\dfrac{x_1+x_2}{2}$. 故(1),(4)正确,选 B.

▌简明解答▐ B.

▌总结反思▐此题抓住了凸函数和凹函数的图象特征,解题过程简捷明快.三角函数在某些区间上是凸函数或凹函数,由其图象可直接作出判断.进一步利用琴生不等式可得出许多优美的不等式.如利用 $y=-\sin x$ 在 $(0,\pi)$ 上是凸函数,可得 $\triangle ABC$ 中, $-\dfrac{\sin A+\sin B+\sin C}{3}\geqslant-\sin\dfrac{A+B+C}{3}$,即

$$\sin A + \sin B + \sin C \leqslant \frac{3}{2}\sqrt{3}.$$

【例 7】设 $x > 0, y > 0, x + y = 1, n \in \mathbf{N}^*$，求证：

$$x^{2n} + y^{2n} \geqslant \frac{1}{2^{2n-1}}.$$

此题为清华大学自主招生试题.

思维指向 利用凸函数的琴生不等式给出不等式的证明.

问题探究 为习惯起见，将题目中的字母作一些改变，不影响原问题的证明：设 $a > 0, b > 0, a + b = 1, n \in \mathbf{N}^*$，求证：$a^{2n} + b^{2n} \geqslant \frac{1}{2^{2n-1}}$.

为了表述上的方便，也为了和解题习惯相符，在不影响结果的情况下将问题变换一种形式，是十分有效的一种策略.

再构造函数 $y = x^{2n}, n \in \mathbf{N}^*$，利用二阶导数证明该函数为凸函数，进而由琴生不等式得出要证的结论.

简明解答 构造函数 $y = x^{2n}, n \in \mathbf{N}^*$.

因为 $y' = 2n x^{2n-1}, y'' = 2n(2n-1)x^{2n-2} \geqslant 0$，

所以 $y = x^{2n}, n \in \mathbf{N}^*$ 是 $(-\infty, +\infty)$ 上的凸函数，从而

$$\frac{a^{2n} + b^{2n}}{2} \geqslant \left(\frac{a+b}{2}\right)^{2n} = \left(\frac{1}{2}\right)^{2n},$$

$$a^{2n} + b^{2n} \geqslant \frac{1}{2^{2n-1}}.$$

总结反思 这道不等式通过构造一个凸函数很轻松而又漂亮地得以解决.这样的例子很多，如对于函数 $y = \ln x$，易知 $y'' < 0$，由此可得

$$\frac{\ln a_1 + \ln a_2 + \cdots + \ln a_n}{n} \leqslant \ln \frac{a_1 + a_2 + \cdots + a_n}{n},$$

化简即得

$$\sqrt[n]{a_1 a_2 \cdots a_n} \leqslant \frac{a_1 + a_2 + \cdots + a_n}{n}.$$

此即为"几何平均 $\leqslant$ 算术平均"，由此可见运用凸函数的琴生不等式的妙处.

□ 证明不等式的三种思维方式

证明不等式有三种最基本的思维方式，分别是比较法、分析法和综合法.

比较法分为差值比较和商值比较两种：

在商值比较中，如果 $B < 0$，则

$$A > B \Leftrightarrow \frac{A}{B} < 1.$$

(1)差值比较：$A>B \Leftrightarrow A-B>0$；

(2)商值比较：$A>B \Leftrightarrow \dfrac{A}{B}>1(B>0)$.

分析法的基本模式为：

欲证命题 A_0 成立，只需证明命题 A_1 成立；欲证命题 A_1 成立，只需证明命题 A_2 成立；…；欲证命题 A_{n-1} 成立，只需证明命题 A_n 成立. 而命题 A_n 是显然成立的，故命题 A_0 获得证明.

综合法即是从已知条件或熟知的结论出发，通过逻辑推理或数学计算，推理得出欲证的结论.

> 分析法的基本模式可概括为："执果索因"，值得注意的是：A_{n-1} 是 A_n 的必要条件，A_n 是 A_{n-1} 的充分条件.

【例8】 求证：对任意 $x_1,y \in \mathbf{R}$，不等式 $x^2+xy+y^2 \geqslant 3(x+y-1)$ 恒成立.

> 此题为 2009 年中国科技大学自主招生试题.

思维指向 利用二次函数的性质，或从不等式取等号的条件入手寻求解题思路.

问题探究 由于多项式中的最高次幂为二次，故可考虑将问题化归为关于 x 或 y 的一元二次不等式，进而转化为证明该不等式满足恒成立的条件 $\Delta \leqslant 0$；也可以先观察得出当 $x=y=1$ 时，不等式成立等号，进而将不等式化归为关于 $(x-1)$ 和 $(y-1)$ 的形式，再作处理.

简明解答 解法一：欲证不等式
$$x^2+xy+y^2 \geqslant 3(x+y-1)$$
恒成立，即要证
$$x^2+(y-3)x-3y+3 \geqslant 0$$
恒成立，即要证
$$\Delta=(y-3)^2-4(y^2-3y+3)$$
$$=-3y^2+6y-3=-3(y-1)^2 \leqslant 0.$$
上式是显然成立的，所以原不等式获证.

解法二：欲证不等式
$$x^2+xy+y^2 \geqslant 3(x+y-1),$$
恒成立，只需证
$$(x-1)^2+(y-1)^2+(x-1)(y-1) \geqslant 0$$
恒成立. 令 $X=x-1,Y=y-1$，则只需证

> 这里，实质上是转化为关于 x 的一元二次不等式恒成立问题，同样也可转化为关于 y 的相应问题.

> 解法二基于发现了 $x=y=1$ 是不等式取等号的条件，故配成关于 $(x-1)$ 和 $(y-1)$ 的不等式。

$$(x-1)^2+(y-1)^2+(x-1)(y-1)$$

$$=X^2+XY+Y^2=(X+\frac{Y}{2})^2+\frac{3}{4}Y^2\geqslant0.$$

这里显然成立的,故原不等式获证.

总结反思 解法一和解法二均属于分析法,基本的思路为"执果索因",即将欲证的不等式逐步转化为显然成立的结论. 这种方法操作性强但表述过程有些繁琐. 为了避免这个现象,可以通过分析法发现解题思路,再用综合法表述解题过程. 如解法二可以表述为:

因为 $$(X+\frac{Y}{2})^2+\frac{3}{4}Y^2\geqslant0,$$

令 $$X=x-1,Y=y-1,代入得$$

$$(x-1+\frac{y-1}{2})^2+\frac{3}{4}(y-1)^2\geqslant0,$$

化简变式,即得 $x^2+xy+y^2\geqslant3(x+y-1).$

用分析法探寻解题思路——操作性很强.

用综合法表述解题过程——条理性清晰.

【例9】 设 $\{a_n\}$ 是正项递增的等差数列,求证:

(1)对任意的 $k,l\in\mathbf{N}^*$,当 $l>k\geqslant2$ 时,$\dfrac{a_{l+1}}{a_{k+1}}<\dfrac{a_l}{a_k}<\dfrac{a_{l-1}}{a_{k-1}}$;

(2)对任意的 $k\in\mathbf{N}^*$,当 $k\geqslant2$ 时,

$$\sqrt[k]{\frac{a_{2013k+1}}{a_{k+1}}}<\frac{a_{k+2}}{a_{k+1}}\cdot\frac{a_{2k+2}}{a_{2k+1}}\cdot\frac{a_{3k+2}}{a_{3k+1}}\cdots\cdots\frac{a_{2012k+2}}{a_{2012k+1}}<\sqrt[k]{\frac{a_{2012k+2}}{a_2}}$$

此题为湖南省2012年高中数学竞赛试题.

思维指向 对于(1),可直接运用分析法解决;对于(2),可利用(1)的结论设法将 $\dfrac{a_{k+2}}{a_{k+1}}\cdot\dfrac{a_{2k+2}}{a_{2k+1}}\cdot\dfrac{a_{3k+2}}{a_{3k+1}}\cdots\dfrac{a_{2012k+2}}{a_{2012k+1}}$ 作合理的放缩得到要证的不等式.

问题探究 (1)注意到 $\{a_n\}$ 是正项递增的等差数列,可知 $a_l>a_k$,则 $\dfrac{a_l}{a_k}>1$,此时易得,当 $a_k-x>0$ 时,有 $\dfrac{a_l+x}{a_k+x}<\dfrac{a_l}{a_k}$ $<\dfrac{a_l-x}{a_k-x}.$

又利用等差数列项与项之间的关系,可得 $a_{l+1}=a_l+d$、$a_{l-1}=a_l-d$、$a_{k+1}=a_k+d$、$a_{k-1}=a_k-d.$

由此即可得出 $\dfrac{a_{l+1}}{a_{k+1}}<\dfrac{a_l}{a_k}<\dfrac{a_{l-1}}{a_{k-1}}.$

(2)不难发现,欲证不等式转化为证明

$$\frac{a_{2013k+1}}{a_{k+1}}<\left(\frac{a_{k+2}}{a_{k+1}}\cdot\frac{a_{2k+2}}{a_{2k+1}}\cdot\frac{a_{3k+2}}{a_{3k+1}}\cdots\frac{a_{2012k+2}}{a_{2012k+1}}\right)^k<\frac{a_{2012k+2}}{a_2}$$

设 $\left(\dfrac{a_{k+2}}{a_{k+1}}\right)^k$，利用(1)的结论，可立得

$$\left(\frac{a_{k+2}}{a_{k+1}}\right)^k>\frac{a_{k+2}}{a_{k+1}}\cdot\frac{a_{k+3}}{a_{k+2}}\cdots\frac{a_{2k+1}}{a_{2k}};$$

$$\left(\frac{a_{2k+2}}{a_{2k+1}}\right)^k>\frac{a_{2k+2}}{a_{2k+1}}\cdot\frac{a_{2k+3}}{a_{2k+2}}\cdots\frac{a_{3k+1}}{a_{3k}};$$

$$\cdots$$

$$\left(\frac{a_{2012k+2}}{a_{2012k+1}}\right)^k>\left(\frac{a_{2012k+2}}{a_{2012k+1}}\cdot\frac{a_{2012k+3}}{a_{2012k+2}}\cdots\frac{a_{2013k+1}}{a_{2013k}}\right).$$

以上各式相乘，即得

$$\left(\frac{a_{k+2}}{a_{k+1}}\right)^k\cdot\left(\frac{a_{2k+2}}{a_{2k+1}}\right)^k\cdots\left(\frac{a_{2012k+2}}{a_{2012k+1}}\right)^k>\frac{a_{2013k+1}}{a_{k+1}};$$

同理可证 $\left(\dfrac{a_{k+2}}{a_{k+1}}\right)^k\cdot\left(\dfrac{a_{2k+2}}{a_{2k+1}}\right)^k\cdots\left(\dfrac{a_{2012k+2}}{a_{2012k+1}}\right)^k<\dfrac{a_{2012k+2}}{a_2}$，问题获证.

简明解答 (1)因为 $a_l>a_k>0$，公差 $d>0$，

故 $$\frac{a_{l+1}}{a_{k+1}}=\frac{a_l+d}{a_k+d}<\frac{a_l}{a_k}<\frac{a_l-d}{a_k-d}=\frac{a_{l-1}}{a_{k-1}}.$$

(2)因为 $a_{2012k+2}>a_{2012k+1}>0$，公差 $d>0$，

故 $$\frac{a_{2012k+2}}{a_{2012k+1}}=\frac{a_{2012k+1}+d}{a_{2012k}+d}<\frac{a_{2012k+1}}{a_{2012k}}<\frac{a_{2012k+1}-d}{a_{2012k}-d}=\frac{a_{2012k}}{a_{2012k-1}}$$

设 $A=\dfrac{a_{k+2}}{a_{k+1}}\cdot\dfrac{a_{2k+2}}{a_{2k+1}}\cdot\dfrac{a_{3k+2}}{a_{3k+1}}\cdots\dfrac{a_{2012k+2}}{a_{2012k+1}}$，则

$$A^k=\left(\frac{a_{k+2}}{a_{k+1}}\right)^k\cdot\left(\frac{a_{2k+2}}{a_{2k+1}}\right)^k\cdots\left(\frac{a_{2012k+2}}{a_{2012k+1}}\right)^k$$

$$>\left(\frac{a_{k+2}}{a_{k+1}}\cdot\frac{a_{k+3}}{a_{k+2}}\cdots\frac{a_{2k+1}}{a_{2k}}\right)\left(\frac{a_{2k+2}}{a_{2k+1}}\cdot\frac{a_{2k+3}}{a_{2k+2}}\cdots\frac{a_{3k+1}}{a_{3k}}\right)\cdots$$

$$\left(\frac{a_{2012k+2}}{a_{2012k+1}}\cdot\frac{a_{2012k+3}}{a_{2012k+2}}\cdots\frac{a_{2013k+1}}{a_{2013k}}\right)=\frac{a_{2013k+1}}{a_{k+1}}.$$

又

$$A^k=\left(\frac{a_{k+2}}{a_{k+1}}\right)^k\cdot\left(\frac{a_{2k+2}}{a_{2k+1}}\right)^k\cdots\left(\frac{a_{2012k+2}}{a_{2012k+1}}\right)^k$$

$$<\left(\frac{a_3}{a_2}\cdot\frac{a_4}{a_3}\cdots\frac{a_{k+2}}{a_{k+1}}\right)\left(\frac{a_{k+3}}{a_{k+2}}\cdot\frac{a_{k+4}}{a_{k+3}}\cdots\frac{a_{2k+2}}{a_{2k+1}}\right)$$

$$\cdots\left(\frac{a_{2011k+3}}{a_{2011k+2}}\cdot\frac{a_{2011k+4}}{a_{2011k+3}}\cdots\frac{a_{2012k+2}}{a_{2012k+1}}\right)=\frac{a_{2012k+2}}{a_2}.$$

故 $$\sqrt[k]{\frac{a_{2013k+1}}{a_{k+1}}}<\frac{a_{k+2}}{a_{k+1}}\cdot\frac{a_{2k+2}}{a_{2k+1}}\cdot\frac{a_{3k+2}}{a_{3k+1}}\cdots\frac{a_{2012k+2}}{a_{2012k+1}}<\sqrt[k]{\frac{a_{2012k+2}}{a_2}}.$$

(1)的结论还可一般化，请读者思考. (2)的证明用到(1)的结论，因此(1)可看作是为(2)的证明设置的一个台阶.

总结反思 分数有如下一些基本性质：

①真分数的分子和分母同时加上同一个正数，分数的值增大；

②真分数的分子和分母同时减去同一个正数但保证分子、分母仍为正时，分数的值减小；

③假分数的分子和分母同时加上同一个正数，分数的值减小；

④假分数的分子和分母同时减去同一个正数但保证分子、分母仍为正时，分数的值增大.

这些性质用分析法不难给出证明.本题(1)就是性质③和④的一个"变种".

本题(2),先利用(1)的结论对各个"局部"进行了合理的放缩,使得各"局部"相乘后通过约分得到了所需要的结论.这种做法依赖解题者有较强的数学洞察力和转化与化归能力.

若 $a>b>0,0<x<b$，则有 $\dfrac{b-x}{a-x}<\dfrac{b}{a}<\dfrac{b+x}{a+x}$.这就是①的符号表示.②③④的符号表示请读者自己完成.

思考与训练 ★★★
★★★

1. 若 $A+B=\dfrac{2\pi}{3}$,则 $\cos^2 A+\cos^2 B$ 的最大值和最小值分别为 （ ）

A. $1-\dfrac{\sqrt{3}}{2},\dfrac{3}{2}$

B. $\dfrac{1}{2},\dfrac{3}{2}$

C. $1-\dfrac{\sqrt{3}}{2},1+\dfrac{\sqrt{3}}{2}$

D. $\dfrac{1}{2},1+\dfrac{\sqrt{2}}{2}$

2. 设不等式 $x(x-1)\leqslant y(1-y)$ 与 $x^2+y^2\leqslant k$ 的解集分别为 M 和 N,若 $M\subseteq N$,则 k 的最小值为_____.

3. 当 a,b 满足何条件时,可使 $\left|\dfrac{x^2+ax+b}{x^2+2x+2}\right|<1$ 恒成立？

4. 设实数 x,y,z 均为大于或等于1的数,求证：
$(x^2-2x+2)(y^2-2y+2)(z^2-2z+2)\leqslant(xyz)^2-2xyz+2.$

5. 已知正数数列 $a_1,a_2,\cdots,a_n$,对大于1的 n,有 $a_1+a_2+\cdots+a_n=\dfrac{3}{2}n,a_1a_2\cdots a_n=\dfrac{n+1}{2}$,试证：$a_1,a_2,\cdots,a_n$ 中至少有一个小于1.

第2节 简单的递推数列和迭代问题

对于数列 $\{a_n\}$,若存在正整数 k 及一个将 a_{n+k} 与前 k 项 $a_{n+k-1},a_{n+k-2},\cdots,a_n$ 联系起来的方程.

$$f(a_{n+k},a_{n+k-1},\cdots,a_n)=0,n=1,2\cdots$$

称数列 $\{a_n\}$ 为 k 阶递推数列,此方程的递推方程.

设 $f:D\to D$ 是一个函数,对任意 $x\in D$,记 $f^{(0)}(x)=x,f^{(n+1)}(x)=f(f^{(n)}(x)),n=0,1,2,\cdots$ 则称 $f^{(n)}(x)$ 是函数 $f(x)$ 在 D 上的 n 次迭代,并称 n 是 $f^{(n)}(x)$ 的迭代指数.

在高校自主招生命题中,简单的递推数列和函数迭代问题十分多见,值得重视.

> 数列是一类特殊的函数,从本质上来看,递推数列问题是一类特殊的函数迭代问题.

□ 等差、等比型递推迭代问题

(1)形如 $a_{n+1}=a_n+f(n)$ 的递推问题,称为等差型迭代递推问题.其通项公式的求法一般采用叠加法,即

$a_2=a_1+f(1)$;

$a_3=a_2+f(2)=a_1+[f(1)+f(2)]$;

$\cdots\cdots$

$a_n=a_{n-1}+f(n-1)=a_{n-2}+f(n-2)+f(n-1)=\cdots$

$=a_1+\sum\limits_{k=1}^{n=1}f(k)$.

> 当 $f(n)$ 为常数时,数列 $\{a_n\}$ 为等差数列.
> 若 $f(n)=d$(常数),则得到等差数列的通项公式 $a_n=a_1+(n-1)d$.

(2)形如 $a_{n+1}=a_nf(n)$ 的递推问题,称为等比型迭代递推问题.其通项公式的求法一般采用叠乘法,即

$a_2=a_1f(1)$;

$a_3=a_2f(2)=a_1f(1)f(2)$;

$\cdots\cdots$

$a_n=a_{n-1}f(n-1)=a_{n-2}f(n-2)(n-1)=\cdots$

$=a_1\cdot\prod\limits_{k=1}^{n-1}f(k)$.

> 若 $f(n)$ 为常数,则数列 $\{a_n\}$ 为等比数列.
> 若 $f(n)=q$(常数),则得到等比数列的通项公式 $a_n=a_1q^{n-1}(q\neq0)$.

【例1】 已知数列 $\{a_n\}$ 满足 $a_1=32$，$a_{n+1}-a_n=2n$，则 $\dfrac{a_n}{n}$ 的最小值为_____.

思维指向 本题属 $a_{n+1}=a_n+f(n)$ 型，因而可采用叠加法求 a_n，再代入 $\dfrac{a_n}{n}$ 求得最小值.

问题探究 由 $a_1=32$，$a_{n+1}=a_n+2n$，得

$$a_n=a_1+2[1+2+\cdots+(n-1)]$$
$$=33+n(n-1)$$

故

$$\frac{a_n}{n}=\frac{33}{n}+n-1$$

由于当 $0<x<\sqrt{33}$ 时，$f(x)=\dfrac{33}{x}+x-1$ 为单调递减函数，当 $x>\sqrt{33}$ 时，$f(x)=\dfrac{33}{x}+x-1$ 为单调递增函数，且 $n\in\mathbf{N}^*$，故当 $n=5$ 或 6 时，$f(n)=\dfrac{33}{n}+n-1$ 取得最小值，$\min\{\dfrac{33}{5}+5-1,$ $\dfrac{33}{6}+6-1\}=\dfrac{21}{2}$.

> 为何不能直接应用基本不等式
> $$\frac{33}{n}+n\geqslant 2\sqrt{33},$$ 而要应用函数
> $$f(x)=\frac{33}{x}+x-1$$
> 的单调性？请读者思索！

简明解答 $\dfrac{21}{2}$.

总结反思 此题为等差型迭代递推问题 $a_{n+1}=a_n+f(n)$，利用叠加法得出 $a_n=33+n(n-1)$，进而得出 $\dfrac{a_n}{n}=\dfrac{33}{n}+n-1$ 之后，因 n 为正整数，故不能用基本不等式 $\dfrac{33}{n}+n\geqslant 2\sqrt{33}$ 得出 $\dfrac{a_n}{n}\geqslant 2\sqrt{33}-1$，因为此时取等号的条件是 $n=\sqrt{33}$ 不是正整数.

【例2】 设数列 $\{b_n\}$ 满足 $b_1=1$，$b_n>0(n=2,3\cdots)$，其前 n 项乘积 $T_n=(a^{n-1}b_n)^n$，其中 a 是大于 1 的常 $(n=1,2\cdots)$

(1)求证：数列 $\{b_n\}$ 为等比数列；

(2)求数列 $\{b_n\}$ 中所有不同两项的乘积的和.

> 此题为 2001 年复旦大学自主招生试题.

思维指向 对于(1)，可依据等比数列的定义 $\dfrac{b_{n+1}}{b_n}=q$（常数）给出证明；对于(2)，可设法用等比数列各项的和表示出所有不同两项的乘积之和. 这里，"所有不同两项的乘积之和"实际上是一个无穷数列求和的概念.

问题探究 (1)欲证$\{b_n\}$是等比数列,可证$\dfrac{b_{n+1}}{b_n}=q$(常数).

由$\dfrac{T_n}{T_{n-1}}=b_n$,再计算$\dfrac{b_{n+1}}{b_n}$即可得出结论.

(2)由(1)可得出数列$\{b_n\}$的通项公式,由

$$(b_1+b_2+\cdots+b_n)^2=2\sum_{i\neq j}b_ib_j+\sum_{i=1}^{n}b_i^{\,2}$$

取$n\rightarrow\infty$,得

$$\sum_{i\neq j}b_ib_j=\frac{1}{2}\Big[(\sum b_i)^2-\sum b_i^{\,2}\Big]$$

即可求出数列$\{b_n\}$中所有不同两项的乘积之和.

简明解答 (1)由$T_n=(a^{n-1}b_n)^n$,知$T_{n-1}=(a^{n-2}b_{n-1})^{n-1}$($n\geq2$),故

$$b_n=\frac{T_n}{T_{n-1}}=\frac{(a^{n-1}b_n)^n}{(a^{n-2}b_{n-1})^{n-1}}=\frac{a^{2(n-1)}\cdot b_n^{\,n}}{b_{n-1}^{\,n-1}}$$

化简即得

$$\frac{b_n}{b_{n-1}}=(\frac{1}{a})^2$$

故$\{b_n\}$是等比数列,且公比$q=\dfrac{1}{a^2}$.

(2)由(1)知,$b_n=1\cdot(\dfrac{1}{a^2})^{n-1}=\dfrac{1}{a^{2(n-1)}}$.

数列$\{b_n\}$中所有不同两项的乘积之和为$\sum\limits_{i\neq j}b_ib_j$,注意到

$$\sum_{i\neq j}b_ib_j=\frac{1}{2}\Big[(\sum b_i)^2-\sum b_i^{\,2}\Big]$$

且

$$\sum b_i=\frac{1}{1-\dfrac{1}{a^2}},\ \sum b_i^{\,2}=\frac{1}{1-\dfrac{1}{a^4}}.$$

所以

$$\sum_{i\neq j}b_ib_j=\frac{1}{2}\left[\left(\frac{1}{1-\dfrac{1}{a^2}}\right)^2-\frac{1}{1-\dfrac{1}{a^4}}\right]$$

$$=\frac{a^4}{(a^2-1)^2(a^2+1)}.$$

总结反思 判断一个数列是否为等比数列,回归定义是基本的思路.在求解(2)的过程中,一要想到利用恒等式$(\sum\limits_{i=1}^{n}a_i)^2=\sum\limits_{i=1}^{n}a_i^{\,2}+2\sum\limits_{i<j}a_ia_j$,将"$\{b_n\}$中所有不同两项的乘积之和"表示出

这里,$\sum\limits_{i\neq j}b_ib_j$即表示数列中所有不同两项的乘积之和;

$\sum b_i$即表示数列的各项的和;$\sum b_i^2$即表示各项的平方和.

这里用到结论:首项为a_1,公比为q($|q|<1$)的无穷等比数列$\{a_n\}$的各项的和为

$$S=\frac{a_1}{1-q}(|q|<1).$$

来;二要能利用无穷等比数列各项和的计算公式 $S=\dfrac{a_1}{1-q}(|q|$ $<1)$进行计算.

□ 一阶线型递推迭代问题

形如 $a_{n+1}=pa_n+q$ 或 $a_{n+1}=pa_n+q\cdot r^n$ 的迭代递推问题,称为一阶线性迭代递推问题.

如果递推式为 $a_{n+1}=pa_n+q$(其中 $p\neq1,p\neq0,q\neq0$),假设可化为 $a_{n+1}+x=p(a_n+x)$,用待定系数法或观察法求出 x,转化为等比型,求出 a_n+x,进而求出 a_n.

如果递推式为 $a_{n+1}=pa_n+q\cdot r^n$(其中 $p\neq1,p\neq0,q$ $\neq0,r\neq0$),可先变形为

$$\frac{a_{n+1}}{r^n}=\frac{p}{r}\cdot\frac{a_n}{r^{n-1}}+q$$

再设 $b_n=\dfrac{a_n}{r^{n-1}}$,化成 $b_{n+1}=\dfrac{p}{r}\cdot b_n+q$,再作进一步的处理.

此时,若 $p=r$,则 $b_{n+1}=b_n+q$,这是等差型问题;若 $p\neq r$,则化为 $a_{n+1}=pa_n+q$ 型问题,最终化为等比型问题.

【例3】 已知数列 $\{a_n\}$ 满足 $3a_{n+1}+a_n=4(n\geq1)$ 且 $a_1=9$,其前 n 项之和为 S_n,则满足不等式 $|S_n-n-6|<\dfrac{1}{125}$ 的最小正整数 n 是   (   )

A.6   B.7   C.8   D.9

思维指向 这是个一阶线性迭代递推型问题,可用待定系数法将其转化为等比型问题求 a_n,再求 S_n,进而解关于 n 的不等式 $|S_n-n-6|<\dfrac{1}{125}$ 求出最小整数 n.

问题探究 由 $3a_{n+1}+a_n=4$,可知 $a_{n+1}=-\dfrac{1}{3}a_n+\dfrac{4}{3}$,令 $a_{n+1}+\lambda=-\dfrac{1}{3}(a_n+\lambda)$,得

$$a_{n+1}=-\frac{1}{3}a_n-\frac{4}{3}\lambda$$

比较系数,得 $-\dfrac{4}{3}\lambda=\dfrac{4}{3}$,即 $\lambda=-1$,数列 $\{a_n-1\}$ 是首项为

这是处理一阶线性迭代递推型问题的一个通法.

$a_1-1=8$,公比为 $q=-\dfrac{1}{3}$ 的等比数列.

故 $$a_n-1=8\cdot(-\dfrac{1}{3})^n,$$

即 $$a_n=1+8\cdot(-\dfrac{1}{3})^{n-1},$$

从而

$$S_n=1+8\cdot(-\dfrac{1}{3})^0+1+8\cdot(-\dfrac{1}{3})^1+\cdots+1+8\cdot(-\dfrac{1}{3})^{n-1}$$

$$=n+8\cdot\dfrac{1-(-\dfrac{1}{3})^n}{1-(-\dfrac{1}{3})}.$$

不等式 $|S_n-n-6|<\dfrac{1}{125}$,可化为 $|6\times(-\dfrac{1}{3})^n|<\dfrac{1}{125}$,

即 $$|(-\dfrac{1}{3})^n|<\dfrac{1}{750},(\dfrac{1}{3})^n<\dfrac{1}{750}.$$

由此解得 $n\geqslant 7$.

简明解答 B.

总结反思 对形如 $a_{n+1}=pa_n+q(p,q$ 为常数,且 $p\neq 0,1$,$q\neq 0)$ 的数列,求通项的方法是用待定系数法引入参数 λ,变为 $a_{n+1}+\lambda=p(a_n+\lambda)$,从而构成等比数列.这是一个通法.

【例4】 在数列 $\{a_n\}$ 中,$a_1=1$,$a_{n+1}=ca_n+c^{n+1}(2n+1)$($n\in \mathbf{N}^*$),其中实数 $c\neq 0$,则 $a_{2012}=$ _____.

思维指向 这是 $a_{n+1}=pa_n+q\cdot r^n$ 型迭代递推问题,可化归为等差型问题求出通项 a_n 的表达式,再得出 a_{2012} 的值.

问题探究 由 $a_{n+1}=ca_n+c^{n+1}$,得

$$\dfrac{a_{n+1}}{c^{n+1}}=\dfrac{a_n}{c^n}+2n+1.$$

令 $b_n=\dfrac{a_n}{c^n}$,得 $b_{n+1}-b_n=2n+1$,$b_1=\dfrac{a_1}{c}=\dfrac{1}{c}$,故有

$$b_n=(b_n-b_{n-1})+(b_{n-1}-b_{n-2})+\cdots+(b_2-b_1)+b_1$$

$$=(2n-1)+(2n-3)+\cdots+3+\dfrac{1}{c}$$

$$=n^2-1+\dfrac{1}{c},(n\geqslant 2)$$

所以 $\dfrac{a_n}{c^n}=n^2-1+\dfrac{1}{c}$,$a_n=(n^2-1)c^n+c^{n-1}$,

本题的解题思路为:S_n 是关于 n 的解析式,求出 S_n 代入 $|S_n-n-6|<\dfrac{1}{125}$ 化简解不等式得 n 的最小值.

和模型 $a_{n+1}=pa_n+q\cdot r^n$ 完全相同,可依法处理.

$a_{2012} = (2011 \times 2013c + 1)c^{2011}$.

总结反思 解题过程完全按模型"依法炮制",模型识别和灵活运用是完成问题解答的关键所在.

简明解答 $(2011 \times 2013c + 1)c^{2011}$.

【例5】 在数列 $\{a_n\}$ 中,$a_1 = 2$,$a_{n+1} = 4a_n - 3n + 1$,$n \in \mathbf{N}^*$.

(1)求证:数列 $\{a_n - n\}$ 是等比数列;

(2)求数列 $\{a_n\}$ 的前 n 项和 S_n.

思维指向 对于(1),可直接利用等比数列的定义进行证明;对于(2),可在(1)的条件下求出 a_n,再求 S_n.

问题探究 (1)用待定系数法或观察法将递推关系 $a_{n+1} = 4a_n - 3n + 1$ 化归为关于 $a_n - n$ 的递推关系,再利用等比数列的定义进行验证.

(2)由(1)可知 $\{a_n - n\}$ 是等比数列,利用等比数列的通项公式可求得 a_n 的表达式,再求 $S_n = a_1 + a_2 + \cdots + a_n$ 即可.

简明解答 (1)由 $a_{n+1} = 4a_n - 3n + 1$,可得
$$a_{n+1} - (n+1) = 4(a_n - n).$$

这就说明 $\dfrac{a_{n+1} - (n+1)}{a_n - n} = 4$,即数列 $\{a_n - n\}$ 是一个首项是 $a_1 - 1 = 1$,公比为 $q = 4$ 的等比数列.

(2)由(1)知 $a_n - n = 1 \times 4^{n-1} = 4^{n-1}$,$a_n = 4^{n-1} + n$,故
$$S_n = (1 + 4 + \cdots + 4^{n-1}) + (1 + 2 + \cdots + n)$$
$$= \frac{4^n - 1}{3} + \frac{n(n+1)}{2}.$$

总结反思 这是一道循序渐进的问题.第(1)小题为第(2)小题做铺垫.本题也可以采用对式子 $a_{n+1} = 4a_n - 3n + 1$ 两边同除以 4^{n+1} 处理,请读者自己练习.

□ 二阶齐次线型递推迭代型问题

　　形如 $a_{n+1} = pa_n + qa_{n-1}$ ($n \geq 2$,p,q 为常数)的迭代递推型问题,称为二阶齐次线性迭代递推型问题.此类递推模型的解法如下:

令 α、β 为相应的二次方程 $x^2 - px - q = 0$ 的两根,则

当 $\alpha \neq \beta$ 时,$a_n = A\alpha^n + B\beta^n$;

当 $\alpha = \beta$ 时,$a_n = (A + Bn)\alpha^{n-1}$,

此题为 2008 年武汉大学自主招生试题.

实际上是令 $b_n = a_n - n$,再证 $\dfrac{b_n}{b_{n-1}} = q$(常数).

因变形的目的性很明确,故这个式子不必用待定系数法,观察即可得到.

方程 $x^2 - px - q = 0$ 常称为递推关系.

$$a_{n+1} = pa_n + qa_{n-1}$$

的特征方程.

对于一般化的线性递推关系

$$a_{n+k} = c_1 a_{n+k-1} + c_2 a_{n+k-2} + \cdots + c_k a_n,$$

有更一般的特征方程及其处理方法,但此处从略.

其中 A、B 分别由初始条件 a_1，a_2 所得的方程组

$$\begin{cases} A\alpha + B\beta = a_1, \\ A\alpha^2 + B\beta^2 = a_2 \end{cases}$$

和

$$\begin{cases} A + B = a_1, \\ (A + 2B)\alpha = a_2 \end{cases}$$

唯一确定.

【例 6】 已知正数数列 $\{x_n\}$，$\{y_n\}$ 满足：

$$x_{n+2} = 2x_{n+1} + x_n, \quad y_{n+2} = y_{n+1} + 2y_n \ (n \in \mathbf{N}^*)$$

试证明：存在正整数 n_0，对任意正整数 $n > n_0$，均有 $x_n > y_n$ 恒成立.

思维指向 利用特征根写出 x_n 和 y_n 的表达式，再作差得 $x_n - y_n$ 的表达式，再作进一步的分析.

问题探究 先利用特征方程，求得

$$x_n = \lambda_1 (1+\sqrt{2})^n + \lambda_2 (1+\sqrt{2})^n,$$
$$y_n = \mu_1 \cdot 2^n + \mu_2 \cdot (-1)^n$$

$$x_n - y_n = [\lambda_1 (1+\sqrt{2})^n - \mu_1 \cdot 2^n] + [\lambda_2 (1-\sqrt{2})^n - \mu_2 (-1)].$$

易知 λ_1 和 μ_1 均为正数，当 $n \geq 1$ 时关于 n 的函数 $f_1(n) = \lambda_1 (1+\sqrt{2})^n$ 的增长速度快于 $f_2(n) = \mu_1 \cdot 2^n$ 的增长速度，且

$$-|\lambda_2| - |\mu_2| < \lambda_2 (1-\sqrt{2})^n + \mu_2 \cdot (-1) < |\lambda_2| + |\mu_2|.$$

故有当 $n \to +\infty$ 时，$x_n - y_n \to +\infty$，不难得出存在正整数 n_0，使得对任意 $n > n_0$，均有 $x_n - y_n > 0$.

简明解答 递推关系 $x_{n+2} = 2x_{n+1} + x_n$ 对应的特征方程为 $x^2 - 2x - 1 = 0$，特征根为 $\alpha = 1+\sqrt{2}$，$\beta = 1-\sqrt{2}$，从而

$$x_n = \lambda_1 (1+\sqrt{2})^n + \lambda_2 (1-\sqrt{2})^n$$

同理

$$y_n = \mu_1 \cdot 2^n + \mu_2 \cdot (-1)^n$$

$$x_n - y_n = [\lambda_1 (1+\sqrt{2})^n - \mu_1 \cdot 2^n] + [\lambda_2 (1-\sqrt{2})^n - \mu_2 \cdot (-1)^n]$$

注意到 $\begin{cases} x_1 = \lambda_1 (1+\sqrt{2}) + \lambda_2 (1-\sqrt{2}), \\ x_2 = \lambda_1 (3 + 2\sqrt{2}) + \lambda_2 (3 - 2\sqrt{2}) \end{cases}$，可得

$$\lambda_1 = \frac{1}{2} \left(\frac{3\sqrt{2}-4}{2} x_1 + \frac{2-\sqrt{2}}{2} x_2 \right) > 0.$$

由 $x_1 > 0$，$y_1 > 0$，不难推出 $\lambda_1 > 0$，$\mu_1 > 0$，用反证法即可推知.

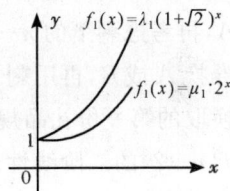

图 4-2-1

若 $\lambda_1 < 0$，$\mu_1 < 0$，则由 x_n 和 y_n 的表达式可直接推得 $x_1 < 0$，$y_1 < 0$，矛盾.

同理由 $\begin{cases} y_1 = 2\mu_1 - \mu_2, \\ y_2 = 4\mu_1 + \mu_2 \end{cases}$ 可得 $\mu_1 = \dfrac{1}{6}(y_1 + y_2) > 0$.

又 $\lambda_2(1-\sqrt{2})^n - \mu_2(-1)^n \in (-|\lambda_2| - |\mu_2|, |\lambda_2| + |\mu_2|)$, $1 + \sqrt{2} > 2 > 1$, 因此当 n 充分大时, $\lambda_1(1+\sqrt{2})^n - \mu_1 \cdot 2^n$ 也充分大, 即存在正整数 n_0, 对任意正整数 $n > n_0$, 有 $x_n > y_n$ 恒成立.

> 当然, 限于中学生的水平, 解题过程的表述是欠严谨的.

总结反思 本题通过特征方程的特征根解出 x_n, y_n 的通项, 再利用高等数学中分析的思想使问题得到了解决, 思想十分深刻.

【例7】 某商品发行礼券, 用一张礼券, 可以换取一种规格的礼品 A, 用两张可换取另外两种规格的礼品 B、C 中的一种, 若有 n 张礼券, 去换取上述三种不同规格礼品的方法数为 $f(n)$, 试求出 $f(n)$ 的表达式.

思维指向 先确定 $f(n)$ 的递推关系, 再解递推关系得出 $f(n)$ 的表达式.

> 先试求 $f(1)$, $f(2)$, 两分类推导 $f(n)$ 和 $f(n-1)$, $f(n-2)$ 的关系.

问题探究 如果只有一张礼券, 则只能换取礼品 A, 方法数为 1, 即 $f(1) = 1$; 如果有两张礼券, 则可以换取礼品 A、B 或 C, 方法数为 3, 即 $f(2) = 3$. 当 $n \geq 3$ 时, 可先考虑用一张礼券换 A, 再考虑剩下的 $n-1$ 张礼券换礼品的方法数; 或先用二张礼券换 A 或 B, 再用剩下的 $n-2$ 张礼券换礼品的方法数. 这样, 按换取的第一份礼品规格分成三类, 就可以建立 $f(n)$, $f(n-1)$ 和 $f(n-2)$ 的二阶线性递推关系, 解递推关系就可求出 $f(n)$ 的表达式了.

简明解答 按换取的第一份礼品规格分成三类:

(1) 若换一份礼品 A, 余券换礼品还有 $f(n-1)$ 种方法;

(2) 若换一份礼品 B, 余券换礼品还有 $f(n-2)$ 种方法;

(3) 若换一份礼品 C, 余券换礼品还有 $f(n-2)$ 种方法. 又显然 $f(1) = 1$, $f(2) = 3$, 故有递推关系

> 这里, $f(1)$, $f(2)$ 称为初值, 是递推的基础.

$$\begin{cases} f(1) = 1, \\ f(2) = 3, \\ f(n) = f(n-1) + 2f(n-2). \end{cases}$$

而 $f(n) = f(n-1) + 2f(n-2)$ 可化为

$$\begin{aligned} f(n) + f(n-1) &= 2[f(n-1) + f(n-2)] \\ &= 2^2[f(n-2) + f(n-3)] \end{aligned}$$

> 此式表明了数列 $\{f(n) + f(n-1)\}$ 是首项为 2, 公比也为 2 的等比数列.

$$= \cdots\cdots$$
$$= 2^{n-2}\big[f(2)+f(1)\big]$$
$$= 2^{n}. \qquad\qquad ①$$

而且 $f(n)=f(n-1)+2f(n-2)$ 还可化为

$$f(n)-2f(n-1)=-\big[f(n-1)-2f(n-2)\big]$$
$$= f(n-2)-2f(n-3)$$
$$= -\big[f(n-3)-2f(n-4)\big]$$
$$= \cdots\cdots$$
$$= (-1)^{n}. \qquad\qquad ②$$

由①②两式联立解得

$$f(n)=\frac{1}{3}\big[2^{n+1}+(-1)^{n}\big].$$

总结反思 递推关系 $f(n)=f(n-1)+2f(n-2)$ 当然可以用特征方程求解,但计算过程较为繁琐,不及这里"递推"的方法简单明了. 这说明,在数学解题中固然要重视通法,但创造性思维仍然十分重要,这是灵活快捷地处理数学问题的基础.

□ 分式型递推迭代问题

形如 $a_{n+1}=\dfrac{\alpha a_n+\beta}{a_n+\gamma}$ (其中 $\gamma\neq\dfrac{\beta}{\alpha}$)的数列,称为分式型迭代递推数列,如果称 $x=\dfrac{\alpha x+\beta}{x+\gamma}$ 的根为该数列的不动点,则此类问题可用如下的不动点法处理:

若该数列有两个相异的不动点 μ、γ,则 $\left\{\dfrac{a_n-\mu}{a_n-v}\right\}$ 为等比数列;若该数列有唯一的不动点 μ,则 $\left\{\dfrac{1}{a_n-\mu}\right\}$ 为等差数列. 这样,将问题转化为等比、等差数列之后,进一步的处理就十分容易了.

【例8】 设函数 $f(x)=\dfrac{x+m}{x+1}$,且存在函数 $s=\varphi(t)=at+b$ $(t>\dfrac{1}{2},a\neq0)$,满足 $f(\dfrac{2t-1}{t})=\dfrac{2s+1}{s}$.

此式表明了数列 $\{f(n)-2f(n-1)\}$ 是首项为 -1,公比也为 -1 的等比数列.

利用①,令
$$f(n)+t\cdot2^{n}=$$
$$-\big[f(n-1)+t\cdot2^{n-1}\big]$$
求出 t,利用等比数列 $\{f(n)+t\cdot2^{n}\}$ 也可直接得出 $f(n)$. 请读者练习.

从下文中例8,可看出这种方法的合理性.

此题为2010年"卓越联盟"试题.

(1)证明:存在函数 $t=\varphi(s)=cs+d(s>0)$,满足 $f\left(\dfrac{2s+1}{s}\right)$ $=\dfrac{2t-1}{t}$;

(2)设 $x_1=3$,$x_{n+1}=f(x_n)$,$n=1,2,\cdots$,证明:

$$|x_n-2|\leqslant\frac{1}{3^{n-1}}.$$

思维指向 对于(1),可采用待定系数法直接推出 $t=\varphi(s)$ $=cs+d(s>0)$ 的关系式;对于(2),可先用不动点法求出 x_n 的关系式直接得出关于 x_n-2 的关系式,再采用放缩法处理.

问题探究 先由 $f\left(\dfrac{2t-1}{t}\right)=\dfrac{2s+1}{s}$ 恒成立,求出单数 m,a,b 的值,再求解(1)和(2).

(1)写出 $f\left(\dfrac{2s+1}{s}\right)$ 和 $\dfrac{2t-1}{t}$ 的表达式,由 $f\left(\dfrac{2s+1}{s}\right)=\dfrac{2t-1}{t}$ 恒成立,解方程组得出 c,d 的值即可.

(2)先由 $x_{n+1}=\dfrac{x_n+4}{x_n+1}$,得出不动点方程,求出不动点,再按不动点方法求出 x_n-2,最后用分析法证明不等式 $|x_n-2|$ $\leqslant\dfrac{1}{3^{n-1}}$.

简明解答 (1)因为

$$f\left(\frac{2t-1}{t}\right)=\frac{\dfrac{2t-1}{t}+m}{\dfrac{2t-1}{t}+1}=\frac{2t-1+mt}{2t-1+t}=\frac{(m+2)t-1}{3t-1},$$

$$\frac{2s+1}{s}=\frac{2(at+b)+1}{at+b}=\frac{2at+2b+1}{at+b}.$$

所以,$\dfrac{(m+2)t-1}{3t-1}=\dfrac{2at+2b+1}{at+b}$,变形可得

$(m+2)at^2+(bm+2b-a)t-b=6at^2+(6b+3-2a)t-(2b+1)$.

由于此式对一切 $t>\dfrac{1}{2}$ 恒成立,故有

$$\begin{cases}(m+2)a=6a,\\ bm+2b-a=6b+3-2a,\\ -b=-2b-1,\\ a\neq 0.\end{cases}\Rightarrow\begin{cases}m=4,\\ a=3,\\ b=-1.\end{cases}$$

解(1)的关键是两步,其一是化简变形,其二是通过恒成立的条件比较系数得方程组,解方程组即得结论.

故得 $f(x)=\dfrac{x+4}{x+1}$, $s=\varphi(t)=3t-1$.

因为

$$f\left(\frac{2s+1}{s}\right)=f\left(2+\frac{1}{s}\right)=\frac{2+\frac{1}{s}+4}{2+\frac{1}{s}+1}=\frac{6s+1}{3s+1},$$

$$\frac{2t-1}{t}=\frac{2(cs+d)-1}{cs+d}=\frac{2cs+2d-1}{cs+d}.$$

由 $\dfrac{6s+1}{3s+1}=\dfrac{2cs+2d-1}{cs+d}$，变形得

$$6cs^2+(6d+c)s+d=6cs^2+(6d-3+2c)s+2d-1$$

比较系数，可得 $\begin{cases} 6d+c=6d-3+2c, \\ d=2d-1. \end{cases}$

由此解得 $c=3$, $d=1$, 故存在函数 $\varphi(s)=3s+1$.

(2) 由 $x_{n+1}=\dfrac{x_n+4}{x_n+1}$，考虑数列的不动点，设为 λ，则 $\lambda=\dfrac{\lambda+4}{\lambda+1}$，解得 $\lambda=\pm2$. 注意到

$$x_{n+1}+2=\frac{x_n+4}{x_n+1}+2=\frac{3(x_n+2)}{x_n+1}, \qquad ①$$

$$x_{n+1}-2=\frac{x_n+4}{x_n+1}-2=\frac{-(x_n-2)}{x_n+1}. \qquad ②$$

由①÷②，得

$$\frac{x_{n+1}+2}{x_{n+1}-2}=-3\cdot\frac{x_n+2}{x_n-2}.$$

故数列 $\left\{\dfrac{x_n+2}{x_n-2}\right\}$ 是公比为 -3 且首项为 5 的等比数列，故有

$$\frac{x_n+2}{x_n-2}=5\times(-3)^{n-2}.$$

即

$$x_n-2=\frac{4}{5\times(-3)^{n-1}-1},$$

$$|x_n-2|=\left|\frac{4}{5\times(-3)^{n-1}-1}\right|.$$

又要证 $|x_n-2|\leqslant\dfrac{1}{3^{n-1}}$，即要证 $\left|\dfrac{4}{5\times(-3)^{n-1}-1}\right|\leqslant\dfrac{1}{3^{n+1}}$，

即要证

$$4\times3^{n-1}\leqslant|5\times(-3)^{n-1}-1|. \qquad ③$$

若 $n=2k$，则 $|5\times(-3)^{n-1}-1|=5\times3^{2k-1}+1\geqslant4\times3^{2k-1}$；

这里，思想方法和前面基本上是一致的.

下面的过程即是通过具体的例子介绍求递推数列的通项的方法. 就一般规律的论证请同学自己完成.

这里，没有按常规的方法求出 x_n，而是直接得出 x_n-2，从运算的角度简化了一步.

因涉及 $(-3)^{n-1}$ 的符号讨论，故需要就 n 的奇偶性进行讨论.

若 $n=2k-1$，则 $4\times3^{2k-2}\leqslant|5\times(-3)^{2k-2}-1|$ 等价于

$$4\times3^{2k-2}\leqslant5\times3^{2k-2}-1$$

即

$$3^{2k-2}\geqslant1.$$

这当然是成立的.

综上可知，③显然成立，不等式获证.

总结反思 此题(2)，不仅应用了不动点方法求分式递推数列的通项，而且其解题过程中隐含了这一方法的推导过程. 请读者迁移此法到一般情形供练习之用. 对于数列有唯一的不动点 μ 的情形如何推导数列 $\left\{\dfrac{1}{a_n-\mu}\right\}$ 是等差数列，也请读者思考.

思考与训练 ★★★
★★★

1. 设 $x_1>0$，$x_{n+1}=\dfrac{3(1+x_n)}{3+x_n}$，$n=1,2,3,\cdots$，那么 （　　）

A. 数列 $\{x_n\}$ 是单调递增的

B. 数列 $\{x_n\}$ 是单调递减的

C. 数列 $\{x_n\}$ 是单调递增的，或是单调递减的

D. 数列 $\{x_n\}$ 既非单调递增的，也非单调递减的

2. 在数列 $1,3,2,\cdots$ 中，$a_{n+2}=a_{n+1}-a_n$，则 $\sum\limits_{i=1}^{100}a_i=$ _____.

3. 已知数列 $\{a_n\}$ 满足 $a_1=1,a_2=2$，且 $a_{n+2}=3a_{n+1}-2a_n$，则 $a_{2013}=$ _____.

4. 设 $\{A_n(a_n,b_n)\}$ 为平面上的点列，其中数列 $\{a_n\}$、$\{b_n\}$ 满足：

$$a_{n+1}=2+\frac{3a_n}{a_n{}^2+b_n{}^2},\quad b_{n+1}=-\frac{3b_n}{a_n{}^2+b_n{}^2}.$$

已知 A_1 的坐标为 $A_1(1,2)$.

(1)试确定点 A_1、A_2、A_3 所在圆 C 的方程；

(2)证明点列 $\{A_n\}$ 在定圆 C 上；

(3)求数列 $\{a_n\}$ 的通项公式.

第3节 统计与概率论基础

概率论是研究随机现象和不确定性的数学,更精确地说,是用来模拟实验在同一环境下会产生不同结果的情状的科学。计数原理与方法是研究概率论的基础。此类问题又是高等数学的基础,对分析问题和解决问题的能力要求较高,因而在高校自主招生中有着较高的要求。

典型的问题有掷骰子、扔硬币、抽扑克牌及转盘游戏等.

□ 基本计数公式及其应用

从 n 个不同元素中,任取 m 个不同元素的排列数是

$$A_m^n = n(n-1) \cdot \cdots \cdot (n-m+1) = \frac{n!}{(n-m)!}$$

从 n 个不同元素中,任取 m 个不同元素的组合数是

$$C_n^m = \frac{A_m^n}{m!} = \frac{n!}{m!\,(n-m)}$$

从 n 个不同元素中,可重复取 m 个元素的排列数是 n^m.

从 n 个不同元素中,可重复取 m 个元素的组合数是

$$C_{n+m-1}^{n-1} = C_{n+m-1}^n$$

重复元素的固定排列,由 m_1 个 a_1,m_2 个 a_2,$\cdots$,m_r 个 a_r 所组成的排列数是

$$\frac{(m_1+m_2+\cdots+m_r)!}{m_1!\,\cdot m_2!\cdots m_r!}.$$

从 n 个不同元素中,取 m 个不同元素的圆排列数是

$$\frac{A_n^{\,m}}{m} = \frac{n!}{m \cdot (n-m)!}$$

当 $m=n$ 时,圆排列数为 $(n-1)!$.

【例1】 甲、乙、丙、丁等七人排成一排,要求甲在中间,乙、丙相邻,且丁不在两端,则不同的排法共有多少种?

思维指向▷综合运用分类加法原理和分步乘法原理,以及

此题为 2010 年清华大学等五校联考题.

排列组合公式计数.

问题探究 七人站成一排后,从左到右依次编号为 $1,2,$ $3,4,5,6,7$.依题意,甲必须站在第 4 号位上,由于丁不在两端,故可根据丁的站位分类讨论.由于乙、丙相邻,故可将乙、丙"绑定"参加排列,只是要注意"绑定"的乙、丙内部之间还有排序上的区别就行了.

简明解答 从左到右依次将七人所站位置编号为 $1,2,3,$ $4,5,6,7$.下面分两类进行分析.

(1)当丁站在 2 或 6 号位时,符合要求的排法有
$$C_2^1 \times 2A_2^2 \times A_3^3 = 48(种)$$

(2)当丁站在 3 或 5 号位时,符合要求的排法有
$$C_2^1 \times (A_2^2 + 2A_2^2) \times A_3^3 = 72(种)$$

综上可知,符合要求的不同排法共有 $48+72=120$ 种.

总结反思 分类加法计数原理和分步乘法计数原理,以及排列和组合的基本公式是处理计数问题的基本工具.对于有特殊排列位置要求的元素,常优先考虑,它常常成为分类的重要依据;对于要求排列在一起的元素,常先将它们"捆绑"起来再参与排列,只是在"捆绑"前要注意它们内部位置的排列问题.

【例2】 $1,2,3,4,5$ 的排列 a_1,a_2,a_3,a_4,a_5 具有性质:对于 $1 \leqslant i \leqslant 4$. $a_1,a_2,\cdots,a_i$ 不构成 $1,2,\cdots,i$ 的某个排列.求这种排列的个数.

思维指向 宜根据 $a_1=1,2,3,4,5$ 共五种情形分类,求满足要求的排列的个数.但注意到 $a_1,a_2,\cdots,a_i$ 构成 $1,2,\cdots,i$ 的排列的情形,比它们不构成 $1,2,\cdots,i$ 的排列的情形较容易把握,故对每一类的排列个数的计算可采用"正难则反"的策略,即

合乎要求的排列数=全排列数−不合要求的排列数

问题探究 对 a_1 的可能性分如下情况进行讨论.

(1)当 $a_1=1$ 时,a_1 就是 1 的排列,显然不符合要求;

(2)当 $a_1=2$ 时,除排 3 种不合要求的情况:

①a_1,a_2,a_3,a_4 构成 $1,2,3,4$ 的某个排列,此时 $a_5=5$,这种排列共有 $3!=6$ 种;

②a_1,a_2,a_3,a_4 不构成 $1,2,3,4$ 的某个排列,但 a_1,a_2,a_3 构成 $1,2,3$ 的排列,此时 $a_4=5,a_5=4$,这种排列共有 $2!=2$ 种;

③a_1,a_2,a_3,a_4 不构成 $1,2,3,4$ 的某个排列,而且 a_1,a_2,a_3

"捆绑法",这是分析处理排列组合计数问题的一种典型方法.读者可参考相关的文本加深对它的理解.

此题为 2009 年浙江大学自主招生试题.

①即 $a_1=2$ 且 $a_5=5$,其余全排的方法数;②即 $a_1=2$ 且 $a_4=5,a_5=4$,其余全排的方法数;满足③的排列 (a_1,a_2,a_3,a_4,a_5) 只有 $(2,1,4,5,3)$,$(2,1,5,4,3)$,$(2,1,5,3,4)$三种.下文中的分析同类同进行.

也不构成 $1,2,3$ 的排列,但 a_1,a_2 构成 $1,2$ 的排列,此时 $a_2=1$,这种排的个数有 3 种.

所以,当 $a_1=2$ 时,共有 $4!-3!-2!-3=13$ 种.

(3)当 $a_1=3$ 时,排除如下两种情况:

①若 a_1,a_2,a_3,a_4 构成 $1,2,3,4$ 的某个排列,则 $a_5=5$,这种排列共有 $3!=6$ 种;

②若 a_1,a_2,a_3,a_4 不构成 $1,2,3,4$ 的某个排列,但 a_1,a_2,a_3 构成 $1,2,3$ 的某个排列.则 $a_4=5,a_5=4$,这种排列共有 2 种.

所以,当 $a_1=3$ 时共有 $4!-3!-2=16$ 种;

(4)当 $a_1=4$ 时,只要排除一种情形,即 a_1,a_2,a_3,a_4 构成 $1,2,3,4$ 的某个排列的情形,此时 $a_5=5$,这种排列共有 $3!=6$ 种.

所以,当 $a_1=4$ 的共有 $4!-3!=18$ 种.

(5)当 $a_1=5$ 时,a_1,a_2,a_3,a_4 均为符合题设要求的排列,此时这种排列个数为 $4!=24$ 种.

以上各种情形求和,即得符合要求的排列个数.

【简明解答】当 $a_1=1$ 时,符合要求的排列个数为 0;当 $a_1=2$ 时,符合要求的排列个数为 $4!-3!-2!-3=13$ 种;当 $a_1=3$ 时,符合要求的排列个数为 $4!-3!-2=16$ 种;当 $a_1=4$ 时,符合要求的排列个数为 $4!-3!=18$ 种;当 $a_1=5$ 时,符合要求的排列个数为 $4!=24$ 种.

综上可知,满足题设要求的排列个数为 $13+16+18+24=71$ 种.

【总结反思】分类讨论是处理计数问题最重要的数学思想,分类时要做到"全、清、齐",亦即不重复也不遗漏,这是分类的基本原则.如本例"问题探究"中的 $a_1=2$ 情形,实质上是不合要求的情况只有两大类:第一类为"a_1,a_2,a_3,a_4 构成 $1,2,3,4$ 的某个排列";第二类为"a_1,a_2,a_3,a_4 不构成 $1,2,3,4$ 的某个排列".前面的表述中,不过是将第二类又分为了"a_1,a_2,a_3 构成 $1,2,3$ 的某个排列"和"a_1,a_2,a_2 不构成 $1,2,3$ 的某个排列"两种情形讨论,即讨论过程中对第二类又分为了两个"子类"计算不合要求的排列的个数.

整个计数的过程均基于分类讨论.分类加法计数原理贯穿解题的始终.分类的基本原则:全、清、齐.

这里实际上进行了多级分类,即首先分为两大类,再对第二大类又进行分类.

□ 概率的基本性质及应用

(1)若 $A_1,A_2,\cdots,A_n$ 就两两互斥的事件,则有
$$P(A_1 \bigcup A_2 \bigcup \cdots \bigcup A_n)=P(A_1)+P(A_2)+\cdots+P(A_n)$$

(2)若 A、B 是事件,且 $A \subset B$,则 $P(A) \leqslant P(B)$.

(3)对任一事件 A,有 $0 \leqslant P(A) \leqslant 1$.

(4)若 $\overline{A}$ 是 A 的对立事件,则 $P(\overline{A})=1-P(A)$.

(5)对于任意两个事件 A,B,有
$$P(A \bigcup B)=P(A)+P(B)-P(AB)$$

> (1)称为互斥事件的概率的有限可加性;
> (5)称为两个事件的概率的加法公式,该公式可推广到 n 个事件的情形.

【例3】 已知某音响设备由五个部件组成,A 电视机、B 影碟机、C 线路、D 左声道和 E 右声道,其中每个部件工作的概率如图 $4-3-1$ 所示.能听到声音,当且仅当 A 与 B 中有一工作,C 工作,D 与 E 中有一工作;且若 D 和 E 同时工作则有立体声效果.求:

> 此题为 2007 年清华大学试题.

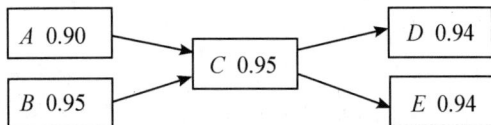

图 $4-3-1$

(1)能听到立体声效果的概率;

(2)听不到声音的概率.

思维指向▷ 由于已知各个部件工作的概率,故求满足题设要求的概率,可通过概率的基本性质直接算出.

问题探究▷ 要能听到声音,当且仅当 A 与 B 中恰有一个工作,C 工作,D 与 E 有一个工作,且 D 与 E 同时工作时才有立体声效果.

对于(1),由于 A 与 B 中恰有一工作的概率为 $1-0.10 \times 0.05$,C 工作的概率为 0.95,D 与 E 同时工作的概率为 0.94×0.94,故"能听到立体声效果"的概率可由公式直接算出.

对于(2),A 和 B 至少有一个工作的概率为 $(1-0.10 \times 0.05)$,C 和 D 至少有一个工作的概率为 $(1-0.06^2)$,故能听到

> 这里多次运用了对立事件的概率的计算公式,实质上也是一种间接处理问题的技巧的运用.

声音的概率为$(1-0.10\times0.05)\times0.95\times(1-0.06^2)$,由此即可求出"听不到声音"的概率.

简明解答 (1)听到立体声效果的概率为

$$P=(1-0.10\times0.05)\times0.95\times0.94^2=0.835229$$

(2)听不到声音的概率为

$$P=1-(1-0.10\times0.05)\times0.95\times(1-0.06^2)=0.0581529$$

总结反思 解题过程中多次运用了对立事件概率的计算公式 $P(\overline{A})=1-P(A)$,这种思考问题的方式方法其实就是"正难则反"的解题策略.

【例4】 某种细胞如果不能分裂则死亡,并且一个细胞死亡或分裂为两个细胞的概率都为$\dfrac{1}{2}$,现有两个这样的细胞,求两次分裂后还有细胞存活的概率.

> 此题为 2009 年复旦大学试题改编,原题为选择题.

思维指向 就两个细胞"两次"分裂的情况,一一列举计算出没有细胞存活的概率,进而求出"还有细胞存活"的概率.

问题探究 说两个细胞分别为 a 和 b,分裂情况及其概率可列如下图表:

$$a\begin{cases}\text{第一次分裂后}\begin{cases}a_1\to\varphi(\text{第二次不能分裂})\\a_2\to\varphi(\text{第二次不能分裂})\end{cases}A,\\ \varphi(\text{第一次不能分裂})B.\end{cases}$$

$$b\begin{cases}\text{第一次分裂后}\begin{cases}b_1\to\varphi(\text{第二次不能分裂})\\b_2\to\varphi(\text{第二次分裂不能分裂})\end{cases}C,\\ \varphi(\text{第一次不能分裂})D.\end{cases}$$

易知 $P(A)=\dfrac{1}{2}\times\dfrac{1}{2}\times\dfrac{1}{2}$,$P(B)=\dfrac{1}{2}$,$P(C)=\dfrac{1}{2}\times\dfrac{1}{2}\times\dfrac{1}{2}$,$P(D)=\dfrac{1}{2}$,当且仅当事件 $A\bigcap C,A\bigcap D,B\bigcap C,B\bigcap D$ 中任何一个发生时没有细胞存活,利用对立事件的概率计算公式,即可求出两次分裂后还有细胞存活的概率.

简明解答 记两个细胞分别为 a,b,a 第一次分裂后第二次不能分裂为事件 A,a 第一次不能分裂为事件 $B;b$ 第一次分裂后第二次不能分裂为事件 C,b 第一次不能分裂为事件 D,则

$$P(A)=\dfrac{1}{2}\times\dfrac{1}{2}\times\dfrac{1}{2}=\dfrac{1}{8},P(B)=\dfrac{1}{2},P(C)=\dfrac{1}{2}\times\dfrac{1}{2}\times\dfrac{1}{2}$$

> 将问题数学化是解题的关键.由于对立事件的概率更容易计算,故运用对立事件的概率公式处理,是求解本题的一个突破口.

$=\dfrac{1}{8}, P(D)=\dfrac{1}{2}.$

当且仅当 $A\bigcap C, A\bigcap D, B\bigcap C, B\bigcap D$ 中有一个发生时,没有细胞存活,故两次分裂后没有细胞存活的事件 E 的概率为

$$P(E)=P(A\bigcap C)+P(A\bigcap D)+P(B\bigcap C)+P(B\bigcap D)$$

$$=\dfrac{1}{8}\times\dfrac{1}{8}\times\dfrac{1}{8}\times\dfrac{1}{2}+\dfrac{1}{8}\times\dfrac{1}{2}+\dfrac{1}{2}\times\dfrac{1}{2}=\dfrac{25}{64}.$$

所以,两次分裂后还有细胞存活的概率为

$$1-P(E)=1-\dfrac{25}{64}=\dfrac{39}{64}.$$

总结反思 确定利用对立事件的概率计算公式 $P(\overline{A})=1-P(A)$ 是求解本题最有效的策略,将问题数学化,列"树图"理清两次分裂后没有和细胞存活的事件是解题的关键所在.

□ 两种概型的概率的计算

(1)若试验只可能出现有限多种结果(基本事件),并且各种结果出现的可能性相同,则这种试验称为古典概型.在古典概型中,若共有 n 个基本事件,而事件 A 由 k 个基本事件构成,则

$$P(A)=\dfrac{k}{n}(k\leqslant n).$$

(2)若试验可能出现无限多种结果(基本事件),并且各种结果发生的概率只与构成该事件区域的长度(面积或体积)有关,则称这种概率模型为几何概型,且

$$P(A)=\dfrac{\text{构成事件 } A \text{ 的区域长度(面积或体积)}}{\text{试验的全部结果构成的区域长度(面积或体积)}}$$

显然有在概率的计算中,首先要区别是古典概型还是几何概型,再选择合适的公式计算概率.

> 构成该事件区域的长度、面积或体积,常称为该事件的测度.计算几何概型,关键在于求测度.

【例5】 三人玩剪子、石头、布的游戏,在一次游戏中,三人不分输赢的概率为 _____ ;在一次游戏中,甲获胜的概率为 _____ .

思维指向 这是一个古典概型问题,先确定在一次游戏中所包含的基本事件个数,再分别确定"三人不分输赢"和"甲获

> 此题为 2006 年上海交大自主招生试题.

胜"所包含的基本事件数,然后利用公式计算概率.

问题探究 显然,基本事件数即为剪子、石头、布的可重复排列数 $3^3=27$.

"三人不分输赢"的情形包括三人相同或都不相同,其事件数为 $3+6=9$,故

$$P(\text{三人不分输赢})=\frac{9}{27}=\frac{1}{3}$$

"甲获胜"的情形包括甲同时赢乙和丙,或甲与另一人同时赢第三方,其事件数为 $3+6=9$,故

$$P(\text{甲获胜})=\frac{9}{27}=\frac{1}{3}.$$

简明解答 $\frac{1}{3},\frac{1}{3}$.

总结反思 本题中合理求出基本事件总数和"三人不分输赢"、"甲获胜"所包含的基本事件数是解题的关键所在. 由于甲、乙、丙均可同时出剪子、石头或布,故基本事件总数是三个元素的可重复排列数,"三人不分输赢"和"甲获胜"所包含的基本事件数可通过列举进行计算,这些都是容易出错的地方,值得注意.

【例6】 某市在36位"政协委员"候选人中任选2名,其中来自教育界的候选人共有6人,求:

(1)至少有1名来自教育界的人当选的概率是多少?

(2)候选人中任何人都有当选的可能性,若选得同性别委员的概率等于 $\frac{1}{2}$,则男女候选人相差几名?(注:男候选人多于女候选人)

思维指向 本题为古典概型问题,应利用古典概型的概率计算公式求解.

问题探究 (1)基本事件总数即为从36个人中任取2人的组合数 C_{36}^2,包含题设事件的总数可由基本事件总数 C_{36}^2 减去不合要求的事件数 C_{30}^2.

(2)"同性别"即同为男性或同为女性,设男性为 x 人,则两人都是男性或两人都是女的概率可用关于 x 的代数式表示,由其和为 $\frac{1}{2}$ 则可列出关于 x 的方程,解方程可得出 x 的值,男女

侧注：
"三人不分输赢"的事件中包含"三人都不相同"的情形,"甲获胜"的事件中包含"甲与另一人同时赢第三方"的情形,容易被忽视,值得注意!

此题为2010年中南财经政法大学自主招生试题.

(2)是典型的运用方程思想解题的案例——要求 x 的值,先设法建立关于 x 的方程.

相差几名也就清楚了.

简明解答 (1)任意选取 2 人的选法为 C_{36}^2,其中 2 人都不是来自教育界的选法为 C_{30}^2,因此所求概率为

$$P=\frac{C_{36}^2-C_{30}^2}{C_{36}^2}=\frac{13}{42}.$$

(2)设男候选人为 $x(x>18)$ 人,则女候选人为 $(36-x)$ 人.选出两人都是男性的概率为 $P_1=\frac{C_x^2}{C_{36}^2}$,选出两人都是女性的概率为 $P_2=\frac{C_{36-x}^2}{C_{36}^2}$,由题意得

$$\frac{C_{36-x}^2}{C_{36}^2}+\frac{C_x^2}{C_{36}^2}=\frac{1}{2},$$

化简得 $\qquad x^2-36x+35\times 9=0.$

由此解得 $x=21(x>18)$

故男女相差 $21-(36-21)=6$ 人.

解方程得两个根分别为 $x_1=21$,$x_2=15$.这里舍去了 $x_2=15$.

总结反思 此题(1)为古典概型计算公式的直接应用;(2)虽然用到方程思想,但实际上仍是直接运用古典概型计算公式建立方程,因而本题难度不大.

【例7】 在圆内取一点,则以其为中点的弦长大于半径的概率为_____.

思维指向 这是一道几何概型问题,可利用几何概型的计算公式求出其概率.

问题探究 设半径为 1,弦长大于半径,就是该点离圆心为距离小于 $\frac{\sqrt{3}}{2}$,即该点在半径为 $\frac{\sqrt{3}}{2}$ 的圆内,概率为小圆与大圆的面积之比 $(\frac{\sqrt{3}}{2})^2=\frac{3}{4}.$

简明解答 $\frac{3}{4}.$

总结反思 计算几何概型的概率的关键就是将概率转化为长度、面积或体积的比例,具体转化为何种比例由问题的性质而定.

求几何概型的最典型的例子是"蒲丰投针"试验,请参阅本书第 3 章第 2 节的"思考与训练".

【例8】 平面内画有间距为 d 的平行线,证明:任意放一根长为 $l(l<d)$ 的针与平行线相交的概率为

$$p=\frac{2l}{\pi d}.$$

此题为 2013 年清华大学保送生综合测试题.此题与历史上著名的"蒲丰投针"(Buffon)问题相关.

思维指向 构造几何概型计算针与平行线相交的概率,得出要证明的结论.

问题探究 利用针的中点到平行线的距离 x 和针与平行线的夹角 φ 所构成二维随机向量 (x,φ). 考察该随机变量在某一区域下的均匀分布得到所要证明的结论.

简明解答 如图 $4-3-2(1)$ 所示,设 M 为针的中点,x 表示针投在平面上时 M 与最近的一条平行线的距离,φ 表示针与平行线的夹角,则有 $0\leqslant x\leqslant\dfrac{d}{2}$,$0\leqslant\varphi\leqslant\pi$,由它们所构成的平面区域记为

$$G_1:\begin{cases}0\leqslant x\leqslant\dfrac{d}{2},\\[2mm]0\leqslant\varphi\leqslant\pi.\end{cases}$$

则针与平行线相交的充要条件是

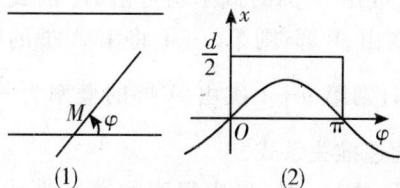

图 $4-3-2$

$$0\leqslant x\leqslant\frac{l}{2}\sin\varphi,$$

记满足这个关系的区域为 g_1,则所求概率

$$p=\frac{\int_0^\pi\dfrac{1}{2}\rho\sin\varphi d\varphi}{\dfrac{1}{2}d\pi}=\frac{2l}{\pi d}.$$

总结反思 本题是在假设针的中点到平行线的距离 x 和针与平行线的夹角 φ 所构成的二维随机向量 (x,φ) 服从 $G_1:\begin{cases}0\leqslant x\leqslant\dfrac{d}{2}\\[2mm]0\leqslant\varphi\leqslant\pi\end{cases}$ 上的均匀分布得到的结论. 如果假设不同,结论也可能不同.

如假设针的中点到平行线的距离 x 和针在平行线上的投影 y 所构成的二维随机向量 (x,y) 服从 $G_1:\begin{cases}0\leqslant x\leqslant\dfrac{d}{2}\\[2mm]0\leqslant y\leqslant l\end{cases}$ 上的均匀分布的前提下,所求概率为 $P=\dfrac{l\pi}{4d}$;

若假设针的两端点到平行线的距离 Z_1、Z_2 所构成的二维随机向量 (Z_1,Z_2) 服从 $G_3:\begin{cases}|z_1-z_2|\leqslant d\\[2mm]|z_1+z_2|\leqslant l\end{cases}$ 上的均匀分布的前提下,所求概率为 $\dfrac{l}{2d}$.

Buffon 投针问题是个很有趣的课题,在 2010 年的自主招生和保送生考试中清华大学有过类似的问题,有兴趣的读者请参阅相关文献.

【例9】 A、B 两人轮流掷一个骰子,第一次由 A 先掷,若 A 掷到一点,下次仍由 A 掷,若 A 掷不到一点,下次换 B 掷,对 B 同样适用此规则. 如此依次投掷,记第 n 次由 A 掷的概率为 A_n.

(1)求 A_{n+1} 与 A_n 的关系;

(2)求 $\lim\limits_{n\to\infty} A_n$ 的值.

> 此题为 2002 年上海交通大学自主招生试题.

思维指向 就第 n 次由 A 掷或由 B 掷两种情形计算第 n $+1$ 次由 A 掷的概率 A_{n+1},进而建立 A_n 和 A_{n+1} 的递推关系,对递推关系两边取极限求得 $\lim\limits_{n\to\infty} A_n$ 的值.

> 本章第 2 节介绍过关于建立递推数列关系式解题的思想,请参看.

问题探究 (1)由于第 n 次由 A 掷或由 B 掷的概率之和为 1,故第 n 次由 A 掷成或由 B 掷的概率均可用 A_n 的式子表示. 由条件知,如果第 n 次由 A 掷,则第 $n+1$ 将由 A 掷的概率为 $\frac{1}{6}$,如果第 n 次由 B 掷,则第 $n+1$ 次由 A 掷的概率为 $\frac{5}{6}$,由此即可写出 A_{n+1} 和 A_n 的递推关系式.

(2)注意到 $\lim\limits_{n\to\infty} A_n = \lim\limits_{n\to\infty} A_{n+1}$,对(1)中得到的递推关系式两边取极限,即可得到关于 $\lim\limits_{n\to\infty} A_n$ 的方程,解方程即可求出 $\lim\limits_{n\to\infty} A_n$ 的值.

简明解答 (1)由于第 n 次中 A 掷的概率为 A_n,故由 B 掷的概率为 $1-A_n$,而由 A 掷到一点的概率为 $\frac{1}{6}$,B 掷不到一点的概率为 $\frac{5}{6}$,故

$$A_{n+1} = \frac{1}{6}A_n + \frac{5}{6}(1-A_n) = -\frac{2}{3}A_n + \frac{5}{6}.$$

即

$$A_{n+1} = -\frac{2}{3}A_n + \frac{5}{6}.$$

> 第 $n+1$ 次由 A 掷由两个事件:第 n 次 A 掷到一点和第 n 次 A 掷不到一点.

(2)设 $\lim\limits_{n\to\infty} A_n = x$,则 $\lim\limits_{n\to\infty} A_{n+1} = x$,由(1)得

$$\lim\limits_{n\to\infty} A_{n+1} = -\frac{2}{3}\lim\limits_{n\to\infty} A_n + \frac{5}{6}.$$

即

$$x = -\frac{2}{3}x + \frac{5}{6}.$$

由此解得 $x = \frac{1}{2}$,故 $\lim\limits_{n\to\infty} A_n = \frac{1}{2}$.

总结反思 以上的解法没有用到题目的条件"第一次由 A 先掷",由此可知,当投掷的次数很大时,第 n 次由 A 掷或由 B 掷的概率是相等时,均为 $\frac{1}{2}$. 当然,利用这个条件,可不必"取极

限"而利用(1)的递推关系求出 A_n,再求 $\lim\limits_{n\to\infty}A_n$ 的值.事实上,由

(1)得
$$A_{n+1}=-\frac{2}{3}A_n+\frac{5}{6},$$
$$A_n=-\frac{2}{3}A_{n+1}+\frac{5}{6},$$

两式相减,得 $\quad A_{n+1}-A_n=-\frac{2}{3}(A_n-A_{n-1}).$

注意到 $A_1=1$,$A_2=\frac{1}{6}$,令 $B_n=A_n-A_{n-1}$,则 $\{B_n\}$ 是首项为

$B_2=A_2-A_1=-\frac{5}{6}$,公比为 $q=-\frac{2}{3}$ 的等比数列,故有

$$B_n=B_2\cdot q^{n-2}=-\frac{5}{6}\cdot(-\frac{2}{3})^{n-2}.$$

$$A_n=1-\frac{5}{6}[1+(-\frac{2}{3})+(-\frac{2}{3})^2+\cdots+(-\frac{2}{3})^{n-2}]$$

$$=\frac{1}{2}+(\frac{1}{2})\cdot(-\frac{2}{3})^{n-1}$$

显然有 $\lim\limits_{n\to\infty}A_n=\frac{1}{2}.$

> 由(1)得到的递推关系式为一阶线性迭代递推关系,这里的解法属于求解这类问题的通法.请参看本章第 2 节.

数学期望与方差的应用

若离散型随机变量号的概率分布为

ξ	x_1	x_2	$\cdots$	x_i	$\cdots$
p	p_1	p_2	$\cdots$	p_i	$\cdots$

则称
$$E\xi=x_1p_1+x_2p_2+\cdots+x_ip_i+\cdots$$
为 ξ 的数学期望.

若 $y=a\xi+b$,则 $Ey=aE\xi+b.$

同样地,称
$$D\xi=(x_1-E\xi)^2p_1+(x_2-E\xi)^2p_2+\cdots+(x_i-E\xi)^2p_i+\cdots$$
为随机变量 ξ 的方差,$\sqrt{D\xi}$ 则为随机变量 ξ 的标准差.下面是两个十分常用的结论.

$$D\xi=E\xi^2-(E\xi)^2;$$
$$D(k\xi+b)=k^2D\xi(b,k\ 为常数).$$

> 数学期望反映的是离散型随机变量的平均水平.方差或标准则反映了随机变量 ξ 取值的稳定与波动、集中和离散的程度.

【例10】 一袋中有 a 个白球和 b 个黑球,从中任取一个球,如果取出白球,则把它放回袋中;如果取出黑球,则该黑球不再放回,另补一个白球放到袋中.在进行 n 次这样的操作后,记袋中的白球个数为 x_n.

(1)求 Ex_1;

(2)设 $P(x_n=a+k)=P_k$,求 $P(x_{n+1}=a+k)$,$k=0,1,\cdots,b$;

(3)证明:$Ex_{n+1}=(1-\dfrac{1}{a+b})Ex_n+1$.

此题为 2011 年同济大学等九校联考题.

思维指向 按数学期望和概率的计算方法求解.

问题探究 (1)当取出的球是白球时,随机变量 x_1 的取值为 a;当取出的球是黑球时,随机变量 x_1 的取值为 $a+1$. 两种情形对应的概率不难求出,故可得分布列,进而求出数学期望 Ex_1;

(2)当 $k=0$ 时,第 $n+1$ 次取出球后袋中白球的个数 $x_{n+1}=a$ 只有一种情况,而 $k\geqslant 1$ 时,第 $n+1$ 次取出球后袋中白球的个数 $x_{n+1}=a+k$ 包含"第 n 次取出球后袋中白球的个数 $x_n=a+k$"和"第 n 次取出球后袋中白球的个数为 $x_n=a+k-1$"两种情况,故要分情况进行讨论.

(3)第 $n+1$ 次取出球后袋中白球的个数 x_{n+1} 的取值有两种情况:第一种情况是和第 n 次取出球后袋中白球的个数保持不变,即为 Ex_n,此时,第 $n+1$ 次取出白球;第二种情况是第 n 次取出球后袋中白球的个数增加 1,即为 Ex_n+1,此时,第 $n+1$ 次取出黑球.据此即可得出随机变量 x_{n+1} 的分布列,进而算出 Ex_{n+1},得出要证的等式.

注意:袋中原有 a 个白球,每一次操作后白球的个数不会减少,故白球个数的最小值为 a.第 $n+1$ 次取出球后袋中白球的个数 x_{n+1} 的取值的两种情况和 Ex_n 相关,这是值得关注的数值特征.

简明解答 (1)当 $n=1$ 时,随机变量 x_1 的分布列为

x_1	a	$a+1$
P	$\dfrac{a}{a+b}$	$\dfrac{b}{a+b}$

由此即可得

$$Ex_1=a\cdot\frac{a}{a+b}+(a+1)\frac{b}{a+b}=\frac{a^2+ab+b}{a+b}$$

(2)显然,当 $k=0$ 时,$P(x_{n+1}=a+0)=P_0\cdot\dfrac{a}{a+b}$;

当 $k\geqslant 1$ 时,第 $n+1$ 次取出来有 $a+k$ 个白球可能性有

两种：

第 n 次袋中有 $a+k$ 个白球,显然每次取球后,球的总数保持不变,即为 $a+b$ 个,第 $n+1$ 次取出来的也是白球,这种情况发生的概率为 $P_k \cdot \dfrac{a+k}{a+b}$；

第 n 次袋中有 $a+k-1$ 个白球,第 $n+1$ 次取出来的是黑球,由于每次球的总数为 $a+b$,这种情况发生的概率为 $P_{k-1} \cdot \dfrac{b+k-1}{a+b}$, $(k \geqslant 1)$.

此时黑球的个数为 $(b-k+1)$ 个.

由此可得

$$P(x_{n+1}=a+k)=P_k \cdot \dfrac{a+k}{a+b}+P_{k-1} \cdot \dfrac{b-k+1}{a+b}. \quad (k \geqslant 1).$$

(3)第 $n+1$ 次白球的个数 x_{n+1} 的值有两个. 一个是 $x_{n+1}=Ex_n$,此时第 $n+1$ 次取出来的是白球,其发生的概率为 $\dfrac{Ex_n}{a+b}$；另一个是 $x_{n+1}=Ex_n+1$,此时第 $n+1$ 次取出来的是黑球,其发生的概率为 $\dfrac{a+b-Ex_n}{a+b}$. 从而可得如下分布列：

x_{n+1}	Ex_n	Ex_n+1
P	$\dfrac{Ex_n}{a+b}$	$\dfrac{a+b-Ex_n}{a+b}$

从而有

$$Ex_{n+1}=Ex_n \cdot \dfrac{Ex_n}{a+b}+(Ex_n+1)\left(\dfrac{a+b-Ex_n}{a+b}\right)$$

$$=\dfrac{(Ex_n)^2}{a+b}+\left(1-\dfrac{Ex_n}{a+b}\right)(Ex_n+1)$$

$$=\left(1-\dfrac{1}{a+b}\right)Ex_n+1.$$

总结反思 关于求数学期望的问题,关键是要确定随机变量的不同的值及其所对应的概率,这样才能写出分布列,再按计算公式算出数学期望. 当然,对于熟练的解题者,分布列也不一定要写成表格的形式,心中有数即可.

【例 11】 已知基因型为 AA、Aa、aa 的比例为 $u:2v:w$,且 $u+2v+w=1$,且数量充分多,参与交配的亲本是该总体中随机的两个.

(1)求子一代的三种基因型式 AA、Aa、aa 的比例；

此题为 2010 年清华大学等五校联考题. 此题和生物学上的遗传规律相联系,说明自主招生命题注意不同学科知识的有机整合,强调数学应用的基本特征.

(2)子二代的三种基因型式的比例与子一代三种基因型式的比例相同吗？并说明理由.

思维指向 按生物学上的遗传规律，运用概率的方法分析子一代和子二代基因型式的比例.

问题探究 (1)利用表格列出参与交配的两个亲本的基因型式的情况，以及相应发生情况的概率，然后进行统计分析即可得出结论.

(2)利用(1)的结论和规律进行论证.

简明解答 (1)参与交配的两个亲本(一个称为父本、一个称为母本)的基因型式的情况，及相应情况发生的概率和相应情况下子一代的基因型式为 AA，Aa，aa 的概率如下表：

父本、母本的基因型式	相应情况出现的概率	子一代基因型式为 AA 的概率	子一代基因型式为 Aa 的概率	子一代基因型式为 aa 的概率
父 AA 母 AA	u^2	1	0	0
父 AA 母 Aa	$2uv$	$\frac{1}{2}$	$\frac{1}{2}$	0
父 AA 母 aa	uw	0	1	0
父 Aa 母 AA	$2uw$	$\frac{1}{2}$	$\frac{1}{2}$	0
父 Aa 母 Aa	$4v^2$	$\frac{1}{4}$	$\frac{1}{2}$	$\frac{1}{4}$
父 Aa 母 aa	$2vw$	0	$\frac{1}{2}$	$\frac{1}{2}$
父 aa 母 AA	uw	0	1	0
父 aa 母 Aa	$2vw$	0	$\frac{1}{2}$	$\frac{1}{2}$
父 aa 母 aa	w^2	0	0	1

子一代的基因型式为 AA 的概率为

$$p_1=u^2\times1+2uv\times\frac{1}{2}+2uv\times\frac{1}{2}+4v^2\times\frac{1}{4}=(u+v)^2.$$

由对称性知子一代的基因型式为 aa 的概率为

$$p_3=(v+w)^2.$$

子一代的基因型式为 Aa 的概率为

$$p_2=2uw\times\frac{1}{2}+uw\times1+2uv\times\frac{1}{2}+4v^2\times\frac{1}{2}+2vw\times\frac{1}{2}+$$
$$uw\times1+2vw\times\frac{1}{2}=2(uv+uw+v^2+vw)=2(u+v)(v+w).$$

若记 $p=u+v,q=v+w$，则 $p>0,q>0,p+q=1$，子一代的三种基因型式 AA，Aa，aa 的比例为 $p^2:2pq:q^2$.

生产实践或日常生活是概率应用的主要领域.

(2)由(1)可知子二代的基因型式 AA，Aa，aa 的比例为 $a^2 : 2\alpha\beta : \beta$，其中 $\alpha = p^2 + pq$，$\beta = pq + q^2$. 由 $p + q = 1$，可得 $\alpha = p$，$\beta = q$.

故子二代的三种基因型式为 AA，Aa，aa 的比例为 $p^2 : 2pq : q^2$，与子一代的三种基因型式的比例相同.

总结反思 这是一道源自生物学的概率问题，凸显了自主招生考试注重数学知识和其他知识的整合，考查学生应用数学知识解决问题的能力.

思考与训练 ★★★

1. 复旦大学外语系某年级举行一次英语口语演讲比赛，共有 10 人参赛，其中一班有 3 位，二班有 2 位，其他班有 5 位. 若采用抽签的方式确定他们的演讲顺序，则一班的 3 位同学恰好演讲序号相连且二班的 2 位同学的演讲序号不相连的概率是（ ）

A. $\dfrac{1}{20}$　　　　　B. $\dfrac{1}{40}$　　　　　C. $\dfrac{1}{60}$　　　　　D. $\dfrac{1}{90}$

2. 4 封不同的信放入 4 只写好地址的信封中，全部装错的概率为＿＿＿＿＿，恰好只有一封装错的概率为＿＿＿＿＿.

3. 将 3 个小球随机地投入编号 1，2，3，4 的 4 个盒子中（每个盒子容纳的小球的个数没有限制），求：

(1)第 1 个盒子为空盒的概率；

(2)小球最多的盒子中小球的个数 ξ 的分布列与期望、方差.

4. 甲、乙等 4 人相互传球，第一次由甲将球传出，每次传球时，传球者将球等可能地传给另外 3 人中的任何 1 人.

(1)经过 2 次传球后，球在甲、乙两人手中的概率各是多少？

(2)球经过 n 次传递后，球在甲手中的概率记为 $P_n (n = 1, 2, \cdots)$，试求出 P_{n+1} 与 P_n 的关系式，并求 P_n 的表达式及 $\lim\limits_{n \to \infty} P_n$.

5. 7 个红球，8 个黑球，一次取出 4 个.

(1)求恰有一个红球的概率；

(2)设取出黑球的个数为 X，求 X 的分布列和数学期望 EX；

(3)若取出的 4 个球同色，求全为黑色的概率.（注：此题为 2013 年"华约"自主招生试题.）

第4节　数列的极限和函数的连续性

　　数列的极限和函数的连续性问题,既是高中数学内容的自然延拓,又是高等数学的重要基础,因而具有承上启下的功能,自然成为了大学自主招生命题的热点题.此类问题,概念性强,常和函数、数列和不等式综合在一起,对知识的综合运用能力和转化与化归的能力有着较高的要求.

□ 数列极限的运算法则及应用

　　设数列 $\{a_n\}$、$\{b_n\}$ 满足 $\lim\limits_{n\to\infty}a_n=a$,$\lim\limits_{n\to\infty}b_n=b$,则

$$\lim\limits_{n\to\infty}(a_n\pm b_n)=a\pm b,\ \lim\limits_{n\to\infty}a_n\cdot b_n=ab,\ \lim\limits_{n\to\infty}\frac{a_n}{b_n}=\frac{a}{b}\ (b\neq$$

0).这就是数列极限的运算法则,求数列的极限问题,一般均要利用这些法则化归为基本的极限问题.

　　【例1】　$\lim\limits_{n\to\infty}\left[\ln(1+\dfrac{1}{2})+\ln(1+\dfrac{1}{3})+\ln(1+\dfrac{1}{4})+\cdots+\ln\right.$

$\left.(1+\dfrac{1}{n})-\ln n\right]=$ _____ .

　　思维指向 ▶先"求和"化简,再利用极限的运算法则求值.

　　问题探究 ▶由对数的运算公式,得

$$\ln(1+\frac{1}{2})+\ln(1+\frac{1}{3})+\ln(1+\frac{1}{4})+\cdots+\ln(1+\frac{1}{n})-\ln n$$

$$=\ln\frac{3}{2}+\ln\frac{4}{3}+\ln\frac{5}{4}+\cdots+\ln\frac{n+1}{n}-\ln n$$

$$=\ln\left[(\frac{3}{2}\times\frac{4}{3}\times\frac{5}{4}\times\cdots\times\frac{n+1}{n})\div n\right]$$

$$=\ln\frac{n+1}{2n}=\ln\frac{1+\frac{1}{n}}{2}.$$

　　数列极限的"ε—N语言"和函数连续的定义,请读者自行参阅相关文献,加深理解.

　　此题为 2009 年华中科技大学自主招生试题.

　　这里用到下文"n个特殊数列的极限的应用"中的方法和结论,请读者一并阅读.

故原式 $=\lim\limits_{n\to\infty}\ln\dfrac{1+\dfrac{1}{n}}{2}=\ln\dfrac{1+\lim\limits_{n\to\infty}\dfrac{1}{n}}{2}=\ln\dfrac{1}{2}$.

简明解答 $\ln\dfrac{1}{2}$.

总结反思 由极限的运算法则可知,"和、差、积、商的极限"可化归为"极限的和、差、积、商",此题所用到的其实是由极限的运算法则所得到的更一般的结论:对于函数 $f(x)$,有
$$\lim\limits_{n\to\infty}f(a_n)=f(\lim\limits_{n\to\infty}a_n),$$
请读者领会.

初学者对 $\lim\limits_{n\to\infty}f(a_n)=f(\lim\limits_{n\to\infty}a_n)$ 的结论会用即可,不必探究其证明过程.

【例2】 设 p,q 是一元二次方程 $x^2+2ax-1=0(a>0)$ 的两个根,其中 $p>0$.令 $y_1=p-q,y_{n+1}=y_n^2-2,n=1,2,\cdots$

证明: $\lim\limits_{n\to\infty}(\dfrac{1}{y_1}+\dfrac{1}{y_1y_2}+\cdots+\dfrac{1}{y_1y_2\cdots y_n})=p$.

此题为 2010 年清华大学等五校联考试题.

思维指向 先化简 $\dfrac{1}{y_1}+\dfrac{1}{y_1y_2}+\cdots+\dfrac{1}{y_1y_2\cdots y_n}$,再求极限,从而得出要证明的结论.

问题探究 由一元二次方程的根出发,求出 y_1,再由递推式求 $y_2,y_3\cdots$并猜测 y_n 的表达式,用数学归纳法证明猜测得到的结论,最后化简 $\dfrac{1}{y_1}+\dfrac{1}{y_1y_2}+\cdots+\dfrac{1}{y_1y_2\cdots y_n}$,再求极限.

简明解答 由 $p>0$ 可得

$$p=\dfrac{-2a+\sqrt{4a^2+4}}{2}=\sqrt{a^2+1}-a=\dfrac{1}{\sqrt{a^2+1}+a}<1$$

方程的另一个根肯定小于0,不必写出.

因为 $pq=1$,所以 $q=\dfrac{1}{p}$,进而可得

$$y_1=p-q=p+\dfrac{1}{p},$$
$$y_2=y_1^2-2=p^2+\dfrac{1}{p^2},$$
$$y_3=y_2^2-2=p^4+\dfrac{1}{p^4},$$
$$y_4=y_3^2-2=p^8+\dfrac{1}{p^8}.$$

这种表示方法,为归纳推理提供了基础.

猜测,得

这一过程不难,留给读者作为练习.

$y_n = p^{2^{n-1}} + \dfrac{1}{p^{2^{n-1}}}$.(该猜测用数学归纳法不难给出证明,但

这里从略),从而 $\dfrac{1}{y_n} = \dfrac{p^{2^{n-1}}}{1 + p^{2^{n-1}}}$.

$$\dfrac{1}{y_1} + \dfrac{1}{y_1 y_2} + \cdots \dfrac{1}{y_1 y_2 \cdots y_n}$$

$$= \dfrac{p}{1 + p^2} + \dfrac{p^3}{(1 + p^2)(1 + p^4)} + \dfrac{p^7}{(1 + p^2)(1 + p^4)(1 + p^8)} + \cdots$$

$$+ \dfrac{p^{2^{n-1}}}{(1 + p^2)(1 + p^4) \cdots (1 + p^{2^n})}$$

$$= \dfrac{1}{p} \Big[\dfrac{p^2}{1 + p^2} + \dfrac{p^4}{(1 + p^2)(1 + p^4)} + \dfrac{p^8}{(1 + p^2)(1 + p^4)(1 + p^8)} + \cdots$$

$$+ \dfrac{p^{2^n}}{(1 + p^2)(1 + p^4) \cdots (1 + p^{2^n})} \Big]$$

$$= \dfrac{1}{p} \Big[\Big(1 - \dfrac{1}{1 + p^2} \Big) + \dfrac{1}{1 + p^2} \Big(1 - \dfrac{1}{1 + p^4} \Big) + \cdots +$$

$$\dfrac{1}{(1 + p^2)(1 + p^4) \cdots (1 + p^{2^{n-1}})} (1 - \dfrac{1}{1 + p^{2^n}}) \Big]$$

$$= \dfrac{1}{p} \Big[1 - \dfrac{1}{(1 + p^2)(1 + p^4) \cdots (1 + p^{2^{n-1}})(1 + p^{2^n})} \Big]$$

$$= \dfrac{1}{p} \Big[1 - \dfrac{1 - p^2}{(1 - p^2)(1 + p^2)(1 + p^4) \cdots (1 + p^{2^{n-1}})(1 + p^{2^n})} \Big]$$

$$= \dfrac{1}{p} \Big[1 - \dfrac{1 - p^2}{1 - p^{2^{n+1}}} \Big].$$

因为 $0 < p < 1$,故 $\lim\limits_{n \to \infty} p^{2^{n+1}} = 0$,

原式 $= \lim\limits_{n \to \infty} \dfrac{1}{p} \Big[1 - \dfrac{1 - p^2}{1 - p^{2^{n+1}}} \Big] = \dfrac{1}{p} \Big[1 - \dfrac{1 - p^2}{1 - \lim\limits_{n \to \infty} p^{2^{n+1}}} \Big] = p.$

证毕.

总结反思 本题中,极限运算的应用十分简单,解题过程

的真正难点是合情推理得出 y_n 的表达式和对算式 $\dfrac{1}{y_1} + \dfrac{1}{y_1 y_2} +$

$\cdots + \dfrac{1}{y_1 y_2 \cdots y_n}$ 的变形处理.其中

$$(1 - p^2)(1 + p^2)(1 + p^4) \cdots (1 + p^{2^{n-1}})(1 + p^{2^n}) = 1 - p^{2^{n+1}}$$

在数式的化简变形中,这是十分常用的一个等式.

在化简中发挥着重要作用,值得品味.

□ 几个特殊数列的极限的应用

下面是几个特殊数列的极限,在求极限中常可直接应用:

$(1) \lim\limits_{n \to \infty} a^n = \begin{cases} 0, |a| < 1, \\ 1, a = 1, \\ 不存在, |a| > 1 \text{ 或 } a = -1. \end{cases}$

$(2) \lim\limits_{n \to \infty} \dfrac{1}{n^a} = 0 (a > 0 \text{ 且 } a \text{ 为常数}).$

$(3) \lim\limits_{n \to \infty} (1 + \dfrac{1}{n})^n = \mathrm{e}.$

(4)若 $f(n)$、$g(n)$ 都是关于 n 的一次多项式,次数分别为 p,q,最高次系数分别为 a_p、a_q,且 $g(n) \neq 0$,则有

$$\lim_{n \to \infty} \frac{f(n)}{g(n)} = \begin{cases} 0, 若 \ p < q, \\ \dfrac{a_p}{a_q}, 若 \ p = q, \\ 不存在, 若 \ p < q. \end{cases}$$

数列 $\left\{(1+\dfrac{1}{n})^n\right\}$ 是单调递减的,读者可利用平均值不等式尝试证明.

【例3】 设数列 $\{a_n\}$,$\{b_n\}$ 满足 $b_n = a_n - a_{n-1}$,$n = 1, 2, 3$,$\cdots$. 如果 $a_0 = 0$,$a_1 = 1$,且 $\{b_n\}$ 是公比为 2 的等比数列,又设 $S_n = a_1 + a_2 + \cdots + a_n$,则 $\lim\limits_{n \to \infty} \dfrac{S_n}{a_n} = ($)

此题为 2009 年复旦大学自主招生试题.

A. 0   B. $\dfrac{1}{2}$ C. 1   D. 2

思维指向 先用等比数列的通项公式求出 b_n,再用叠加法求出数列 $\{a_n\}$ 的通项,并求其前 n 项和,最后根据极限的运算法则进行计算.

问题探究 由 $b_1 = a_1 - a_0 = 1$,$\{b_n\}$ 是公比为 2 的等比数列,可得 $b_n = 2^{n-1}$,进而有

$$a_n - a_{n-1} = 2^{n-1}.$$

令 $n = 1, 2, \cdots, n$,得 n 个等式,叠加得

$$a_n = 1 + 2 + \cdots + 2^{n-1} = 2^n - 1.$$

从而 $S_n = 2^{n+1} - 2 - n$,故有

这里,n 个等式分别为:

$a_1 - a_n = 1$,

$a_2 - a_1 = 2$,

$\cdots$

$a_n - a_{n-1} = 2^{n-1}$.

$$\lim_{n\to\infty}\frac{S_n}{a_n}=\lim_{n\to\infty}\frac{2^{n+1}-2-n}{2^n-1}=\lim_{n\to\infty}\frac{2-\frac{2}{2^n}-\frac{n}{2^n}}{1-\frac{1}{2^n}}=2.$$

简明解答 D.

总结反思 求数列的极限,一般都是化归为几个特殊数列的极限的运算进行的. 值得指出的是,本题中 $\lim_{n\to\infty}\frac{2}{2^n}=0$ 和 $\lim_{n\to\infty}\frac{1}{2^n}=0$ 已是熟悉的结论,但 $\lim_{n\to\infty}\frac{n}{2^n}=0$ 前面没有列出. 事实上,由于 2^n 的增长速度远远快于 n 的增长速度,故 $\lim_{n\to\infty}\frac{n}{2^n}=0$ 也是不难理解的.

$\lim_{n\to\infty}\frac{n}{2^n}=0$ 的严格证明利用《数学分析》中的洛必达法则很容易说明,但这已是高等数学的内容了.

【例4】 已知数列 $\{a_n\}$,$\{b_n\}$ 满足 $a_{n+1}=-a_n-2b_n$,且 $b_{n+1}=6a_n+6b_n$,又 $a_1=2$,$b_1=4$,求:

(1)a_n 和 b_n;

(2)$\lim_{n\to\infty}\frac{a_n}{b_n}$ 的值.

此题为 2004 年复旦大学自主招生试题.

思维指向 先解递推关系求出 a_n 和 b_n,再求 $\lim_{n\to\infty}\frac{a_n}{b_n}$ 的值.

问题探究 (1)由条件给出的递推关系,可化归为两个关于 a_n 和 b_n 的递推关系,联立解方程组即可得出 a_n 和 b_n 的表达式.

(2)先由(1)的结论,得出 $\frac{a_n}{b_n}$,再化简直至化归为关于特殊数列的极限的代数式,$\lim_{n\to\infty}\frac{a_n}{b_n}$ 的值就可求出了.

简明解答 (1)由已知条件,得

$$a_{n+1}=-a_n-2b_n \qquad ①$$
$$b_{n+1}=6a_n+6b_n \qquad ②$$

由 $2\times①+②$,得 $2a_{n+1}+b_{n+1}=2(2a_n+b_n)$,且 $2a_1+b_1=8$,故有

$$2a_n+b_n=2^{n+2} \qquad ③$$

由 $3\times①+2\times②$,得 $3a_{n+1}+2b_{n+1}=3(3a_n+2b_n)$,且 $3a_1+2b_1=14$,故有

$$3a_n+2b_n=14\times3^{n-1} \qquad ④$$

由③,④联立,解得

$$a_n = 2^{n+3} - 14 \times 3^{n-1},$$
$$b_n = -3 \times 2^{n+2} + 28 \times 3^{n-1}.$$

(2)由(1)的结论,可知

$$\lim_{n \to \infty} \frac{a_n}{b_n} = \lim_{n \to \infty} \frac{2^{n+3} - 14 \times 3^{n-1}}{-3 \times 2^{n+2} + 28 \times 3^{n-1}}$$

$$= \lim_{n \to \infty} \frac{81 \cdot \left(\frac{2}{3}\right)^{n+3} - 14}{-81 \cdot \left(\frac{2}{3}\right)^{n+2} + 28} = -\frac{1}{2}.$$

总结反思 本题的难点在(1)求解中递推关系,(2)不过是直接化归为应用特殊数列的极限,属于程序化的步骤.(1)中的"$2 \times ① + ②$"和"$3 \times ① + 2 \times ②$"是如何想到的呢? 我们可以这样分析:

令 $x \times ① + y \times ②$,得

$$xa_{n+1} + yb_{n+1} = (-x+6y)a_n + (-2x+6y)b_n$$

要将此递推关系化为等比数列的形式,可设

$$\frac{x}{y} = \frac{-x+6y}{-2x+6y}$$

化简得 $2x^2 - 7xy + 6y^2 = 0$,即得 $x = \frac{3}{2}y$ 或 $x = 2y$.

故可分别取 $x=2, y=1$ 和 $x=3, y=2$,分别进行 $2 \times ① + ②$ 和 $3 \times ① + 2 \times ②$ 的变形,而得出解题过程中得到的③和④.

本题的命题形式是解递推关系,但解题的实质还是方程思想的灵活运用.从这里的分析也可见一斑.

□ 无穷等比数列各项的和及其应用

无穷数列 $\{a_n\}$ 的前 n 项和构成一个数列 $\{S_n\}$:S_1,S_2,$\cdots$,S_n,$\cdots$若这个数列 $\{S_n\}$ 存在极限,则 $\lim\limits_{n \to \infty} S_n = S$ 称为无穷数列 $\{a_n\}$ 的各项的和.特别地,若 $\{a_n\}$ 是等比数列,且 $0 < |q| < 1$,则

$$S = \lim_{n \to \infty} \frac{a_1(1-q^n)}{1-q} = \frac{a_1}{1-q}.$$

【例5】 设正三角形 T_1 的边长为 a,T_{n+1} 是 T_n 的中点三角形,A_n 为 T_n 除去 T_{n+1} 后剩下的三个三角形内切圆面积之和,

此题为 2006 年清华大学自主招生试题.

试求 $\lim\limits_{n\to\infty}\sum\limits_{k=1}^{n}A_k$ 的值.

思维指向 探讨数列 $\{A_n\}$ 的性质,并求和再求和式 $\sum\limits_{k=1}^{n}A_k$ 的极限.

问题探究 如图 $4-4-1$ 所示,边长为 x 的正三角形,其内切圆半径 $r=\dfrac{\sqrt{3}}{6}x$. 利用这一规律可求出 $A_1,A_2,\cdots,A_n$,并发现数列 $\{A_n\}$ 是一个无穷递缩等比数列. 利用无穷等比数列各项和公式,即可得 $\lim\limits_{n\to\infty}\sum\limits_{k=1}^{n}A_k$.

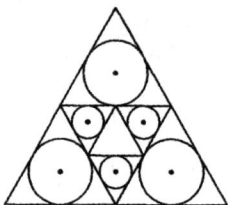

图 $4-4-1$

"边长为 x 的正三角形的内切圆半径为 $r=\dfrac{\sqrt{3}}{6}x$",这是一个十分简单的结论. 记住这类"简单结论"对提高解题能力是非常有益的.

简明解答 易求得

$$A_1=3\cdot\pi\cdot(\frac{\sqrt{3}}{6}\cdot\frac{a}{2})^2=\frac{1}{4\times4}\pi a^2,$$

$$A_2=3\cdot\pi\cdot(\frac{\sqrt{3}}{6}\cdot\frac{a}{4})^2=\frac{1}{4\times4^2}\pi a^2,$$

$$\cdots$$

$$A_n=3\cdot\pi\cdot(\frac{\sqrt{3}}{6}\cdot\frac{a}{2^n})^2=\frac{1}{4\times4^n}\pi a^2.$$

易知,数列 $\{A_n\}$ 是首项 $A_1=\dfrac{1}{16}\pi a^2$,公比 $q=\dfrac{1}{4}$ 的无穷等比数列,故

$$\lim_{n\to\infty}\sum_{k=1}^{n}A_k=\frac{\dfrac{1}{16}\pi a^2}{1-\dfrac{1}{4}}=\frac{1}{12}\pi a^2.$$

总结反思 先求数列 $\{A_n\}$ 的前 n 项和 $\sum\limits_{k=1}^{n}A_k$,再求极限,当然可得到同样的结论. 但这里更直接,而且两种做法本质上也是一样的. 做题时没有必要走一段弯路.

【例6】 设 $\dfrac{\sqrt{5}+1}{\sqrt{5}-1}$ 的整数部分为 A,小数部分为 B.

(1)求出 A 和 B;

(2)求 $A^2+B^2+\dfrac{1}{2}AB$ 的值;

(3)求 $\lim\limits_{n\to\infty}(1+B+B^2+\cdots+B^n)$.

此题为 2009 年清华大学自主招生试题.

思维指向 分析数值特征,直接计算和求值.

问题探究 (1)通过估算求出 A,再作差求 B;

(2)将(1)中求得的 A、B 代入,计算求值;

(3)显然 $0 < B < 1$,故数列 $1, B, B^2, \cdots, B^n$ 是无穷等比数列,故可运用无穷等比数列各项的和公式求 $\lim\limits_{n \to \infty}(1 + B + B^2 + \cdots + B^n)$.

简明解答 因为

$$\frac{\sqrt{5}+1}{\sqrt{5}-1} = \frac{(\sqrt{5}+1)^2}{4} = \frac{3+\sqrt{5}}{2},$$

所以

$$A = \left[\frac{3+\sqrt{5}}{2}\right] = 2. \ ([x] \text{表示 } x \text{ 的整数部分})$$

估计 $2 < \dfrac{3+\sqrt{5}}{2} < 3$ 即可得出结论.

$$B = \frac{3+\sqrt{5}}{2} - 2 = \frac{\sqrt{5}-1}{2}.$$

$$(2) A^2 + B^2 + \frac{1}{2}AB = 2^2 + \left(\frac{\sqrt{5}-1}{2}\right)^2 + \frac{1}{2} \times 2 \times \frac{\sqrt{5}-1}{2}$$

$$= 4 + \frac{6-2\sqrt{5}}{4} + \frac{\sqrt{5}-1}{2} = 5.$$

(3)因为 $B = \dfrac{\sqrt{5}-1}{2}$,$0 < B < 1$,故

$$\lim\limits_{n \to \infty}(1 + B + B^2 + \cdots + B^n) = \frac{1}{1-B} = \frac{3-\sqrt{5}}{2}.$$

总结反思 此题不难,解题过程有程序化的"套路",掌握和理解这些"套路"对夯实数学基础、提升解题能力是十分必要的.

□ 连续函数的性质及应用

如果函数 $f(x)$ 在 $x = x_0$ 处有定义且 $\lim\limits_{x \to x_0} f(x)$ 存在,$\lim\limits_{x \to x_0} f(x) = f(x_0)$,则称 $f(x)$ 在 $x = x_0$ 处连续.

如果函数 $f(x)$ 是闭区间 $[a, b]$ 上的连续函数,那么 $f(x)$ 在 $[a, b]$ 上有最大值和最小值.

【例7】 已知函数 $f(x)$ 满足：

(1) $\lim\limits_{x \to 0} f(x) = f(0) = 1$；

(2) $f(2x) - f(x) = x^2$.

试求 $f(x)$ 的表达式.

思维指向 ▶ 由(2)建立递推关系,将各递推式叠加得到关于 $f(x)$ 和 n 的式子,再利用(1)使得含有 n 的部分趋近于 0.

问题探究 ▶ 分别用 $\dfrac{x}{2}, \dfrac{x}{2^2}, \dfrac{x}{2^3}, \cdots, \dfrac{x}{2^n}$ 代替(2)中的 x,得到一系列形如 $f(\dfrac{x}{2^{n-1}}) - f(\dfrac{x}{2^n}) = (\dfrac{x}{2^n})^2$ 的式子,其中 $n = 1, 2, \cdots$,各式叠加,可得

$$f(x) - f(\dfrac{x}{2^n}) = \dfrac{x^2}{3}(1 - \dfrac{1}{4^n}). \qquad ①$$

由(1)可知,$f(x)$ 在点 $x = 0$ 处是连续的且 $f(0) = 1$,故①式两边求当 $x \to 0$ 时的极限,即可得到 $f(x)$ 的表达式.

简明解答 ▶ 由于 $f(2x) - f(x) = x^2$,可得

$$f(x) - f(\dfrac{x}{2}) = (\dfrac{x}{2})^2,$$

$$f(\dfrac{x}{2}) - f(\dfrac{x}{4}) = (\dfrac{x}{4})^2,$$

$$\cdots\cdots$$

$$f(\dfrac{x}{2^{n-1}}) - f(\dfrac{x}{2^n}) = (\dfrac{x}{2^n})^2,$$

以上各式叠加,得

$$f(x) - f(\dfrac{x}{2^n}) = \dfrac{x^2}{3}(1 - \dfrac{1}{4^n}).$$

此等式两边取极限,得 $\quad f(x) = \dfrac{x^2}{3} + 1.$

总结反思 ▶ 因为(2)所给出的等式对任何 x 恒成立,故其中的 x 可以任意代换,从而可得出一系列等式,也即得到了满足递推关系

$$f(\dfrac{x}{2^{n-1}}) - f(\dfrac{x}{2^n}) = (\dfrac{x}{2^n})^2$$

的函数列 $\{f(\dfrac{x}{2^n})\}$,为进一步利用(1)创造了有利条件.

此题为清华大学自主招生试题.

条件(1)即表明 $f(x)$ 在点 $x = 0$ 处是连续的.

由于 $\lim\limits_{n \to \infty} \dfrac{x}{2^n} = 0$, $\lim\limits_{n \to \infty} \dfrac{1}{4^n} = 0$,故峡谷边取极限就十分容易地求出 $f(x)$ 的表达式了.

思考与训练 ★★★
★★★

1. 已知 a,b 是两个不相等的正数，若数 $\left\{\dfrac{a^{n+1}-b^{n+1}}{a^n-b^n}\right\}$ 的极限是 5，则下列关系式成立的是 （ ）

A. $0<a+b\leqslant10$ 　　　　　　　　B. $0<a+b<10$

C. $a+b>0$ 　　　　　　　　　　D. $a+b>10$

2. 设数列 $\{a_n\}$，$\{b_n\}$ 满足 $b_n=a_n-a_{n-1}$，$n=1,2,3,\cdots$，如果 $a_0=0$，$a_1=1$，且 $\{b_n\}$ 是公比为 2 的等比数列，$S_n=a_1+a_2+\cdots+a_n$，则 $\lim\limits_{n\to\infty}\dfrac{S_n}{a_n}=$ （ ）

A. 0 　　　　　B. $\dfrac{1}{2}$ 　　　　　C. 1 　　　　　D. 2

3. $\lim\limits_{n\to\infty}(\sqrt{n^2+n+1}-\sqrt{n^2-n-1})=$ _____.

4. 设数列 $\{a_n\}$ 的前 n 项和 $S_n=2^n-1$，则 $\lim\limits_{n\to\infty}\left(\dfrac{1}{a_1a_2}+\dfrac{1}{a_2a_3}+\cdots+\dfrac{1}{a_na_{n+1}}\right)$ 的值为 _____.

5. 极限 $\lim\limits_{n\to\infty}\dfrac{1^p+2^p+\cdots+n^p}{n^{p+1}}=$ _____.（$p>0$）

6. $f(x)$ 满足：(1) $\lim\limits_{x\to0}f(x)=f(0)=1$；(2) $f(2x)-f(x)=x^2$，试求 $f(x)$.

7. 一圆锥的底面半径为 12，高为 16，球 O_1 内切于圆锥，球 O_2 内切于圆锥侧面，与球 O_1 外切，$\cdots$，依此类推.

(1) 求所有这些球的半径 r_n 的通项公式；

(2) 所有这些球的体积分别为 $V_1,V_2,\cdots,V_n,\cdots$，求 $\lim\limits_{n\to\infty}(V_1+V_2+\cdots+V_n)$.

8. 数列 $\{a_n\}$ 定义如下：$a_1=1,a_2=a_3=2,a_4=a_5=a_6=3,\cdots$

(1) 给定自然数 n，求使 $a_c=n$ 的 l 的范围；

(2) 令 $b_n=\sum\limits_{l=1}^{2m^2}a_l$，求 $\lim\limits_{n\to\infty}\dfrac{b_m}{m^3}$.

第 5 节 矩阵和行列式的基础应用

线性代数是近代数学的重要支柱之一,许多问题都可以通过"线性化"变成线性代数问题,对培养和提高学生的数学素养和能力很是有利.而矩阵、行列式是线性代数的基础,是继续学习数学的必要条件,因而受到某些学校自主招生命题的高度重视.

> 复旦大学和同济大学的自主招生对此项内容有较高要求.

☐ 矩阵的定义和运算

令 F 是一个数域,同 F 的元素 a_{ij} 作成一个 m 行 n 列矩阵

$$A = \begin{pmatrix} a_{11} & a_{12} \cdots a_{1n} \\ a_{21} & a_{22} \cdots a_{2n} \\ a_{m1} & a_{m2} \cdots a_{mn} \end{pmatrix}$$

> "数域"是一个代数学概念,中学生不必深究.

叫做一个 F 上的矩阵,简记为 $A = (a_{ij})$.为了指明 A 的行数和列数,有时也把它记作 A_{mn} 或 $(a_{ij})_{mn}$.

定义了矩阵之后,同时定义矩阵的如下运算法则:

(1)矩阵加法:两个 $m \times n$ 矩阵 $A = (a_{ij})$,$B = (b_{ij})$ 的和 $A + B$ 指的是 $m \times n$ 矩阵 $(a_{ij} + b_{ij})$.这种两个矩阵的和的运算叫做矩阵的加法.

(2)矩阵的数乘:数域 F 的数 a 与 F 上一个 $m \times n$ 矩阵 $A = (a_{ij})$ 的乘积 aA 指的是 $m \times n$ 矩阵 (aa_{ij}).这种求数与矩阵乘积的运算叫做数与矩阵的乘法.

(3)矩阵的乘法:数域 F 上 $m \times n$ 矩阵 $A = (a_{ij})$ 与 $n \times p$ 矩阵 $B = (b_{ij})$ 的乘积 AB 指的是这样一个 $m \times p$ 矩阵,这个矩阵的第 i 行第 j 列 $(i = 1, 2, \cdots, \cdots m; j = 1, 2, \cdots, p)$ 的元素 c_{ij} 等于 A 的第 i 行的元素与 B 的第 j 列的对应元素的乘积的和.

> 矩阵的运算有下列规律:
> (1) $A + B = B + A$
> (2) $(A + B) + C = A + (B + C)$
> (3) $a(A + B) = aA + aB$
> (4) $(a + b)A = aA + bB$
> (5) $a(bA) = (ab)A$
> (6) $(AB)C = A(BC)$

【例1】 设 $A = \begin{bmatrix} 1 & 1 \\ 2 & 2 \end{bmatrix}$ 是一个二阶矩阵,则 100 个 A 的乘积 $A^{100} = ($　$)$

A. $2^{99}A$　　　　　　　B. $2^{100}A$

C. $3^{99}A$　　　　　　　D. $3^{100}A$

此题为 2008 年复旦大学自主招生试题.

思维指向 按矩阵的运算规律,先计算 2 个 A 的乘积 A^2,再发现一般规律,进而得出结论.

问题探究 由矩阵乘法,可知

$$A^2 = \begin{bmatrix} 1 & 1 \\ 2 & 2 \end{bmatrix} \begin{bmatrix} 1 & 1 \\ 2 & 2 \end{bmatrix} = \begin{bmatrix} 1 \times 1 + 1 \times 2 & 1 \times 1 + 1 \times 2 \\ 2 \times 1 + 2 \times 2 & 2 \times 1 + 2 \times 2 \end{bmatrix} =$$

$\begin{bmatrix} 3 & 3 \\ 6 & 6 \end{bmatrix} = 3A$,

再由矩阵乘法结合律和数乘矩阵的交换律,得

$A^3 = A \cdot A^2 = A \cdot 3A = 3A^2 = 3^2 A$,

依次类推,即可得

$A^{100} = 3^{99}A$.

总结反思 由解题中的变形 "$A^3 = A \cdot A^2$" 即用到矩阵乘法的结合律 $(AB)C = A(BC)$,"$A \cdot 3A = 3A^2$" 即用到数乘矩阵的交换律 $a(bA) = (ab)A$.

【例2】 设矩阵 $A = \begin{bmatrix} a & b \\ c & d \end{bmatrix}$,$\begin{vmatrix} a & b \\ 0 & d \end{vmatrix} \neq 0$ 并且 $a \neq d$,

此题为 2010 年同济大学自主招生试题.

数列 $\{x_n\}$ 满足 $x_{n+1} = \dfrac{ax_n + b}{d}$ $(n \in \mathbf{N}^*)$.

(1) 求 A^2;

(2) 设 $x_1 = c$,求数列 $\{x_n\}$ 的通项公式;

(3) 在什么条件下数列 $\{x_n\}$ 存在极限?并求此时的极限 $\lim\limits_{n \to \infty} x_n$.

思维指向 直接运用矩阵、递推数列、极限的运算规律求解.

问题探究 (1) 运用矩阵的乘法运算直接求 A^2;

(2) 利用递推关系,转化为等比数列求通项得出 x_n 的表达式;

（3）分类讨论极限的存在条件并求出极限.

简明解答 （1）由矩阵乘法规律，得

$$A^2 = \begin{pmatrix} a & b \\ c & d \end{pmatrix} \begin{pmatrix} a & b \\ c & d \end{pmatrix} = \begin{pmatrix} a^2+bc & ab+bd \\ ac+cd & bc+d^2 \end{pmatrix}$$

（2）因为 $\begin{vmatrix} a & b \\ 0 & d \end{vmatrix} = ad \neq 0$，所以 $a \neq 0, d \neq 0$，令 $x_n + \lambda = \dfrac{a}{d}$

$(x_n + \lambda)$，则 $\dfrac{a\lambda}{d} - \lambda = \dfrac{b}{d}$，即

因为 $a \neq d$，所以 $\lambda = \dfrac{b}{a-d}$，故 $\left\{ x_n + \dfrac{b}{a-d} \right\}$ 是一个公比为 $\dfrac{a}{d}$

的等比数列，且

$$x_n + \dfrac{b}{a-d} = \left(x_1 + \dfrac{b}{a-d} \right) \cdot \left(\dfrac{a}{d} \right)^{n-1} = \left(c + \dfrac{b}{a-d} \right) \left(\dfrac{a}{d} \right)^{n-1}$$

即

$$x_n = \left(c + \dfrac{b}{a-d} \right) \left(\dfrac{a}{d} \right)^{n-1} - \dfrac{b}{a-d}.$$

（3）若 x_n 的极限存在，则必有如下两种情形：

① $c + \dfrac{b}{a-d} = 0$，此时 $\lim\limits_{n \to \infty} x_n = -\dfrac{b}{a-d}$，

② $\left| \dfrac{a}{d} \right| < 1$，即 $|a| < |d|$，此时 $\lim\limits_{n \to \infty} x_n = -\dfrac{b}{a-d}$.

总结反思 此题（1）中矩阵的乘法运算具有独立性，即和（2）（3）的解答没有直接联系，在命题中，这种情形是十分少见的.

□ 矩阵变换和行列式的计算

（1）对矩阵常进行如下初等交换

①交换矩阵的两行（列）

②用一个不等于 0 的数乘矩阵的某一行（列）的每个元素；

③用某一数乘矩阵的某一行（列）的每一个元素后加到另一行（列）的对应元素上。

形如：

$$\begin{vmatrix} a_{n} & \cdots & a_{1n} \\ \vdots & & \vdots \\ a_{n1} & \cdots & a_{m} \end{vmatrix}$$

称为 n 阶行列式.

(2)行列式的计算

①直接定义行列式的值

一阶行列式 $|a_n|=a_{11}$；

二阶行列式 $\begin{vmatrix} a_{11} & a_{12} \\ a_{21} & a_{22} \end{vmatrix}=a_{11}a_{22}-a_{12}a_{21}$；

三阶行列式 $\begin{vmatrix} a_{11} & a_{12} & a_{13} \\ a_{21} & a_{22} & a_{23} \\ a_{31} & a_{32} & a_{33} \end{vmatrix}=a_{11}a_{22}a_{33}+a_{12}a_{23}a_{31}+$

$a_{13}a_{21}a_{32}-a_{13}a_{12}a_{31}-a_{12}a_{21}a_{33}-a_{11}a_{23}a_{32}.$

②转化法计算行列式的值

子式：在一个 n 阶行列式 D 中任意取定 k 行 k 列,位于这些行列相交处的元素所构成的 k 阶行列式,叫做行列式 D 的一个 k 阶子式.

余子式：$n(n>1)$ 阶行列式的某一元素 a_{ij} 的余子式 m_{ij} 指的是在 D 中划去 a_{ij} 所在的行和列后所余下的 $n-1$ 阶子式.

代数余子式：$n(n>1)$ 阶行列式 D 的元素 a_{ij} 的余子式 m_{ij} 附以符号 $(-1)^{i+j}$ 后,叫做元素 a_{ij} 的代数余子式.

行列式展开定理：行列式 D 等于它任意一行(列)的所有元素与它们的对应代数余子式的乘积的和.

【例3】 设 x_1、x_2、x_3 是方程 $x^3+x+2=0$ 的三个根,则行列式 $\begin{vmatrix} x_1 & x_2 & x_3 \\ x_2 & x_3 & x_1 \\ x_3 & x_1 & x_2 \end{vmatrix}$ 的值为 ( )

A. -4 B. -1 C. 0 D. 2

此题为 2008 年复旦大学自主招生试题.

▌思维指向▐ 按三阶行列式的展开规律或行列式展开定理化简行列式,再结合三次方程根的韦达定理求值.

▌问题探究▐ 由行列式展开定理,得

$$\begin{vmatrix} x_1 & x_2 & x_3 \\ x_2 & x_3 & x_1 \\ x_3 & x_1 & x_2 \end{vmatrix} = x_1 \begin{vmatrix} x_3 & x_1 \\ x_1 & x_2 \end{vmatrix} - x_2 \begin{vmatrix} x_2 & x_1 \\ x_3 & x_2 \end{vmatrix} + x_3 \begin{vmatrix} x_2 & x_3 \\ x_3 & x_1 \end{vmatrix}$$

$$= x_1(x_2 x_3 - x_1^2) - x_2(x_2^2 - x_1 x_3) + x_3(x_1 x_2 - x_3^2)$$

$$= 3x_1 x_2 x_3 - (x_1^3 + x_2^3 + x_3^3).$$

因为 x_1、x_2、x_3 是方程 $x^3 + x + 2 = 0$ 的三个根,所以

$$x_1^3 = -x_1 - 2, x_2^3 = -x_2 - 2, x_3^3 = -x_3 - 2$$

从而

原式 $= 3x_1 x_2 x_3 + (x_1 + x_2 + x_3) + 6 = 3 \times (-2) + 6 = 0.$

简明解答 C

总结反思 代数余子式可以将高阶行列式转化为低阶行列式计算,这种方法比直接运用三阶行列式的规律展开更为简捷.

【例4】 方程 $f(x) = \begin{vmatrix} x-2 & x-1 & x-3 \\ 2x-2 & 2x-1 & 2x-3 \\ 3x-3 & 3x-2 & 3x-5 \end{vmatrix} = 0$

的实根的个数为 （　　）

A.1 个　　　　B.2 个　　　　C.3 个　　　　D.无实根

思维指向 先化简行列式,再展开行列式化简方程,最后判断实根的个数.

问题探究 由行列式的性质,将每行依次乘以 -1,-3 分别加到第二行、第三行,可得

$$D = \begin{vmatrix} x-2 & x-1 & x-3 \\ x & x & x \\ 3 & 1 & 4 \end{vmatrix}$$

将第二行乘以 -1 加到第一行,有

$$D = \begin{vmatrix} -2 & -1 & -3 \\ x & x & x \\ 3 & 1 & 4 \end{vmatrix} = x \begin{vmatrix} -2 & -1 & -3 \\ 1 & 1 & 1 \\ 3 & 1 & 4 \end{vmatrix}$$

将第二行依次乘以 2、-3 分别加到第一行、第三行,可得

这里用到韦达定理:$x_1 + x_2 + x_3 = 0$, $x_1 x_2 x_3 = -2$.

此题为 2006 年复旦大学自主招生试题.

$$D=x\begin{vmatrix} 0 & 1 & -1 \\ 1 & 1 & -1 \\ 0 & -2 & 1 \end{vmatrix}$$

进而得

$$f(x)=x=0,$$

故方程只有 1 个根.

简明解答 A.

总结反思 行列式有下列性质:

(1)交换任意两行(或两列),行列式的值不变;

(2)如果有两行(或两列)完全相同,那么这个行列式的值为 0;

(3)将某一行(列)的所有元素同乘以某一个数,等于以数 k 乘这个行列式;

(4)将某一行(列)的元素乘以同一个数后加到另一行(列)的对应元素上,行列式的值不变.

本题的计算用到行列式的性质(4),使得运算量较小.

> 行列式的这些性质是化简行列式的基本工具.

□ 利用行列式研究线性方程组的解

对于线性方程组

$$\begin{cases} a_{11}x_1+a_{12}x_2+\cdots+a_{1n}x_n=b_1 \\ a_{21}x_1+a_{22}x_2+\cdots+a_{2n}x_n=b_2 \\ \cdots\cdots \\ a_{n1}x_1+a_{n2}x_2+\cdots+a_{nn}x_n=b_n \end{cases}$$

记

$$D=\begin{vmatrix} a_{11} & a_{12} & \cdots & a_{1n} \\ a_{21} & a_{22} & \cdots & a_{2n} \\ a_{n1} & a_{n2} & \cdots & a_{nn} \end{vmatrix},$$

$$D_i=\begin{vmatrix} a_{11} & \cdots & b_1 & \cdots & a_{1n} \\ a_{21} & \cdots & b_1 & \cdots & a_{2n} \\ & & \cdots\cdots & & \\ a_{n1} & \cdots & b_n & \cdots & a_{nn} \end{vmatrix} \quad (i=1,2,\cdots,n)$$

> D_i 即 D 的第 i 列换为 $b_1,b_2,\cdots,b_n$,其他不变.

则线性方程组的解有如下规律：

当 $D \neq 0$ 时,方程组有且仅有一组解 $x_1 = \dfrac{D_1}{D}$, $x_2 = \dfrac{D_2}{D}$,

$\cdots$, $x_n = \dfrac{D_n}{D}$;

当 $D = 0$,但 D_1, D_2, $\cdots$, D_n 中至少有一个不为 0 时,方程组无解;

当 $D = 0$,且 $D_1 = D_2 = \cdots = D_n = 0$ 时,方程组有无穷多组解.

【例 5】 设 a 是一个实数,则方程组

$$\begin{cases} (a+1)x + 8y = 4a, \\ ax + (a+3)y = 3a - 1 \end{cases}$$

的解的情况为 　　　　　　　　　　　　　　(　　)

A. 无论 a 为何值,方程组均无解

B. 无论 a 为何值,方程组均有解

C. 若方程组有解,则仅有一组解

D. 方程组可能有唯一解、无穷多组解或没有解

> 此题为 2008 年复旦大学自主招生试题.

思维指向 运用行列式的知识进行分析.

问题探究 由条件,知

$$D = \begin{vmatrix} a+1 & 8 \\ a & a+3 \end{vmatrix} = (a+1)(a+3) - 8a = (a-1)(a-3),$$

$$D_x = \begin{vmatrix} 4a & 8 \\ 3a-1 & a+3 \end{vmatrix} = 4(a-1)(a-4),$$

$$D_y = \begin{vmatrix} a+1 & 4a \\ a & 3a-1 \end{vmatrix} = -(a-1)^2.$$

当 $D \neq 0$,即 $a \neq 1$ 且 $a \neq 3$ 时,原方程组有唯一解;

当 $D = D_x = D_y = 0$,即 $a = 1$ 时,原方程组有无穷多解;

当 $D = 0$ 且 D_x、D_y 不全为 0,即 $a = 3$ 时,原方程组无解.

简明解答 D.

总结反思 此题直接解方程组也可得出结论,但不及采用

行列式分析的方法具有程序化的解题操作规律.

【例6】 给定一组向量 $\boldsymbol{\alpha}=(a_1,a_2,a_3)$,$\boldsymbol{\beta}=(b_1,b_2,b_3)$,$\boldsymbol{\gamma}=(c_1,c_2,c_3)$,如果存在不全为零的实数 k_1、k_2、k_3,使得 $k_1\boldsymbol{\alpha}+k_2\boldsymbol{\beta}+k_3\boldsymbol{\gamma}=0$($0$ 表示零向量),则称向量组 $\boldsymbol{\alpha}$、$\boldsymbol{\beta}$、$\boldsymbol{\gamma}$ 是线性相关的.下面各组向量中,哪一组向量 $\boldsymbol{\alpha}$、$\boldsymbol{\beta}$、$\boldsymbol{\gamma}$ 是线性相关的?

此题为 2009 年复旦大学自主招生试题.

A. $\boldsymbol{\alpha}=(1,2,1)$,$\boldsymbol{\beta}=(-1,3,2)$,$\boldsymbol{\gamma}=(3,1,0)$

B. $\boldsymbol{\alpha}=(1,2,1)$,$\boldsymbol{\beta}=(-1,3,2)$,$\boldsymbol{\gamma}=(0,1,-1)$

C. $\boldsymbol{\alpha}=(1,2,0)$,$\boldsymbol{\beta}=(-1,3,2)$,$\boldsymbol{\gamma}=(0,1,-1)$

D. $\boldsymbol{\alpha}=(1,2,1)$,$\boldsymbol{\beta}=(-1,0,2)$,$\boldsymbol{\gamma}=(0,1,-1)$

思维指向 由题设条件,将问题转化为三元一次方程组,再运用行列式的方法处理.

问题探究 先看选项 A,$k_1\boldsymbol{\alpha}+k_2\boldsymbol{\beta}+k_3\boldsymbol{\gamma}=0$,即有

$$\begin{cases} k_1-k_2+3k_3=0 \\ 2k_1+3k_2+k_3=0 \\ k_1+2k_2=0 \end{cases}$$

令 $D=\begin{vmatrix} 1 & -1 & 3 \\ 2 & 3 & 1 \\ 1 & 2 & 0 \end{vmatrix}$,将第一行的数依次乘以 -2,乘以 -1

分别加到第二行、第三行得

$$\begin{vmatrix} 1 & -1 & 3 \\ 0 & 5 & -5 \\ 0 & 3 & -3 \end{vmatrix}=\begin{vmatrix} 5 & -5 \\ 3 & -3 \end{vmatrix}=0.$$

显然若 $D\neq0$,则原方程只有唯一解$(0,0,0)$;现 $D=0$,则必有不全为零的实数解(原方程组不可能无解,因为$(0,0,0)$就是它的一组解).故选项 A 适合.

总结反思 计算行列式的值,常先利用行列式的性质将行列式的某一行(列)化为只含有一个非零元素的行(列),然后再利用行列式展开定理计算.

□ 利用行列式计算面积和体积

以平面上三点 $A(x_1,y_1)$、$B(x_2,y_2)$、$C(x_3,y_3)$ 为顶点的三角形的面积为

$$S=\frac{1}{2}\begin{vmatrix} x_1 & y_1 & 1 \\ x_2 & y_2 & 1 \\ x_3 & y_3 & 1 \end{vmatrix}$$

由此可见,三点 A、B、C 共线的充要条件,即为

$$\begin{vmatrix} x_1 & y_1 & 1 \\ x_2 & y_2 & 1 \\ x_3 & y_3 & 1 \end{vmatrix}=0.$$

设 $P_i(x_i,y_i,z_i)(i=0,1,2,3)$ 是空间中给定的四点,则以其为顶点构成的四面体的体积为

$$V=\frac{1}{6}\begin{vmatrix} x_0 & y_0 & z_0 & 1 \\ x_1 & y_1 & z_1 & 1 \\ x_2 & y_2 & z_2 & 1 \\ x_3 & y_3 & z_3 & 1 \end{vmatrix}$$

这里,内面的"||"为行列式符号,外面的"||"为绝对值符号.

【例7】 设 $P_1(1,2,3),P_2(1,k,5),P_3(1,k,5),P_4(4,k+1,3)$ 是空间直角坐标系中一个体积为 1 的四面体的四个顶点,其中 k 是实数,那么 k 的值为_____.

A.1 或 -2　　　　　　B. -1 或 2

C. -3 或 4　　　　　　D. -6 或 12

此题为 2012 年复旦大学自主招生试题.

思维指向 运用由行列式所表示的四面体的体积公式进行计算.

问题探究 由本章知识拓展,四面体的体积公式知

$$V=\frac{1}{6}\left|\begin{vmatrix} 1 & 2 & 3 & 1 \\ 2 & 4 & 1 & 1 \\ 1 & k & 5 & 1 \\ 4 & k+1 & 3 & 1 \end{vmatrix}\right|=1$$

$$\Rightarrow \begin{vmatrix} 1 & 2 & 3 & 1 \\ 1 & 2 & -2 & 0 \\ 0 & k-2 & 2 & 0 \end{vmatrix} = 6 \Rightarrow \begin{vmatrix} 1 & 2 & -2 \\ 0 & k-2 & 2 \\ 3 & k-1 & 0 \end{vmatrix}$$

$$\Rightarrow \begin{vmatrix} 1 & 2 & -2 \\ 0 & k-2 & 2 \\ 0 & k-7 & 6 \end{vmatrix} = 6, |6(k-2)-2(k-7)| = 6,$$

$4k+2 = \pm 6, k=1$ 或 -2.

简明解答 A.

总结反思 不用行列式的方法,此题的解答非常困难,由此可见工具在解题中的巨大作用.

思考与训练 ★★★

1. 设 a、b 是常数,则二元一次方程组 $\begin{cases} ax+by=1, \\ x-2y=-a-b \end{cases}$ 无解的充分必要条件是 （　　）

A. $2a+b=0$ 且 $a \neq \pm 1$ 　　　　B. $2a+b=0$ 且 $a+b=-1$

C. $a=1, b=-2$ 或 $a=-1, b=2$ 　　D. $2a+b=0$

2. 设 $a_1x+b_1y+c_1=0, a_2x+b_2y+c_2=0, a_3x+b_3y+c_3=0$ 是平面 xOy 上的三条直线,系数满足当 $k_1(a_1,b_1,c_1)+k_2(a_2,b_2,c_2)+k_3(a_3,b_3,c_3)=(0,0,0)$ 时,三个实数 k_1,k_2,k_3 必须全为 0,则下列结论恒不成立的是 （　　）

A. 三条直线无公共点 　　　　B. 三条直线有公共点

C. 三条直线互相平行 　　　　D. 三条直线中恰有两条平行

3. 确定 λ,使下列线性方程组有解,并求出一般解.

$$\begin{cases} (\lambda+4)x+y+2z=0, \\ (\lambda+1)x+\lambda y+z=0, \\ 3(\lambda+2)x+(\lambda+1)y+(\lambda+4)z=0. \end{cases}$$

4. 是否存在两两不同的实数 a,b,c 使平面直角坐标系中三条直线 $y=ax+b, y=bx+c, y=cx+a$ 共点?（注:此题为 2013 年北京大学保送生测试题）

第 6 节　组合数学基础

组合数学问题通常没有一个固定的解题模式,求解组合数学问题需要敏锐的观察力和必要的技巧.此类问题对数学能力要求较高,是自主招生考试中比较难的问题,也是一些重点高校热衷考查的内容.

排列、组合和二项式定理也是组合数学的基础知识,本书在本章第 3 节作过介绍,这里从略.

□ 简单的组合不等式

简单的组合恒等式的化简与证明,可以直接运用一些基本恒等式,常用的组合恒等式有:

①$C_{n+1}^{r+1}=C_n^{r+1}+C_n^r$;

②$kC_n^k=nC_{n-1}^{k-1}$;

③$C_n^r C_r^m=C_n^m C_{n-m}^{r-m}$;

④$C_n^0+C_n^1+C_n^2+\cdots+C_n^n=2^n$;

⑤$C_n^0-C_n^1+C_n^2-\cdots+(-1)^n C_n^n=0$.

设 $f(x)=(1+x)^n$,由二项式定理,有

$$f(x)=\sum_{k=0}^n C_n^k x^k$$

这时,$f(x)$对应了一个数列$\{C_n^k\}$,即生成数列$\{C_n^k\}$.我们将函数 $f(x)=(1+x)^n$ 称为数列$\{C_n^k\}$的生成函数或母函数.

【例1】　求证:$(C_n^0)^2+(C_n^1)^2+\cdots+(C_n^n)^2=C_{2n}^n$.

此题为 2006 年复旦大学自主招生试题.

思维指向 可构造母函数 $f(x)=(1+x)^{2n}$,或构造从 $2n$ 个中取 n 个的组合模型.

问题探究 如果构造母函数 $f(x)=(1+x)^{2n}$,注意到

$$(1+x)^{2n}=(1+x)^n(1+x)^n$$

考虑左右两边展开式所对应的 x^n 的系数即可得要证明的组合恒等式.

也可构造模型,某单位有 $2n$ 名员工,将其分为每组 n 名员

工的 A、B 两组.考虑从该单位选出 n 名员工参加某项活动的方法数,从而得到要证明的恒等式.

简明解答 方法一(构造母函数):

考虑 $(1+x)^{2n}$ 展开式中 x^n 的系数.一方面,由展开式知 x^n 的系数为 C_{2n}^n;另一方面,

$$(1+x)^{2n}=(1+x)^n(1+x)^n=(C_n^0+C_n^1 x+\cdots+C_n^n x^n)(C_n^0+C_n^1 x+\cdots+C_n^n x^n).$$

展开后 x^n 的系数是 $C_n^0 \cdot C_n^n+C_n^1 \cdot C_n^{n-1}+\cdots+C_n^n \cdot C_n^0$,

因为 $C_n^k=C_n^{n-k}$,所以原式可化为 $(C_n^0)^2+(C_n^1)^2+\cdots+(C_n^n)^2$.

从而 $(C_n^0)^2+(C_n^1)^2+\cdots+(C_n^n)^2=C_{2n}^n$.

方法二(构造模型):

某单位有 $2n$ 名员工,现从中选出 n 名员工参加某项活动,显然有 C_{2n}^n 中选法;

另一方面,将这 $2n$ 名员工分为 A、B 两组,每组 n 名员工,若从 A 组中选出 0 个员工,则从 B 组中选取 n 名员工,有 $C_n^0 \cdot C_n^n=(C_n^0)^2$;若从 A 组中选出 1 个员工,则从 B 组中选取 $n-1$ 名员工,有 $C_n^1 \cdot C_n^{n-1}=(C_n^1)^2$;$\cdots$;若从 A 组中选出 n 个员工,则从 B 组中选取 0 名员工,有 $C_n^n \cdot C_n^0=(C_n^0)^2$.

所以,共有 $(C_n^0)^2+(C_n^1)^2+\cdots+(C_n^n)^2$ 种选法,从而 $(C_n^0)^2+(C_n^1)^2+\cdots+(C_n^n)^2=C_{2n}^n$.

总结反思 两种方法都是证明组合恒等式的典型方法,用两种方法去计算同一个对象,所得的值相等,这样就得到了一个等式.这个原理称为富比尼原理,也称作算不了两次原理.

【例2】 求 $S=2C_n^2+6C_n^3+\cdots+k(k-1)C_n^k+\cdots+n(n-1)C_n^n$.

思维指向 考虑 $k(k-1)$ 是怎么来的,利用母函数 $f(x)=(1+x)^n$ 两次求导即得.

问题探究 注意到 $(1+x)^n=\sum_{k=0}^{n}C_n^k x^k$,右边的部分两次求导数即出现要证恒等式的通项 $k(k-1)C_n^k$,故可构造母函数

抽屉原理、富比尼原理和极端原理,是组合数学中的三大基本原理,应用十分广泛.

$[(x^n)']'=(nx^{n-1})'=n(n-1)x^{n-2}.$

$$f(x) = (1+x)^n = \sum_{k=0}^{n} C_n^k x^k$$

两次求导数并取 $x=1$，即得要证的恒等式.

【简明解答】考虑函数 $f(x) = (1+x)^n$，则有

$$f(x) = (1+x)^n = \sum_{k=0}^{n} C_n^k x^k.$$

两边取导数，得

$$n(1+x)^{n-1} = \sum_{k=1}^{n} k C_n^k x^{k-1},$$

两边再取导数，得

$$n(n-1)(1+x)^{n-2} = \sum_{k=2}^{n} k(k-1) C_n^k x^{k-2}$$

令 $x=1$，即得

$$S = 2C_n^2 + 6C_n^2 + \cdots + k(k-1)C_n^k + \cdots + n(n-1)C_n^n = n(n-1) \cdot 2^{n-2}.$$

【总结反思】准确地说，这个方法应该叫两边微分法，但我们不妨就理解为求导，它的作用是十分强大的，在组合恒等式的证明中常十分有效.

□ **抽屉原理和平均值原理**

(1)如果将 m 个物件放入 n 个抽屉内，那么必有一个抽屉内至少有 $\left[\dfrac{m-1}{n}\right]+1$ 个物件.

(2)如果将 m 个物件放入 n 个抽屉内，那么必有一个抽屉内至多有 $\left[\dfrac{m}{n}\right]+1$ 个物件.

(3)如果 $a_1, a_2, \cdots, a_n$ 是实数，$A = \dfrac{1}{n}(a_1 + a_2 + \cdots + a_n)$，则 $a_1, a_2, \cdots, a_n$ 中有一个数不小于 A，也有一个数不大于 A；如果 $a_1, a_2, \cdots, a_n$ 是正实数，$G = \sqrt[n]{a_1, a_2 \cdots a_n}$，则 $a_1, a_2, \cdots, a_n$ 中必有一个数不小于 G，也有一个数不大于 G.

【例3】 平面上有 $n(n \geqslant 4)$ 个不同的点，每两点间连一条线

（右栏批注）

$k=1$ 和 $k=2$ 的情形，求导后该项为"0"，故省去.

此题的解答，综合用到了"母函数法"和"两边微分法"，值得品鉴.

这里，$[x]$ 即为数 x 的整数部分. 通常情况下，称(1)为第一抽屉原理，(2)为第二抽屉原理，(3)为平均值原理.

段,已知这些线段中恰有 $n+1$ 条长度等于 d 的线段,求证,其中必有一点,从它出发的线段中至少有 3 条长度等于 d 的线段.

思维指向 运用平均值原理.

问题探究 由于每条线段对应着两个端点,故 $(n+1)$ 条长度等于 d 的线段有 $2(n+1)$ 个端点,亦即 n 个点共发出了 $2(n+1)$ 条长度为 d 的线段.只要能算出每个点发出线段条数的平均值 $\geqslant 3$,问题即获得证明.

简明解答 设 n 个点为 $P_1,P_2,\cdots,P_n$,从 P_i 发出的线段中恰有 a_i 条长度为 d 的线段,其中 $i=1,2,\cdots,n$.于是

$$a_1+a_2+\cdots+a_n=2(n+1)$$

两边取平均值,得

$$\frac{1}{n}(a_1+a_2+\cdots+a_n)=\frac{2(n+1)}{n}>2.$$

即两边同时除以 n.

故其中必有 $a_i\geqslant 3$,即从 P_i 发出的线段中至少有 3 条长度等于 d 的线段.

【例4】 在由若干南方球队和北方球队参加的排球单循环赛中,已知南方队比北方队多 9 支,所有南方队得到的分数总和是所有北方队得到的分数总和的 9 倍(每场比赛胜者得一分,负者得零分).证明:循环赛结束后,某支南方队积分最高.

此题为 2008 年北京大学自主招生试题.

思维指向 运用平均值原理.

问题探究 假设北方球队 a 支,用关于 a 的代数式表示,南方队的总分和北方队的总分.

再运用平均值原理,算出北方队的最高分,和南方队的"不低于平均值"的队的得分,得出该队的分数高于"北方队的最高分",问题即获得解决.

思考方向:
北方队的最高分 $\leqslant$ 南方队的平均分.

简明解答 设北方队有 a 支,南方队有 $a+9$ 支,其中 $a\in \mathbf{N}^*$.由于是单循环赛共 C_{2a+9}^2 场,每场产生 1 分,共产生 C_{2a+9}^2 分,则南方队得分总和为 $C_{2a+9}^2\cdot \frac{9}{10}$,北方队得分总和为 $C_{2a+9}^2\cdot \frac{1}{10}$.又北方队必定会得到北方队之间比赛的得分 C_a^2,故北方队

在与南方队比赛中获得了

$$C_{2a+9}^2 \cdot \frac{1}{10} - C_a^2 = \frac{1}{10}(-3a^2 + 22a + 36)(分)$$

因为分数为整数,所以 $-3a^2 + 22a + 36 = 10k, k \in \mathbf{N}$.

从而 $3a^2 - 22a + 10k - 36 = 0$,进而 $\Delta = 484 - 4 \times 3(10k - 36) = 4(229 - 30k)$ 必为完全平方数.

经验证,$k = 1, 3, 4, 5, 7$ 时,均不符合题意.

①当 $k = 2$ 时,$\Delta = 13^2$,则 $3a^2 - 22a + 10k - 36 = 0$ 可化为:$3a^2 - 22a - 16 = 0$,

解得 $a = 8, a = -\frac{2}{3}$(舍),此时北方队有 8 支,南方队有 17 支,南方队得到总分为 $\frac{9}{10}C_{25}^2 = 270$,北方队得到总分为 30. 北方队"内部"分数 $C_8^2 = 28$,北方队从南方队得到分数为 $30 - 28 = 2$ 分,所以北方队某一队至多赢取南方队 2 队,共得分 9 分,而南方队至少有一个队得分是 $\left[\frac{270}{17}\right] + 1 = 16$ 分,故比赛结束后,得分最高的一定是南方某队.

②当 $k = 6$ 时,$\Delta = 7^2$,则 $3a^2 - 22a + 10k - 36 = 0$ 可化为:$3a^2 - 22a + 24 = 0$,解得 $a = 6$,此时北方队有 6 支,南方队有 15 支,南方队得到总分为 $\frac{9}{10}C_{21}^2 = 189$,北方队得到总分为 21. 北方队"内部"分数 $C_6^2 = 15$,北方队从南方队得到分数为 $21 - 15 = 6$ 分,所以北方队某一对至多赢取南方队 6 队,共得分 11 分,而南方队至少有一个队得分是 $\left[\frac{189}{15}\right] + 1 = 13$ 分,故比赛结束后,得分最高的一定是南方某队.

综上,循环赛结束后,某支南方队积分最高.

[总结反思] 引进参数 a 将各队总分表示出来,使问题的解决数学化,是关键的第一步;由分数为整数的条件,建立方程,讨论方程有整数的解的条件求出 a 的取值,是方程思想的灵活运用;利用平均值原理,推出北方队的最高分为 9,而南方队必有一队的得分大于或等于 16,使问题完全得以解决.

"某一队"至多从自己的队友中得 7 分.

这一步的实质就是日常生活的自然语言转化为数学的符号语言.

□ 简单的组合极值问题

与组合相关的极值问题,称为组合极值问题.求解这类问题常包括两个方面:其一是论证,即论证某种量满足某个不等式或论证某些对象具有某种性质;其二是构造,即构造一组合乎题设条件的对象或构造使命题论断不成立的反例.

【例5】 在 100 个集装箱里面有 200 个货物,在取出来的过程中货物的顺序被打乱了.现要将它们按一定的规则重新装入集装箱中,将货物依次取出,依次放入集装箱中,集装箱体积都是 1,且每个集装箱最多放两个货物,若装了一个货物后装不下第二个,那么就将这个集装箱密封,把第二个货物装到下个集装箱中.比如原来有 2 个集装箱中的货物体积是 (0.5,0.5),(0.7,0.3),被打乱顺序后 0.5,0.7,0.5,0.3.那么就需要 3 个集装箱去装它们.问在最坏情况时需要多少个集装箱?

> 此题为 2009 年清华大学自主招生试题.

思维指向▶ 先论证集装箱的最少数值为 199,再构造 200 个货物的特殊的体积及其排列方式,说明至少要 199 个集装箱才装得下.

> 这种思考问题的方式,是处理组合极值问题的经典:第 1 步论证;第 2 步构造.

问题探究▶ 由于 100 个集装箱装下了所有货物,故

$$所有货物的体积之和 \leqslant 100.$$

由此可知,必存在相邻的两个物品的体积不超过 1,至多需要 199 个集装箱.

在构造刚好用了 199 个集装箱的方法时,要抓住"只有某两个相邻物品的体积不超过 1",而其他 9 对相邻物品的体积均大于 1,且所有 200 件物品的体积之和正好为 100 的特点.

简明解答▶ 最坏要 199 个集装箱.

将 200 个物品任意排列以后,必存在相邻的两个物品的体积不超过 1.否则,任意两个相邻物品的体积之和大于 1,记它们的体积为 $a_1, a_2, \cdots, a_{200}$,则

$$(a_1+a_2)+(a_3+a_4)+\cdots+(a_{199}+a_{200})>100$$

矛盾.

因此至多需要 199 个集装箱.

下面构造一种刚好用了 199 个集装箱的方法:

$0.5002,0.5003,0.5004,\cdots,0.5100,0.5001,$

$0.4999,0.4998,0.4997,\cdots,0.4901,0.4900.$

其中第一排放在奇数位置,第二排放在偶数位置,显然需要 199 个集装箱.

总结反思 由于 200 个集装箱必可装下所有货物,故考虑 199 个集装箱是否可行,因而猜测并讨论 199 个集装箱是十分自然的,但构造刚好用了 199 个集装箱的方法有较大难度,关键是数据(体积)的设计要考虑到最坏(极端)的情况.

【例 6】 空间有 10 个点,两两连线,用红蓝两种颜色染这些线段,其中由 A 点出发的线段都是红色,以这 10 个点为顶点的三角形中,三边同色的三角形至少有多少个? 证明你的结论.

思维指向 将三边颜色相同的三角形称为同色三角形,可通过不等式先确定同色三角形个数的最小值,再构造一种特殊的染色方式说明最小值可以取得到.

问题探究 如果一个角的两边的颜色相同,则称这个角为同色角,否则称为异色角.

由于一个同色三角形对应着三个同色角,一个异色角对应着一个同色角,故计算同色三角形的个数可能化为计算同色角的个数,因为同色角的个数更容易估计.事实上,

设同色三角形的个数为 x,同色角的个数为 y,易得

$$y=120+2x$$

易知 x 和 y 同时取到最小值,故求 x 的最小值即可转化为求 y 的最小值.

求出 y 的最小值后,再构造一种特殊的染色方法,验证 y 的最小值可以取得到.

简明解答 共有三角形的个数为 $C_{10}^3=120$ 个. 设其中同色三角形 x 个,则异色三角形为 $120-x$ 个. 每个同色三角形有

此不等式也属于自然语言的数学符号化.

这种思考问题的方式基于组合数学中的极端原理.

同样遵循处理组合极值问题的两个步骤:第一步,论证;第 2 步,构造.

将求"同色三角形个数的最小值"转化为求"同色角个数的最小值".这里用到组合数学中"构造对应"的思想.

三个同色角,每个异色三角形有一个同色角,设同色角的总数为 y,则

$$y=3x+120-x=120+2x.$$

当 y 取得最小值时,x 也取得最小值.

以点 A 为顶点的同色角有 $C_9^2=36$ 个.

注意到 $C_4^2+C_5^2<C_3^2+C_6^2<C_2^2+C_7^2<C_8^2<C_9^2$,可知除点 A 外,以其余点为顶点的同色角至少有

$$C_4^2+C_5^2=16(个)$$

故同色角的总个数至少为

$$36+16\times9=180(个)$$

故同色三角形的个数至少为 $\dfrac{180-120}{2}=30$ 个.

下面构造一个染色的方法,说明 30 个同色三角形最后取得的:

为方便,记 10 个点为 $A,B,C_1,C_2,C_3,C_4,D_1,D_2,D_3,D_4$.

在 C_1,C_2,C_3,C_4(称为 C 组点)的点之间两两连红线;在 D_1,D_2,D_3,D_4(称为 D 组点)的点之间两两连红线;C、D 两组点之间连蓝线;B 点向 C 组点连蓝线;B 点向 D 组点连红线.

这样,除 A 点发出的线均为红线除,其余点发出的线均是 5 红线 4 蓝线,或 5 蓝线 4 红线,构成的同色角的个数正好为

$$C_9^2+9\times(C_5^2+C_4^2)=180(个)$$

符合题目要求.

综上可知,同色角的个数的最小值为 $y=180$ 个,即同角三角形的个数的最小值为

$$x=\frac{1}{2}(y-120)=30(个)$$

总结反思 此题也是一道典型的组合极值问题,解题过程有两个最基本的特征:其一是将同角三角形个数的计算转化为同色角的计算;其二是在构造时始终关注着除点 A 外的其余点发出的红线或蓝线的条数最相近的极端情况.此两点均是解题成功的要素.

由极端原理可猜测得出同色角个数的最小值 $C_4^2+C_5^2$,但要说明这个数值的可靠性还得列出"注意到"后面的式子.

这种点的分组方式考虑到了染色中的优化方式,点的这种记法也易于识别和理解.

□ 存在性和操作性问题

在自主招生中,与组合数学相关的存在性问题和操作性问题也是十分常见的.存在性问题的证明方法常有两种,即构造性证明和纯理性推理.操作性问题的关键是设计操作方式,并证明其符合题设要求.

【例7】 证明:一个 $2n+1$ 项的整数数列,它们全部相等的充分必要条件是满足条件 P,条件 P 为任意取出 $2n$ 个数,都存在一种划分方法,使得两堆数每堆含有 n 个数,并且这两堆数的和相等.

思维指向 必要性显然成立,充分性可由奇偶性分析给出证明.

问题探究 必要性显然成立,为证明充分性,可先证明这 $2n+1$ 个整数的奇偶性相同,再注意到"同时对每一个数增加(或减少)同一个数值,或扩大(或缩小)相同的倍数,都满足'存在一种划分方法,使得两堆数每堆含有 n 个数,并且这两堆数的和相等'"的条件,因而分"同为偶数"或"同为奇数"两种情形,进而给出证明.

简明解答 必要性是显然的.

充分性:若任取 $2n$ 个数,都存在一种划分方法,使得两堆数每堆含有 n 个数,并且这两堆数的和相等,那么这 $2n+1$ 个数的奇偶性相同.对这 $2n+1$ 个数进行如下操作:如果均为偶数,则每一个数都除以 2;如果均为奇数,每一个数加 1 以后再除以 2.那么进行任意次操作以后,该 $2n+1$ 个数仍然满足条件 p.而这个操作进行有限次以后可以得到常数列 $1,1,1,\cdots,1$.所以,全部相等.

总结反思 奇偶性分析是处理涉及整数问题的重要方法.在分析过程中,分同为偶数或同为奇数两种情形讨论,在操作中

构造性证明:构造出所述对象,自然是令人信服的;理性推理:从理论上推导出对象的存在性,虽然看不到,但不可否认.

此题为 2009 年清华大学自主招生试题.

这一结论的证明可从没被取到的那个数的奇偶性分析开始,即证明:

若没被取到的数为奇数,则所有数均为奇数;

若没被取到的数为偶数,则所有数均为偶数.

问题不难,留给读者完成.

得到常数列 1,1,1,…,1,体现了一种调整逼近的数学思想.

【例8】 30 个人排成矩形,身高各不相同,把每列最矮的人选出,这些人中最高的设为 a;把每行最高的人选出,这些人中最矮的设为 b.

此题为 2008 年上海交大自主招生试题.

(1)a 是否有可能比 b 高?

(2)a 和 b 是否可能相等?

思维指向 先凭直觉作出猜测,再进行严格论证.

问题探究 (1)直觉告诉我们应该是 a 不可能比 b 高.如何证明这一结论? 可从 a 与 b 处在同一行或同一列、a 与 b 不在同一行且也不在同一列两种情形进行讨论.当然,a 和 b 还有可能就是同一个人,这种情形的结论是 $a=b$.

"最小值中的最大值"$\leqslant$"最大值中的最小值",转化为这样的数学语言之后,直觉就有力量支撑了.

(2)30 个身高各不相同,a 和 b 相等就是 a 和 b 为同一个人的情形.这种情形是否有可能,只要能构造出 30 个人满足这种要求的一个特殊的排列即可.

简明解答 (1)不可能

①若 a、b 为同一人,有 $a=b$;

②若 a、b 在同一行、列,则均有 $a \leqslant b$;

③若 a、b 不在同一行、列,如下表所示,

	x		b		
	a				

这里的列表格分析的方法,思路十分清晰,值得赏鉴.

记 a 所在列与 b 所在行相交的人为 x.

因为 a 与 a、x 所在列最矮的人,所以有 $a<x$;

又因为 b 为 b、x 所在行最高的人,所以有 $b>x$;

于是有 $a<x<b$.

综上,不可能有 $a>b$.

(2)有可能,即 a 与 b 为同一个人.

不妨令 30 个人身高为 $1,2,\cdots,30$,如下表所示:

1	6	11	16	21	26
2	7	12	17	22	27
3	8	13	18	23	28
4	9	14	19	24	29
5	10	15	20	25	30

此时有 $a=b=26$.

总结反思 此题(1)和(2)均是在直觉判断的基础上再进行证明的数学思考方式.(1)是一种纯理性的思考方式,分情况讨论贯穿于数学思考的全过程;(2)是一种构造性证明,构造成功后一目了然,但要想到这种构造方法并不是十分容易的.

【例9】 2008 个白球和 2009 个黑球任意排成一列.求证:无论如何排列,都至少存在一个黑球,其左侧(不包括自己)的黑球和白球个数相等(可以为 0).

此题为 2009 年中国科技大学自主招生试题.

思维指向 从极端状况出发得出解决问题的一般思路.

问题探究 先考虑黑球排列的两个极端位置:第一个排黑球和最后一个排黑球.

这里又用到了组合数学中的极端原理.

当第一个位置排黑球时,这个黑球的左侧黑球和白球的个数均为 0,符合结论要求.

当最后一个位置排黑球时,这个黑球的左侧黑球和白球的个数均为 2008,符合结论要求.

对于一般情形,可对每一个黑球 $B_i(i=1,2,\cdots,2009)$ 定义一个有序数组 $B_i(x_i,y_i)$,其中 x_i,y_i 分别表这个黑球的左侧(不含自己)的黑球数和白球数(也可称之为坐标),定义 $f(i)=y_i-x_i(i=1,2,\cdots,2009)$.

这种将问题数学化的方式甚为巧妙,值得鉴赏.

显然,前面提到排列的"极端情形"即是 $f(1)=f(2009)=0$.

若 $f(1)\neq 0$ 且 $f(2009)\neq 0$,则容易得出 $f(1)>0$ 而 $f(2009)<0$.此时借助"零点存在定理"思想,即可得出存在某个 $i_0(1<i_0<2009)$ 满足 $f(i_0)=0$,问题即获解决.

简明解答 我们对每一个黑球定义坐标 $B_i(x_i,y_i)(i=1,2,\cdots,2009)$,其中 x_i 表示其左侧(不含自己)黑球数,y_i 表示其左侧(不含自己)白球数,由题意知 $x_i\in[0,2008]$,$y_i\in[0,2008]$,且 x_i、y_i 均为非负整数.再定义特征函数 $f(i)=y_i-x_i$.

易见 $f(1) \geqslant 0$,若 $f(1) = 0$,则问题得证;

若 $f(1) > 0$,考虑 $f(2009)$,因为对最后一个黑球 $f(2009) = y_{2009} - x_{2009} = y_{2009} - 2008 \leqslant 0$.

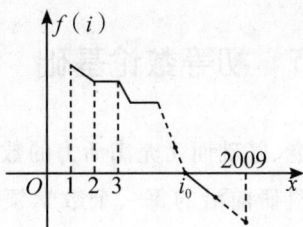

图 4-6-1

$\{y_i\}$ 和 $\{x_i\}$ 两个数列的单调性分析所得出的结论,在解答中起到了关键的作用.

若 $f(2009) = 0$,则问题亦得证;若 $f(2009) < 0$,注意如下事实:$\{y_i\}$ 递增(非严格),$\{x_i\}$ 则以 1 的差距递增,即 $x_{i+1} - x_i = 1$.

$$f(i+1) - f(i) = (y_{i+1} - x_{i+1}) - (y_i - x_i)$$
$$= (y_{i+1} - y_i) - (x_{i+1} - x_i) = (y_{i+1} - y_i) - 1.$$

如图 4-6-1 所示,因为 $y_{i+1} - y_i = 0$ 或 1,所以

$$f(i+1) - f(i) = \begin{cases} -1, & y_{i+1} - y_i = 0, \\ 0, & y_{i+1} - y_i = 1. \end{cases}$$

组合 $f(1) > 0$,$f(2009) < 0$ 知,必有 i_0 满足 $f(i_0) = 0$,即必有 $x_{i_0} = y_{i_0}$,得证!

这里借助了"零点存在定理",类比推理发挥了重要作用.

总结反思 此题从极端位置的分析入手,通过巧妙地构造,定义特征函数 $f(i) = y_i - x_i$,并借助"零点存在定理"的思想使问题得到了较好的解决.

显然,此题的条件可拓广为一般化 n 个白球和 $n+1$ 的黑球的情形,结论中的"左侧"改为"右侧"仍然是能保证成立的.其证明过程和前面的解答没有本质上的不同.

思考与训练 ★★★
★★★

1. 一书架有五层,从下到上依次称为第 1 层,第 2 层,…,第 5 层. 今把 15 册图书分放到书架的各层上,有些层上可以不放,证明:无论怎样放,书架每层上的图书册数,以及相邻两层上图书册数之和,这些数中至少有两个是相等的.

2. 有 333 人考试,一共做对了 1000 道题,做对不多于 3 道为不及格,做对不少于 6 道为优秀,不是所有人答对的题的数量的奇偶性都相等,问不及格的多还是优秀的多?

3. 在圆周上任取 21 个点. 证明:以这些点为端点的所有弧中,不超过 120° 的弧不少于 100 条.

第7节　初等数论基础

　　初等数论是一个古老、基础而又充满活力的数学分支,贯穿于小学、中学、大学乃至科研前沿的每一个数学领域,也是高校自主招生的必考内容.命题的主要题材有:整数的基本性质和研究方法、不定方程和高斯函数的求解和应用等等.

看似简单,实则不平凡的诸多数论问题,吸引了无数英才为之毕生求索.著名的哥德巴赫猜想就是其中一例.

□ 整除的性质及应用

　　1.定义:任给整数 a 和正整数 b,则存在唯一一对整数 (p,q) 满足:

$$a=bq+r,$$

其中 $0 \leqslant r < b$,若 $r=0$,则称 b 整除 a,或称 a 被 b 整除,记作 $b \mid a$;若 $r \neq 0$,则称 b 不整除 a,记作 $b \nmid a$.

此定义常称为带余除法.

　　2.设 μ_0,μ_1 为给定的两个整数,$\mu_1 \neq 0,\mu_1 \nmid \mu_0$,重复应用定义可得到 $k+1$ 个等式:

$$\mu_0 = q_0\mu_1 + \mu_2, 0 < \mu_2 < \mu_1;$$
$$\mu_1 = q_1\mu_2 + \mu_3, 0 < \mu_3 < \mu_2;$$
$$\mu_2 = q_2\mu_3 + \mu_4, 0 < \mu_4 < \mu_3;$$
$$\cdots$$
$$\mu_{k-2} = q_{k-2}\mu_{k-1} + \mu_k, 0 < \mu_k < \mu_{k-1};$$
$$\mu_{k-1} = q_{k-1}\mu_k + \mu_{k+1}, 0 < \mu_{k+1} < \mu_k;$$
$$\mu_k = q_k\mu_{k+1}.$$

这个算法称为辗转相除法.

辗转相除法是求两个整数的最大公因数的一个重要算法.

　　3.关于整数,有如下一些重要性质:

(1)若 $b \mid a, c \mid a, (b,c)=1$,则 $bc \mid a$;

(2)若 $b \mid a$,则 $|b| \leqslant |a|$;

(3)若 p 为素数,且 $p \mid ab$,则 $p \mid a$ 或 $p \mid b$;

(4) n 个连续整数中必有一个为 n 的倍数;

(5)若 $n > m, n, m \in \mathbf{Z}$,则 $n \geqslant m+1$.

(6)若 p 为素数,且 $n \in \mathbf{N}^*$,则 $p \mid (n^p - n)$;特别地,当 $(p,n)=1$ 时,有 $p \mid (n^{p-1} - 1)$.

(6)的结论称为费马小定理.

【例1】 设正整数 n 可以等于 4 个不同的正整数的倒数之和,则这样的 n 的个数是 （ ）

A.0 或 1　　　　　B.1 或 2

C.2 或 3　　　　　D.无限多

此题为 2011 年复旦大学自主招生试题.

思维指向 假设 4 个正整数的字母,由它们的倒数之和等于 n 建立等式.再利用正整数的性质对 n 的值进行估计,求出 n 的取值.

问题探究 设 $n = \dfrac{1}{a} + \dfrac{1}{b} + \dfrac{1}{c} + \dfrac{1}{d}$,且 $a < b < c < d, a, b, c, d \in \mathbf{N}^*$.

这种假设为利用整数的性质,估计 a 的取值奠定了基础.

若 $a \geqslant 3$,则 $b \geqslant 4, c \geqslant 25, d \geqslant b$,故

$$\dfrac{1}{a} + \dfrac{1}{b} + \dfrac{1}{c} + \dfrac{1}{d} \leqslant \dfrac{1}{3} + \dfrac{1}{4} + \dfrac{1}{5} + \dfrac{1}{6} = \dfrac{19}{20} < 1.$$

所以 $a = 1$ 或 2.

当 $a = 1$ 时,易得

$$1 < n = 1 + \dfrac{1}{b} + \dfrac{1}{c} + \dfrac{1}{d} \leqslant 1 + \dfrac{1}{2} + \dfrac{1}{3} + \dfrac{1}{4} = \dfrac{25}{12}$$

估算得出 $a = 1$ 或 2 后,接下来的工作就是分类讨论.

故 n 只可能等于 2,而且 $n = 2$ 时,满足

$$2 = 1 + \dfrac{1}{2} + \dfrac{1}{3} + \dfrac{1}{6}.$$

当 $a = 2$ 时,易得

$$n = \dfrac{1}{2} + \dfrac{1}{b} + \dfrac{1}{c} + \dfrac{1}{d} \leqslant \dfrac{1}{2} + \dfrac{1}{3} + \dfrac{1}{4} + \dfrac{1}{5} = \dfrac{27}{60} < 2.$$

故 n 只可能等于 1,而且 $n = 1$ 时,满足

$$1 = \dfrac{1}{2} + \dfrac{1}{4} + \dfrac{1}{6} + \dfrac{1}{12}.$$

综上可知,$n = 1$ 或 2.

简明解答 B.

总结反思 估算,是整数的性质的应用中的一个重要的技巧.本题中,先"不妨设" $a < b < c < d$,为估算 a 的取值奠定了基础.得出 a 的估值后,分类讨论 n 的取值又运用了估算方法.本题涉及的知识十分基础,但对数学思考能力要求很高,高校自主招生中不乏这类问题.

估算,是一种重要的数学思想,高考或高校自主招生中十分重视这类问题.

【例2】 设正整数 a, b, c, d 满足 $ab = cd$,试证明:$a + b + c + d$ 不是素数.

思维指向 将条件 $ab = cd$ 和式子 $a + b + c + d$ 建立联系,

再利用整数的性质证明 $a+b+c+d$ 不是素数.

问题探究 将条件 $ab=cd$ 和式子 $ab+c+d$ 建立联系的方式可以有多种.

其一是将 $ab=cd$ 化为 $\dfrac{a}{c}=\dfrac{d}{b}$,再利用互素的两个正整数 m,n 的比表示其值,这样 a,b,c,d 均可用关于 m,n 的式子表示,进一步说明 $a+b+c+d$ 不是素数可以采用分解质因数的方法进行.

其二是直接将 $ab=cd$ 化为用另外三个字母的式子表示其中某个字母,代入到 $a+b+c+d$ 中,说明 $a+b+c+d$ 不是素数.

简明解答 (方法一)

由 $ab=cd$,可设 $\dfrac{a}{c}=\dfrac{d}{b}=\dfrac{m}{n}$,其中 $(m,n)=1$

进而设

$$a=m\mu,c=n\mu \qquad ①$$
$$b=n\gamma,d=m\gamma \qquad ②$$

其中 μ,γ 为某个存在的正整数,故

$$a+b+c+d=(m+n)(\mu+\gamma)$$

是两个大于 1 的整数之积,从而不是素数.

(方法二)

由 $ab=cd$,得 $b=\dfrac{cd}{a}$,因此

$$a+b+c+d=a+\dfrac{cd}{a}+c+d=\dfrac{(a+c)(a+d)}{a}$$

因为 $a+b+c+d$ 为整数,故 $\dfrac{(a+c)(a+d)}{a}$ 也是整数.

若它是一个素数,设为 p,则由

$$(a+c)(a+d)=ap$$

可知 $p\mid(a+c)(a+d)$,从而 $p\mid(a+c)$ 或 $p\mid(a+d)$.

不妨设 $p\mid a+c$,则 $a+c\geqslant p$,进一步知 $a+d\leqslant a$,与题设矛盾.

总结反思 若正整数 a,b,c,d 适当 $ab=cd$,则 a,b,c,d 可分解为①②两种形式,这一结果在某些问题的解决中很有作用.

当题目涉及多个条件时,如何将它们建立联系,是数学思考的重要指向.

$\dfrac{a}{c}=\dfrac{b}{d}=\dfrac{m}{n}$ 意味着有理数 $\dfrac{a}{c}$ 和 $\dfrac{b}{d}$ 的分子、分母约去了某个正整数后得到的既约分数为 $\dfrac{m}{n}$,故这里的假设是有意义的.

□ 最大公约数和最小公倍数的应用

定理 1 若 (a,b) 表示 a,b 的最大公约数,则对任意整数 n,有

$$(a,b)=(a,b+na)=(a,b-na).$$

定理 2 若 $(a,b)=d$,则存在一对整数 x,y,使得

$$d=ax+by.$$

定理 3 每个正整数 n 都可以分解成

$$n=p_1^{\alpha_1} \cdot p_2^{\alpha_2} \cdot \cdots p_k^{\alpha_k}$$

的形式,其中 $p_1,p_2,\cdots,p_k$ 为互不相同的素数,$\alpha_1,\alpha_2,\cdots,\alpha_k$ 为非负整数.

推论 1 正整数 n 的正约数个数

$$d(n)=\prod_{i=1}^{k}(\alpha_k+1).$$

推论 2 在 $1,2,\cdots,n-1$ 中与 n 互素的正整数的个数为

$$\varphi(n)=n \cdot \prod_{i=1}^{k}(1-\frac{1}{p_i}).$$

推论 3 设正整数 a,b 的最大公约数,最小公倍数分别为 (a,b),$[a,b]$,则有

$$[a,b]=\frac{ab}{(a,b)}.$$

定理 4 在辗转相除法的条件和符号下,有

(1) $\mu_{k+1}=(\mu_0,\mu_1)$;

(2) $d|\mu_0$ 且 $d|\mu_1$ 的充要条件是 $d|\mu_{k+1}$;

(3) 存在整数 x_0,x_1,使 $\mu_{k+1}=x_0\mu_0+x_1\mu_1$.

> 定理 3 给出了正整数的质因数分解方法;如果不考虑顺序,这种分解是唯一的.

> 推论 2 常称为欧拉函数.

【例 3】 求证:$\dfrac{a^3+2a}{a^4+3a^2+1}$ 为最简分数.

思维指向 欲证 $\dfrac{a^3+2a}{a^4+3a^2+1}$ 为最简分数,只要证

$$(a^3+2a,a^4+3a^2+1)=1$$

可用辗转相除法完成这个过程.

问题探究 欲证 $(a^3+2a,a^4+3a^2+1)=1$,注意到

> 此题为 2003 年上海交大自主招生试题.

> 这个过程就是辗转相除法,其思维指向就是逐步降低式子的次数,直到最后.

$$a^4 + 3a^2 + 1 = (a^3 + 2a) \cdot a + (a^2 + 1),$$
$$a^3 + 2a = (a^2 + 1) \cdot a + a,$$
$$a^2 + 1 = a \cdot a + 1$$

进而可知结论成立.

简明解答 由辗转相除法,得

$$(a^3 + 2a, a^4 + 3a^2 + 1) = (a^3 + 2a, a(a^3 + 2a) + a^2 + 1)$$
$$= (a^3 + 2a, a^2 + 1)$$
$$= (a(a^2 + 1) + a, a^2 + 1)$$
$$= (a, a^2 + 1)$$
$$= (a, a \cdot a + 1) = (a, 1) = 1.$$

故 $\dfrac{a^3 + 2a}{a^4 + 3a^2 + 1}$ 为最简分数.

总结反思 辗转相除法是基于这样的性质,设 $a = b \cdot q + r$,则 $(a+b) = (b, r)$. 这是求最大公约数的一个通法.

【例4】 求 $\displaystyle\sum_{0 \leqslant i < j \leqslant 50} C_{50}^i C_{50}^j$ 除以 31 的余数.

思维指向 先利用组合恒等式化简 $\displaystyle\sum_{0 \leqslant i < j \leqslant 50} C_{50}^i C_{50}^j$,再求它除以 31 的余数.

问题探究 如何化简 $\displaystyle\sum_{0 \leqslant i < j \leqslant 50} C_{50}^i C_{50}^j$ 是解题的关键. 注意到

$$\sum_{0 \leqslant i < j \leqslant n} a_i a_j = \frac{1}{2} \sum_{0 \leqslant i \neq j \leqslant n} a_i a_j$$
$$= \frac{1}{2}\left[\sum_{i=0}^n a_i \cdot \sum_{j=0}^n a_j - \sum_{i=0}^n a_i^2 \right] \quad ①$$

并利用熟悉的组合恒等式

$$C_n^0 + C_n^1 + C_n^2 + \cdots + C_n^n = 2^n; \qquad\qquad ①$$
$$(C_n^0)^2 + (C_n^1)^2 + \cdots + (C_n^n)^2 = C_{2n}^n \qquad\qquad ②$$

不难达到这个目标.

简明解答 由于

$$\sum_{0 \leqslant i < j \leqslant 50} C_{50}^i C_{50}^i = \frac{1}{2} \sum_{0 \leqslant i \neq j \leqslant 50} C_{50}^i C_{50}^i$$
$$= \frac{1}{2}\left[\sum_{i=0}^{50} \sum_{j=0}^{50} C_{50}^i C_{50}^j - \sum_{i=0}^{50} (C_{50}^i)^2 \right]$$
$$= \frac{1}{2}\left[\sum_{i=0}^{50} C_{50}^i \cdot \sum_{j=0}^{50} C_{50}^j - \sum_{i=0}^{50} (C_{50}^i)^2 \right]$$
$$= \frac{1}{2}(2^{50} \cdot 2^{50} - C_{100}^{50})$$

此题为 2008 年南开大学自主招生试题.

由 $\left(\sum\limits_{i=1}^n a_i\right)^2 = \sum\limits_{i=1}^n a_i^2 + 2\sum\limits_{0 \leqslant i < j \leqslant n} a_i a_j$ 不难得到恒等式①;恒等式②③本章第 6 节作过探究,请读者参考.

$$= \frac{1}{2}(2^{100} - C_{100}^{50}) = 2^{99} - \frac{1}{2}C_{100}^{50}.$$

因为 $2^{99} = 2^4 \times (2^5)^{19} = 2^4(31+1)^{19} = 2^4 \pmod{31} = 16 \pmod{31}$. 下面只须求 $\frac{1}{2}C_{100}^{50}$ 除以 31 的余数.

由于 $\frac{1}{2}C_{100}^{50} = \frac{100 \times 99 \times 98 \times \cdots \times 51}{50 \times 49 \times 48 \times \cdots \times 3}$, 令

$$p = 100 \times 99 \times 98 \times \cdots \times 51,$$
$$q = 50 \times 49 \times 48 \times \cdots \times 3.$$

由于 p 中 31 的因数个数为 $\left[\frac{100}{31}\right] - 1 = 2$ 个, q 中 31 的因数个数为 $\left[\frac{50}{31}\right] = 1$ 个, $31 \mid \frac{1}{2}C_{100}^{50}$.

综上可知, 所求余数为 16.

[总结反思] 此题综合性较强, 对数学能力的要求较高. 解题中应用到了如下结论.

设 k 是非负整数, 记号 $a^k \| b$ 表示 b 恰被 a 的 k 次方整除, 即 $a^k \mid b$ 且 $a^{p+1} \nmid b$.

一般地, 设 n 是正整数, p 是素数, $\alpha = \alpha(p, n)$ 满足 $p^\alpha \| n!$, 则 $\alpha = \alpha(p, n) = \sum_{j=1}^{\infty} \left[\frac{n}{p_j}\right]$.

此结论可作定理使用. 由于上文没有列出这里特作说明.

□ 同余问题

设 $m \neq 0$, 若 $m \mid a - b$, 即 $a - b = km$, 则称 m 为模, a 同余 b 模 m, 或 b 是 a 对模 m 的剩余, 记作

$$a \equiv b \pmod{n}$$

该式称为模 m 的同余式. 同余有如下一些性质:

(1)自反性: $a \equiv a \pmod{m}$;

(2)对称性: $a \equiv b \pmod{m} \Leftrightarrow b \equiv a \pmod{m}$;

(3)传递性: $a \equiv b \pmod{m}$, $b \equiv c \pmod{m} \Rightarrow a \equiv c \pmod{m}$.

(4)若 $a \equiv b \pmod{m}$, $c \equiv d \pmod{m}$, 则

$$a + c = b + d \pmod{m}.$$

(5)若 $a \equiv b \pmod{m}$, $c \equiv d \pmod{m}$, 则

$$ac = bd \pmod{m}.$$

由(1)(2)(3)说明同余是一种等价关系; (4)说明同余式可以相加; (5)说明同余式可以相乘.

【例5】 试定出三个素数,使它们构成公差为 8 的等差数列,并证明你的结论.

此题为 2009 年清华大学自主招生试题.

思维指向 用字母表示三个数,取定某个素数模这三个数,考虑其余数的不同情况,从而找出这三个数.

问题探究 三个数成等差数列,且公差为 8,则可设这三个数依次为 a、$a+8$、$a+16$ $(a \geqslant 1)$.

考虑到较小的素数为 2、3、5、$\cdots$,分析 a 模 2、3、5、$\cdots$ 的余数,容易发现模 3 能较容易找到符合条件的三个素数.

用较小的素数模 a,同样表明了数学思考着眼于极端的策略.

简明解答 不妨这三个数为 a、$a+8$、$a+16$ $(a \geqslant 1)$.考虑 a 模 3 的余数:

若 $a \equiv 1 (\bmod 3)$,则 $a+8 \equiv 9 \equiv 0 (\bmod 3)$,这说明 $3 \mid a+8$.显然 $a+8 \geqslant 9$,故 $a+8$ 是合数,与题意不符.

若 $a \equiv 2 (\bmod 3)$,则 $a+16 \equiv 18 \equiv 0 (\bmod 3)$,故 $a+16$ 是合数,同样与题意不符.

故只有 $a \equiv 0 (\bmod 3)$.

又由 a 是素数,只有 $a = 3$,从而要求的三个数,依次为 3、11、19.

总结反思 考虑模 3 的同余式,实质上就是将问题的讨论分为 3 类进行.符合题设条件的等差数列是否是唯一的,前面的解答还不得而知,读者可作进一步的探究.

【例6】 若今天是星期二,则 3^{2013} 天之后是星期_____.

思维指向 分析了的指数幂模 7 的规律,发现星期具有模周期性,实际上就是考察 3^{2013} 被除之后的余数,从而解决问题.

此类问题用二项式定理不难给出解答,这里请用同余的方法试试.

问题探究 因为 $3^1 \equiv 4 (\bmod 7)$,$3^2 \equiv 2 (\bmod 7)$,$3^3 \equiv 6 (\bmod 7)$,$3^4 \equiv 4 (\bmod 7)$,$3^5 \equiv 5 (\bmod 7)$,$3^6 \equiv 1 (\bmod 7)$,$3^7 \equiv 4 (\bmod 7)$.

这个性质常说成:$\{3^n\}$ 是周期为 6 的模周期数列.

由同余的乘法的性质,可知 3^n 在模 7 的意义下周期是 6.

又由于 $2013 \equiv 3 (\bmod 6)$,从而

$$3^{2013} \equiv 3^3 (\bmod 7) \equiv 6 (\bmod 7).$$

故 3^{2013} 天后是星期六.

简明解答 六.

总结反思 由一项式定理,可得

$3^{2013} = (3^3)^{671} = (28-1)^{671} \equiv (-1)^{671} \equiv -1 \equiv 6 (\bmod 7)$,

也可得出相同的结论. 请读者理解并掌握其解题思路.

□ 不定方程问题

变元个数多于方程个数,且取整数数值的方程(方程组)称为不定方程(组).

关于不定方程,常有下面的定义和定理:

定义1 设整数 $k \geqslant 2, c, a_1, a_2, \cdots, a_k$ 是整数,且 $a_1,$ $a_2, \cdots, a_k$ 都不等于零,以及 $x_1, x_2, \cdots, x_k$ 是整数变数,则方程

$$a_1 x_1 + a_2 x_2 + \cdots + a_k x_k = c$$

称为 k 元一次不定方程.

定理1 不定方程

$$a_1 x_1 + a_2 x_2 + \cdots + a_k x_k = c$$

有解的充要条件是 $(a_1, a_2, \cdots, a_k) \mid c$.

定理2 若 $(a, b) \mid c$,且 x_0, y_0 为方程

$$ax + by = c$$

的一个解,则该方程的一切解可表示为

$$\begin{cases} x = x_0 + \dfrac{b}{(a,b)} t, \\ y = y_0 - \dfrac{a}{(a,b)} t. \end{cases} \quad (t \text{ 为任意整数})$$

定义2 形如

$$x^2 + y^2 = z^2 \ (x, y, z \in \mathbf{N}^*)$$

的二次不定方程称为勾股方程. 其中满足 $xyz = 0$ 的解称为方程的显然解,满足 $xyz \neq 0$ 的解称为非显然解.

定理3 当 $(x, y) = 1$ 时,勾股方程的全部解为

$$\begin{cases} x = a^2 - b^2, \\ y = 2ab, \\ z = a^2 + b^2 \end{cases} \quad \text{或} \quad \begin{cases} x = 2ab, \\ y = a^2 - b^2, \\ z = a^2 + b^2. \end{cases}$$

其中 $a > b > 0$,且 $(a, b) = 1, a, b \in \mathbf{N}^*$.

【例7】 有两个两位数,它们的差是56,两数平方后,末两

从字面上理解,不定方程的解不能完全确定.

自主招生命题中常见二元一次不定方程.

此为二元一次不定方程 $ax + by = c$ 的通解.

当 $(a, b) = d$ 时,全部解为相应的在各"坐标"前乘以因数 d.

此题为2002的上海交通大学自主招生试题.

位数相同,则这个两位数为_____.

思维指向 假设两个两位数,构建关于这两个数的不定方程,通过研究这个不定方程满足条件"两数平方后,末两位数相同",求得不定方程的特解.

问题探究 设这个两位数为 $a,b(a>b)$,则

$$a-b=56 \text{ 且 } 100 \mid a^2-b^2.$$

注意到

$$a^2-b^2=(a+b)(a-b)=56(a+b)=4\times14(a+b).$$

可知 $25 \mid a+b$.

又 $a-b$ 为偶数,所以 $a+b$ 也为偶数,而

$$a+b=a-b+2b\geqslant56+20=76,$$

$$a+b\leqslant99+99=198,$$

所以 $a+b$ 只能等于 100 或 150.

由 $\begin{cases} a-b=56, \\ a+b=100, \end{cases}$ 解得 $\begin{cases} a=78, \\ b=22. \end{cases}$

由 $\begin{cases} a-b=56, \\ a+b=100, \end{cases}$ 解得 $\begin{cases} a=103, \\ b=47 \end{cases}$ (因 $a<100$,故舍去)

综上可知,两个两位数分别为 78,22.

简明解答 78,22.

总结反思 任意多个偶数的和、差、积仍为偶数;奇数个奇数的和、差仍为奇数;偶数个奇数的和、差为偶数;奇数与偶数的和为偶数.解题中,灵活运用这些规律常能大开方便之门.

【例8】 求由正整数组成的集合 S(至少两个元素),使 S 中所有元素之和等于它们的乘积.

思维指向 先利用不定方程,通过不等式估值确定集合的元素的个数,再解不定方程求出具体元素的取值.

问题探究 设集合 $S=\{a_1,a_2,\cdots,a_n\}$,并对 S 中元素不妨设 $a_1<a_1<\cdots<a_n$.

显然 n 的最小值为 2,而且 n 的值不会太大,因为随着 n 的

末两位数相同,则两数相减可被 100 整除.

$a-b$ 与 $a+b$ 同奇或同偶.

此题为 2006 年清华大学自主招生试题.

这里的"不妨设",为后面用不等式估值创造了条件.

增大，n 个整数的积比 n 个整数之积的增大会"快得很多"．因此，可尝试从 $n=2,3\cdots$ 讨论 n 的取值．

　　n 的取值确定后，由条件就确定了一个不定方程，接下来就转化为研究该不定方程的解的情况．

这里的不定方程，即由"和＝积"得到的方程．

简明解答 设集合 $S=\{a_1,a_2,\cdots,a_n\}$，不妨设 $a_1<a_2<\cdots<a_n$．下面对 n 的取值进行讨论：

　　若 $n=2$ 时，则得 $a_1+a_2=a_1a_2$，即

$$(a_1-1)(a_2-1)=1.$$

　　由 $a_1,a_2\in\mathbf{N}^*$，得 $a_1-1=a_2-1=1$，即 $a_1=a_2=2$，矛盾．

因此时集合 S 中只有一个元素 2，不合题设要求．

　　若 $n=3$ 时，则得 $a_1+a_2+a_3=a_1a_2a_3$，即

$$\frac{1}{a_2a_3}+\frac{1}{a_1a_3}+\frac{1}{a_1a_2}=1.$$

　　如果 $a_1\geqslant 2$，则 $a_2\geqslant 3$，$a_3\geqslant 4$，则

$$\frac{1}{a_2a_3}+\frac{1}{a_1a_3}+\frac{1}{a_1a_2}\leqslant\frac{1}{3\times4}+\frac{1}{2\times4}+\frac{1}{2\times3}<1.$$

这里的过程和本节例 1 有相同的思想方法，读者可对照两例的解题过程品鉴．

不合要求，故 $a_1=1$．即有

$$1+a_2+a_3=a_2a_3$$

即
$$(a_2-1)(a_3-1)=2,$$

即
$$\begin{cases}a_2-1=1\\a_3-1=2,\end{cases}\Rightarrow\begin{cases}a_2=2,\\a_3=3.\end{cases}$$

　　此时 $S=\{1,2,3\}$．

　　若 $n=4$ 时，则 $a_1+a_2+a_3+a_4=a_1a_2a_3a_4$，即

$$\frac{1}{a_2a_3a_4}+\frac{1}{a_1a_3a_4}+\frac{1}{a_1a_2a_4}+\frac{1}{a_1a_2a_3}=1.$$

　　由于 $a_i\geqslant i(i=1,2,3,4)$，故

$$\frac{1}{a_2a_3a_4}+\frac{1}{a_1a_3a_4}+\frac{1}{a_1a_2a_4}+\frac{1}{a_1a_2a_3}$$

$$\leqslant\frac{1}{2\times3\times4}+\frac{1}{1\times3\times4}+\frac{1}{1\times2\times4}+\frac{1}{1\times2\times3}<1.$$

矛盾．同理，$n\geqslant 5$ 也不可能．

　　综上可知，集合 $S=\{1,2,3\}$．

总结反思 这是一道典型的用不等式估值思想求解不定方程的问题,请读者品鉴.

□ 高斯函数问题

设 x 是实数,$[x]$ 表示不超过 x 的最大整数,称为 x 的整数部分,即 $[x]$ 是一个整数,且满足:
$$[x] \leqslant x < [x] + 1.$$
再记 $\{x\} = x - [x]$ 表示 x 的小数部分.

高斯函数有如下重要性质:

(1)若 $x \leqslant y$,则 $[x] \leqslant [y]$,反之也成立;

(2)对任意整数 m,有 $[x+m] = [x] + m$,$\{x+m\} = \{x\}$;

(3)$[x] + [y] \leqslant [x+y] \leqslant [x] + [y] + 1$,其中"="有且仅有一个成立;

(4)$x - 1 < [x] \leqslant x < [x] + 1$.

设 x 是实数,形如 $[x]$ 的函数,称为高斯函数.关于高斯函数的取值,如:

$[2.1] = 2$,$\{2.1\} = 0.1$;

$[3] = 3$,$\{3\} = 0$;

$[-1.5] = -2$,$\{-1.5\} = 0.5$.

【例9】 记 $2012! = 1 \times 2 \times 3 \times \cdots \times 2012$ 为从 1 到 2012 之间的所有整数的连乘积. 则 $2012!$ 的值的尾部(从个位往前计数)连续 0 的个数是 ( )

A. 504   B. 503

C. 502   D. 501

此题为 2012 年复旦大学自主招生试题.

思维指向 将 $2012!$ 进行素因数分解,求 $2012!$ 的尾部的零的个数,即素因数分解式中 2 的方幂和 5 的方幂的最小值.

问题探究 设 $2012! = 2^{\alpha} \cdot 3^{\beta} \cdot 5^{\gamma} \cdots$

易知,$2012!$ 的值的尾部连续 0 的个数由 α 和 γ 决定.显然 $\alpha > \gamma$,故最终还是由 5 的方幂 γ 确定.

故 $2012!$ 的尾部连续 0 的个数是

$$\left[\frac{2012}{5}\right] + \left[\frac{2012}{5^2}\right] + \left[\frac{2012}{5^3}\right] + \left[\frac{2012}{5^4}\right]$$

其实,尾部 0 的个数即 $2012!$ 的因数 10 的个数.

$$=402+80+16+3$$

$$=501.$$

简明解答 D.

总结反思 关于 $n!$ 的素因数分解式的应用是初等数论的一个重要内容.其中含素因数 p 的因数的个数的计算方法 $\alpha=\alpha(p,n)=\sum\limits_{j=1}^{\infty}\left[\dfrac{n}{p_j}\right]$,常在解题中发挥着重要作用.

参看本节例4的总结与反思.

【例10】 求证:$\sum\limits_{i=0}^{\left[\frac{n}{3}\right]}\left[\dfrac{n-3i}{2}\right]=\left[\dfrac{n^2+2n+4}{12}\right]$,其中 $n\in\mathbf{N}^*$,$[x]$ 表示不超过 x 的最大整数.

此题为 2013 年清华大学保送生数学试题.

思维指向 对 n 的取值分类讨论,计算 $\sum\limits_{i=0}^{\left[\frac{n}{3}\right]}\left[\dfrac{n-3i}{2}\right]$ 的结果,最后统一为右边的形式.

问题探究 由于"$\sum$"的"上限"为 $\left[\dfrac{n}{3}\right]$,为便于把握其数值规律,故考虑对 n 按被 3 除的余数进行分类讨论.但注意到 $\dfrac{n-3i}{2}$ 分离出整数部分的需要,直接对 n 按被 6 除的余数的分类讨论.这样或许分类能一步到位.

注意到 $[x+m]=[x]+m$(当 m 为整数时),便产生了这种分类的想法.

简明解答 当 $n=6t(t\in\mathbf{N}^*)$ 时,

$$\sum_{i=0}^{\left[\frac{n}{3}\right]}\left[\frac{n-3i}{2}\right]=\sum_{i=0}^{2t}\left(3t-2i+\left[\frac{i}{2}\right]\right)$$

$$=\sum_{i=0}^{2t}(3t-2i)+\sum_{i=0}^{2t}\left[\frac{i}{2}\right]$$

$$=2t^2+t+\sum_{i=1}^{t}(2i-1)=3t^2+t$$

$$=\frac{n^2+2n+4}{12}-\frac{1}{3}$$

$$=\left[\frac{n^2+2n+4}{12}\right]$$

这里用到了 $t=\dfrac{n}{6}$ 反代.

当 $n=6t+1(n\in\mathbf{N}^*)$ 时,

$$\sum_{i=0}^{\left[\frac{n}{3}\right]}\left[\frac{n-3i}{2}\right]=\sum_{i=0}^{2t}\left(3t-2i+\left[\frac{i+1}{2}\right]\right)$$

$$= \sum_{i=0}^{2t}(3t-2i) + \sum_{i=0}^{2t}\left[\frac{i+1}{2}\right]$$

$$= 2t^2+t+\sum_{i=1}^{t}(2i-1)+t$$

$$= 3t^2+2t = \frac{(n-1)^2}{12}+\frac{n-1}{3}$$

$$= \frac{n^2+2n-3}{12} = \frac{n^2+2n+4}{12}-\frac{7}{12}$$

$$= \left[\frac{n^2+2n+4}{12}\right].$$

当 $n=6t+2(t\in \mathbf{N}^*)$ 时，

$$\sum_{i=0}^{[\frac{n}{3}]}\left[\frac{n-3i}{2}\right] = \sum_{i=0}^{2t}\left(3t-2i+1+\left[\frac{i}{2}\right]\right)$$

$$= \sum_{i=0}^{2t}(3t-2i+1) + \sum_{i=0}^{2t}\left[\frac{i}{2}\right]$$

$$= 2t^2+3t+1+\sum_{i=1}^{t}(2i-1)$$

$$= 3t^2+3t+1 = \frac{(n-1)^2}{12}+\frac{n-1}{2}$$

$$= \frac{n^2+2n+4}{12} = \left[\frac{n^2+2n+4}{12}\right].$$

当 $n=6t-3(t\in \mathbf{N}^*)$ 时

$$\sum_{i=0}^{[\frac{n}{3}]}\left[\frac{n-3i}{2}\right] = \sum_{i=0}^{2t-1}\left(3t-2i-2+\left[\frac{i+1}{2}\right]\right)$$

$$= \sum_{i=0}^{2t-1}(3t-2i-2) + \sum_{i=0}^{2t-1}\left[\frac{i+1}{2}\right]$$

$$= 2t^2-2t+\sum_{i=1}^{t}(2i-1) = 3t^2-2t$$

$$= \frac{(n+3)^2}{12}-\frac{n+3}{3} = \frac{n^2+2n+4}{12}-\frac{7}{12}$$

$$= \left[\frac{n^2+2n+4}{12}\right].$$

当 $n=6t-2(t\in \mathbf{N}^*)$ 时，

$$\sum_{i=0}^{[\frac{n}{3}]}\left[\frac{n-3i}{2}\right] = \sum_{i=0}^{2t-1}\left(3t-2i-1+\left[\frac{i}{2}\right]\right)$$

这里用到了 $t=\frac{n-1}{6}$ 反代. 以下各类同理进行此项变换.

在这种情形下，$\frac{n^2+2n+4}{12}$ 是一个整数.

$$= \sum_{i=0}^{2t-1} (3t-2i-1) + \sum_{i=0}^{2t-1} \left[\frac{i}{2}\right]$$

$$= 2t^2 + t^2 - t = 3t^2 - t$$

$$= \frac{(n+2)^2}{12} - \frac{n+2}{6} = \frac{n^2+2n}{12}$$

$$= \frac{n^2+2n+4}{12} - \frac{1}{3} = \left[\frac{n^2+2n+4}{12}\right].$$

当 $n=6t-1 (t\in \mathbf{N}^*)$ 时，

$$\sum_{i=0}^{\left[\frac{n}{3}\right]} \left[\frac{n-3i}{2}\right] = \sum_{i=0}^{2t-1} \left(3t-2i-1+\left[\frac{i+1}{2}\right]\right)$$

$$= \sum_{i=0}^{2t-1} (3t-2i-1) + \sum_{i=0}^{2t-1} \left[\frac{i+1}{2}\right]$$

$$= \sum_{i=0}^{2t-1} (3t-2i-1) + \sum_{i=0}^{2t-1} \left[\frac{i+1}{2}\right]$$

$$= 2t^2 + t^2 = 3t^2 = \frac{(n+1)^2}{12} = \frac{n^2+2n+4}{12} - \frac{1}{4}$$

$$= \left[\frac{n^2+2n+4}{2}\right].$$

总结反思 在当年保送生考试中，此题是最容易的一道题，解题过程主要为分类讨论. 根据 n 被 6 除的余数进行分类，是较为简明的一种方式. 当然，用数学归纳法处理此题也不难，做法是：先验证当 $n=1,2,3,4,5,6$ 时等式成立，再由 $n=k$ 时成立推出 $n=k+6$ 时也成立即证得结论.

在每一种情况的变形中，$\sum_{i=0}^{\left[\frac{n}{3}\right]} \left[\frac{n-3i}{2}\right]$ 的运算结果为整数，而 $\frac{n^2+2n+4}{12}$ 则不一定为整数，它们之间最多只差一个正的纯小数.

有兴趣的读者请试用数学归纳法再做一遍. 这里用的是跳跃数学归纳法. 请参看本书第 3 章第 1 节.

思考与训练 ★★★
★★★

1. $60 \equiv 90 \equiv 125 (\bmod N)$，则 $81 \equiv ($)$(\bmod N)$.

A. 3   B. 4   C. 5   D. 6

2. 设 k,m,n 是整数，不定方程 $mx+ny=k$ 有整数解的必要条件是   ( )

A. m,n 都整除 k B. m,n 的最大公因子整除 k

C. m,n,k 两两互素　　　　　　　　　D. m,n,k 除 1 外没有其他公因子

3. 求方程 $\dfrac{1}{x}+\dfrac{1}{y}+\dfrac{1}{z}=1$ 所有正整数解 (x,y,z) 为 _____.

4. 有一个整数的首位是 7,当 7 换至末位时,得到的数是原数的三分之一,则原数的最小值是 _____.

5. 对于数列 $\{a_n\}$:1,3,3,3,5,5,5,5,…,即正整数 k 有 k 个,是否存在整数 r,s,t,使得对于任意正整数 n,都有 $a_n=r\left[\sqrt{n+s}\right]+t$ 恒成立.($[x]$ 表示不超过 x 的最大整数)

6. 设 $a_1,a_2,\cdots,a_{2n+1}$ 为整数,性质 P 为:对 $a_1,a_2,\cdots,a_{2n+1}$ 中任意 $2n$ 个数,存在一种方法可将其分为两,每组 n 个数,使得两组所有元素的和相等.

求证: $a_1,a_2,\cdots,a_{2n+1}$ 全部相等当且仅当 $a_1,a_2,\cdots,a_{2n+1}$ 具有性质 P.

7. 已知 x,y,z 是互不相等的正整数,$xyz\mid(xy-1)(yz-1)(zx-1)$,求 x,y,z.(注:此题为 2013 年"华约"自主招生试题)

8. 求最多有多少个两两不等的正整数,满足其中任意三个数之和都为素数.(注:此题为 2013 年"北约"自主招生试题)

第8节　求解几何问题的一般思路与方法

　　几何问题从来就是数学考试命题的"重头戏"，高校自主招生命题当然少不了它．这里的问题泛指平面几何、立体几何和解析几何问题．虽然它们各自有着独特的结构体系，但从研究切入点的角度，同样具有着许多相同的思路和方法．

几何是数学领域的一座参天大厦，平面几何、立体几何和解析几何是大厦的三大支柱．

□ 利用计算法推证几何关系

　　计算法是求解几何问题的基本方法，在具体运用中常涉及如下的基础知识：其一是基本几何定理和面积、体积计算公式；其二是三角函数和解三角形的知识与方法；其三是平面向量和空间向量的应用．

　　值得指出的是，除高中数学教学内容中的两角和与差的三角函数、二倍角的三角函数、正弦定理和余弦定理之外，三角函数的和差化积与积化和差公式也是十分重要的工具．

　　（1）和差化积

$$\sin A + \sin B = 2\sin \frac{A+B}{2}\cos \frac{A-B}{2};$$

$$\sin A - \sin B = 2\cos \frac{A+B}{2}\sin \frac{A-B}{2};$$

$$\cos A + \cos B = 2\cos \frac{A+B}{2}\cos \frac{A-B}{2};$$

$$\cos A - \cos B = -2\sin \frac{A+B}{2}\sin \frac{A-B}{2}$$

　　（2）积化和差

$$\sin\alpha\cos\beta = \frac{1}{2}\left[\sin(\alpha+\beta) + \sin(\alpha-\beta)\right];$$

$$\cos\alpha\sin\beta = \frac{1}{2}\left[\sin(\alpha+\beta) - \sin(\alpha-\beta)\right];$$

$$\cos\alpha\cos\beta = \frac{1}{2}\left[\cos(\alpha+\beta) + \cos(\alpha-\beta)\right];$$

$$\sin\alpha\sin\beta = -\frac{1}{2}\left[\cos(\alpha+\beta) - \cos(\alpha-\beta)\right].$$

这两组公式直接由两角和与差的正弦、余弦公式推出，是原"大纲本"教材的必修内容．虽然新教材对此不作要求，但理解和掌握它对提高解题能力是十分有益的．

【例1】 在 $\triangle ABC$ 中,如果 $a+b \geqslant 2c$,试证明 $\angle C \leqslant 60°$.

思维指向 运用正弦定理将三角形中边的关系转化为三角函数关系,再通过三角变换得出结论.

问题探究 已知条件为边的关系式,而要证明的命题则为角的不等式,因此可考虑运用正弦定理将 $a+b \geqslant 2c$,化为 $\sin A + \sin B \geqslant 2\sin C$,再对该式进行三角变换得到关于 $\angle C$ 的三角函数值的估计,最后由相应三角函数的单调性得到结论 $\angle C \leqslant 60°$.

简明解答 由正弦定理

$$\frac{a}{\sin A} = \frac{b}{\sin B} = \frac{c}{\sin C} = 2R$$

其中 R 为三角形外接圆的直径,可将条件 $a+b \geqslant 2c$,化为

$$\sin A + \sin B \geqslant 2\sin C.$$

故有 $\angle \sin C \leqslant \frac{1}{2}(\sin A + \sin B) = \sin \frac{A+B}{2} \cos \frac{A-B}{2} = \cos \frac{C}{2} \cos \frac{A-B}{2}$

即

$$2\sin \frac{C}{2} \cos \frac{C}{2} \leqslant \cos \frac{C}{2} \cos \frac{A-B}{2}$$

故 $\sin \frac{C}{2} \leqslant \frac{1}{2} \cos \frac{A-B}{2} \leqslant \frac{1}{2}$(当且仅当 $A=B$ 时取"=").

因为 $0° < \frac{C}{2} < 90°$,所以 $\frac{C}{2} \leqslant 30°$,即 $\angle C \leqslant 60°$.

总结反思 将三角形边的不等式 $a+b \geqslant 2c$ 转化为 $\sin A + \sin B \geqslant 2\sin C$ 之后,才能运用三角变换公式作进一步的变形,计算法才得以施展.

【例2】 如图 $4-8-1$ 所示,在 $\triangle ABC$ 中,$AB = 2AC$,AD 是 A 的角平分线,且 $AD = kAC$.

(1)求 k 的取值范围;

(2)若 $S_{\triangle ABC} = 1$,试向 k 为何值时,BC 最短?

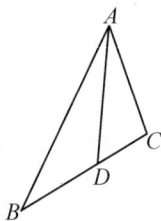

思维指向 利用正弦定理或余弦定理得出关于 k 的三角函数关系式,利用三角函数的性质求 k 的取值范围和 BC 可取最小值的条件.

问题探究 (1)将 AB、AD、BD、DC 均用关于 k 和 AC 的式

图 $4-8-1$

此题为 2011 年"北约"自主招生试题.

含有三角形的边或角的关系式,常用先统一为关于边,或关于角的式子,这样运算更方便进行.

将 $a = 2R\sin A$,$b = 2R\sin B$,$c = 2R\sin C$ 代入 $a+b \geqslant 2C$ 即得该结论.

这里用到前面的和差化积公式(1).

此题为 2011 年"卓越联盟"试题.

子表示，再在$\triangle ABC$和$\triangle ADC$中运用正弦定理，进而得出用某个角的三角函数式表示k的式子，k的取值范围就不难得出了.

(2)在$\triangle ABD$和$\triangle ACD$中，利用余弦定理可得著名的斯特瓦尔特定理

$$AD^2=AB^2\cdot\frac{DC}{BC}+AC^2\cdot\frac{DB}{BC}-BC^2\cdot\frac{DB}{BC}\cdot\frac{DC}{BC}$$

再利用$\frac{AB}{AC}=\frac{BD}{DC}$，上式可化简为

$$AD^2=AB\cdot AC-BD\cdot DC$$

利用此式和题设条件，可得

$$BC^2=(5-4\cos A)AC^2.$$

利用$S_{\triangle ABC}=1$，可得$AC^2=\frac{1}{\sin A}$，代入上式，得

$$BC^2=\frac{5-4\cos A}{\sin A}.$$

由此式即可求得BC的最小值，以及取得最小值的条件.

原则上BD和DC无法用关于k的式子表示，但运用角平分线定理可得

$$\frac{BD}{DC}=\frac{AB}{AC},$$

因此由两次用正弦定理后的两式联立，得$\frac{BD}{DC}$的式子，即可找到解题的"入口".

这里，取得最小值的条件应该转化为k满足的条件.

简明解答 (1)因为$AB=2AC$，所以$BD=2DC$，$DC=\frac{1}{3}BC$.

分别在$\triangle ABC$和$\triangle ADC$中用正弦定理，得

$$\frac{BC}{\sin A}=\frac{2AC}{\sin C},\frac{\frac{1}{3}BC}{\sin\frac{A}{2}}=\frac{kAC}{\sin C}$$

两式相除，得$\frac{2\cos\frac{A}{2}}{3}=\frac{k}{2}$，即

$$k=\frac{4}{3}\cos\frac{A}{2}.$$

由此可知，k的取值范围是$0<k<\frac{4}{3}$，即$k\in(0,\frac{4}{3})$.

(2)由斯特瓦尔特定理，易得

$$AD^2=AB\cdot AC-BD\cdot DC,$$

即

$$BD\cdot DC=AB\cdot AC-AD^2.$$

其中$BD=\frac{2}{3}BC$，$DC=\frac{1}{3}BC$，$AB=2AC$，$AD=kAC$. 代入得

$$\frac{2}{9}BC^2=2AC^2-k^2AC^2=(2-k^2)AC^2$$

$$= (2 - \frac{16}{9}\cos^2\frac{A}{2})AC^2 = (\frac{10}{9} - \frac{8}{9}\cos A)AC^2.$$

即 $$BC^2 = (5 - 4\cos A)AC^2.$$

这里用到了(1)的
结论.

由 $S_{\triangle ABC} = \frac{1}{2}AB \cdot AC \cdot \sin A = AC^2 \cdot \sin A = 1$, 得

$$AC^2 = \frac{1}{\sin A}.$$

故 $$BC^2 = \frac{5 - 4\cos A}{\sin A}.$$

为求 BC 的最小值, 令 $\frac{5 - 4\cos A}{\sin A} = t$, 即 $t\sin A + 4\cos A = 5$,

进一步化为

$$\sqrt{t^2 + 16}\sin(A + \theta) = 5.$$

最终要转化为求使
得 BC 取最小值时, 实
数 k 满足的条件.

由此可知, t 的最小值为了 3, 此时 $\tan A = \frac{4}{3}$, $\sin A = \frac{4}{5}$,

$\cos A = \frac{3}{5}$, $\cos\frac{A}{2} = \frac{2}{\sqrt{5}}$, $k = \frac{4}{3}\cos\frac{A}{2} = \frac{8}{3\sqrt{5}}$.

总结反思 本题难度较大, 解题的主要过程是计算. (1)的
解决主要依赖于应用正弦定理, (2)的解决主要在于应用了由余
弦定理直接推出的斯特瓦尔特定理. 辅角公式 $t\sin A + 4\cos A = \sqrt{t^2 + 16}\sin(A + \theta)$ 在计算上发挥了重要的作用.

【例3】 设 A、B 分别为边长为 1 的正五边形上的点, 证明:
AB 最长为 $\frac{\sqrt{5}+1}{2}$.

此题为 2010 年北
京大学试题.

思维指向 就 A、B 在正五边形边上的相对位置分情况讨
论, 求出 AB 长度的最大值即为正五边形的对角线的长.

问题探究 易知正五边形的对角线长

$$l = 2\cos 36° = \frac{\sqrt{5}+1}{2}.$$

由三倍角公式
$\cos 3\alpha = 4\cos^2\alpha - 3\cos\alpha$, 以及 $\cos(3 \times 36°) = -\cos(2 \times 36°)$, 得
$\cos 36° = \frac{\sqrt{5}+1}{4}$.

由于点 A、B 在正五边形的边上, 故不外乎: ①A、B 在同一
边上; ②A、B 分别在两条相邻的边上; ③A、B 不在同一条边上,
也不在相邻边上三种情况. 根据这三种情况分类讨论, 即可得出
结论.

简明解答 分三种情况讨论.

若 A、B 在同一条边上, 则 $AB \leqslant 1$.

若 A、B 分别在两条相邻的边上,如图 $4-8-2$ 所示,不妨设 A 在 A_1A_2,B 在 A_2A_3 上,则 $\angle A_1AB$ 与 $\angle A_1BA_3$ 均为钝角,故有

$$AB \leqslant A_1B \leqslant A_1A_3 = \frac{\sqrt{5}+1}{2}.$$

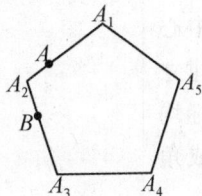 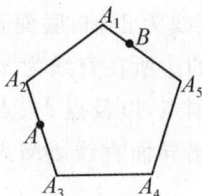

图 $4-8-2$ 图 $4-8-3$

若 A、B 不在同一条边上,也不在相邻边上,如图 $4-8-3$ 所示,不妨设 A 在 A_2A_3 上 ,B 在 A_5A_1 上,则

$$AB \leqslant \max\{AA_1, AA_5\} \leqslant \max\{AA_1, \max\{A_2A_5, A_3A_5\}\}.$$

因为 $A_2A_5 = A_3A_5 = \frac{\sqrt{5}+1}{2}$,

所以 $AB \leqslant \frac{\sqrt{5}+1}{2}$.

综上可知,AB 最长为 $\frac{\sqrt{5}+1}{2}$.

总结反思 此题解题思路十分明显,但要能表述准确也不是很容易的.2008 年北京大学自主招生就曾考过此题:边长为 1 的正五边形的对角线长为_____.这里的问题,就是该题的创新和发展.

□ 利用坐标法使几何问题代数化

平面向量和空间向量的坐标形式,也是坐标法的典型应用,在几何问题代数化过程中具有重要的意义.

阅读本内容的同时,请参与解析几何、平面向量和空间向量的内容.

【例 4】 在正四棱锥 $P-ABCD$ 中,M、N 分别为 PA,PB 的中点,且侧面与底面所成三面角的正切值为 $\sqrt{2}$,试求异面直线 DM 与 AN 所成角的余弦值.

此题为 2011 年"华约"自主招生试题.

思维指向 建立空间直角坐标系,利用空间向量的知识求

解,或通过平移其中一条线段与另一条在一起组成三角形,解三角形求 DM 与 AN 所成角的余弦值.

问题探究 假定正四棱 $P-ABCD$ 的底边长已知(不妨设为2),利用侧面与底面所成二面角确定其他要素,如正四棱锥的高等.

如果以正四棱锥的高所在直线为正轴、底面正方形的中心为坐标原点,平行于底面正方形的边所在直线为 x 轴、y 轴建立空间直角坐标系,则正四棱锥各顶点,以及点 M、点 N 的坐标均可写出,利用向量的方法即可求出异面直线 DM 与 AN 所成角的余弦值.

简明解答 设底面边长为2,则由侧面与底面所成二面角的正切值为 $\sqrt{2}$,得高为 $\sqrt{2}$.

建立空间直角坐标系如图 $4-8-4$ 所示,则

$A(1,-1,0)$,$B(1,1,0)$,$C(-1,$
$1,10)$,$D(-1,-1,0)$,$P(0,0,\sqrt{2})$,M
$(\frac{1}{2},-\frac{1}{2},\frac{\sqrt{2}}{2})$,$N(\frac{1}{2},\frac{1}{2},\frac{\sqrt{2}}{2})$.

$\overrightarrow{DM}=(\frac{3}{2},\frac{1}{2},\frac{\sqrt{2}}{2})$,

$\overrightarrow{DN}=(-\frac{1}{2},\frac{3}{2},\frac{\sqrt{2}}{2})$.

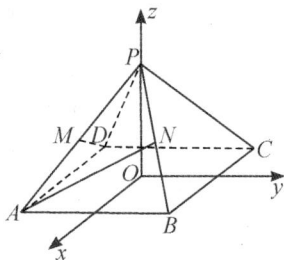

图 $4-8-4$

设异面直线 DM 与 AN 所成的角为 θ,则

$$\cos\theta=\frac{\overrightarrow{DM}\cdot\overrightarrow{AN}}{|\overrightarrow{DM}|\cdot|\overrightarrow{AN}|}=\frac{1}{6}.$$

总结反思 这里的方法,将几何推证问题转化为代数形式的坐标运算,具有操作上的程序化.当然,本例用纯几何方法计算也不难,如图 $4-8-5$ 所示,设底面边长为2.

则由侧面底面所成二面角的正切值为 $\sqrt{2}$,得高为 $\sqrt{2}$.平移 DM 与 AN 在一起,即 M 移到 N,D 移到 CD 的中点 Q.连接 AQ.于是 $QN=DM=AN$.而 $PA=PB=AB=2$,所以 $QN=AN=\sqrt{3}$,而 $AQ=\sqrt{5}$,容易算出等腰 $\triangle AQN$

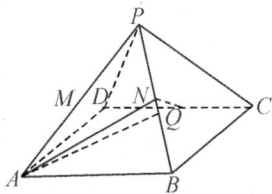

图 $4-8-5$

利用正四棱锥的高、斜高、边心距所组成的直角三角形即可得出这一结论.

的顶角 $\cos\angle ANQ=\dfrac{1}{6}$.

【例5】 已知 A,B,C,D 在抛物线 $x^2=4y$ 上，A,D 关于抛物线对称轴对称. 过点 D 作切线，$BC\parallel$ 切线，点 D 到 AB,AC 的距离分别为 d_1,d_2，且 $d_1+d_2=\sqrt{2}\,|AD|$.

(1)试问：$\triangle ABC$ 是锐角，钝角还是直角三角形？

(2)若 $\triangle ABC$ 的面积为 240，试求点 A 的坐标和 BC 的方程.

此题为 2010 年五校联考题.

$\boxed{\text{思维指向}}$ 综合运用坐标法、导数等知识求解.

$\boxed{\text{问题探究}}$ (1)由 A,B,C,D 在抛物线 $x^2=4y$ 上设出各点的坐标. 由导数的几何意义求出过点 D 的切线的斜率，即得直线 BC 的斜率.

再用坐标法表示直线 BC 的斜率，由此得出 A,B,C,D 坐标之间所满足的关系.

最后求出 AB、AC 的斜率，算出 $\angle BAC=90°$.

(2)由 $\triangle ABC$ 的面积为 240，建立关于 B、C 两点的坐标的方程，通过解方程求出 B、C 两点的坐标，进而求出 A 的坐标和 BC 的方程.

坐标法属于几何背景下的代数方法，建立坐标系，用坐标确定几何位置，再将几何特征用代数关系描述，最后从代数角度深入研究，这就是坐标法的思路.

$\boxed{\text{简明解答}}$ (1)对 $x^2=4y$ 求导，$y'=\dfrac{1}{2}x$. 设 $D\left(x_0,\dfrac{1}{4}x_0^2\right)$,

由导数的几何意义知 BC 的斜率 $k_{BC}=\dfrac{1}{2}x_0$. 由题意知 $A\Big(-x_0,$

$\dfrac{1}{4}x_0^2\Big)$. 设 $C\left(x_1,\dfrac{1}{4}x_1^2\right),B\left(x_2,\dfrac{1}{4}x_2^2\right)$，则 $k_{BC}=\dfrac{\dfrac{1}{4}x_1^2-\dfrac{1}{4}x_2^2}{x_1-x_2}=\dfrac{1}{4}$

$(x_1+x_2)=\dfrac{1}{2}x_0 \Rightarrow x_1+x_2=2x_0 \Rightarrow x_2=2x_0-x_1$，从而 $B\Big(2x_0-$

$x_1,\dfrac{1}{4}(2x_0-x_1)^2\Big)$.

$$k_{AC}=\dfrac{\dfrac{1}{4}(x_1^2-x_0^2)}{x_1+x_0}=\dfrac{1}{4}(x_1-x_0),$$

$$k_{AB}=\dfrac{\dfrac{1}{4}(3x_0-x_1)(x_0-x_1)}{3x_0-x_1}$$

$$=\dfrac{1}{4}(x_0-x_1).$$

$k_{AC}=-k_{AB} \therefore \angle DAC=\angle DAB, \therefore d_1=d_2$，再结合 d_1+d_2

$=\sqrt{2}|AD|$知$\angle DAC=\angle DAB=45°$,故$\triangle ABC$是直角三角形.

(2)由(1)知,不妨设C在AD上(如图$4-8$

-6),AB的方程为$y-\dfrac{1}{4}x_0^2=-(x+x_0)$.

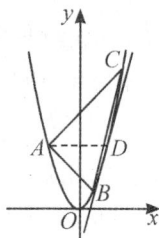

由 $\begin{cases} y-\dfrac{1}{4}x_0^2=-(x+x_0), \\ x^2=4y, \end{cases}$

得到另一个交点$B\left(x_0-4,\dfrac{1}{4}(x_0-4)^2\right)$.

图$4-8-6$

由AC:$y-\dfrac{1}{4}x_0^2=x+x_0$,$\begin{cases} 4y=x^2, \\ y-\dfrac{1}{4}x_0^2=x+x_0 \end{cases}$

得到另一交点$C\left(x_0+4,\dfrac{1}{4}(x_0+4)^2\right)$.

$|AB|=\sqrt{2}|(x_0-4)-(-x_0)|=\sqrt{2}|2x_0-4|$,

$|AC|=\sqrt{2}|x_0+4-(-x_0)|=\sqrt{2}|2x_0+4|$.

$\therefore S_\triangle=\dfrac{1}{2}\cdot2|2x_0-4|\cdot|2x+4|=240.$解得$x_0=\pm8$.

$\therefore A(8,16)$或$(-8,16)$.

$x_0=8$时,$B(4,4)$,$C(12,36)$,BC的方程:$y=4x-12$;

$x_0=-8$时,$B(-12,36)$,$C(-4,4)$,BC的方程:$y=-4x-12$.

总结反思 此题是2010年五校联考题中较难的题之一,做出来的人甚少.此题的关键是运用坐标法证明$d_1=d_2$.

□ 平面几何基本方法的应用

这里的基本方法特指平面几何中证明线段或角相等的基本方法.包括:

(1)利用全等三角形或相似三角形;

(2)利用等腰三角形;

(3)利用平行四边形;

(4)利用等量代换;

(5)利用平行线性质或比例关系;

(6)利用圆中的等量关系.

这里用到"弦长公式":

$|AB|=\sqrt{1+k^2}|x_A-x_B|$其中$k$为直线$AB$的斜率,$x_A,x_B$分别为$A$、$B$两点的横坐标.

【例6】 如图 $4-8-7$ 所示,圆 O_1 和圆 O_2 外切于点 C,圆 O_1,圆 O_2 又都和圆 O 内切,切点分别为 A,B. 设 $\angle AOB=\alpha$,$\angle ACB=\beta$,则 (   )

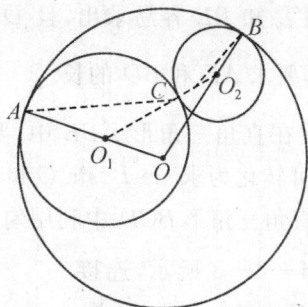

A. $\cos\beta+\sin\dfrac{\alpha}{2}=0$

B. $\sin\beta-\cos\dfrac{\alpha}{2}=0$

C. $\sin 2\beta+\sin\alpha=0$

D. $\sin 2\beta-\sin\alpha=0$

图 $4-8-7$

此题为 2011 年"华约"自主招生试题.

思维指向 先利用圆中角与角之间的关系,得出 β 和 α 之间的关系,再对照各选择支作出正确的选择.

问题探究 连结 O_1O_2,C 在 O_1O_2 上,则 $\angle OO_1O_2+\angle OO_2O_1=\pi-\alpha$,$\angle O_1AC=\angle O_1CA=\dfrac{1}{2}\angle OO_1O_2$,$\angle O_2BC=\angle O_2CB=\dfrac{1}{2}\angle CO_2O_1$.

故 $\angle O_1CA+\angle O_2CB=\dfrac{1}{2}(\angle OO_1O_2+\angle OO_2O_1)=\dfrac{\pi-\alpha}{2}$,

所以 $\beta=\pi-(\angle O_1CA+\angle O_2CB)=\dfrac{\pi+\alpha}{2}$,$\sin\beta=\cos\dfrac{\alpha}{2}$.

题目中的条件是通过三个圆给出的,有点眼花缭乱.其实,去掉三个圆,已知条件变为:$\triangle OO_1O_2$ 边上有一点 C,OO_1,OO_2 延长线上分别有一点 A,B,使得 $O_1A=O_1C$,$O_2B=O_2C$.

简明解答 B.

总结反思 对于选择题,本题也可以假设两个小圆的半径相等,则得

$$\angle OO_1O_2=\angle OO_2O_1=\frac{\pi-\alpha}{2},$$

$$\angle O_1CA=\angle O_2CB=\frac{1}{2}\angle OO_1O_2=\frac{\pi-\alpha}{4}.$$

故得

$$\beta=\pi-(\angle O_1CA+\angle O_2CB)=\frac{\pi+\alpha}{2}.$$

【例7】 已知锐角 $\triangle ABC$,BE 垂直于 AC 于 E,CD 垂直于 AB 于 D,$BC=25$,$CE=7$,$BD=15$,BE,CD 交于点 H,连接 DE,以 DE 为直径画圆,与 AC 交于另一点 F,求 AF 的长.

此题为 2012 年"华约"自主招生试题.

思维指向 利用直角三角形、平行线的性质,和三角函数的规律进行计算.

问题探究 由条件易知 BE 容易求出,且 $DF /\!/ BE$,故欲求 DF,由 $\dfrac{DF}{BE} = \dfrac{AD}{AB}$ 知即要求 AB 和 BD 的长.

由于 BE 可求出,故在直角三角形 ABE 中,要求 AB 即要求 $\sin A$,而求 $\sin A$ 又可转化为求 $\sin B$,$\sin C$ 和 $\cos B$,$\cos C$.

BD 的长显然可在直角三角形 BCD 中利用勾股定理算出.

这里用到 $\sin A =$ $\sin(B+C) = \sin B\cos C +$ $\cos B \sin C$.

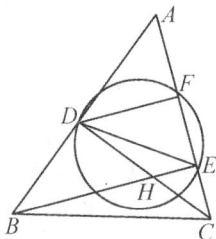

简明解答 如图 $4-8-8$ 所示,连接 DF,则 $\angle DFE = \angle BEC = 90^\circ$,$DF /\!/ BE$,$BE = 24$.

在 $\mathrm{Rt}\triangle BCD$ 中,$BC = 25$,$BD = 15$.

$\cos\angle ABC = \dfrac{3}{5}$,$\sin\angle ABC = \dfrac{4}{5}$.

同理,$\cos\angle ACB = \dfrac{7}{25}$,$\sin\angle ACB = \dfrac{24}{25}$.

图 $4-8-8$

于是 $\sin A = \sin(\angle ABC + \angle ACB) = \sin\angle ABC \cdot \cos\angle ACB + \sin\angle ACB \cdot \cos\angle ABC = \dfrac{4}{5}$.

另一方面,$\sin A = \dfrac{BE}{AB} = \dfrac{24}{AB} = \dfrac{4}{5}$,得 $AB = 30$.

又 $BD = 15$,故 DF 是 $\triangle ABE$ 的中位线.

从而 $AF = \dfrac{1}{2}AE = \dfrac{1}{2}\sqrt{30^2 - 24^2} = 9$.

由条件想性质;由待求想已知.解题中贯穿了这种思考问题的基本方式.

总结反思 本解答用到的均是平面几何的基础知识和基本方法.解直角三角形,两角和的三角函数公式在解题中发挥了重要作用.

□ 几个重要定理和应用

1.梅涅劳斯(Menelaus)定理:如果一条直线和 $\triangle ABC$ 的三边或其延长线分别交于 P,Q,R 三点,那么 $\dfrac{BP}{PC} \cdot \dfrac{CQ}{QA} \cdot \dfrac{AR}{RB} = 1$;其逆定理也成立.

2.托勒密(Ptolemy)定理:圆内接四边形 $ABCD$ 的两组对边乘积的和等于它的两条对角线的乘积,即 $AB \cdot CD + BC \cdot DA = AC \cdot BD$;其逆定理也成立.

这些定理可谓平面几何的"明珠".它们虽然不在高中数学教学内容列,但在自主招生或数学竞赛中,常作为基础知识对考生提出要求.

3.欧拉(Euler)定理:设△ABC 的外心、重心、垂心分别为点 O,G,H,则 O,G,H 三点共线,且 $OG=\frac{1}{2}GH$,称 O,G,H 的连线为欧拉线.

4.欧拉公式:设三角形的外接圆和内切圆半径分别为 R 和 r,则两圆的圆心距为 $d=\sqrt{R(R-2r)}$. 由此也可得知,三角形外接圆半径不小于其内切圆直径.

【例8】 如图 $4-8-9$,△ABC 的两条高线 AD,BE,相交于 H,其外接圆圆心为 O,过 O 作 OF 垂直 BC 于 F,OH 与 AF 相交于 G,则△OFG 与△GHA 的面积之比为　　（　　）

A.1 : 4 　　　　B.1 : 3
C.2 : 5 　　　　D.1 : 2

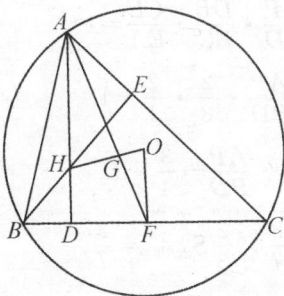

图 $4-8-9$

此题为 2010 年清华大学等五校联考题.

思维指向 观察到△OFG 与 △GHA 相似,只要找到这两个三角形的边长之比,就可以求出其面积之比.

问题探究 因为 O 点为△ABC 的外心,$OF⊥BC$,所以 F 是 BC 边的中点,故 AF 是 BC 边上的中线,由欧拉定理可知 OH 和 AF 的交点 G 为△ABC 的重心,所以 $FG : GA=1 : 2$,又△OFG∽△HAG,故两个三角形面积之比为1 : 4.选 A.

总结反思 记住一些小小的结论,会提高你的解题技能.欧拉定理是三角形心之间关系的一个重要定理,平常学习要注意拓展知识面.

【例9】 如图 $4-8-10$ 所示,已知 △ABC 面积为1,$D、E、F$ 分别在 $BC、CA、AB$ 上,$BD=2DC$,$CE=2EA$,$AF=2FB$,$AB、BE、CF$ 两两相交于 $P、Q、R$,试求 △PQR 的面积.

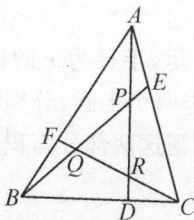

图 $4-8-10$

思维指向 设法将△APB、△BQC、△CRA 的面积分别用△ABC 的面积表示,

再由

$$S_{\triangle PQR} = S_{\triangle ABC} - (S_{\triangle APB} + S_{\triangle BQC} - S_{\triangle CRA})$$

即可得出结论.

问题探究 利用梅涅劳斯定理,可求得 $\dfrac{AP}{PD}$,即 $\dfrac{AP}{AD}$,进而

求出 $\dfrac{S_{\triangle APB}}{S_{\triangle ABD}}$ 的值. 再由 $\dfrac{S_{\triangle ABD}}{S_{\triangle ABC}} = \dfrac{BD}{DC} = 2$ 可求得 $S_{\triangle APB}$ 的值.

同理,可求得 $S_{\triangle BQC}$ 和 $S_{\triangle CRA}$ 的值,$\triangle PQR$ 的值就容易算出来了.

简明解答 考虑直线 BPE 截 $\triangle ADC$,由梅涅劳斯定理可

得

$$\frac{AP}{PD} \cdot \frac{DB}{BC} \cdot \frac{CE}{EA} = 1$$

即

$$\frac{AP}{PD} \cdot \frac{2}{3} \cdot \frac{2}{1} = 1$$

故

$$\frac{AP}{PD} = \frac{3}{4},$$

$$S_{\triangle APB} = \frac{3}{7} S_{\triangle ABD} = \frac{3}{7} \times \frac{2}{3} S_{\triangle ABC} = \frac{2}{7}.$$

同理可得 $S_{\triangle BQC} = S_{\triangle CRA} = \dfrac{2}{7}$,于是

$$S_{\triangle PQR} = S_{\triangle ABC} - (S_{\triangle APB} + S_{\triangle BQC} + S_{\triangle CRA})$$

$$= 1 - 3 \times \frac{2}{7} = \frac{1}{7}.$$

总结反思 梅涅劳斯定理在处理有关比例线段的问题时常十分有效,值得重视.

思考与训练 ★★★
★★★

1. 如图 4—8—11 所示,半径为 r 的四分之一的圆 ABC 上,分别以 AB 和 AC 为直径作两个半圆,分别标有 a 的阴影部分面积和标有 b 的阴影部分面积,则这两部分面积 a 和 b 大小为 (   )

A. $a > b$ B. $a < b$

C. $a = b$ D. 无法确定

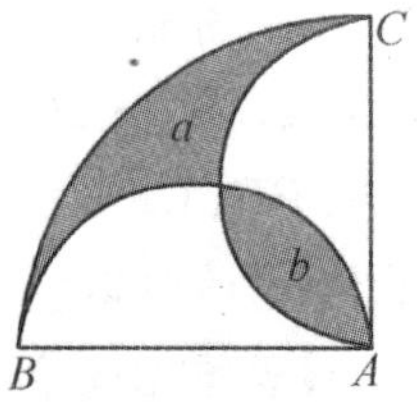

图 4—8—11

2. AB 为过抛物线 $y^2 = 4x$ 焦点 F 的弦,O 为坐标原点,且

$\angle OFA=135°$,C 为抛物线的准线与 x 轴的交点,则 $\tan\angle ACB=$ _____.

3.工件内圆弧半径测量问题.为测量一工件的内圆半径 R,工人用三个半径均为 r 的圆柱形量棒 O_1,O_2,O_3 放在如图 $4-8-12$ 所示与工件圆弧相切的位置上,通过深度卡尺测出水平面到中间量棒 O_2 顶侧面的垂直深度 h,试写出 R 用 h 表示的函数关系式,并计算当 $r=10$ mm,$h=4$ mm 时 R 的值.

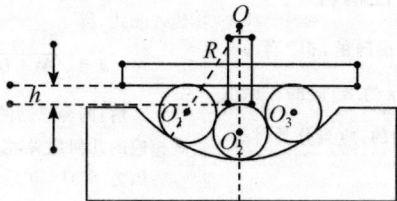

图 $4-8-12$

4.已知六边形 $AC_1BA_1CB_1$ 中,$AC_1=AB_1$,$BC_1=BA_1$,$CA_1=CB_1$,$\angle A+\angle B+\angle C=\angle A_1+\angle B_1+\angle C_1$,求证:$\triangle ABC$ 的面积是六边形 $AC_1BA_1CB_1$ 的一半.

5.已知 $\triangle ABC$ 内点 M 满足 $\angle CMB=100°$,线段 BM 的中垂线交边 AB 于点 P,线段 CM 的中垂线交边 AC 于点 Q,P,M,Q 三点共线,试求 $\angle CAB$ 的值.(注:此题为 2013 年北京大学保送生测试题)

6.设平面上有三个点,任意两个点之间的距离不超过 1,问:半径至少为多大的圆盘才能盖住这三个点? 请证明你的结论.

7.如图 $4-8-13$,以 $\triangle ABC$ 的边 BC 为直径作半圆,与 AB、AC 分别交于点 D、E.过 D、E 作 BC 的垂线,垂足分别为 F、G,线段 DG、EF 交于点 M.求证 $AM\perp BC$.

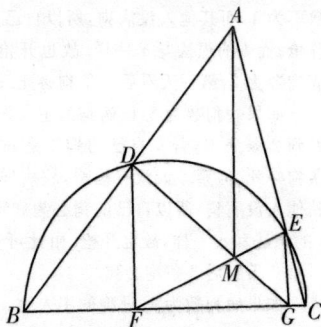

图 $4-8-13$

8.已知椭圆的两个焦点为 $F_1(-1,0)$,$F_2(1,0)$,且椭圆与直线 $y=x-\sqrt{3}$ 相切.

(1)求椭圆的方程;

(2)过 F_1 作两条互相垂直的直线 l_1,l_2 与椭圆分别交于 P,Q 及 M,N,求四边形 $PMQN$ 面积的最大值与最小值.

思考与训练·参考答案

第1章 成功者的个性特征

第2节 数学的理性精神

1. **解**：上面的解法得到的答案是正确的，但"当 $y=-\frac{1}{2}$ 时，d 有最大值"的步骤是错误的. 错误的在原因是没有考虑到 y 是有取值范围限制的，应当分类讨论，正确的方法为：

因点 (x,y) 在椭圆上，所以 $-b\leqslant y\leqslant b$.

若 $b<\frac{1}{2}$，则当 $y=-b$ 时，d 有最大值，于是

$$(\sqrt{7})^2=(b+\frac{3}{2})^2$$

由此解得 $b=\sqrt{7}-\frac{3}{2}>\frac{1}{2}$，这与 $b<\frac{1}{2}$ 矛盾.

若 $b\geqslant\frac{1}{2}$，则当 $y=-\frac{1}{2}$ 时，d 才有最大值，于是

$$4b^2+3=(\sqrt{7})^2$$

从而得 $b^2=1,a^2=4$，所求椭圆方程为 $\frac{x^2}{4}+y^2=1$.

2. **解**：如果只有 1 条病狗，第 1 天那条狗必死，因为狗的主人没有看到病狗，但病狗存在.

如果病狗数为 2，设病狗主为 a,b,a 看到一条病狗，b 也看到一条病狗，但 a 看到 b 的病狗没死故知病狗数不为 1，而其他人没病狗，所以自己的狗必为病狗，故开枪；而 b 的想法与 a 一样，故也开枪. 由此可知，如果病狗数为 2，第一天看后 2 条狗必死.

如果病狗数为 3，设病狗的主人为 a,b,c. 第一天看到 2 条病狗，若 a 自己的狗不是病狗，则第二天那 2 条狗必死，但第 2 天没有枪响，故病狗数肯定不为 2，而其他人没病狗，所以自己的狗必为病狗，故开枪. 而 b 和 c 的想法和 a 一样，故也开枪. 由此可知，如果病狗数为 3，第 2 天看后 3 条狗必死.

如果病狗数为 4，设狗的主人为 a,b,c,d. 第 1 天看到 3 条病狗，若 a 设自己的狗不是病狗，则第 3 天时，那 3 条狗没死，故病狗数不是 3，而其他人没有病狗，所以自己的狗必为病狗，故开枪；而 b,c 和 d 的想法也和 a 一样，故也开枪. 由此可知，如果病狗数为 4，第 3 天看后 4 条狗必死.

由以上分析可知，病狗共有 3 条.

第3节 这样突破最有效

1. **解**：令 $x_0-a=At,y_0-b=Bt$，代入第一个方程得

$$t=\frac{Ax_0+By_0+C}{A^2+B^2}$$

代入①式，得

$$d=\sqrt{A^2+B^2}|t|=\frac{|Ax_0+By_0+C|}{\sqrt{A^2+B^2}}.$$

2. **解**：两种思路的出发点都是对的，只是没有联系到相应的几何意义，使解题受阻. 正确的解法为：

因为 $f(n)<0$ 且 $a>0$，所以 $f(x)=x^2+x+a$ 的图象与 x 轴有两个交点 A、B，设横坐标分别为 x_1、x_2，且 $x_1<x_2$，由条件可得

$$\begin{cases} x_1<n<x_2, \\ x_1+x_2=-1, \\ x_1 x_2=a>0, \end{cases}$$

所以有 $-1<x_1<n<x_2<0,n+1>0$，于是

$$f(n+1)=(n+1)^2+(n+1)+a>0.$$

3. **解**：向日葵中心种子的排列图案符合斐波那契数列，也就是 1、2、3、5、8、13、21、34、55、89、144、……即序列中每个数字是前两个数字的总和. 在向日葵上面，这个序列以螺旋状从花盘中心开始体现出来. 有两条曲线向相反方向延展，从中心开始一直延伸到花瓣，每颗种子都和这两条曲线形成特定的角度，放在一起就形成了螺旋形.

根据国外网站的数据研究证明，为了使花盘中的葵花籽数量达到最多，大自然为向日葵选择了最佳的黄金数字. 花盘中央的螺旋角度恰好是 137.5 度，十分精确，只有 0.1 度的变化. 这个角度是最佳的黄金角度，只此一个，两组螺旋（每个方向各有一个）即清晰可见. 葵花籽数量恰恰也符合了黄金分割定律：$\frac{2}{3}$、$\frac{3}{5}$、$\frac{5}{8}$、$\frac{8}{13}$、$\frac{13}{21}$……

当你静下心来认真思考时，小小的向日葵中其实蕴含着深刻的知识. 细细研究后才会发现，这些数学上的排列在向日葵花盘上体现出来后显得非常迷人.

第2章 数学思考的宏观策略

第1节 化简与从简的思维倾向

1. **解**：D（提示：因为 $f(x)=x^2+2x+6+\frac{64}{x^2+2x+7}=x^2+2x+7+\frac{64}{x^2+2x+7}-1$. 令 $u=x^2+2x+7=(x+1)^2+6$，则 $6\leqslant u\leqslant10$. $f(u)=u+\frac{64}{u}-1\geqslant$

$2\sqrt{u\cdot\dfrac{64}{u}}-1=15$,当且仅当 $u=\dfrac{64}{u}$,即 $u=8$ 时取得等号,故 $u\in[6,8]$ 时,$f(u)$ 单调递减;当 $u\in[8,10]$ 时,$f(u)$ 单调递增,且 $f(6)=6+\dfrac{64}{6}-1>10+\dfrac{64}{10}-1=f(10)$,故 $f(8)\leqslant f(u)\leqslant f(6)$,即时 $15\leqslant f(u)\leqslant 15\dfrac{2}{3}$.)

2. 解: B(提示:设 $z=x+yi$,则由条件得 $(x-1)^2-y^2+2(x-1)yi=(x-1)^2+y^2$,故 $(x-1)^2-y^2=(x-1)^2+y^2$,且 $2(x-1)y=0$,即 $y=0$,故 z 为实数.)

3. 解: $a=\pm 2$(提示:设 $y=x^2+ax+5$,问题的条件即为只有一个 x 的值,使得该二次函数对应的 y 值位于区间 $[0,4]$ 之中,故抛物线的图象只能与直线 $y=4$ 相切,即方程 $x^2+ax+5=4$ 有两个相等的实数根 $\Delta=a^2-4=0$,解得 $a=\pm 2$.)

4. 解: $100\sqrt{11}$(提示:设塔高为 hm,则 $h=100\tan\alpha=200\tan\beta=300\tan\gamma$;又 $\alpha+\beta+\gamma=180°$,因此,$\tan\alpha+\tan\beta+\tan\gamma=\tan\alpha\tan\beta\tan\gamma$,代入得 $\dfrac{11}{6}\tan\alpha=\dfrac{1}{6}\tan^3\alpha$,$\tan\alpha=\sqrt{11}$,$h=100\sqrt{11}$.)

5. 解:(1)令 $x_1=x,x_2=-x$,代入已知条件得
$$|f(x)+f(-x)|\geqslant|g(x)+g(-x)|$$
因为 $f(x)$ 为奇函数,$f(x)+f(-x)=0$,$|g(x)+g(-x)|\leqslant 0$,即 $g(x)+g(-x)=0$.

故 $g(x)$ 也是奇函数.

(2)设函数 $y=f(x)$ 的周期为 $T(T\neq 0)$,令 $x_1=x+T,x_2=x$,代入已知条件,得
$$|f(x+T)-f(x)|\geqslant|g(x+T)-g(x)|.$$
因为 $f(x+T)=f(x)$,所以 $|g(x+T)-g(x)|\leqslant 0$,即 $g(x+T)-g(x)=0$.

故 $g(x)$ 也是周期为 T 的周期函数.

(3)设 $x_1,x_2\in\mathbf{R}$ 且 $x_1<x_2$.

因为 $y=f(x)$ 是 $\mathbf{R}$ 上的增函数,所以 $f(x_1)<f(x_2)$,$|f(x_1)-f(x_2)|=f(x_2)-f(x_1)$.

由已知,$|f(x_1)-f(x_2)|>|g(x_1)-g(x_2)|$,得
$$-f(x_2)+f(x_1)<g(x_1)-g(x_2)<f(x_2)-f(x_1).$$
即
$$\begin{cases}f(x_2)+g(x_2)>f(x_1)+g(x_1),\\ f(x_2)-g(x_2)>f(x_1)-g(x_1).\end{cases}$$
即
$$\begin{cases}h(x_2)>h(x_1),\\ h'(x_2)>h'(x_1).\end{cases}$$
故 $h(x)=f(x)+g(x)$ 与 $h'(x)=f(x)-g(x)$ 在 $\mathbf{R}$ 上也是增函数.

6. 解: 对 $f(x)$ 的表达式变形,将含有参数 a 的项合并,并将参数 a 分离出来,再观察分析得出(1)(2)的结论.

(1)欲证 $x=x_0$ 是方程 $f(x)=0$ 的根,可设法将

$f(x)$ 化为 $f(x)=(x-x_0)A(x)+a(x-x_0)B(x)$ 的形式;(2)欲证存在 $x=x_0$,使得 $f(x_0)\neq 0$,可设法将 $f(x)$ 化为 $f(x)=A(x)+aB(x)$,其中 $A(x_0)=f(x_0)\neq 0$,$B(x_0)=0$.

将函数 $f(x)$ 的表达式化简,得
$$\begin{aligned}f(x)&=x^4+x^3-2x^2+a(x^4-3x^2-4)\\ &=x^2(x-1)(x+2)+a(x-2)(x+2)(x^2+1).\end{aligned}$$
为了使命题对任意实数 a 都成立,可取相应的 x,使得 $(x-2)(x+2)(x^2+1)=0$.所以,对任意实数 a,有

(1)方程 $f(x)=0$ 总有相同的实数根 $x=-2$;

(2)存在 $x_0=2$,恒有 $f(x_0)=16\neq 0$.

7. 解:(1)对任意的 x_1,x_2,

因 $|g(x_1)-g(x_2)|=|ax_1^2+bx_1+c-(ax_2^2+bx_2+c)|$
$=|(x_1-x_2)[a(x_1+x_2)+b]|\leqslant|x_1-x_2|$,

故 $|a(x_1+x_2)+b|\leqslant 1\Rightarrow a=0,|b|\leqslant 1,c$ 是任意值.

(2)对任意的 $x_1,x_2\geqslant 0$,

$|h(x_1)-h(x_2)|=|k|\left|\sqrt{x_1^2+1}-\sqrt{x_2^2+1}\right|$

$=|k||x_1-x_2|\cdot\dfrac{x_1+x_2}{\sqrt{x_1^2+1}+\sqrt{x_2^2+1}}$

$\leqslant|k||x_1-x_2|\leqslant|x_1-x_2|\Rightarrow|k|\leqslant 1$.

(3)对任意的 $x_1,x_2\in\left(\dfrac{\pi}{2},\pi\right)$,

$|p(x_1)-p(x_2)|$

$=|a(2x_1+\sin x_1)-a(2x_2+\sin x_2)|$

$=|2a(x_1-x_2)+a(\sin x_1-\sin x_2)|$

$=\left|2a(x_1-x_2)+2a\cos\dfrac{x_1+x_2}{2}\sin\dfrac{x_1-x_2}{2}\right|$

$\leqslant|2a||x_1-x_2|+|2a|\left|\dfrac{x_1-x_2}{2}\right|$

$=3|a||x_1-x_2|\leqslant|x_1-x_2|\Rightarrow|a|\leqslant\dfrac{1}{3}$.

8. 解:(1)$\because(nx^2)'=2nx$,

$\therefore$ 曲线 C_n 过点 $P_n(x_n,y_n)$ 的切线 l_n 的方程为 $y-nx_n^2=2nx_n(x-x_n)$,即 $2nx_nx-y-nx_n^2=0$.

令 $x=0$,得 $y=-nx_n^2$,

$\therefore Q_n$ 的坐标为 $(0,-nx_n^2)$.

(2)原点 $O(0,0)$ 到 l_n 的距离为
$$d(x_n)=\dfrac{nx_n^2}{\sqrt{1+4n^2x_n^2}},$$
$|P_nQ_n|=\sqrt{x_n^2+4n^2x_n^4}$,

$\dfrac{d(x_n)}{|P_nQ_n|}=\dfrac{nx_n}{1+4n^2x_n^2}=\dfrac{n}{\dfrac{1}{x_n}+4n^2x_n}$,

$\therefore$ 当 $\dfrac{1}{x_n}=4n^2x_n$,即 $x_n=\dfrac{1}{2n}$ 时,$\dfrac{d(x_n)}{|P_nQ_n|}$ 取得最大值 $\dfrac{1}{4}$.

故所求点 P_n 的坐标为 $(\frac{1}{2n}, \frac{1}{4n})$.

(3)由(2)知 $x_n = \frac{1}{2n}, y_n = \frac{1}{4n}$,于是

$$\sum_{n=1}^{t} \frac{1}{2\sqrt{n}} < \sum_{n=1}^{t} \frac{1}{\sqrt{n}+\sqrt{n-1}} = \sum_{n=1}^{t} (\sqrt{n}-\sqrt{n-1})$$

$$= 1 + (\sqrt{2}-1) + (\sqrt{3}-\sqrt{2}) + \cdots + (\sqrt{s}-\sqrt{s-1})$$

$$= \sqrt{s},$$

故问题得证.

第2节 整体和局部的协同处理

1. 解:B(提示:$\log_2 x = -x + 3, 2^x = -x + 3$.在直角坐标系中分别作出 $y = \log_2 x$ 和 $y = 2^x$ 的图象,再作出 $y = -x + 3$ 的图象,则 a 就是直线 $y = -x + 3$ 和 $y = \log_2 x$ 的交点 A 的横坐标,b 就是直线 $y = -x + 3$ 和 $y = 2^x$ 的交点 B 的横坐标.又设直线 $y = -x + 3$ 与 $y = x$ 的交点为 M,则 $M(\frac{3}{2}, \frac{3}{2})$,故 $a + b = 2x_m = 3, \log_2 a + 2^b = 2y_m = 3$.)

2. 解:B(提示:$a_n + a_{n+1} = -3n, a_{n+1} + a_{n+2} = -3(n+1)$,两式相减得 $a_{n+2} - a_n = -3$,故 $a_1, a_3, \cdots, a_{2n+1}, \cdots$ 为等差数列,$a_2, a_4, \cdots, a_{2n}, \cdots$ 为等差数列,公差均为 -3.故 $a_{52} = a_{10} + \frac{52-10}{2}d = -80$.因为 $a_{10} + a_{11} = -30$,故 $a_{11} = -13, a_{51} = a_{11} + \frac{51-11}{2}d = -73$,进而可得 $b_{51} = a_{51} a_{52} = 5840$.)

3. 解:$\cos x$(提示:由 $f_0(x) = \cos x$,得 $f_1(x) = -\sin x, f_2(x) = -\cos x, f_3(x) = \sin x, f_4(x) = \cos x$,所以 $\{f_n(x)\}$ 是一个周期为4的周期函数列,$f_{2012}(x) = f_{4 \times 503 + 0}(x) = f_0(x) = \cos x$.)

4. 解:$\frac{1}{2} - \frac{1}{102!}$

(提示:因为 $a_k = \frac{k+2}{k! + (k+1)! + (k+2)!} = \frac{\frac{k+2}{k!}}{(k+2)^2} = \frac{k+1}{(k+2)!} = \frac{(k+2)-1}{(k+2)!} = \frac{1}{(k+1)!} - \frac{1}{(k+2)!}$,所以 $s_{100} = a_1 + a_2 + \cdots + a_{100} = \frac{1}{2} - \frac{1}{102!}$.)

5. 解:因为 a, b, c 是 x, y, z 的一个排列,所以 $abc = xyz$.

由条件知,$\frac{a}{x} \cdot \frac{b}{y} \cdot \frac{c}{z} \geqslant 3\sqrt[3]{\frac{abc}{xyz}} = 3$.

6. 解:由二项式定理,及 $(1+\sqrt{2})^n = x_n + y_n\sqrt{2}$,得

$$(1-\sqrt{2})^n = x_n - y_n\sqrt{2}.$$

两式联立,解得

$$x_n = \frac{(1+\sqrt{2})^n + (1-\sqrt{2})^n}{2}, y_n = \frac{(1+\sqrt{2})^n - (1-\sqrt{2})^n}{2\sqrt{2}}.$$

故

$$\lim_{n \to \infty} \frac{x_n}{y_n} = \lim_{n \to \infty} [\sqrt{2} \cdot \frac{(1+\sqrt{2})^n + (1-\sqrt{2})^n}{(1+\sqrt{2})^n - (1-\sqrt{2})^n}]$$

$$= \sqrt{2} \cdot \lim_{n \to \infty} \frac{1 + \left(\frac{1-\sqrt{2}}{1+\sqrt{2}}\right)^n}{1 - \left(\frac{1-\sqrt{2}}{1+\sqrt{2}}\right)^n} = \sqrt{2}.$$

7. 解:记 $U = \{1, 2, 3, \cdots 9\}$,则 U 的所有元素之和为 $1 + 2 + \cdots + 9 = 45$ 为奇数.若 A 是满足条件的一个奇子集,则 A 的补集 $\complement_U A$ 中所有元素之和为偶数(不妨称这样的集合为偶子集);反之亦成立.这样,任何一个奇子集和相应的偶子集搭配(其中空集和全集 U 搭配),故所有的奇子集的个数为 $\frac{1}{2} \times 2^9 = 256$ 个.

8. 证明:记数表左上角、右上角、左下角、右下角四个数分别为 A, B, C, D,设最中间那个数为 x(如表).

A	$\cdots$	$\frac{A+b}{2}$	$\cdots$	B
$\cdots$		$\cdots$		$\cdots$
$\pm\sqrt{\frac{A^2+C^2}{2}}$	x		$\pm\sqrt{\frac{B^2+D^2}{2}}$	
$\cdots$		$\cdots$		$\cdots$
C	$\cdots$	$\frac{C+D}{2}$	$\cdots$	D

考虑第一行中间那个数(第1007个数),因每一列各数平方后成等差数列,故此数为 $\frac{A+B}{2}$;

同理,最下面一行中间那个数为 $\frac{C+D}{2}$.

再考虑第一列中间那个数(第1007个数),因每一列各数平方后成等差数列,故此数为 $\pm\sqrt{\frac{A^2+C^2}{2}}$;

同理,最后一列中间那个数为 $\pm\sqrt{\frac{B^2+D^2}{2}}$.

不妨先考虑都取正号情况:分别从行、从列的角度考虑,有

$$x = \frac{\sqrt{\frac{A^2+C^2}{2}} + \sqrt{\frac{B^2+D^2}{2}}}{2} = \sqrt{\frac{\left(\frac{A+B}{2}\right)^2}{\left(\frac{C+D}{2}\right)^2}},$$ 两边平

方并化简可得:$(AD - BC)^2 = 0 \Rightarrow AD - BC = 0 \Rightarrow AD = BC$;

若两者都取负号,同理有 $AD = BC$ 成立;

若一正一负,不妨设前者取正,后者取负,则

$$\frac{\sqrt{\frac{A^2+C^2}{2}} + \sqrt{\frac{B^2+D^2}{2}}}{2} = \sqrt{\frac{\left(\frac{A+B}{2}\right)^2}{\left(\frac{C+D}{2}\right)^2}}$$

$\sqrt{\dfrac{A^2+C^2}{2}}>\sqrt{\dfrac{B^2+D^2}{2}}$

(当$\sqrt{\dfrac{A^2+C^2}{2}}>\sqrt{\dfrac{B^2+D^2}{2}}$时,右边取正,否则取负)两边平方,化简同理可得$AD=BC$.

9. 解:(Ⅰ)由$\cos\dfrac{\pi}{4}\cos\varphi-\sin\dfrac{3\pi}{4}\sin\varphi=0$得

$\cos\dfrac{\pi}{4}\cos\varphi-\sin\dfrac{\pi}{4}\sin\varphi=0$,

即$\cos(\dfrac{\pi}{4}+\varphi)=0$. 又$|\varphi|<\dfrac{\pi}{2}$,$\therefore\varphi=\dfrac{\pi}{4}$.

(Ⅱ)由(Ⅰ)得,$f(x)=\sin(\omega x+\dfrac{\pi}{4})$. 依题意,$\dfrac{T}{2}=\dfrac{\pi}{3}$.

又$T=\dfrac{2\pi}{\omega}$,$\therefore\omega=3$,$\therefore f(x)=\sin(3x+\dfrac{\pi}{4})$.

函数$f(x)$的图象向左平移m个单位后所对应的函数为

$g(x)=\sin[3(x+m)+\dfrac{\pi}{4}]$.

$g(x)$是偶函数当且仅当$3m+\dfrac{\pi}{4}=k\pi+\dfrac{\pi}{2}(k\in\mathbf{Z})$,

即$m=\dfrac{k\pi}{3}+\dfrac{\pi}{12}(k\in\mathbf{Z})$,从而,最小正实数$m=\dfrac{\pi}{12}$.

10. 解:(1)设$C(x,y)$,则由$|AC|=|MC|$可知$|MN|=2\sqrt{|AC|^2-y^2}=2\sqrt{x^2+(p-y)^2-y^2}=2\sqrt{x^2+p^2-2py}=2p$.

(2)$S_{\triangle AMN}=\dfrac{1}{2}|MN|\cdot|AO|=\dfrac{1}{2}\cdot2p\cdot p=\dfrac{1}{2}l_1l_2\sin\theta$.

在$\triangle AMN$中,由余弦定理,有$4p^2=l_1^2+l_2^2-2l_1l_2\cos\theta$,故$2l_1l_2\sin\theta=l_1^2+l_2^2-2l_1l_2\cos\theta$.

即$l_1^2+l_2^2=2l_1l_2(\sin\theta+\cos\theta)\Rightarrow\dfrac{l_1}{l_2}+\dfrac{l_2}{l_1}=2(\sin\theta+\cos\theta)=2\sqrt{2}\sin(\theta+\dfrac{\pi}{4})\in[2,2\sqrt{2}]$.

第3节 分类与分步的思考策略

1. 解:C(提示:因$f(1)=1$,故$f(a)=1$. 若$a=-\dfrac{\sqrt{2}}{2}$,则$f(a)=\sin\dfrac{\pi}{2}=1$;若$a=1$,则$f(a)=f(1)=1$.)

2. 解:B(提示:设$t=\tan(\cos\sqrt{4\pi^2-x^2})$,则$t^2-4at+2+2a\leqslant0$,依题意知该不等式只有有限个解,故$\Delta=16a^2-4(2+2a)=0$,$a=-\dfrac{1}{2}$或$a=1$,当$a=1$时,$t=\tan(\cos\sqrt{4\pi^2-x^2})=2$,因为$-\dfrac{\pi}{2}<-1\leqslant$

$\cos\sqrt{4\pi^2-x^2}\leqslant1<\dfrac{\pi}{3}$,所以$\tan(\cos\sqrt{4\pi^2-x^2})\leqslant2$,不满足;当$a=-\dfrac{1}{2}$时,$\tan(\cos\sqrt{4\pi^2-x^2})=1$满足.故$a=-\dfrac{1}{2}$,选B.)

3. 解:72(提示:直线与圆在第一象限有$(1,7)$、$(5,5)$、$(7,1)$三个公共点,依对称性知共有$3\times4=12$个公共点,过公共点的切线共有12条,割线共有$C_{12}^2=66$条,其中除去过原点的6条,所以共有$12+66-6=72$条.)

4. 解:C_{100}^4(提示:$p(x)=\dfrac{(1+x)[(1+x)^{99}-1]}{(1+x)-1}=\dfrac{1}{x}[(1+x)^{100}-(1+x)]$,其中$x^3$的系数为$C_{100}^4$.)

5. 解:设$b=am,c=an$,则

$\sqrt{a}+\sqrt{b}+\sqrt{c}=\sqrt{a}+\sqrt{am}+\sqrt{an}$
$\qquad\qquad=\sqrt{a}(1+\sqrt{m}+\sqrt{n})=k\in Q$.

两边平方,得

$a(1+m+n+2\sqrt{m}+2\sqrt{n}+2\sqrt{mn})=k^2\in Q$.

设$\sqrt{m}+\sqrt{a}+\sqrt{mn}=t\in Q$,则$[\sqrt{m}(1+\sqrt{n})]^2=(t-\sqrt{n})^2$,即

$m(1+n+2\sqrt{n})=t^2-2t\sqrt{n}+n$.

进一步整理,得

$\sqrt{n}(2n+2t)=t^2+n-m-mn\in Q$.

故$\sqrt{n}\in Q$,同理$\sqrt{m}\in Q$,$\sqrt{a}(1+\sqrt{m}+\sqrt{n})\in Q$.

所以,$\sqrt{a}\in Q$,同理$\sqrt{b}\in Q$,$\sqrt{c}\in Q$.

6. 解:因为$\dfrac{x^3+3}{x+3}=\dfrac{x^3+27}{x+3}-\dfrac{24}{x+3}$,所以$\dfrac{x^3+3}{x+3}$是整数当且仅当$\dfrac{24}{x+3}$是整数,将$x=1,2,\cdots,21$分别代入检验,可以$x=1,x=3,x=5,x=9,x=21$满足题设要求,故所有正整数$x$取值的集合为$\{3,5,9,21\}$.

7. 解:由题意可知,当我们锯了若干次之后,产生若干根棒,它们中有长度相等与仅差一个单位的棒(例如:7,8,9;6,6,7;5,5,6,6等),这些棒除了$2k-2$,$2k-1$,$2k$与$2k-1$,$2k-1$,$2k$这两种情况,其他无论怎样锯开哪一根,均不能符合最长的一根严格小于最短一根的2倍.有了这种认识,我们就可以用枚举法来解决本题了.

(1)$30=11+19=11+7+12=11+8+6+6=5+6+7+6+6$,

$30=11+19=11+8+11$,

$30=11+19=11+9+10$;

(2)$30=12+18=12+7+11=6+6+7+11=6+6+7+5+6$,

$30=12+18=12+8+10=6+6+8+10=6+6+8+6+6+8$

253

$+5+5=6+6+4+4+5+5$,

$30=12+18=12+9+9=5+7+9+9$,

$30=12+18=12+9+9=6+6+9+9$,

(3) $30=13+17=13+7+10=6+7+7+10=6+7+7$

$+5+5$,

$30=13+17=13+7+10=6+7+7+10=6+7+7$

$+4+6$,

$30=13+17=13+8+9=5+8+8+9$,

$30=13+17=13+8+9=6+7+8+9$,

(4) $30=14+16=14+8+8=7+7+8+8$,

$30=14+16=14+8+8=6+8+8+8$,

$30=14+16=14+8+8=5+9+8+8$;

(5) $30=15+15$.

综合(1)～(5)可知,长为30的棒最多可锯成长4,4,5,5,6,6的六段.

第4节 问题的等价变换

1. 解:B(提示:由 $\left(\dfrac{\overrightarrow{AB}}{|\overrightarrow{AB}|\cos B}+\dfrac{\overrightarrow{AC}}{|\overrightarrow{AC}|\cos C}\right)\cdot\overrightarrow{BC}$

$=\dfrac{\overrightarrow{AB}\cdot\overrightarrow{BC}}{|\overrightarrow{AB}|\cos B}+\dfrac{\overrightarrow{AC}\cdot\overrightarrow{BC}}{|\overrightarrow{AC}|\cos C}=-|\overrightarrow{BC}|+|\overrightarrow{BC}|=0$,知 $\overrightarrow{AP}\cdot$

$\overrightarrow{BC}=0$,故 $\overrightarrow{AP}\perp\overrightarrow{BC}$,动点 P 的轨迹一定通过 $\triangle ABC$ 的垂心,选 B.)

2. 解:B(提示:由 $x\boldsymbol{a}+y\boldsymbol{b}+z\boldsymbol{c}=(1,1)$,可得

$\begin{cases}-\dfrac{\sqrt{3}}{2}y+\dfrac{\sqrt{3}}{2}z=1,\\ x-\dfrac{1}{2}y-\dfrac{1}{2}z=1,\end{cases}$ 即 $\begin{cases}-\dfrac{\sqrt{3}}{2}(y-z)=1,\\ x-\dfrac{y+z}{2}=1.\end{cases}$ (＊)

由于 $x^2+y^2+z^2=x^2+\dfrac{(y+z)^2+(y-z)^2}{2}$,将其看作是关于 $x,y+z,y-z$ 三个变量的代式子,即将(＊)变形得

$\begin{cases}y-z=-\dfrac{2}{\sqrt{3}},\\ y+z=2(x-1).\end{cases}$

$x^2+y^2+z^2=x^2+\dfrac{(y+z)^2+(y-z)^2}{2}=x^2+2(x-1)^2+\dfrac{2}{3}=3(x-\dfrac{2}{3})^2+\dfrac{4}{3}$.

故最小值为 $\dfrac{4}{3}$.)

3. 解:D(提示:由于 $x_{n+1}-x_n=\dfrac{3(1+x_n)}{3+x_n}-x_n=$

$\dfrac{3-xn^2}{3+x_n}$,令 $x_{n+1}-x_n=0$ 得 $x_n=\sqrt{3}$,故当 $x_1=\sqrt{3}$ 时,数列 $\{x_n\}$ 是常数列,数列 $\{x_n\}$ 既不是单调递增数列,也不是单调递减数列.)

4. 解: $\dfrac{\pi}{6}$ 或 $\dfrac{\pi}{3}$ (提示:由无穷等比数列各项和公

式,得 $\dfrac{x}{1-x^2}=\dfrac{\sqrt{3}}{2}$,由此解得 $x=-\sqrt{3}$ 或 $x=\dfrac{\sqrt{3}}{3}$,但由于 $|x|<1$,故 $x=\dfrac{\sqrt{3}}{3}$.而方程 $x^2-(\tan\theta+\cot\theta)x+1=0$ 的根是 $x=\tan\theta$ 或 $x=\cot\theta$.若 $\tan\theta=\dfrac{\sqrt{3}}{3}$,则 $\theta=\dfrac{\pi}{6}$,若 $\cot\theta=\dfrac{\sqrt{3}}{3}$,则 $\theta=\dfrac{\pi}{3}$.)

5. 解: $\dfrac{1-\sqrt{5}}{2}$ (提示:由 $z^2-2az+a^2-a=0$,得 $(z-a)^2=a$.因为 $a<0$,故 $z-a=\pm\sqrt{-ai}$, $z=a\pm\sqrt{-ai}$.又 $|z|=1$,故 $a^2-a=1$, $a=\dfrac{1\pm\sqrt{5}}{2}$,由 $a<0$ 得 $a=\dfrac{1-\sqrt{5}}{2}$.)

6. $f(0)+f(2)\geqslant 2f(1)$ (提示:由 $(x-1)f'(x)\geqslant 0$, $x\geqslant 1$ 时, $f'(x)\geqslant 0$;当 $x\leqslant 1$ 时, $f'(x)\leqslant 0$.故 $f(x)$ 在 $(-\infty,1]$ 上单调递减,在 $[1,+\infty)$ 上单调递增,即 $f(0)\geqslant f(1)$ 且 $f(2)\geqslant f(1)$, $f(0)+f(2)\geqslant 2f(1)$.)

7. 解:不能.证明如下:

我们任找一条和这条抛物线的对称轴都不平行的直线,则每条抛物线只能覆盖这条直线上的某一段,从而这条抛物线不可能覆盖整条直线,当然它们也不可能覆盖整个平面.

8. 解:(1)因为 $a_{n+1}=2a_n+1$,所以

$a_{n+1}+1=2(a_n+1)=2^2(a_{n-1}+1)=\cdots=2^n(a_1+1)=2^{n+1}-1$,

故 $a_{n+1}=2^{n+1}-1$.

即 $a_n=2^n-1(n\in\mathbf{N}^*)$.

(2)因为 $\dfrac{a_k}{a_{k+1}}=\dfrac{2^k-1}{2^{k+1}-1}=\dfrac{2^k-1}{2(2^k-\frac{1}{2})}=\dfrac{1}{2}-$

$\dfrac{1}{2(2^{k+1}-1)}=\dfrac{1}{2}-\dfrac{1}{3\times 2^k+2^k-2}\geqslant\dfrac{1}{2}-\dfrac{1}{3}\cdot\dfrac{1}{2^k}$, $k=1,2,\cdots,n$,所以

$\dfrac{a_1}{a_2}+\dfrac{a_2}{a_3}+\cdots+\dfrac{a_n}{a_{n+1}}\geqslant\dfrac{n}{2}-\dfrac{1}{3}(\dfrac{1}{2}+\dfrac{1}{2^2}+\cdots+$

$\dfrac{1}{2^n})=\dfrac{n}{2}-\dfrac{1}{3}(1-\dfrac{1}{2^n})>\dfrac{n}{2}-\dfrac{1}{3}$.

又因为 $\dfrac{a_k}{a_{k+1}}=\dfrac{2^k-1}{2(2^k-\frac{1}{2})}<\dfrac{1}{2}$, $k=1,2,\cdots,n$,所以

$\dfrac{a_1}{a_2}+\dfrac{a_2}{a_3}+\cdots+\dfrac{a_n}{a_{n+1}}<\dfrac{n}{2}$.

综上可知 $\dfrac{n}{2}-\dfrac{1}{3}<\dfrac{a_1}{a_2}+\dfrac{a_2}{a_3}+\cdots+\dfrac{a_n}{a_{n+1}}<\dfrac{n}{2}$.

第5节 问题的一般化与特殊化

1. D(提示:由圆锥曲线的统一极坐标方程知: $\rho=$

$\dfrac{k}{k^2-2k\cos\theta+1}=\dfrac{\dfrac{k}{1+k^2}}{1-\dfrac{2k}{1+k^2}\cos\theta},0<e=\dfrac{2k}{1+k^2}\leqslant 1.$

故为椭圆或抛物线(当且仅当 $k=1$ 时为抛物线).

2.D(提示:设 x 张 1 角,y 张 2 角,z 张 5 角,则 $x+2y+5z=100$.

$z=0$ 时,$x+2y=100$,y 的取值分别为 $0,1,2,\cdots,$ 50 共 51 种情况;

$z=1$ 时,$x+2y=95$,y 的取值分别为 $0,1,2,\cdots,$ 47 共 48 种情况;

同理,$z=2$ 时,有 46 种情况;$z=3$,有 43 种情况,$\cdots$,$z=19$ 时,有 3 种情况;$z=20$ 只有 1 种情况.

故所求的结果是两个等差数列的和,公差均为 5. 即 $(51+46+41+\cdots+1)+(48+43+\cdots+3)=541.$)

3. 解:$\dfrac{n+1}{n}$(提示:因为 $y=x+\dfrac{1}{nx^n}=x+\dfrac{1}{n}x^{-n}$,

所以 $y'=1-x^{-n-1}=1-\dfrac{1}{x^{n+1}}$. 令 $y'=0$ 得 $x=1$,且函数在 $(0,1)$ 上递减,在 $(1,+\infty)$ 上递增,故函数 y 在正实半轴上的最小值为 $1+\dfrac{1}{n}=\dfrac{n+1}{n}$.)

4. 解:甲(提示:当 $n=4$ 时,相邻两射线的夹角为 $\dfrac{\pi}{2}$,然后可让 A_1,A_2,A_3,A_4 正好是椭圆的四个顶点,容易得到 $\sum\limits_{k=1}^{4}|OA_k|^{-2}=2(a^{-2}+b^{-2})$,结合甲、乙、丙、丁结论可知甲正确.)

5. 解:考虑 mod3 的剩余类:
$A_0=\{3k|k=1,2,\cdots,670\}$,
$A_1=\{3k+1|k=0,1,2,\cdots,670\}$,
$A_2=\{3k+2|k=0,1,2,\cdots,670\}$.

其中元素最多的是 A_1 或 A_2(含 671 个数),不妨取 A_1.由于任意两数之差都是 3 的倍数,而两数之和被 3 除余 2.显然符合.

另一方面,若了 672 个数,则必有两个数 a,b 之差小于 3,(不妨设 $a>b$).

若 $a-b=1$,显然 $a-b|a+b$;
若 $a-b=2$,则 a,b 同奇偶,仍有 $a-b|a+b$.
综上,至多可取 671 个数.

6. 解:由 $\sin t+\cos t=1$ 得:$\sqrt 2\sin(t+\dfrac{\pi}{4})=1$,

$\therefore t+\dfrac{\pi}{4}=2k\pi+\dfrac{\pi}{4}$ 或 $2k\pi+\dfrac{3\pi}{4}(k\in\mathbf{Z})$,

$\therefore t=2k\pi$ 或 $2k\pi+\dfrac{\pi}{2}(k\in\mathbf{Z})$.

当 $s\neq 1$ 时,
$f(s)=\dfrac{1-s^{n+1}}{1-s}=\dfrac{s^{n+1}-1}{s-1}$

$=\dfrac{\cos(n+1)t+\mathrm{i}\sin(n+1)t-1}{\cos t+\mathrm{i}\sin t-\sin t-\cos t}$

$=\dfrac{\cos(n+1)t+\mathrm{i}\sin(n+1)t-1}{(\mathrm{i}-1)\sin t}$,

显然 $t=2k\pi+\dfrac{\pi}{2}(k\in\mathbf{Z})$,

$\therefore f(s)=\dfrac{\cos(n+1)t+\mathrm{i}\sin(n+1)t-1}{\mathrm{i}-1}$

当 n 为奇数时,①若 $n=4k+1(k\in\mathbf{Z})$,则 $f(s)=\dfrac{-2}{\mathrm{i}-1}=\mathrm{i}+1$;②若 $n=4k+3(k\in\mathbf{Z})$,则 $f(s)=0$.

当 n 为偶数时:①若 $n=4k(k\in\mathbf{Z})$,则 $f(s)=1$;②若 $n=2(2k+1)(k\in\mathbf{Z})$,则 $f(s)=\mathrm{i}$.

当 $s=1$ 时,$f(s)=n+1$.

综上:$f(s)=\begin{cases}n+1(s=1)\\1(s\neq 1,n=4k)\\\mathrm{i}+1(s\neq 1,n=4k+1),k\in\mathbf{Z}.\\\mathrm{i}(s\neq 1,n=4k+2)\\0(s\neq 1,n=4k+3)\end{cases}$

7. 解:(1)$C_5^1=5$(个)

(2)$C_5^3=10$(个).

(3)设 $u=(a_1,a_2,\cdots,a_n)$ 中的 n 个分量中有 i 个 1(显然,另外的 $(n-i)$ 个分量为 0),设 $v=(b_1,b_2,\cdots,b_n)$ 中的 n 个分量中有 j 个 1(显然,另外的 $(n-j)$ 个分量为 0),其中 $1\leqslant i,j\leqslant n$,由于 $d(u,w)+d(v,w)=i+j$ 与 u,v 中 0、1 分量的具体排列无关,为使 $d(u,v)$ 尽可能大,不妨假设 u 中前 i 个分量分 1,v 中后 j 个分量为 1.分类讨论如下:

①若 $i\leqslant j\leqslant\dfrac{n}{2}$,则 $d(u,v)=i+j$,满足 $d(u,v)\leqslant d(u,w)+d(v,w)$;

②$i\leqslant\dfrac{n}{2}\leqslant j$,若 $n-i\geqslant j$,则 $d(u,v)=i+j$,满足 $d(u,v)\leqslant d(u,w)+d(v,w)$;若 $n-i<j$,则 $d(u,v)=n<i+j$,满足 $d(u,v)\leqslant d(u,w)+d(v,w)$;

③若 $\dfrac{n}{2}\leqslant i\leqslant j$,此时 $i+j\geqslant n$,而 $d(u,v)=n$,所以 $d(u,v)=n\leqslant i+j$,满足 $d(u,v)\leqslant d(u,w)+d(v,w)$.

综上所述,总有 $d(u,v)\leqslant d(u,w)+d(v,w)$.

第 6 节 试探与猜想

1. C(提示:当 $x=0$ 时等式成立,方程 $\dfrac{|x|}{x+4}=kx^2$ 有一个根 $x=0$;当 $x>0$ 时,原方程变为 $(x+2)^2-4=\dfrac{1}{k}>0$ 有一根;当 $x<0$ 时,原方程变为 $-(x+2)^2+4=\dfrac{1}{k}$,要使原方程有四个不等实根,这时必有两个根,数形结合可知 $0<\dfrac{1}{k}<4$,故 $k>\dfrac{1}{4}$.)

2.B(提示:由已知条件得:$\alpha+\beta+\gamma=0$,$\alpha\beta+\beta\gamma+\gamma\alpha$ $=a$,$\alpha\beta\gamma=-b$,又$(\frac{1}{\alpha}+\frac{1}{\beta})+(\frac{1}{\beta}+\frac{1}{\gamma})+(\frac{1}{\gamma}+\frac{1}{\alpha})$ $=2(\frac{1}{\alpha}+\frac{1}{\beta}+\frac{1}{\gamma})=2\times\frac{\alpha\beta+\beta\gamma+\gamma\alpha}{\alpha\beta\gamma}=-\frac{2a}{b}$.由根与系数的关系,可知方程$b^2x^3+2abx^2+a^2x-b=0$符合条件.)

3.$2\times[\frac{1}{2}(n\sin\beta)(n\cos\beta)]+2\times[\frac{1}{2}(m\sin\alpha)$ $(m\cos\alpha)]+mn\sin(\alpha+\beta)=(n\sin\beta+m\sin\alpha)(n\cos\beta+m\cos\alpha)$;$\sin(\alpha+\beta)=\sin\alpha\cos\beta+\cos\alpha\sin\beta$

(提示:四个三角形的面积的和为$2\times[\frac{1}{2}(n\sin\beta)$ $(n\cos\beta)]+2\times[\frac{1}{2}(m\sin\alpha)(m\cos\alpha)]$,

中间平行四边形的面积为$mn\sin[\pi-(\alpha+\beta)]=$ $mn\sin(\alpha+\beta)$,

而整个图形的面积为$(n\sin\beta+m\sin\alpha)(n\cos\beta+n\cos\alpha)$,

$\therefore 2\times[\frac{1}{2}(n\sin\beta)(n\cos\beta)]+2\times[\frac{1}{2}(m\sin\alpha)$ $(m\cos\alpha)]+mn\sin(\alpha+\beta)=(n\sin\beta+m\sin\alpha)(n\cos\beta+m\cos\alpha)$,

整理上式有$\sin(\alpha+\beta)=\sin\alpha\cos\beta+\cos\alpha\sin\beta$.)

4.证明:因为$41-25=16$,$25-13=12$,16和12的最大公因子是4,此等差数列的公差一定是4的因子.设公差为d,则$nd=4$,n为正整数.而$2009=41+1968=41+4\times492=41+492\times nd$,所以$2009$为其中的一项.

5.证明:(1)如图,设四面体为$ABCD$,不妨设AB为六条棱中的最大边.

因为$AC+BC>AB$,$AD+BD>AB$,所以$AC+BC+AD+BD>2AB$.

若$AC+AD\leqslant AB$,$BC+BD\leqslant AB$,则$AC+BC+AD+BD\leqslant2AB$,矛盾.

因此$AC+AD>AB$,$BC+BD>AB$中至少有一个成立.故原命题成立.

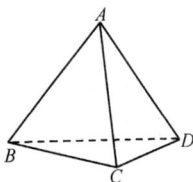

第5题图(1)

(2)如图,$\angle EFG=60°$,$\angle GFH=\arctan2$,$\angle EFH=90°$,$EG\perp FG$,$FG\perp HG$.

设$FG=1$,则$EG=\sqrt{3}$,$EF=2$,$HG=2$,$FH=\sqrt{5}$,$EH=3$.

则在$\triangle EGH$中,由余弦定理,得

$\cos\angle EGH=\frac{3+4-9}{2\times2\times\sqrt{3}}=-\frac{\sqrt{3}}{6}$.

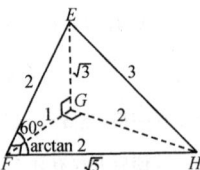

第5题图(2)

因此$60°$的面和$\arctan2$的面所成的二面角为$\pi-\arccos\frac{\sqrt{3}}{6}$.

第3章 经典数学方法综述

第1节 数学归纳法

1.解:依题意,$a_{n+6}\leqslant a_{n+3}+3\leqslant a_n+3+3=a_n+6$ ①,另一方面:$a_{n+6}\geqslant a_{n+4}+2\geqslant a_{n+2}+4\geqslant a_n+6$ ②.

由①②知,$a_{n+6}=a_n+6$,且等号成立的条件是上式①②统统取等号.

即$\begin{cases}a_{n+3}=a_n+3,\\a_{n+2}=a_n+2,\end{cases}$所以$a_{n+3}=a_{n+2}+1$,又$a_1=1$,所以$a_3=a_1+2=3$,$a_4=a_1+3=4$,$a_5=a_3+2=5\Rightarrow a_2=a_5-3=5-3=2$,而由$a_{n+3}=a_{n+2}+1$知$\{a_n\}$从第3项起成公差为1的等差数列,且由前两项知,$\{a_n\}$成等差数列,且$a_n=n$,所以$a_{2013}=2013$.

2.解:(1)$\frac{1}{a_1}+\frac{1}{a_2}+\cdots+\frac{1}{a_n}=\frac{1}{a_1}\cdot\frac{1}{a_2}\cdots\cdots\frac{1}{a_n}$,

$\frac{1}{a_1}+\frac{1}{a_2}+\cdots+\frac{1}{a_{n+1}}=\frac{1}{a_1}\cdot\frac{1}{a_2}\cdots\cdots\frac{1}{a_n}\cdot\frac{1}{a_{n+1}}$,

两式相减得

$\frac{1}{a_{n+1}}=(\frac{1}{a_{n+1}}-1)\cdot\frac{1}{a_1}\cdot\frac{1}{a_2}\cdots\cdots\frac{1}{a_n}\Rightarrow1-a_{n+1}=a_1\cdot a_2\cdots\cdots a_n$,

从而$1-a_n=a_1a_2\cdots a_{n-1}(n\geqslant2)$,

故$1-a_{n+1}=a_n(1-a_n)$,即$a_{n+1}=1+a_n(a_n-1)(n\geqslant2)$,且$\frac{1}{a_1}+\frac{1}{a_2}=\frac{1}{a_1}\cdot\frac{1}{a_2}\Rightarrow a_2=1-a_1$.

(2)用数学归纳法.

$n=1$时是显然的.

若$a_k\in(0,1)$,则$a_{k+1}=1-a_k(1-a_k)=a_k^2-a_k+1=(a_k-\frac{1}{2})^2+\frac{3}{4}\in[\frac{3}{4},1)\subsetneqq(0,1)$,即$k+1$时结论也成立.

由归纳原理知结论成立.

(3)$a_{n+1}-a_n=1+a_n(a_n-1)-a_n=a_n^2-2a_n+1=(a_n-1)^2$.

又$a_1\notin[0,1]$,$a_2=1-a_1\notin[0,1]$.易见对一切n,有$a_n\neq1$,从而$a_{n+1}-a_n=(a_n-1)^2>0$,即$a_n<a_{n+1}$成立.

3.证明:我们用归纳法证明,n为奇数时,$f_n(x)$单调递增,且值域为$(-\infty,+\infty)$;n为偶数时,$f_n(x)>0$恒成立.这里$f_n(x)=1+x+\frac{x^2}{2!}+\frac{x^3}{3!}+\cdots+\frac{x^n}{n!}$.

$f'_n(x)=1+x+\frac{x^2}{2!}+\cdots+\frac{x^{n-1}}{(n-1)!}=f_{n-1}(x)$.

$n=1$时,$f_1(x)=1+x$,它在$\mathbf{R}$上单调递增,且值域为$\mathbf{R}$.

$n=2$ 时,$f_2(x)=1+x+\dfrac{1}{2}x^2=\dfrac{1}{2}(x+1)^2+\dfrac{1}{2}>0$.

故 $n=1,2$ 时结论成立.

设 $n=k-1$ 时结论成立,则 $n=k$ 时,

①当 k 为偶数时,$f_k(x)=1+x+\dfrac{x^2}{2!}+\cdots+\dfrac{x^k}{k!}$,

$f'_k(x)=f_{k-1}(x)$. 因为 $k-1$ 为奇数,由归纳假设 $f_{k-1}(x)$ 在 **R** 上单调递增,且值域为 **R**. 故方程 $f_{k-1}(x)=0$ 有且仅有一个实根,设为 x_0,当 $x<x_0$ 时,$f_{k-1}(x)<0$;当 $x>x_0$ 时,$f_{k-1}(x)>0$. 所以对 $f'_k(x)$ 而言,只有 $f'_k(x_0)=0$,且当 $x<x_0$ 时,$f'_k(x)<0$,当 $x>x_0$ 时,$f'_k(x)>0$.

所以 x_0 是 $f_k(x)$ 的最小值,于是 $f_k(x_0)=1+x_0+\dfrac{x_0^2}{2!}+\cdots+\dfrac{x_0^k}{k!}=f_{k-1}(x_0)+\dfrac{x_0^k}{k!}=\dfrac{x_0^k}{k!}>0$(因为 k 为偶数). $f_k(x)\geqslant f_k(x_0)>0$. 即 n 为偶数时,$f_n(x)>0$ 恒成立.

②k 为奇数时,$k-1$ 为偶数,由归纳假设 $f_{k-1}(x)>0$,所以 $f'_k(x)=f_{k-1}(x)>0$,所以 $f_k(x)$ 在 **R** 上单调递增. 再注意到 k 为奇数时,多项式 $f_k(x)=1+x+\dfrac{x^2}{2!}+\cdots+\dfrac{x^k}{k!}$. 当 $x\to+\infty$ 时,$f_k(x)\to+\infty$;当 $x\to-\infty$ 时,$f_k(x)\to-\infty$.

即当 n 为奇数时,$f_n(x)$ 单调递增,且值域为 $(-\infty,+\infty)$.

4. 证明:(1)当 $n=2$ 时,左边 $=\dfrac{5}{4}$,右边 $=2-\dfrac{1}{2}=\dfrac{3}{2}$,左边 $<$ 右边,结论成立.

假设 $n=k$ 时$(k\geqslant2)$,原不等式成立,即 $1+\dfrac{1}{2^2}+\dfrac{1}{3^2}+\cdots+\dfrac{1}{k^2}<2-\dfrac{1}{k}$.

当 $n=k+1$ 时,$1+\dfrac{1}{2^2}+\dfrac{1}{3^2}+\cdots+\dfrac{1}{k^2}+\dfrac{1}{(k+1)^2}<2-\dfrac{1}{k}+\dfrac{1}{(k+1)^2}=2-\dfrac{(k+1)^2-k}{k(k+1)^2}=2-\dfrac{k^2+k+1}{k(k+1)^2}<2-\dfrac{k^2+k}{k(k+1)^2}=2-\dfrac{1}{k+1}$.

即当 $n=k+1$ 时不等式也成立.

综上,对任意正整数 $n\geqslant2$,都有 $1+\dfrac{1}{2^2}+\dfrac{1}{3^2}+\cdots+\dfrac{1}{n^2}<2-\dfrac{1}{n}$.

(2)∵$1\cdot\sin1+2\cdot\sin\dfrac{1}{2}+\cdots+n\cdot\sin\dfrac{1}{n}$

$=\displaystyle\sum_{k=1}^{n}\dfrac{\sin\dfrac{1}{k}}{\dfrac{1}{k}}<\sum_{k=1}^{n}1=n$,

又 $\displaystyle\sum_{k=1}^{n}\dfrac{\sin\dfrac{1}{k}}{\dfrac{1}{k}}>\sum_{k=1}^{n}(1-\dfrac{1}{6k^2})=n-\dfrac{1}{6}\sum_{k=1}^{n}\dfrac{1}{k^2}>n-\dfrac{1}{6}$

$(2-\dfrac{1}{n})=n-\dfrac{1}{3}+\dfrac{1}{6n}$,

∴$\dfrac{1}{n}(n-\dfrac{1}{3}+\dfrac{1}{6n})<\dfrac{1}{n}(1\cdot\sin1+2\cdot\sin\dfrac{1}{2}+\cdots+n\cdot\sin\dfrac{1}{n})<\dfrac{n}{n}=1$,

又 $\displaystyle\lim_{n\to\infty}\dfrac{1}{n}(n-\dfrac{1}{3}+\dfrac{1}{6n})=1$,

∴$\displaystyle\lim_{n\to\infty}\dfrac{1}{n}(1\cdot\sin1+2\cdot\sin\dfrac{1}{2}+\cdots+n\cdot\sin\dfrac{1}{n})=1$.

5. 证明:(1)当 $n=1$ 时,$a_1=1\in[1,2]$;

假设当 $n=k(k\in\mathbf{N}^*)$ 时,$1\leqslant a_k\leqslant2$ 成立,则当 $n=k+1$ 时,

$$a_{k+1}=1+\dfrac{1}{a_k}$$

而 $1\leqslant a_k\leqslant2$,故 $\dfrac{1}{2}\leqslant\dfrac{1}{a_k}\leqslant1$,$a_{k+1}=1+\dfrac{1}{a_k}\in[\dfrac{3}{2},2]\subseteq[1,2]$,

故当 $n=k+1$ 时,$1\leqslant a_{k+1}\leqslant2$.

综上可知,$1\leqslant a_n\leqslant2(n\in\mathbf{N}^*)$.

(2)因为 $\dfrac{|a_{n+1}-a_n|}{|a_n-a_{n-1}|}=\dfrac{|(1+\dfrac{1}{a_n})-(1+\dfrac{1}{a_{n-1}})|}{|a_n-a_{n-1}|}=\dfrac{1}{|a_na_{n-1}|}(n\geqslant2,n\in\mathbf{N}^*)$,

而由 $a_n=1+\dfrac{1}{a_{n-1}}$ 及 $1\leqslant a_n\leqslant2$,知

$a_n\cdot a_{n-1}=a_{n-1}+1\in[2,3]$.

故 $\dfrac{1}{|a_na_{n-1}|}\in[\dfrac{1}{3},\dfrac{1}{2}](n\geqslant2,n\in\mathbf{N}^*)$.

命题获证.

6. 解:(1)令 $f(x)=ax^2+bx+c$,由 $f(0)=0$,知 $c=0$.

令 $-3x^2-1=6x+2$,得 $x=-1$,从而 $f(-1)=-4$,故 $a-b=-4$.

又由 $f(x)\leqslant6x+2$,得 $ax^2+(b-6)x-2\leqslant0$ 恒成立,即有

$\begin{cases}a<0,\\(b-6)^2+8a\leqslant0.\end{cases}$

另由 $a-b=-4$,得 $b=2$,$a=-2$.

故 $f(x)=-2x^2+2x$.

(2)$a_{n+1}=-2a_n^2+2a_n$,$a_{n+1}-a_n=-2a_n^2+a_n=a_n(1-2a_n)$.

由数学归纳法可证,$0<a_n<\dfrac{1}{2}$.

(ⅰ)因 $a_1=\dfrac{1}{3}$,故 $n=1$ 时命题成立.

（Ⅱ）假设当 $n=k$ 时成立，即 $0<a_k<\dfrac{1}{2}$，则

$$a_{k+1}=-2\left(a_k-\frac{1}{2}\right)^2+\frac{1}{2}\in\left(0,\frac{1}{2}\right).$$

从而 $a_{n+1}-a_n>0$，故 $a_{n+1}>a_n$.

（3）由已知得

$$\frac{1}{2}-a_{n+1}=\frac{1}{2}-(-2a_n^2+2a_n)=2\times\left(\frac{1}{2}-a_n\right)^2,$$

因为 $\dfrac{1}{2}-a_n\in\left(0,\dfrac{1}{2}\right)$，所以 $\lg\left(\dfrac{1}{2}-a_{n+1}\right)=\lg2+2\lg\left(\dfrac{1}{2}-a_n\right)$.

令 $b_n=\lg\left(\dfrac{1}{2}-a_n\right)$，得 $b_{n+1}=\lg2+2b_n$，进而有

$$b_n=\lg\left(\frac{1}{2}\right)^{2^{n-1}}-\lg2=\lg\frac{\left(\frac{1}{3}\right)^{2^{n-1}}}{2};$$

$$\frac{1}{2}-a_n=\frac{\left(\frac{1}{3}\right)^{2^{n-1}}}{2};$$

$$\frac{1}{\frac{1}{2}-a_n}=2\times3^{2^{n-1}}.$$

当 $n=1,2$ 时，$2^{n-1}=n$；

当 $n\geqslant3$ 时，$2^{n-1}>n$，从而 $3^{2^{n-1}}>3^n$，进而

$$\frac{1}{\frac{1}{2}-a_1}+\frac{1}{\frac{1}{2}-a_2}+\cdots+\frac{1}{\frac{1}{2}-a_n}\geqslant2(3^1+3^2+\cdots$$

$$+3^n)=2\times\frac{3\times(1-3^n)}{1-3}=3^{n+1}-3.$$

第2节 设计构造法

1.D（提示：画出 $y=3x^2$ 与 $y=e^x$ 的函数图象的草图，显然方程有且只有一个小于0的解，那么有多少个大于0的解呢？令 $f(x)=3x^2-e^x$，则 $f(0)=-1<0$，$f(1)=3-e>0$，$f(5)=75-e^5<0$，由于 $f(0)\cdot f(1)<0$，$f(1)\cdot f(5)<0$，由零点存在定理，知开区间$(0,1)$和$(1,5)$内各有一根.故方程有两正根和一负根.）

2.D（提示：由于前3个数成等比数列，不妨设公比为 q，后三个数成等差数列，公差为 d，依题意 $d\neq0$，$q\neq1$.$a_1+a_2+a_3=k$，$a_2+a_3+a_4=9$，$a_3-d+a_3+a_3+d=9\Rightarrow a_3=3$.所以 $\dfrac{3}{q^2}+\dfrac{3}{q}+3=k$，即 $(k-3)q^3-3q-3=0$.依题意知，此关于 q 的方程根不是唯一的，且 $q\neq1$.所以 $k-3\neq0$，$\Delta=9+12(k-3)>0$，$k-3-3-3\neq0\Rightarrow12k>27$，且 $k\neq3$，$k\neq9$.）

3.解：令 M 表示针的中点；x 表示针投在平面上时，M 与最近一条平行线的距离；φ 表示与最近一条平行线的交角.显然 $0\leqslant x\leqslant\dfrac{a}{2}$，$0\leqslant\varphi\leqslant\pi$.

取直角坐标图示，上式表示 $xO\varphi$ 坐标系中的一个矩形 R.而 $x\leqslant\dfrac{b}{2}\sin\varphi$ 是指针与平行线（此线必为与 M

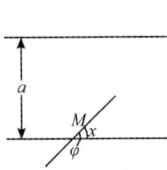 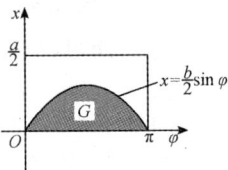

第3题图(1)　　　　第3题图(2)

点最近的平等线）相交的充分必要条件.不等式 $x\leqslant\dfrac{b}{2}\sin\varphi$ 表示图中阴影部分.我们把抛掷针到平面上这件事理解为具有"均匀性".因此，这个问题等价于向区域 R 中"均匀分布"地投掷点，求点落入阴影部分的概率 P.由积分有关知识，阴影部分的面积为 $\int_0^\pi\dfrac{b}{2}\sin\varphi\,d\varphi=b$.

故 $P=\dfrac{b}{\dfrac{a}{2}\cdot\pi}=\dfrac{2b}{a\pi}$.特别地，当 $a=2b$ 时，所求概率

$P=\dfrac{1}{\pi}$.

4.解：最多能锯成6段，具体构造如下：

$30=12+18=12+10+8=6+6+10+8=6+6+5+5+8=6+6+5+5+4+4.$

下证大于6段是不可能成立的.若可以锯成7段，设为$(x_1,x_2,x_3,x_4,\cdots,x_7)$，其中 $x_1\geqslant x_2\geqslant\cdots\geqslant x_7$.显然 $x_1>4$.如果 $x_1\geqslant7$，则 $x_7\leqslant4$，而 $4\times6+7=31>30$，矛盾.因此，$x_1=5$ 或 6.

当 $x_1=6$ 时，只能是 $6+4+4+4+4+4+4$，退一步必出现 $6+4=10$，或 $4+4=8$ 与 4 共有，矛盾.

同理，当 $x_1=5$ 时，所有情况为 $5+5+4+4+4+4+4$，或 $5+5+5+4+4+4+3$，或 $5+5+5+5+4+3+3$，针对以上情形采取还原的方法都得出矛盾.

综上，$n=30$ 时最多能锯成6段.

第3节 局部结构替换法

1.B（提示：令这四个角分别为 $\alpha,\beta,\theta,\gamma$，则 $\tan(\alpha+\beta)=\dfrac{\dfrac{1}{3}+\dfrac{1}{5}}{1-\dfrac{1}{15}}=\dfrac{4}{7}$，$\tan(\theta+\gamma)=\dfrac{\dfrac{1}{7}+\dfrac{1}{8}}{1-\dfrac{1}{56}}=\dfrac{3}{11}$.$\tan(\alpha+\beta+\theta+\gamma)=\dfrac{\dfrac{4}{7}+\dfrac{3}{11}}{1-\dfrac{4}{7}\times\dfrac{3}{11}}=1$.）

2.A（提示：设这三个根为 $x_1,q'x_1,q'^2x_1$，则由三次方程根的韦达定理有

$$x_1+q'x_1+q'^2x_1=0\Rightarrow1+q'+q'^2=0\Rightarrow q'=-\frac{1}{2}\pm$$

$\frac{\sqrt{3}}{2}$i.)

3. 解:2014(提示:设 $f(n)=\frac{1}{n+1}+\frac{1}{n+2}+\cdots+\frac{1}{2n+1}$,显然 $f(n)$ 单调递减,则由 $f(n)$ 的最大值 $f(1)<a-2012\frac{1}{3}$ 且 a 为正整数,可得 $a\geqslant2014$.)

4. 解:第 5、7 项(提示:因为 $T_{r+1}=C_{10}^r(x^2)^{10-r}(-\frac{1}{x})^r=C_{10}^4(-1)^rx^{20-3r}$,所以系数最大的项是第 5、7 项.)

5. 证明:因为 $C=\pi-A-B,\cos A+\cos B-\cos(A+B)=1$,所以 $2\cos\frac{A+B}{2}(\cos\frac{A-B}{2}-(2\cos^2\frac{A+B}{2}-1)=1.2\cos\frac{A+B}{2}(\cos\frac{A-B}{2}-\cos\frac{A+B}{2})=0,\cos\frac{A+B}{2}\cdot\sin\frac{A}{2}\cdot\sin(-\frac{B}{2})=0$.所以 $\sin\frac{A}{2}=0$ 或 $\sin\frac{B}{2}=0$ 或 $\cos\frac{A+B}{2}=0$.若 $\sin\frac{A}{2}=0$,则 $1-\cos A=1-(1-2\sin^2\frac{A}{2})=2\sin^2\frac{A}{2}=0$;若 $\sin\frac{B}{2}=0$,则 $1-\cos B=1-(1-2\sin^2\frac{B}{2})=2\sin^2\frac{B}{2}=0$;若 $\cos\frac{A+B}{2}=0$,则 $\frac{A+B}{2}=k\pi+\frac{\pi}{2}(k\in\mathbf{Z}),A+B=2k\pi+\pi$,所以 $C=-2k\pi,1-\cos C=0$.故 $(1-\cos A)(1-\cos B)(1-\cos C)=0$.

6. 解:设 $a_i=x_i+6$,则 $a_i\in[0,16]$,且 $\sum\limits_{i=1}^{10}a_i=110$,$\sum\limits_{i=1}^{10}a_i^2=\sum\limits_{i=1}^{10}x_i^2+12\sum\limits_{i=1}^{10}x_i+360=\sum\limits_{i=1}^{10}x_i^2+960$.

于是原问题转化为当 $\sum\limits_{i=1}^{10}a_i^2$ 取最大值时,有几个 $a_i=0$.

当 a_i 中至少有两个数同时 $\neq0,\neq16$ 时,设为 p,q.

① $p+q\geqslant16$ 时,则 $16^2+(p+q-16)^2=2\times16^2-32p-32q+2pq=2\times16^2+2(q-16)p-32q>2\times16^2+2(q-16)\times16-32q$(看作一个关于 p 的一次函数,$q-16<0$,单调递减)$=0$.

即 $16^2+(p+q-16)^2>p^2+q^2$.故不改变其他数字,用 16 代替 p,$p+q-16$ 代替 q,$\sum\limits_{i=1}^{10}a_i^2$ 增大;

② $p+q<16$ 时,则 $0^2+(p+q)^2=p^2+q^2+2pq>0$,故用 0 代替 p,$p+q$ 代替 q,$\sum\limits_{i=1}^{10}a_i^2$ 增大.

综上,当 $\sum\limits_{i=1}^{10}a_i^2$ 取最大值时,至多只有一个 $a_i\neq0$,且 $\neq16$.

而 $110=16\times6+14$.

故 a_i 中应取 6 个 16,1 个 14,3 个 0.即有 3 个 -6.

7. 解:集合 $\{(x,y)\mid4x+2y-5>0\}$ 是开集,$\{(x,y)\mid x\geqslant0,y>0\}$ 不是开集.

令 $A=\{(x,y)\mid4x+2y-5>0\}$,$B=\{(x,y)\mid x\geqslant0,y>0\}$.

① $\forall P_0(x_0,y_0)\in A$,令 $r=\frac{4x_0+2y_0-5}{6}>0$.

则 $|P\in\mathbf{R}^2|\ |PP_0|<r\}\subseteq M$,因为 $\forall P(x,y)\in\mathbf{R}^2$,$-r<x-x_0<r,-r<y-y_0<r$,$4x+2y-5=4(x-x_0)+2(y-y_0)+4x_0+2y_0-5>-6r+4x_0+2y_0-5>0$.

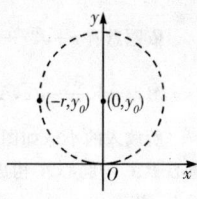

第7题图

② $\exists P(0,y_0)$ 无论 r 多么小,总有 $P_1(-r,y_0)\notin B$,如图所示.

8. 解:(1)将 $f(1)=1,f(\frac{1}{2})=\frac{2}{3}$ 代入 $f(x)=\frac{2x}{ax+b}$ 得 $\begin{cases}a+b=2,\\a+2b=3.\end{cases}$ 即 $\begin{cases}a=1,\\b=1.\end{cases}$

所以有 $x_{n+1}=\frac{2x}{x_n+1}$,$\frac{1}{x_{n+1}}=\frac{1}{2}+\frac{1}{2x_n}$,利用待定系数法,可得 $\frac{1}{x_{n+1}}-1=\frac{1}{2}(\frac{1}{x_n}-1)$,$\frac{1}{x_n}-1=(\frac{1}{2})^{n-1}$,即 $x_n=\frac{1}{1+(\frac{1}{2})^{n-1}}$.

(2)$\frac{1}{x_1x_2\cdots x_n}=(1+1)(1+\frac{1}{2})(1+\frac{1}{2^2})\cdots[1+(\frac{1}{2})^{n-1}]\leqslant2\left[\frac{1+\frac{1}{2}+1+\frac{1}{4}+\cdots+\frac{1}{2^{n-1}}}{n-1}\right]^{n-1}$

$=2\times\left[\frac{n-1+1-(\frac{1}{2})^n}{n-1}\right]^{n-1}<2\times\left[\frac{n-1+1}{n-1}\right]^{n-1}<2e$

所以 $x_1x_2\cdots x_n>\frac{1}{2e}$.

第4节 微微调整逼近法

1. B(提示:如图(1)为过球心的截面图,设小球的半径为 r.

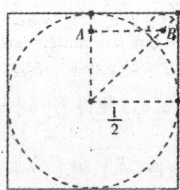

第1题图(1)

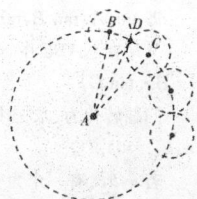

第1题图(2)

依题意有 $r+\sqrt{2}r+\dfrac{1}{2}=\dfrac{\sqrt{2}}{2}$，

解得 $r=\dfrac{3}{2}-\sqrt{2}$，$AB=\sqrt{2}-1$.

所放入的小球如图(2)方式摆放，相邻两个小球的球心 B,C 与圆心 A 构成等腰三角形，点 D 为两小球的切点，则

$$\sin\angle CAD=\dfrac{DC}{AC}=\dfrac{r}{\sqrt{2}-1}=\dfrac{\sqrt{2}}{2}-\dfrac{1}{2},$$

$\angle CAD=\arcsin(\dfrac{\sqrt{2}}{2}-\dfrac{1}{2})\approx11.95°$，

所以 $\angle CAB\approx2\times11.95°=23.9°<24°$，

因此整个圆 A 的一周能摆放 $\dfrac{360°}{23.9°}\approx15.1\in(14,16)$ 个，

即最多摆放 15 个小球，

则上、下两个底面的空余部分最多可放入满足条件的 30 个小球.)

2. 解：C(提示：$f(x)=\cos(2k\pi+2x+\dfrac{\pi}{3})+\cos(2k\pi-2x-\dfrac{\pi}{3})+2\sqrt{3}\sin(\dfrac{\pi}{3}+2x)=2\cos(2x+\dfrac{\pi}{3})+2\sqrt{3}\sin(2x+\dfrac{\pi}{3})=4\sin(2x+\dfrac{\pi}{2})=4\cos2x$，从而 $T=\dfrac{2\pi}{2}=\pi$.)

3. 解：24(提示：由于 $f(p+q)=f(p)f(q)$，故原式 $=\dfrac{2f(2)}{f(1)}+\dfrac{2f(4)}{f(3)}+\dfrac{2f(6)}{f(5)}+\dfrac{2f(8)}{f(7)}=2\left[\dfrac{f(1)\cdot f(1)}{f(1)}+\dfrac{f(3)\cdot f(1)}{f(3)}+\dfrac{f(5)\cdot f(1)}{f(5)}+\dfrac{f(7)\cdot f(1)}{f(7)}\right]=24$.)

4. 解：$\dfrac{6}{x_0y_0}$（提示：过点 $P(x_0,y_0)$ 的切线方程为 $\dfrac{x_0x}{4}+\dfrac{y_0y}{3}=1$，其与坐标轴的交点分别为 $(0,\dfrac{3}{y_0})$ 和 $(\dfrac{4}{x_0},0)$，故所求面积为 $S=\dfrac{1}{2}\cdot\dfrac{3}{y_0}\cdot\dfrac{4}{x_0}=\dfrac{6}{x_0y_0}$.)

5. 解：因为 $[x]\leqslant x$，所以 $[\tan A]+[\tan B]+[\tan C]\leqslant\tan A+\tan B+\tan C$.

$\therefore[\tan A]+[\tan B]+[\tan C]=\tan A+\tan B+\tan C$，

即 $\tan A,\tan B,\tan C\in\mathbf{Z}$.

又 $\because$ 在 $\triangle ABC$ 中，$\tan A+\tan B+\tan C=\tan A\cdot\tan B\cdot\tan C$，

问题转化为：求三个整数 a,b,c 使得 $a+b+c=abc(a,b,c\neq0)$.

若 a,b,c 有一个为1，不妨设 $a=1$，则 $1+b+c=bc$，即 $(b-1)(c-1)=2$，则 $b=2,c=3$ 或 $b=3,c=2$，即 a,b,c 为 1,2,3.

若 a,b,c 中没有 1，则 $a\geqslant2,b\geqslant2,c\geqslant2$，$a+b+c=abc$ 化为

$$\dfrac{1}{ab}+\dfrac{1}{bc}+\dfrac{1}{ac}=1,$$

$1=\dfrac{1}{ab}+\dfrac{1}{bc}+\dfrac{1}{ac}\leqslant\dfrac{1}{2\times2}+\dfrac{1}{2\times2}+\dfrac{1}{2\times2}=\dfrac{3}{4}$，显然不成立.

$\therefore$ 三角形三内角的正切值分别为 1,2,3.

6. 解：由柯西不等式知

$$\left(\dfrac{1}{a+b}+\dfrac{1}{a+2b}+\cdots+\dfrac{1}{a+nb}\right)^2$$
$$\leqslant n\left[\dfrac{1}{(a+b)^2}+\dfrac{1}{(a+2b)^2}+\cdots+\dfrac{1}{(a+nb)^2}\right]$$
$$<n\left[\dfrac{1}{(a+\dfrac{1}{2}b)(a+\dfrac{3}{2}b)}+\dfrac{1}{(a+\dfrac{3}{2}b)(a+\dfrac{5}{2}b)}+\cdots+\dfrac{1}{(a+\dfrac{2n-1}{2}b)(a+\dfrac{2n+1}{2}b)}\right]$$
$$=\dfrac{n}{b}\left[\dfrac{1}{a+\dfrac{1}{2}b}-\dfrac{1}{a+\dfrac{2n+1}{2}b}\right]$$
$$=\dfrac{n}{b}\cdot\dfrac{nb}{(a+\dfrac{1}{2}b)(a+\dfrac{2n+1}{2}b)}$$
$$=\dfrac{n^2}{(a+\dfrac{1}{2}b)(a+\dfrac{2n+1}{2}b)}$$

综上，$\dfrac{1}{a+b}+\dfrac{1}{a+2b}+\cdots+\dfrac{1}{a+nb}$
$$<\dfrac{n}{\sqrt{(a+\dfrac{1}{2}b)(a+\dfrac{2n+1}{2}b)}}$$

第5节 函数解析法

1. 解：原方程可化为 $-\dfrac{1}{2}[\cos6x-\cos2x]+\dfrac{1}{2}[\cos4x-\cos2x]=a,x\in[0,\pi]$.

$\dfrac{1}{2}(\cos4x-\cos6x)=a\Leftrightarrow\sin5x\sin x=a$.

令 $f(x)=\sin5x\sin x$，则 $f(\dfrac{\pi}{2}+x)=\sin5(\dfrac{\pi}{2}+x)\cdot\sin(\dfrac{\pi}{2}+x)=\sin(\dfrac{\pi}{2}+5x)\sin(\dfrac{\pi}{2}+x)=\cos5x\cdot\cos x,f(\dfrac{\pi}{2}-x)=\sin5(\dfrac{\pi}{2}-x)\sin(\dfrac{\pi}{2}-x)=\cos5x\cos x$.

即 $f(x)$ 关于 $x=\dfrac{\pi}{2}$ 对称，故 $f(x)=a$，在 $x\in[0,\pi)$ 有唯一解只可能在 $x=0$ 或 $\dfrac{\pi}{2}$ 时取到.

$x=0$ 时，$a=0$，但此时 $x=\dfrac{\pi}{5},\dfrac{2}{5}\pi,\dfrac{3}{5}\pi,\dfrac{4}{5}\pi$ 时

均有 $f(x)=0$，即解不唯一；

$x=\dfrac{\pi}{2}$ 时，$a=1$，此时解唯一，符合要求.

综上，$a=1$.

2. 解：$f(x)=2(\sin 2x+\dfrac{\sqrt{3}}{2})\cos x-\sin(2x+x)=$

$2\sin 2x\cos x+\sqrt{3}\cos x-\sin 2x\cos x-\cos x\sin x=$

$\sin 2x\cos x-\cos 2x\sin x+\sqrt{3}\cos x=\sin x+\sqrt{3}\cos x=2\sin$

$(x+\dfrac{\pi}{3})$.

(1)因为 $x\in[0,2\pi]$，所以当 $x=\dfrac{\pi}{6}$ 时，$f(x)_{max}=$

2；当 $x=\dfrac{7\pi}{6}$ 时，$f(x)_{min}=-2$.

(2)由 $2\sin(x+\dfrac{\pi}{3})=\sqrt{3}$，得 $\sin(x+\dfrac{\pi}{3})=\dfrac{\sqrt{3}}{2}$，因

为 $x\in[0,2\pi]$，所以 $x=0$ 或 $\dfrac{\pi}{3}$ 或 2π.

3. 解：(1)$f(x)=\dfrac{1}{b}(ax+\dfrac{1}{x})$.

$a=0$ 时，$f(x)=\dfrac{1}{b}\cdot\dfrac{1}{x}$，由于 $b>0$，故 $f(x)$ 在 $(-$

$\infty,0)$ 和 $(0,+\infty)$ 上单调递减；

$a>0$ 时，由"耐克函数"的性质知：$f(x)$ 在 $(0,\dfrac{1}{\sqrt{a}})$

上单调递减；在 $[\dfrac{1}{\sqrt{a}},+\infty)$ 上单调递增；在 $(-\infty,-$

$\dfrac{1}{\sqrt{a}}]$ 上单调递增；在 $(-\dfrac{1}{\sqrt{a}},0)$ 上单调递减；

$a<0$ 时，$f(x)$ 在 $(-\infty,0)$ 和 $(0,+\infty)$ 上单调递减.

(2)显然 x_1,x_2,x_3 中至多一个负的.

若 x_1,x_2,x_3 均为正数，则 $x_i>\dfrac{1}{\sqrt{a}}(i=1,2,3)$，由

(1)知 $f(x_i)>f(\dfrac{1}{\sqrt{a}})=\dfrac{2}{b}\sqrt{a}$，$f(x_1)+f(x_2)+f(x_3)$

$>\dfrac{6}{b}\sqrt{a}>\dfrac{2}{b}\sqrt{a}$；

若 x_1,x_2,x_3 中有一个负的，不妨设 $x_3<0$，则由 x_2

$+x_3>0$ 有

$x_2>-x_3>0$，且 $x_2>-x_3>\dfrac{1}{\sqrt{a}}$，从而 $f(x_2)>$

$f(-x_3)>f(\dfrac{1}{\sqrt{a}})$，再注意到 $f(x)$ 为奇函数，$f(x_2)+$

$f(x_3)>0$. 而 $f(x_1)>f(\dfrac{1}{\sqrt{a}})=\dfrac{2}{b}\sqrt{a}$，所以 $f(x_1)+$

$f(x_2)+f(x_3)>\dfrac{2}{b}\sqrt{a}$.

综上，$f(x_1)+f(x_2)+f(x_3)>\dfrac{2}{b}\sqrt{a}$ 成立.

4. 解：$f(f(x)+\dfrac{1}{x})=\dfrac{1}{f(x)}$，令 $t=f(x)+\dfrac{1}{x}$，则

$f(f(t)+\dfrac{1}{t})=\dfrac{1}{f(t)}$，即

$f\left\{f(f(x)+\dfrac{1}{x})+\dfrac{1}{f(x)+\dfrac{1}{x}}\right\}=\dfrac{1}{f(f(x)+\dfrac{1}{x})}=f(x)$

由已知条件(1)得

$x=f(f(x)+\dfrac{1}{x})+\dfrac{1}{f(x)+\dfrac{1}{x}}=\dfrac{1}{f(x)}+\dfrac{1}{f(x)+\dfrac{1}{x}}$

解得 $f(x)=\dfrac{1\pm\sqrt{1+4}}{2x}$，而 $f(x)=\dfrac{1+\sqrt{1+4}}{2x}$ 为

$(0,+\infty)$ 上减函数与已知矛盾.

综上，$f(x)=\dfrac{1-\sqrt{5}}{2x}$.

第4章 热点题材专题拓展

第1节 不等式的证明和应用

1. 解：B（提示：因为 $2\cos^2 B=1+\cos 2B=1-$

$\cos(\dfrac{\pi}{3}-2A)=1-\dfrac{1}{2}\cos 2A-\dfrac{\sqrt{3}}{2}\sin 2A$，所以 $\cos^2 A+$

$\cos^2 B=\dfrac{1}{2}(2+\dfrac{1}{2}\cos 2A-\dfrac{\sqrt{3}}{2}\sin 2A)=1+\dfrac{1}{2}\sin(\dfrac{\pi}{6}-$

$2A)$，故 $\cos^2 A+\cos^2 B$ 的最小值和最大值分别为 $\dfrac{1}{2}$ 和

$\dfrac{3}{2}$，选 B.）

2. 解：2（提示：$M=\{(x,y)|(x-\dfrac{1}{2})^2+(y-\dfrac{1}{2})^2$

$\leqslant\dfrac{1}{2}\}$ 为圆，k 取最小值当且仅当两个圆相切，此时 $\sqrt{k}$

$=\sqrt{(\dfrac{1}{2})^2+(\dfrac{1}{2})^2}+\sqrt{\dfrac{1}{2}}$，解得 $k=2$.）

3. 解：要使原不等式恒成立，只需 $|x^2+ax+b|<$

x^2+2x+2 恒成立，即

$\begin{cases}x^2+ax+b<x^2+2x+2,\\x^2+ax+b>-x^2-2x-2.\end{cases}$

要使 $x^2+ax+b<x^2+2x+2$ 恒成立，只需 $a=2$ 且 b

<2.

要使 $x^2+ax+b>-x^2-2x-2$ 恒成立，即使 $2x^2+$

$(a+2)x+b+2>0$ 恒成立，只需 $(a+2)^2-8(b+2)<$

0，将 $a=2$ 代入，即得 $b>0$.

综上可知，满足条件的 a,b 为 $a=2$ 且 $0<b<2$.

4. 证明：注意 $x\geqslant 1,y\geqslant 1$，所以

$(x^2-2x+2)(y^2-2y+2)-[(xy)^2-2x+2]$

$=(-2y+2)x^2+(6y-2y^2-4)x+(2y^2-4y+2)$

$=-2(y-1)[x^2+(y-2)x+1-y]$

$=-2(y-1)(x-1)(x+y-1)\leqslant 0.$

所以,$(x^2-2x+2)(y^2-2y+2)\leqslant(xy)^2-2xy+2.$

同理,$xy\geqslant 1,z\geqslant 1$,所以有$[(xy)^2-2xy+2](z^2-2z+2)\leqslant(xyz)^2-2xyz+2.$

故$(x^2-2x+2)(y^2-2y+2)(z^2-2z+2)\leqslant(xyz)^2-2xyz+2.$

5. 证明:令$a_i=b_i+1$,若$a_1,a_2,\cdots,a_n$全部大于等于1,则$b_i\geqslant 0$.

$$a_1+a_2+\cdots+a_n=\frac{3}{2}n\Rightarrow b_1+\cdots+b_n=\frac{1}{2}n$$

从而$a_1a_2\cdots a_n=(1+b_1)(1+b_2)\cdots(1+b_n)$,由伯努利不等式知

$$a_1a_2\cdots a_n\geqslant 1+b_1+\cdots+b_n=\frac{n+2}{2}$$

与$a_1a_2\cdots a_n=\frac{n+1}{2}$矛盾,从而命题得证.

第2节 简单的递推数列和函数迭代问题

1. 解:D(提示:因为$x_{n+1}-x_n=\frac{3(1+x_n)}{3+x_n}-x_n=\frac{3-x_n^2}{3+x_n}$,显然$x_n>0$,若$x_1<\sqrt{3}$,则$\{x_n\}$单调递增;若$x_1=\sqrt{3}$,则$x_n=\sqrt{3}$,$\{x_n\}$为常数列;若$x_1>\sqrt{3}$,则$\{x_n\}$单调递减.)

2. 解:5(提示:归纳易知原数列周期为6且$\sum_{i=1}^{6}a_i=0$,故$\sum_{i=1}^{100}a_i=\sum_{i=1}^{4}a_i=5$.)

3. 解:2^{2012}(提示:由归纳或利用特征方程,可得$a_n=2^{n-1}$,故$a_{2013}=2^{2012}$.)

4. 解:(1)据题设,前面3个点为$A_1(1,2)$,$A_2\left(\frac{13}{5},-\frac{6}{5}\right)$,$A_3\left(\frac{121}{41},\frac{18}{41}\right)$.

易知,线段A_1A_2和A_1A_3的垂直平分线方程分别为
$$x-2y-1=0,5x-4y-5=0,$$
其交点O即圆C的圆心,为$(1,0)$,而A_1O的长即圆C的半径,为2.

因此圆C的方程为$(x-1)^2+y^2=4$.

(2)下面用数学归纳法证明所有点A_n均在圆C上:

由(1)知点A_1在圆C上.假设点A_k在圆C上,即$(a_k-1)^2+b_k^2=4$,亦即
$$a_k^2+b_k^2=2a_k+3.$$

则有
$$(a_{k+1}-1)^2+b_{k+1}^2$$

$$=\left(1+\frac{3a_k}{a_k^2+b_k^2}\right)^2+\left(\frac{-3b_k}{a_k^2+b_k^2}\right)^2$$

$$=\frac{25a_k^2+30a_k+9b_k^2+9}{(2a_k+3)^2}$$

$$=\frac{4(4a_k^2+12a_k+a)}{(2a_k+3)^2}=4.$$

即点A_{k+1}在圆C上,根据归纳原理,点到$\{A_n\}$在定圆$(x-1)^2+y^2=4$上.

(3)由(2)知,$a_n^2+b_n^2=2a_n+3$,所以
$$a_{n+1}=2+\frac{3a_n}{2a_n+3}=\frac{7a_n+6}{2a_n+3},$$

从而,$a_{n+1}+1=\frac{9(a_n+1)}{2a_n+3}$,$a_{n+1}-3=\frac{a_n-3}{2a_n+3}$,于是有
$$\frac{a_{n+1}-3}{a_{n+1}+1}=\frac{1}{a}\cdot\frac{a_n-3}{a_n+1},$$

由此递推,可得
$$\frac{a_n-3}{a_n+1}=\frac{1}{q^{n-1}}\cdot\frac{a_1-3}{9_1+1}=-\frac{1}{9^{n-1}}.$$

因此,有
$$a_n=\frac{3\cdot 9^{n-1}-1}{9^{n-1}+1}.$$

第3节 简单的计数与概率论基础

1. A(提示:$P=\frac{A_3^3A_7^2A_6^6}{A_{10}^{10}}=\frac{1}{20}.$)

2. $\frac{3}{8}$;0(提示:全部装错的概率为$\frac{3\times 3}{4!}=\frac{3}{8}$,恰好只有一封装错的概率为0.)

3. 解:(1)第1个盒子为空盒的概率$P=\frac{3^3}{4^3}=\frac{27}{64}$.

(2)小球最多的盒子中小球的个数ξ的取值为1,2,3,则$P(\xi=1)=\frac{C_4^1A_3^3}{4^3}=\frac{3}{8}$,$P(\xi=2)=\frac{C_4^2C_3^2A_2^2}{4^3}=\frac{9}{16}$,$P(\xi=3)=\frac{C_4^1}{4^3}=\frac{1}{16}$.故$\xi$的分布列为

ξ	1	2	3
P	$\frac{3}{8}$	$\frac{9}{16}$	$\frac{1}{16}$

$$E\xi=1\times\frac{3}{8}+2\times\frac{9}{16}+3\times\frac{1}{16}=\frac{27}{16}.$$

$$D\xi=(1-\frac{27}{16})^2\times\frac{3}{8}+(2-\frac{27}{16})^2\times\frac{9}{16}+(3-\frac{27}{16})^2\times\frac{1}{16}=\frac{87}{256}.$$

4. 解:(1)经过2次传球后,球在甲手中的概率为$\frac{1}{3}$,球在乙手中的概率为$\frac{2}{3}\times\frac{1}{3}=\frac{2}{9}$.

(2)记A_n表示事件"球经过n次传球后,球在甲手中",$n=1,2,3,\cdots$,则有$P(A_1)=0$,$A_{n+1}=\overline{A_n}\cdot A_{n+1}+A_nA_{n+1}$,$P(A_{n+1})=P(\overline{A_n}A_{n+1})+P(A_nA_{n+1})=P$

$(\overline{A}_nA_{n+1})=\frac{1}{3}\cdot(1-P_n)$，所以 P_{n+1} 与 P_n 的关系式为 $P_{n+1}=\frac{1}{3}(1-P_n),n=1,2,\cdots$. ①

将①式变形为 $P_{n+1}-\frac{1}{4}=-\frac{1}{3}(P_n-\frac{1}{4})$，则 $\left\{P_n-\frac{1}{4}\right\}$ 是公比为 $-\frac{1}{3}$ 的等比数列，其首项为 $P_1-\frac{1}{4}=-\frac{1}{4}$.

故有 $P_n-\frac{1}{4}=(-\frac{1}{4})(-\frac{1}{3})^{n-1}$，$P_n=\frac{1}{4}[1-(-\frac{1}{3})^{n-1}],n=1,2,3,\cdots$.

故 $\lim\limits_{n\to\infty}P_n=\lim\limits_{n\to\infty}\frac{1}{4}[1-(-\frac{1}{3})^{n-1}]=\frac{1}{4}$.

5. **解**：(1)恰有一个红球的概率为 $p=\frac{C_7^1C_8^3}{C_{15}^4}=\frac{56}{195}$.

(2)易知 X 的所有可能值为 0,1,2,3,4，且

$P(X=0)=\frac{C_7^4}{C_{15}^4}=\frac{5}{195}$；

$P=(X=1)=\frac{C_7^3C_8^1}{C_{15}^4}=\frac{40}{195}$；

$P(X=2)=\frac{C_7^2C_8^2}{C_{15}^4}=\frac{84}{195}$；

$P(X=1)=\frac{C_7^1C_8^3}{C_{15}^4}=\frac{56}{195}$；

$P(X=4)=\frac{C_8^4}{C_{15}^4}=\frac{10}{195}$.

故 X 的分布列为

X	0	1	2	3	4
P	$\frac{5}{195}$	$\frac{40}{195}$	$\frac{84}{195}$	$\frac{56}{195}$	$\frac{10}{195}$

由分布列可求得数学期望为

$EX=0\times\frac{5}{195}+1\times\frac{40}{195}+2\times\frac{84}{195}+3\times\frac{56}{195}+4\times\frac{10}{195}=\frac{32}{15}$.

(3)若取出的 4 个球同色，则全为黑色的概率为 $P=\frac{C_8^4}{C_7^4C_8^4}=\frac{2}{3}$.

第 4 节　数列的极限和函数的连续性

1. **解**：B(提示：因为 a,b 是不相等的正数，所以分以下两种情况讨论：

若 $0<a<b$，则 $\lim\limits_{n\to\infty}\frac{a^{n+1}-b^{n+1}}{a^n-b^n}=\lim\limits_{n\to\infty}\frac{a\cdot(\frac{a}{b})^n-b}{(\frac{a}{b})^n-1}=b=5$，则 $a<5,0<a+b+<10$；若 $0<b<a$，则 $\lim\limits_{n\to\infty}\frac{a^{n+1}-b^{n+1}}{a^n-b^n}=\lim\limits_{n\to\infty}\frac{a-b(\frac{b}{a})^n}{1-(\frac{b}{a})^n}=a=5$，则 $b<5,0<a+b<10$.)

2. **解**：D(提示：由 $b_1=1,b_n=2^{n-1}$，得 $a_n-a_{n-1}=2^{n-1}$，令 $n=1,2,\cdots,n$ 得 n 个等式，叠加得 $a_n=1+2+\cdots+2^{n-1}=2^n-1$，$S_n=2^{n+1}-2-n$，$\lim\limits_{n\to\infty}\frac{S_n}{a_n}=\lim\limits_{n\to\infty}\frac{2^{n+1}-2-n}{2^n-1}=\lim\limits_{n\to\infty}\frac{2-\frac{2}{2^n}-\frac{n}{2^n}}{1-\frac{1}{2^n}}=2$.)

3. 1(提示：$\lim\limits_{n\to\infty}(\sqrt{n^2+n+1}-\sqrt{n^2-n-1})=\lim\limits_{n\to\infty}\frac{2n+2}{\sqrt{n^2+n+1}+\sqrt{n^2-n-1}}$，

从而有

$$\lim_{n\to\infty}\frac{2+\frac{2}{n}}{\sqrt{1+\frac{1}{n}+\frac{1}{n^2}}+\sqrt{1-\frac{1}{n}-\frac{1}{n^2}}}=1.)$$

4. $\frac{2}{3}$(提示：由 $a_n=\begin{cases}S_1,n=1\text{时},\\S_n-S_{n-1},n\geqslant2\text{时}\end{cases}$ 得 $a_n=2^{n-1}$，$\lim\limits_{n\to\infty}(\frac{1}{a_1a_2}+\frac{1}{a_2a_3}+\cdots+\frac{1}{a_na_{n+1}})=\lim\limits_{n\to\infty}(\frac{1}{2^1}+\frac{1}{2^3}+\cdots+\frac{1}{2^{2n-1}})=\lim\limits_{n\to\infty}\frac{\frac{1}{2}[1-(\frac{1}{4})^n]}{1-\frac{1}{4}}=\frac{2}{3}$.)

5. $\frac{1}{p+1}$(提示：$\lim\limits_{n\to\infty}\frac{1^p+2^p+\cdots+n^p}{n^{p+1}}$

$$=\lim_{n\to\infty}\frac{(\frac{1}{n})^p+(\frac{2}{n})^p+\cdots+(\frac{n}{n})^p}{n}$$

$$=\int_0^1x^pdx=\frac{1}{p+1}.)$$

6. **解**：据题意有

$f(x)-f(\frac{x}{2})=(\frac{x}{2})^2$，

$f(\frac{x}{2})-f(\frac{x}{4})=(\frac{x}{4})^2$，

……

$f(\frac{x}{2^{n-1}})-f(\frac{x}{2^n})=(\frac{x}{2^n})^2$，

将上述式子叠加，得 $f(x)-f(\frac{x}{2^n})=\frac{x^2}{3}(1-\frac{1}{4^n})$，

两边对 n 取极限，得 $f(x)=\frac{1}{3}x^2+1$.

7. **解**：(1)考虑轴截面(球大圆)，显然这些圆的半径成等比数列.

$r_1=\frac{2S_{\triangle}}{C_{周长}}=6$，$\frac{r_2}{r_1}=\frac{4}{16}$，$r_2=\frac{1}{4}r_1$，$q=$

$\frac{1}{4}$, $r_n=6(\frac{1}{4})^{n-1}$.

(2) $V_1=\frac{4}{3}\pi r_1^3=288\pi$, $\lim\limits_{n\to\infty}(V_1+\cdots+V_n)=$

$\frac{288\pi}{1-(\frac{1}{4})^3}=\frac{2048}{7}\pi$.

8.**解**:(1)使 $a_k\leqslant n-1$ 的 k 的个数为 $1+2+\cdots+(n-1)=\frac{n(n-1)}{2}$,

故 $l\in[\frac{n(n-1)}{2}+1,\frac{n(n-1)}{2}+n]$.

(2)使 $a_k\leqslant 2m$ 的 k 的个数为 $1+2+\cdots+2m=\frac{2m(2m+1)}{2}=2m^2+m$,而使 $a_k=2m$ 的 k 有 $2m$ 个,即 b_m 中有 1 个 $1,2$ 个 $2,\cdots,2m-1$ 个 $2m-1$,m 个 $2m$,所以 $b_m=1^2+2^2+3^2+\cdots+(2m-1)^2+m\cdot 2m=\frac{(2m-1)m(4m-1)}{3}+2m^2$.

故 $\lim\limits_{n\to\infty}\frac{b_m}{m^3}=\frac{8}{3}$.

第5节 矩阵和行列式的基础应用

1.A(提示:令 $D=\begin{vmatrix}a&b\\1&-2\end{vmatrix}=-2a-b$,

$D_x=\begin{vmatrix}1&b\\-a-b&-2\end{vmatrix}=-2+b(a+b)$,

$D_y=\begin{vmatrix}a&1\\1&-a-b\end{vmatrix}=-a^2-ab-1$.

原方程组无解的充要条件是 $D=0$,D_x、D_y 中至少有一个不为 0,由此得 $a\neq\pm1$.)

2.C(提示:由已知得 $\begin{cases}k_1a_1+k_2a_2+k_3a_3=0,\\k_1b_1+k_2b_2+k_3b_3=0,\\k_1c_1+k_2c_2+k_3c_3=0,\end{cases}$

此方程组可以看成关于 k_1,k_2,k_3 的三元一次线性方程组,它有唯一解 $(0,0,0)$,故

$\begin{vmatrix}a_1,a_2,a_3\\b_1,b_2,b_3\\c_1,c_2,c_3\end{vmatrix}\neq 0$.

若三条直线互相平行,则行列式中有两行成比例,根据行列式的性质知行列式的值为 0. 矛盾!)

3.**解**:计算系数行列式

$|A|=\begin{vmatrix}\lambda+4&1&2\\\lambda+1&\lambda&1\\3(\lambda+2)&\lambda+1&\lambda+4\end{vmatrix}$

根据有解条件,可得 $\lambda(\lambda+1)^2=0$,

即 $\lambda=0$ 或 $\lambda=-1$,

当 $\lambda=0$ 时,$A=\begin{bmatrix}4&1&2\\1&0&1\\6&1&4\end{bmatrix}$.经过初等行变换,可

得 $\begin{bmatrix}1&0&1\\0&1&-2\\0&0&0\end{bmatrix}$,则原方程组一般解为 $\begin{cases}x=-z,\\y=2z,\end{cases}$其中

z 为自由未知量.

当 $\lambda=-1$ 时,$A=\begin{bmatrix}3&1&2\\0&-1&1\\3&0&3\end{bmatrix}$.经过初等行变

换,可得 $\begin{bmatrix}1&0&1\\0&1&-1\\0&0&0\end{bmatrix}$,则一般解为 $\begin{cases}x=-z,\\y=z.\end{cases}$其中 z 为

自由未知变量.

4.**解**:由于平面内三条直线 $l_1:a_1x+b_1y+c_1=0$,$l_2:a_2x+b_2y+c_2=0$,$l_3:a_3x+b_3y+c_3=0$ 相交于一点(或互相平行)的充要条件是 $\begin{vmatrix}a_1&b_1&c_1\\a_2&b_2&c_2\\a_3&b_3&c_3\end{vmatrix}=0$,故若三

条直线 $y=ax+b$,$y=bx+c$,$y=cx+a$ 共点,

则 $\begin{vmatrix}a&-1&b\\b&-1&c\\c&-1&a\end{vmatrix}=0$,即 $\begin{vmatrix}a&-1&b\\b-a&0&c-b\\c-a&0&a-b\end{vmatrix}=(b-a)(a-b)-(c-a)(c-b)=-a^2-b^2-c^2+ab+ac+bc=0$,即 $(a-b)^2+(b-c)^2+(c-a)^2=0$,$a=b=c$,这与 a,b,c 两两不同矛盾.

第6节 组合数学基础

1.**解**:用 a_i 表示第 i 层上图书册数,$i=1$、2、3、4、5. 如果有某个 $a_i=0$,或 $a_j\neq a_k$,那么结论已经成立. 因此下设 $a_i\geqslant 1,a_j\neq a_k,i=1,2,3,4,5,1\leqslant j\leqslant k\leqslant 5$. 由于 a_1,$a_2,\cdots,a_5$ 互不相等,并且 $a_1+a_2+a_3+a_4+a_5=15=1+2+3+4+5$,所以,这 5 个数必定各取 1、2、3、4、5 之一,再考虑,$a_1+a_2,a_2+a_3,a_3+a_4,a_4+a_5$ 这 4 个数,那么容易知道这 4 个数不能同时包含 7、8、9 这三个数. 事实上,如果 7、8、9 都出现,那么只能是下面两种情形:$9=5+4,8=3+5,7=2+5$;$9=4+5,8=5+3,7=3+4$. 前者表示放 5 册书中的那一层与放 2、3、4 书的各层都相邻,这不可能,后者表示放 3、4、5 册书的 3 层要两两相邻,这也是不可能的. 这样,下面 9 个数 a_1,a_2,a_3,$a_4,a_5,a_1+a_2,a_2+a_3,a_3+a_4,a_4+a_5$,至多取 $1,2,\cdots,9$ 中的 8 个不同的值,由抽屉原理知,其中必定有两个数相等.

2.**解**:设有 x 人优秀,则及格而不优秀的人最多有 $[\frac{1000-6x}{4}]$ 人,不及格的最少有 $333-x-$

$\left[\dfrac{1000-6x}{4}\right]$人,若优秀的人不少于不及格的人,则$x\geqslant$

$333-x-\left[\dfrac{1000-6x}{4}\right]$,当$x$是偶数时,

$\left[\dfrac{1000-6x}{4}\right]=250-\dfrac{3}{2}x$,则不等式的解为$x\geqslant166$;当

x是奇数时,设$x=2n+1,n\in\mathbf{N}^{*}$,则$\left[\dfrac{1000-6x}{4}\right]$

$=\left[\dfrac{1000-12n-6}{4}\right]=250-3n-2=248-3\times\dfrac{x-1}{2}$,则不

等式的解为$x\geqslant167$;又$6x\leqslant1000$,则$x\leqslant166$,所以$x=$

166. 当 $x=166$ 时,$\left[\dfrac{1000-6x}{4}\right]=1$, $333-x-$

$\left[\dfrac{1000-6x}{4}\right]=166$,此时 166 人优秀,每人答对 6 道

题,1 人及格但不优秀,答对 4 道题,166 人不及格,答对

0 道题,不符合条件,所以不及格人多于优秀的人.

3.证明: 在所有的点中,不妨设以 A_1 为端点的弦

所对的弦不超过 120°的弧数最少,且记以 A_1 为端点符

合条件的弦为 $A_1A_2,A_1A_3,\cdots,A_1A_n$,共 $n-1$ 条,而以

$A_2,A_3,\cdots,A_n$ 为端点的符合条件的弦都不少于 $n-1$

条. 故这 n 个点至少有符合条件的弦 $\dfrac{n(n-1)}{2}$条. 在其余

的 $21-n$ 个点中任取 2 个点 $A_i,A_j(i\neq j,i,j=n+1,n$

$+2,\cdots,21)$. 在$\{A_1,A_i,A_j\}$这个三点组中一定有一条

弦所对的弦不超过 120°. 根据我们对 A_1 的取法,这条

弦不会是 A_1A_i,A_1A_j,而只能是弦 A_iA_j. 所以在这 21$-$

n 个点任意两点之间连有弦,共$\dfrac{(21-n)(21-n-1)}{2}$条.

综上,总共有符合条件的弦至少为 $y=\dfrac{n(n-1)}{2}+$

$\dfrac{(21-n)(21-n-1)}{2}=n^2-21n+210=(n-\dfrac{21}{2})^2+\dfrac{399}{4}$

所以当 $n=10$ 或 $n=11$,y 取到最小值 100. 这就证明

了不超过 120°的弦不少于 100 条.

第 7 节 初等数论基础

1.D(提示:由 60≡90(modN),知 N|30;由 90≡125

(modN),知 N|35,故 N|5,进而得 N=5,于是 81≡6

(mod5).

2.B(提示:设$(m,n)=d,m=ad,n=bd$(其中(a,b)

$=1$),则$(ax+by)d=k$,故必有 $d|k$. 另一方面,存在

$x_0,y_0\in\mathbf{Z}$,使得 $ax_0+by_0=1$,我们只要取 $x=\dfrac{k}{d}x_0,y$

$=\dfrac{k}{d}y_0$ 即可.)

3.$(2,3,6),(2,4,4),(3,3,3)$或其交换(提示:不妨

设$x\leqslant y\leqslant z$,则$x\geqslant2$. (1)当$x=2$时,$\dfrac{1}{y}+\dfrac{1}{z}=\dfrac{1}{2}$;当

$y=3$ 时,$z=6$;当 $y=4$ 时,$z=4$;当 $y\geqslant5$ 时,$\dfrac{1}{y}+\dfrac{1}{z}\leqslant$

$\dfrac{2}{5}<\dfrac{1}{2}$,矛盾.(2)当$x=3$时,由于$x\leqslant y\leqslant z$,所以$\dfrac{1}{x}$

$+\dfrac{1}{y}+\dfrac{1}{z}\leqslant\dfrac{1}{3}+\dfrac{1}{3}+\dfrac{1}{3}=1$,只有$x=y=z=3$. 综上

可知,$(x,y,z)=(2,3,6),(2,4,4),(3,3,3)$或其

交换.)

4. $7\times10^{27}+7\times\dfrac{10^{27}-3}{29}$(提示:设原数为 $n+1$ 位

数,首位为 7,后面各位形成数为 x,则$7\times10^n+x=3$

$(10x+7)\Rightarrow29x=7(10^n-3)$.

在 mod 29 的意义下,$10^2\equiv13,10^3\equiv14,10^4\equiv24,$

$10^5\equiv8,10^6\equiv22,10^7\equiv17,10^8\equiv25,10^9\equiv18,10^{10}\equiv6,$

$10^{11}\equiv2,10^{12}\equiv20,10^{13}\equiv26,10^{14}\equiv28,10^{15}\equiv19,10^{16}\equiv$

$16,10^{17}\equiv15,10^{18}\equiv5,10^{19}\equiv21,10^{20}\equiv7,10^{21}\equiv12,10^{22}$

$\equiv4,10^{23}\equiv11,10^{24}\equiv23,10^{25}\equiv27,10^{26}\equiv9,10^{27}\equiv3$,所

以 $n=27,x=7\times\dfrac{10^{27}-3}{29}$,原数为 $7\times10^{27}+7$

$\times\dfrac{10^{27}-3}{29}$.)

5.解:不难看出,从第 k^2+1 项到第 $(k+1)^2$ 项为

$2k+1(k=0,1,2,\cdots)$.

取 $r=2,s=-1,t=1$,则 $a_n=2[\sqrt{n-1}]+1$.

对 $k^2+1\leqslant n\leqslant(k+1)^2,[\sqrt{n-1}]=k$,故 $a_n=2k+1$

满足,

从而,r,s,t 的存在性证.

6.解:若$a_1=a_2=\cdots=a_{2n+1}$,显然 $a_1,a_2,\cdots,a_{2n+1}$具

有性质 P;若 $a_1,a_2,\cdots,a_{2n+1}$ 具有性质 P,下面证明此时

有 $a_1=a_2=\cdots=a_{2n+1}$.

首先我们证明:这 $2n+1$ 个数奇偶性相同.

否则,不妨设 a_1 为奇,a_2 为偶,并记 $S=a_1+a_2+\cdots$

$+a_{2n+1}$,由题意,知 $2|S-a_1,2|S-a_2\Rightarrow2|a_1+a_2$,矛盾!

下面,我们不妨先假定 $a_1\geqslant0$,我们对 a_1 作递降.

①若 $a_1,a_2,\cdots,a_{2n+1}$ 均为偶数,则令 $(b_1,b_2,\cdots,$

$b_{2n+1})=\left(\dfrac{a_1}{2},\dfrac{a_2}{2},\cdots,\dfrac{a_{2n+1}}{2}\right)$,此时 $b_1=\dfrac{a_1}{2}\leqslant a_1$,等号成

立当且仅当 $a_1=0$.

②若 $a_1,a_2,\cdots,a_{2n+1}$ 均为奇数,则令 $(b_1,b_2,\cdots,$

$b_{2n+1})=\left(\dfrac{a_1+1}{2},\dfrac{a_2+1}{2},\cdots,\dfrac{a_{2n+1}+1}{2}\right)$,此时 $b_1=\dfrac{a_1+1}{2}$

$\leqslant a_1$,等号成立当且仅当 $a_1=1$.

若 $a_1\neq0$ 且 $a_1\neq1$,$b_1<a_1$,则必有一时刻,$a_1=0$

或 1.

若 $a_1=0$,则我们始终可以对$(a_1,a_2,\cdots,a_{2n+1})$作变

换①

$\Rightarrow$对$\forall\in\mathbf{N}^{*},2^k|a_i\Rightarrow a_i=0,i=1,2,\cdots$

若 $a_1=1$,则我们始终可以对$(a_1,a_2,\cdots,a_{2n+1})$作变

换②,此时对$(a_1,a_2,\cdots,a_{2n+1})$中的正数,经有限次变换后均变为1.

对$(a_1,a_2,\cdots,a_{2n+1})$中的负数,经有限次变换后均变为0,这与"$2n+1$个数的奇偶性相同"矛盾!

综上,$(a_1,a_2,\cdots,a_{2n+1})$总可以经过有限次变换后使得$a_1=\cdots=a_{2n+1}$,再注意到变换保留性质$P$,知所给的$2n+1$个数必相同.

7.解: 本题等价于求使

$$\frac{(xy-1)(yz-1)(zx-1)}{xyz}=xyz-(x+y+z)$$
$$+\frac{xy+yz+zx-1}{xyz}$$

为整数的正整数x,y,z.

由于x,y,z是互不相等的正整数,因此$xyz\mid xy+yz+zx-1$,不失一般性设$x>y>z$,则有
$$xyz\leqslant xy+yz+zx-1<3xy,$$
于是得$z<3$,故$z=1,2$.

当$z=1$时,$xy\mid xy+y+x-1$,即$xy\mid y+x-1$,于是
$$xy\leqslant y+x-1<2x,$$
于是得$y<2$,但由于$y>z$且y是正整数,故得矛盾,不合题意.

当$z=2$时,$2xy\mid xy+2y+2x-1$,于是$2xy\leqslant 2y+xy+2x-1$,即
$$xy\leqslant 2y+2x-1<2x+2x=4x.$$
于是$y<4$,结合$y>z=2$知$y=3$,所以$6x\mid 5x+5$,即$x\leqslant 5$.

再结合$x>y=3$知$x=4,5$,经检验仅有$x=5$符合题意.

因此,符合题意的正整数x,y,z有$(x,y,z)=(2,3,5),(2,5,3),(3,2,5),(3,5,2),(5,2,3),(5,3,2)$.

8.解: 设所求的正整数的个数为n,则$n\geqslant 3$,$n\in\mathbf{N}^*$.

当$n=3$时,取$1,5,7$,则$1+5+7=13$为素数,满足题意.

当$n=4$时,取$1,5,7,11$,则任意三数之和分别为$13,17,19,23$,均为素数,满足题意.

当$n=5$时,因为任意三数之和为素数,所以任意三数之和不被3整除,假设5个数中有3个被3除余数相同,则这三个数之和能被3整除,不合要求.再考试任意三数被3除余数不同的情况,这五个数被3除的余数只可能是$0,0,1,1,2$或$0,0,1,2,2$或$0,1,1,2,2$三种情况.对于任意一种,分别在被3除余数为$0,1,2$的数中选取一个,易知其和也被3整除,不合要求;

当$n>5$时,要么存在三个数被3除的余数相同,要么同时存在被3除余$0,1,2$的三个数,所以都不合要求.

综上可知,所求的正整数个数的最大值为4.

第8节 求解几何问题的一般思路与方法

1.C(提示:由题意$a=\frac{1}{4}\pi r^2-\pi(\frac{1}{2}r)^2+b=b$.)

2.$2\sqrt{2}$(提示:由题意,$F(1,0)$,$C(-1,0)$,$AB:y=x-1$.

$$\begin{cases}y=x-1\\y^2=4x\end{cases}\Rightarrow A(3+2\sqrt{2},2+2\sqrt{2}),B(3-2\sqrt{2},2-2\sqrt{2}).$$

故由$\tan\angle ACF=\frac{2+2\sqrt{2}}{4+2\sqrt{2}}$,$\tan\angle BCF=\frac{-2+2\sqrt{2}}{4-2\sqrt{2}}$,得

$$\tan\angle ACB=\frac{\tan\angle ACF+\tan\angle BCF}{1-\tan\angle ACF\tan\angle BCF}=2\sqrt{2}.)$$

3.解: 如图,连O_1O_2,作$O_1P\perp OO_2$于P,设$\odot O_1$、$\odot O_2$外切于Q,连OQ,则$OQ\perp O_1O_2$.

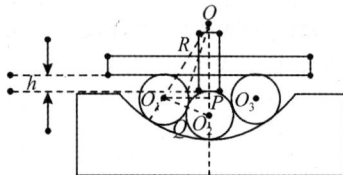

第3题图

由$\triangle OO_1Q\backsim\triangle O_1O_2P$,得$\frac{OO_1}{O_1Q}=\frac{O_1O_2}{O_2P}$,即$\frac{R-r}{r}=\frac{2r}{h+r-r}$,故$(R-r)h=2r^2$,即$R=\frac{2r^2}{h}+r$,当$r=10$ mm,$h=4$ mm时,$R=60$ mm.

4.解: 把$\triangle AC_1B$,$\triangle BA_1C$,$\triangle CB_1A$对称翻折到$\triangle ABC$的内部,可根据条件得到C_1,A_1,B_1对称翻折后在$\triangle ABC$内重合为一点P,故结论成立.

5. 因为$\angle BMC=100°$,所以$\angle MBC+\angle MCB=80°$,

又因为P,M,Q三点共线,所以$\angle BMC+\angle PMB+\angle QMC=180°$,$\angle PMB+\angle QMC=80°$.

又P在线段BM的中垂线上,所以$\angle PMB=\angle PBM$,Q在线段MC的中垂线上,$\angle QMC=\angle QCM$,$\angle QCM+\angle PBM=80°$,$\angle CAB=180°-(\angle MBC+\angle MCB+\angle MBP+\angle MCQ)=20°$.

6.解: 设最大边为a,其对角为A,则有

$(1)A\geqslant 90°$时,取a为直径的圆,该圆可以盖住这三个点.

$(2)A<90°$时,取三角形的外接圆,此时$2R=\frac{a}{\sin A}\leqslant\frac{a}{\sin 60°}$.即$R\leqslant\frac{1}{\sqrt{3}}$.

综上所述,半径至少为$\frac{1}{\sqrt{3}}$的圆盘才能满足题意.

7.证明：如图，连接 BE、CD 交于 H，则 H 为垂心，故 $AH \perp BC$.

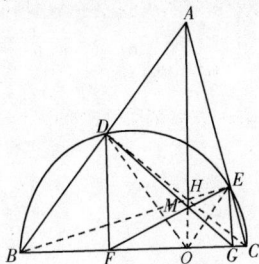

第7题图

设 $AH \perp BC$ 交 BC 于 O，连接 DO、EO，设 DG、AO 交于 M_1，EF、AO 交于 M_2.

下面证 M_1、M_2 重合.

$$OM_1 /\!/ DF \rightarrow \frac{OM_1}{DF} = \frac{GO}{GF} \rightarrow OM_1 = \frac{OG \cdot DF}{FG}.$$

$$OM_2 /\!/ EG \rightarrow \frac{OM_2}{EG} = \frac{FO}{GF} \rightarrow OM_2 = \frac{EG \cdot DF}{FG}.$$

只需证 $OG \cdot DF = EG \cdot OF$，即 $\dfrac{OG}{OF} = \dfrac{EG}{DF} \leftarrow$ Rt$\triangle OEG \backsim$ Rt$\triangle ODF \leftarrow \angle DOF = \angle DHB = \angle EHC = \angle EOG$.

8.解析：(1)设椭圆方程 $\dfrac{x^2}{a^2} + \dfrac{y^2}{b^2} = 1(a > b > 0)$. $\because$ 它与直线 $y = x - \sqrt{3}$ 只有一个交点，

$\therefore$ 方程组 $\begin{cases} \dfrac{x^2}{a^2} + \dfrac{y^2}{b^2} = 1 \\ y = x - \sqrt{3} \end{cases}$ 只有一解. 即方程 $b^2 x^2 + a^2$

$(x - \sqrt{3})^2 = a^2 b^2$，

也就是 $(b^2 + a^2)x^2 - 2\sqrt{3} a^2 x + 3a^2 - a^2 b^2 = 0$ 只有一根（重根）.

$\therefore \Delta = (-2\sqrt{3}a^2)^2 - 4(a^2 + b^2)(3a^2 - a^2 b^2) = 0$，得 $a^2 + b^2 = 3$，

$\because$ 焦点为 $(-1, 0)$，$(1, 0)$，$\therefore a^2 - b^2 = 1$，$\therefore \begin{cases} a^2 = 2 \\ b^2 = 1 \end{cases}$，

$\therefore$ 椭圆方程为 $\dfrac{x^2}{2} + y^2 = 1$.

(2)若 PQ 斜率不存在（或为 0），则 $S_{四边形 PMQN} =$

$$\frac{|PQ| \cdot |MN|}{2} = \frac{2\sqrt{2} \times 2\sqrt{1 - \dfrac{1}{2}}}{2} = 2.$$

若 PQ 的斜率存在，设为 $k(k \neq 0)$，则 MN 的斜率为 $-\dfrac{1}{k}$，$\therefore$ 直线 PQ 的方程为 $y = kx + k$.

设 $P(x_1, y_1)$，$Q(x_2, y_2)$，联立直线 PQ 与椭圆的方程得方程组 $\begin{cases} y = kx + k \\ \dfrac{x^2}{2} + y^2 = 1 \end{cases}$，则 x_1，x_2 为方程 $(2k^2 + 1)x^2 + 4k^2 x + 2k^2 - 2 = 0$ 的根.

$\therefore |PQ| = |x_1 - x_2| \cdot \sqrt{k^2 + 1} =$

$$\frac{\sqrt{(4k^2)^2 - 4(2k^2 - 2)(2k^2 + 1)}}{|2k^2 + 1|} \cdot \sqrt{k^2 + 1} = 2\sqrt{2}$$

$\dfrac{k^2 + 1}{2k^2 + 1}$，同理 $|MN| = 2\sqrt{2} \cdot \dfrac{k^2 + 1}{k^2 + 2}$.

$\therefore S_{四边形 PMQN} = \dfrac{|MN| \cdot |PQ|}{2} = 4 \cdot \dfrac{k^4 + 2k^2 + 1}{2k^4 + 5k^2 + 2} =$

$4(\dfrac{1}{2} - \dfrac{\dfrac{1}{2}k^2}{2k^4 + 5k^2 + 2}) = 4(\dfrac{1}{2} - \dfrac{k^2}{4k^4 + 10k^2 + 4}) = 4(\dfrac{1}{2}$

$- \dfrac{1}{4k^2 + \dfrac{4}{k^2} + 10})$.

$\because 4k^2 + \dfrac{4}{k^2} \geqslant 2\sqrt{4k^2 \cdot \dfrac{4}{k^2}} = 8$，当且仅当 $k^2 = 1$ 时等号成立，

$\therefore \dfrac{1}{4k^2 + \dfrac{4}{k^2} + 10} \in (0, \dfrac{1}{18}]$，$\therefore 4(\dfrac{1}{2} -$

$\dfrac{1}{4k^2 + \dfrac{4}{k^2} + 10}) \in [\dfrac{16}{9}, 2)$.

综上所述，$S_{四边形 PMQN}$ 的最小值为 $\dfrac{16}{9}$，最大值为 2.

图书在版编目（CIP）数据

高校自主招生数学综合拓展教程／黄仁寿编著．—长沙：湖南师范大学出版社，2013.6
ISBN 978－7－5648－1226－3

Ⅰ．①高…　Ⅱ．①黄…　Ⅲ．①中学数学课—高中—升学参考资料
Ⅳ．①G634.603

中国版本图书馆 CIP 数据核字（2013）第 113781 号

高校自主招生数学综合拓展教程

黄仁寿　编著

◇策划组稿：黄道见
◇责任编辑：黄道见
◇责任校对：蒋旭东
◇出版发行：湖南师范大学出版社
　　　　　　地址/长沙市岳麓山　邮编/410081
　　　　　　电话/0731.88853867　88872751　传真/0731.88872636
　　　　　　网址/http：//press.hunnu.edu.cn
◇经销：湖南省新华书店
◇印刷：长沙瑞和印务有限公司
◇开本：710 mm×1000 mm　1/16
◇印张：17.5
◇字数：448 千字
◇版次：2013 年 6 月第 1 版第 1 次印刷
◇书号：ISBN 978－7－5648－1226－3
◇定价：38.00 元